COLLECTION

DES MÉMOIRES

RELATIFS

A L'HISTOIRE DE FRANCE.

ABBON. SIÉGE DE PARIS. — CHRONIQUE DE FRODOARD. — CHRONIQUE DE RAOUL GLABER. — VIE DU ROI ROBERT, PAR HELGAUD. — POÈME D'ADALBÉRON SUR LE RÈGNE DE ROBERT.

PARIS, IMPRIMERIE DE LEBEL,
Imprimeur du Roi, rue d'Erfurth, n. 1.

COLLECTION

DES MÉMOIRES

RELATIFS

A L'HISTOIRE DE FRANCE,

DEPUIS LA FONDATION DE LA MONARCHIE FRANÇAISE JUSQU'AU 13e SIÈCLE;

AVEC UNE INTRODUCTION, DES SUPPLÉMENS, DES NOTICES ET DES NOTES;

PAR M. GUIZOT,

PROFESSEUR D'HISTOIRE MODERNE A L'ACADÉMIE DE PARIS.

A PARIS,

CHEZ J.-L.-J. BRIÈRE, LIBRAIRE,

RUE SAINT-ANDRÉ-DES-ARTS, N° 68.

1824.

SIÈGE DE PARIS

PAR LES NORMANDS.

POÈME D'ABBON.

NOTICE

SUR ABBON.

Il y a souvent lieu de s'étonner de la légèreté des érudits, même des plus célèbres. Le moine Abbon et son poème sur le siége de Paris par les Normands, en fournissent de singuliers exemples. On s'est trompé sur l'auteur, faute de bien lire son ouvrage qu'on imprimait; on a réimprimé l'ouvrage six fois sans examiner avec soin le manuscrit qu'on avait sous les yeux; et après six éditions, après les travaux de Pithou, de Duchesne et de dom Bouquet, il a fallu qu'un septième éditeur, dom Toussaint Duplessis, fît de ce poème une étude particulière pour que les erreurs fussent rectifiées, et le texte intelligible, ou à peu près.

La première édition parut en 1588 dans le recueil de Pithou, à qui appartenait le manuscrit. On avait souvent parlé d'Abbon, mais toujours en le confondant avec un autre Abbon, abbé de Fleury, qui mourut vers l'an 1004. Or, l'auteur du poème racontait, en témoin oculaire, le siége de Paris par les Normands de l'an 885 à l'an 887. La méprise était évidente et fut dissipée; mais le texte donné par Pithou fut très-incorrect; il prêta peu d'attention à une glose qui y était jointe dans le manuscrit, et qui expliquait quelques-uns des passages les plus obscurs; enfin la transposition, l'omission même de plusieurs vers attestèrent la négligence de l'éditeur, et une ponctuation très-fautive rendit l'ouvrage encore plus difficile à comprendre pour les lecteurs les plus attentifs.

En 1602, Jacques Du Breul, religieux de Saint-Germain-des-Prés, en publia une édition nouvelle; il avait le manuscrit sous les yeux et fit de la glose un plus fréquent usage que Pithou; il n'en reproduisit pas moins la plupart des fautes de la première édition, et ne rétablit pas même les vers transposés ou omis. Duchesne en 1619 et 1636, Jean Du Bouchet en 1642, réimprimèrent le poème; mais, sauf quelques changemens de peu d'importance, ils ne firent guère que suivre l'édition de Pithou ou celle de Du Breul, et le texte demeura toujours presque aussi inexact et aussi obscur.

Tous ces travaux existaient déjà lorsque le P. Labbe, Oudin et dom Rivet parlèrent d'Abbon dans leurs savans écrits; ils n'en tombèrent pas moins dans de grossières erreurs, qu'une lecture un peu attentive, même sans le secours d'un texte correct, eût fait aisément éviter. Dans le moine Gozlin auquel le poème est adressé par l'auteur, Labbe et Oudin crurent reconnaître Gozlin évêque de Paris pendant le siége; or l'évêque Gozlin était mort le 16 avril 886, le siége durant encore; Abbon raconte lui-même sa mort, et parle d'Anscheric son successeur, élevé à l'épiscopat au mois d'octobre suivant. Les erreurs de dom Rivet ne sont pas moins étranges : « Le siége de Paris, « dit-il, commença en novembre 885 et ne fut « levé que le dernier jour de janvier 887, après « quinze mois de durée. Abbon en entreprit aus- « sitôt l'histoire et la publia peu après le mois de « novembre 888, puisque, dans le corps de l'ou « vrage, il ne donne que le titre de comte à Eudes « qui fut sacré roi de France, et qu'il qualifie tel « dans sa préface [1]. » Or, dans le corps de l'ouvrage et à plusieurs reprises, Abbon donne à Eudes le titre de *rex futurus*, *rex venturus*, ou même simplement de *rex*, et il termine son second livre par le récit sommaire des événemens survenus de l'an 888 à l'an 896, ce qui en place nécessairement la composition après cette dernière année.

En insérant le poème d'Abbon dans sa *Collec-*

[1] *Histoire littéraire de la France*, tom. VI, p. 191.

tion des historiens français, dom Bouquet releva toutes ces erreurs; il avait le manuscrit entre les mains et pouvait en donner enfin une bonne édition en consultant, en y joignant même la glose qui l'expliquait. Il n'en fit rien, et se contenta de réimprimer le texte de Duchesne; il en corrigea seulement les fautes les plus apparentes et y ajouta quelques notes utiles, mais trop rares, et qui ne s'adressent pas toujours aux passages les plus embarrassans.

Ce poème curieux, bien que barbare, restait donc, après tant d'éditions, surchargé de fautes et d'obscurités, lorsqu'en 1753, dom Toussaint Duplessis, bénédictin comme dom Bouquet, entreprit enfin d'étudier scrupuleusement le manuscrit, la glose, et de les publier ensemble en les accompagnant d'un long commentaire. Il inséra ce travail dans les *Nouvelles Annales de Paris jusqu'au règne de Hugues Capet*[1], et c'est maintenant le seul recueil où le poème d'Abbon doive être lu et puisse être compris. Il s'en faut bien que le texte soit partout correct, que le commentateur ait dissipé toutes les obscurités, expliqué toutes les allusions, saisi même toujours dans ses notes le véritable sens; mais, pour la plupart des difficultés qui restent encore, c'est à l'auteur

[1] In-4°. Paris, 1753.

lui-même, non plus à l'éditeur qu'il faut s'en prendre; l'érudition a fait son œuvre. D'après le temps qu'elle a mis à y parvenir, on peut juger combien elle est souvent incomplète et trompeuse, dans les recueils même les plus justement estimés.

Voici ce qu'on sait d'Abbon. Il était moine de Saint-Germain-des-Prés, peut-être neustrien d'origine, et élève d'Aimoin, de la même abbaye. Il ne se donne lui-même dans sa préface que la qualité de lévite ou diacre; dom Rivet affirme, d'après le nécrologe de saint Germain, que plus tard il fut fait prêtre; et on y trouve en effet, vers cette époque, sous la date du 9 mars, sans indication d'année, la mort d'un prêtre Abbon. Rien ne prouve que ce soit le même; cependant cela se peut. Il écrivit son poème entre les années 896 et 898, car il y parle, comme on vient de voir, d'événemens qui se rapportent à la première, et dit ailleurs que le roi Eudes vivait encore; et Eudes mourut en 898. Plusieurs savans ont cru qu'Abbon lui-même n'avait pas vécu au-delà du neuvième siècle; un avertissement qu'il prit soin de placer en tête d'un recueil de ses sermons, dont le manuscrit se trouvait dans la bibliothèque de Saint-Germain-des-Prés, eût suffi pour les détromper; il les a composés, dit-il, à la demande de Frottier, évêque de Poitiers, de Fulrad, évêque de Paris, et pour l'usage des ecclésiastiques de leurs diocèses. Frottier fut évêque de Poitiers de l'an 900 à l'an 936, et Fulrad évêque de Paris de l'an 921 à l'an 927. La mort d'Abbon ne peut donc être antérieure à l'an 922 ou 923.

Le poème sur le siége de Paris et ces sermons sont les seuls ouvrages qui restent de lui; cinq des sermons seulement ont été publiés par d'Acheri; ils ne se distinguent par aucun mérite particulier. Quant au poème, ce n'est pas, comme les lecteurs s'en convaincront aisément, le mérite littéraire qui en fait la valeur; la complaisance même des éditeurs ne se l'est point dissimulé; tous se sont bornés à en publier les deux premiers livres, laissant de côté le troisième, qui ne se rapporte en rien à l'histoire et ne contient que des dissertations ou des allégories théologiques [1]. Dans les deux premiers même, quoique l'écrivain eût dû être animé par les faits et par les sentimens qu'il avait éprouvés en y assistant, aucune beauté poétique ne se rencontre, aucune trace de talent ne se laisse apercevoir. Les hommes du IXe siècle n'étaient pas plus étrangers que nous aux émotions que suscitent dans la nature humaine la nécessité de grands efforts, la présence de cruels dangers. Les Parisiens, assiégés

[1] Ce troisième livre est à la bibliothèque du roi sous le nº 5570 des manuscrits latins.

par les Normands, les ont certainement ressenties, car ils ont fait preuve d'opiniâtreté, d'adresse, de dévouement, de courage; ils ont eu, dans leurs murs, durant ces dix-huit mois de détresse, des héros, des traîtres, des lâches; ils ont admiré, compati, espéré, tremblé : ce sont là les sources de la poésie; Abbon n'y a point puisé, n'a fait passer dans ses vers, avec vérité et énergie, aucune des impressions qu'il avait sans doute partagées; d'emphatiques lieux communs, d'énigmatiques subtilités, des exclamations convenues, des comparaisons empruntées, c'est là tout ce que lui a inspiré un si pénétrant spectacle, et sa lourde imagination ne nous fait rien voir de ce qui l'avait à coup sûr profondément ébranlé. Telle est l'impuissance des écrivains de ce temps, en qui la pédanterie monacale s'unit à la grossièreté barbare; leurs propres émotions leur échappent; ils les ont reçues, car ils étaient hommes; ils sont hors d'état de les reproduire, de les communiquer, et les faits demeurent stériles et glacés dans leur pensée dès qu'ils se sont éloignés de leurs yeux. Mais telle est ici l'importance des faits mêmes, qu'elle suffit pour donner au poëme d'Abbon un haut degré d'intérêt; c'est l'histoire seule qu'il y faut chercher. Nous n'avons, sur ces expéditions des Normands qui couvraient alors la France, et se renouvelaient partout presque chaque jour, aucun monument aussi précis, aussi détaillé, ni qui nous fasse aussi bien connaître tous les accidens, toutes les formes de cette lutte désordonnée de deux peuples, l'un sans gouvernement, l'autre sans patrie. Le siége de Paris par les Normands, en y comprenant toutes ses vicissitudes, dura du 25 novembre 885 au mois de mai 887; huit rudes assauts furent livrés à la ville, dont les citoyens, ecclésiastiques et laïques, se défendirent avec une admirable énergie. Abbon avait tout vu; il suit pas à pas l'histoire du siége, et nous informe de tout, froidement, obscurément, mais avec étendue et exactitude. C'est là le mérite de son ouvrage, mérite sans gloire pour l'auteur, mais qui ne peut manquer d'intéresser vivement tout lecteur curieux de comprendre vraiment des faits que les historiens modernes racontent plus vaguement encore que les plus insipides chroniqueurs.

La traduction de ce poème était, nous n'hésitons pas à le dire, fort difficile. On en a donné jusqu'ici des fragmens, des extraits, jamais une version exacte et complète. Nous ne nous flattons pas d'avoir surmonté tous les obstacles et deviné toutes les énigmes; Abbon lui-même se trouvait obscur, et crut avoir besoin de s'expliquer, si du moins il est vrai, comme dom Toussaint Duplessis est porté à le penser, que la glose jointe au texte soit son propre ouvrage. Le traducteur qui a bien voulu se charger de ce pénible travail n'a épargné ni temps, ni recherches, ni peines pour pénétrer dans le labyrinthe de chaque phrase, et leur prêter à toutes un sens raisonnable et clair. La glose et le commentaire du savant bénédictin nous ont été d'un grand secours; nous n'avons cependant pas adopté toujours l'explication qu'il a jugée préférable; dans quelques passages nous sommes convaincu qu'il s'est trompé; dans d'autres, nous avons choisi entre les conjectures. Il nous a paru inutile d'étaler dans de longues notes ces fastidieux débats; après tout, les faits historiques seuls sont importans; les lecteurs, s'il s'en trouve qui prendront la peine de comparer notre traduction avec le texte, apprécieront ce mérite de la difficulté vaincue, le seul auquel on puisse prétendre en pareille matière.

F. G.

PRÉFACE,

OU

LETTRE PARTICULIÈRE DE L'HUMBLE ABBON AU FRÈRE CHÉRI GOZLIN.

La plus infime de toutes les œuvres de Dieu, le lévite indigne Abbon embrasse son frère Gozlin d'un amour sincère, et qui, par son ardeur, surpasse toute affection terrestre; puisse celui-ci goûter toutes les joies qui résident en Jésus-Christ dans cette vie comme dans l'autre! La tendresse de ta fraternité, qui m'est si précieuse, chérissant un faible talent qui lui tient de si près, et se souvenant de mon attachement fraternel, a demandé fréquemment, depuis longtemps et dès qu'elle a su que je m'étais occupé de ce travail, que je lui envoyasse la courte relation que j'ai faite des combats qu'ont eu à soutenir la ville de Paris et Eudes, le plus grand des princes depuis l'origine du royaume jusqu'à ce jour. Très-excellent frère, sache donc que le même sentiment qui t'a inspiré ce desir me porte à t'adresser cet opuscule, soit pour satisfaire, autant qu'il est en moi, à ta prière qui m'honore tant, soit aussi, ce qui est une consolation pour celui de tous les hommes qui t'aime le plus, afin que, par un sort heureux, cet ouvrage remplace auprès de son lecteur celui qui l'envoie, et même encore pour que ta main habile corrige les fautes dans lesquelles je suis tombé. La multiplicité de mes études ne m'a jamais en effet laissé le loisir de refaire ce travail, et nulle part je n'en ai trouvé le moment. Les pages suivantes sont encore telles qu'elles ont été composées d'abord et par une sorte de première inspiration de Phébus : il n'y a eu de changé que le parchemin sur lequel elles ont été copiées, et c'est dans cet état que je les soumets à la censure de ton habile jugement. Au surplus, en mettant de côté le sentiment qui m'engage à te les transmettre, il est juste que tu tiennes compte des deux buts qui ont donné naissance à cet opuscule ; le premier fut l'envie de m'exercer moi-même, car quand je l'ai fait, encore apprenti dans l'étude des lettres, je lisais pour la première fois les églogues de Virgile ; le second a été le desir de conserver la mémoire d'un exemple utile à ceux qui sont chargés de veiller au sort des autres villes de l'État. Au reste, je veux qu'il soit bien connu, tant de ton extrême indulgence que de celle des autres lecteurs, que si ce livre a été écrit avec le mètre des vers, ce n'est point que j'aspire au titre de poète. Ici, en effet, on ne rencontrera aucune des fictions qui se trouvent dans les grands poètes. Nulle part je n'ai réuni, aux accens de mes chansons, les Faunes et les bêtes fauves dans des jeux tels que ceux auxquels se livrait Silène; jamais je n'ai forcé les vieux chênes à secouer leurs cimes; jamais les oiseaux, ni les forêts, ni les pierres, attirés par la douceur de mes chants, ne se sont précipités sur mes pas; jamais je n'ai su, par des modulations semblables à celles d'Orphée, tirer des ames des ténèbres du Tartare et les arracher soit à Pluton, soit à tout autre dieu. Il y a plus, si la volonté de tenter de telles entreprises m'était venue, y réussir n'eût pas été en mon pouvoir. Je ne prétends donc pas au nom de poète; mon ouvrage ne renferme aucune fiction poétique; Dieu veuille que d'autres secours ne manquent pas à mes faibles talens! J'ai réparti en trois livres mes lignes divisées, tant à la vue qu'à l'oreille, en mesures régulières. Deux de ces livres traitent, tant des brillans combats de la cité de Paris et du roi Eudes, que des miracles éclatans, mais inconnus ailleurs à quelques personnes, opérés par le grand Germain, mon principal héros, illustre évêque du siége de cette même ville de Paris. Quant au dernier livre, qui complète le nombre trois, il est étranger à ces objets [1]. Destiné spécialement aux clercs, il convient à leur état, et doit plaire aux érudits, qui, dans leurs compositions, s'étudient à multiplier les gloses; l'allégorie y brille de temps en temps pour ceux qui s'en amusent, et je me suis attaché à éclaircir, par des gloses de ma propre main, les mots quelquefois obscurs. Au surplus, la mesure des vers de tout mon ouvrage, je l'ai choisie telle qu'il m'est arrivé très-rarement, peut-être par ignorance, mais plutôt encore par oubli, de laisser quelques-uns de ces vers qui ne fussent pas sur leurs pieds; et ceux-ci, je t'en conjure, que ton habileté veille, quand tu les liras, à leur rendre le nombre qu'ils doivent avoir. Le vers de cinq pieds et celui de sept,

[1] Cette même raison nous a décidé à ne pas nous occuper de ce livre, qui n'a jamais été publié, et se trouve à la Bibliothèque du Roi sous le numéro 5570 des manuscrits latins.

après son troisième trochée, admettent en effet, par une similitude marquée, toute espèce de césure, quoique dans le genre de l'églogue on trouve peu d'exemples de ces césures multipliées. De plus, je ne me suis pas fréquemment servi, dans la coupe des syllabes, de la diérèse et de l'épisynalèphe [1].

Ainsi donc, et grâces encore au secours de la bonté divine, ces pages sont tout ce que mes facultés ont pu produire. Que dirais-je de plus? Tous mes vers sont catalectiques [2]; et sans doute beaucoup de choses utiles y frapperont le lecteur. Qu'il ne pense pas cependant que cet ouvrage ait été entrepris dans un autre but que de puiser d'utiles instructions auprès de ton expérience, frère chéri, et de celle de tous autres érudits en poésie, aux mains desquels tomberaient ces feuilles. Quant aux petits vers dactyliques de trois pieds qui précèdent mon poème, ils annoncent d'eux-mêmes leur objet; mais ils ont été mal accueillis. La faveur au reste qu'ils n'ont pu trouver auprès de mon maître, puissent-ils, frère, la rencontrer auprès de toi!

Jouis d'autant d'honneur et de joie que Phébus a de rayons;

Et jouis-en jusqu'à la fin des fins, et en Dieu la fin cachée de toutes choses!

[1] La diérèse coupe une syllabe en deux; l'épisynalèphe unit deux syllabes en une seule.

[2] Terminés par un spondée.

VERS DACTYLIQUES

ADRESSÉS PAR ABBON A SON MAITRE.

O vénérable maître Aimoin, toi dont les pieuses vertus jettent une si vive lumière, et qui es digne des honneurs du ciel, ton disciple, ton humble Abbon, qui de sa bouche baise tes pieds et les doigts de tes mains, t'en conjure avec instance; accepte ces raisins, quoique encore verts, que t'offre une vigne qui est bien la tienne, et puissent-ils se dorer à ta rosée et aux rayons de ta chaleur ! Cette vigne, tu n'as cessé, illustre maître, de la planter, de la bêcher et de l'émonder de tes mains. Maintenant que tu desires que ses fruits brillent arrosés par les eaux et réchauffés par les feux d'un autre, je t'en supplie, répands sur eux ton miel si doux, car c'est à toi que les ceps et leurs raisins appartiennent réellement. Ces fruits, je les ai enfantés à la prière de la ville de Paris. Cette noble et illustre cité a voulu que je retraçasse pour toi ses combats. Elle s'est promis que le bruit de ses célèbres victoires, volant par tout l'univers, s'élèverait jusques aux cieux, et que sa gloire éclatante brillerait en tous lieux, si ta bouche daignait sourire à mes efforts.

SIÉGE DE PARIS

PAR LES NORMANDS.

LIVRE PREMIER.

PARLE, glorieuse Lutèce, toi qu'a sauvée le Dieu tout-puissant; le nom de Paris que tu portes depuis peu, tu le tiens de la ville d'Isia, située vers le milieu des côtes de la vaste région qu'occupent les Grecs : cette cité est renommée par son port, plus recherché que tout autre des marins. La soif ardente des richesses, qui distingue les Argiens, célèbre cette ville d'Isia, et avec une sorte d'altération, ce nom bâtard de Paris te représente, Lutèce, comme son honorable compagne, puisque l'univers, en t'appelant ainsi, te présage à juste titre un sort égal à celui de cette cité. Établie sur le milieu du cours de la Seine et au centre du riche royaume des Francs, tu t'es proclamée toi-même la grande ville, en disant : « Je suis la cité « qui, comme une reine, brille au dessus de toutes « les autres. » Tu frappes en effet les regards par un port plus beau qu'aucun autre. Quiconque porte un œil d'envie sur les richesses des Francs te redoute; une île charmante te possède; le fleuve entoure tes murailles, il t'enveloppe de ses deux bras, et ses douces ondes coulent sous les ponts qui te terminent à droite et à gauche; des deux côtés de ces ponts, et au-delà du fleuve, des tours protectrices te gardent. Dis-le donc toi-même, superbe cité, de quelles funérailles ne t'ont pas remplie les Danois, cette race amie de Pluton, dans le temps [1] où le pontife du Seigneur, le grand et cher Gozlin, ton bienfaisant pasteur, gouvernait ton église! A quoi répond cette ville : « Je m'étonne de cette demande. « Quelqu'un est-il en état de raconter de si grandes « choses? Au reste, ne les as-tu pas vues de tes yeux? « rapporte-les donc. — Oui certes, je les ai vues, « répliquai-je, et j'obéirai volontiers à tes ordres. »

Des libations de ton sang furent répandues par ces barbares montés sur sept cents vaisseaux à voiles et d'autres plus petits navires, tellement nombreux qu'on ne pouvait les compter; ceux-ci, le vulgaire les nomme barques. Le gouffre profond de la Seine en était tellement rempli, que ses ondes disparaissaient sous ces bâtimens dans un espace d'un peu plus de deux lieues; on cherchait avec étonnement dans quel antre se cachait le fleuve; il ne paraissait plus; le sapin, le chêne, l'orme, et l'aune humide couvraient entièrement sa surface.

Le lendemain du jour où ces vaisseaux touchèrent le pied de la ville, l'illustre pasteur de Paris voit arriver dans son palais Sigefroi, roi, mais de nom seulement; celui-ci cependant commandait à ses compagnons. Fléchissant la tête devant le pontife, il lui parle en ces termes : « Gozlin, prends pitié de toi-« même et de ton troupeau; si tu ne veux périr, prête, « nous t'en conjurons, une oreille favorable à nos pa-

[1] En 885.

« roles. Permets que nous puissions seulement traverser cette cité; nous ne toucherons nullement à ta « ville, nous nous efforcerons de conserver à toi et à « Eudes tous vos biens. » A cet Eudes, comte respecté, roi futur, et qui bientôt allait devenir le père du royaume, était remise la garde de Paris. Cependant le pontife du Seigneur répond à Sigefroi par ces paroles, où respire la plus entière fidélité : « Cette « cité nous a été confiée par l'empereur Charles, qui, « après Dieu, le roi et le dominateur des puissances « de la terre, tient sous ses lois le monde presque « tout entier. Il nous l'a confiée, non pour qu'elle « causât la perte du royaume, mais pour qu'elle « le sauvât et lui assurât une inaltérable tranquil- » lité; que si par hasard la défense de ces murs eût « été commise à ta foi comme ils l'ont été à la mienne, « ferais-tu ce que tu prétends juste de t'accorder, et « qu'ordonnerais-tu de faire?—Si je le fais, que ma « tête, répliqua Sigefroi, soit condamnée à périr sous « le glaive et à servir enfin de pâture aux chiens!... « Cependant si tu ne cèdes à nos prières, nos camps « lanceront sur toi leurs traits et dards empoisonnés « dès que le soleil [1] commencera son cours; quand cet « astre le finira, ils te livreront à toutes les horreurs « de la faim, et cela, ils le feront chaque année. » Il dit, part, et presse la marche de ses compagnons.

[1] Le texte porte *die veniente*; mais ce qui prouve qu'il ne faut pas traduire par *jour*, et que le sens est celui qu'on a adopté ici, c'est que, d'une part, les expéditions militaires de ces temps se faisaient d'ordinaire au printemps; et que de l'autre, on voit plus bas que les Normands reviennent quand le soleil échauffe la terre. Si d'ailleurs on rejetait ce sens, comment traduire *quotannis* dans ce membre de phrase: *Hoc peragentque quotannis*, qui termine la menace de Sigefroi?

A peine l'aurore se dissipe, que ce chef les entraîne au combat. Tous se jettent hors de leurs navires, courent vers la tour[1], l'ébranlent violemment par leurs coups jusque dans ses fondemens, et font pleuvoir sur elle une grêle de traits. La ville retentit de cris, les citoyens se précipitent, les ponts tremblent sous leurs pas, tous volent et s'empressent de porter des secours à la tour. Ici brillent par leur valeur le comte Eudes, son frère Robert, et le comte Ragenaire; là se fait remarquer le vaillant abbé Ebble, neveu de l'évêque. Le prélat est légèrement atteint d'une flèche aigüe; Frédéric, guerrier à son service, dans la fleur de l'âge, est frappé du glaive; le jeune soldat périt; le vieillard, au contraire, guéri de la main de Dieu, revient à la santé. Beaucoup des nôtres voient alors leur dernier jour; mais eux, de leur côté, font aux ennemis de cruelles blessures; ils se retirent enfin, emportant une foule de Danois à qui reste à peine un souffle de vie. Déjà le soleil, entraînant tout le ciel dans son mouvement, déclinait, dans le milieu de sa chute, vers Thulé, à l'extrémité de la région occidentale. La tour ne présentait plus rien de sa forme primitive et complète; il ne lui restait que des fondemens bien construits et des créneaux assez bas; mais, pendant la nuit même qui suivit le combat, cette tour, revêtue dans toute sa circonférence de fortes planches, s'éleva beaucoup plus haut, et une nouvelle citadelle en bois, d'une fois et demie plus grande, fut pour ainsi dire posée sur l'ancienne. Le soleil donc et les Danois saluent en même temps et de nouveau la tour; ceux-ci livrent aux fidèles d'horribles et cruels

[1] Peut-être sur l'emplacement du Grand-Châtelet.

combats. De toutes parts les traits volent, le sang ruisselle; du haut des airs, les frondes et les pierriers déchirans mêlent leurs coups aux javelots. On ne voit rien autre chose que des traits et des pierres voler entre le ciel et la terre. Les dards percent et font gémir la tour, enfant de la nuit, car, comme je l'ai dit plus haut, c'est la nuit qui lui donna naissance. La ville s'épouvante, les citoyens poussent de grands cris, les clairons les appellent à venir tous sans retard secourir la tour tremblante. Les Chrétiens combattent et s'efforcent de résister par la force des armes. Parmi nos guerriers, deux, plus courageux que les autres, se font remarquer : l'un est comte, l'autre abbé. Le premier, le victorieux Eudes, qui jamais ne fut vaincu dans aucun combat, ranime l'ardeur des siens et rappelle leurs forces épuisées; sans cesse il parcourt la tour et écrase les ennemis. Ceux-ci tâchent de couper le mur à l'aide de la sape [1], mais lui les inonde d'huile, de cire, de poix; mêlées ensemble, elles coulent en torrens d'un feu liquide, dévorent, brûlent et enlèvent les cheveux de la tête des Danois, en tuent plusieurs, et en forcent d'autres à chercher un secours dans les ondes du fleuve. Les nôtres alors s'écrient tout d'une voix : « Malheureux brûlés, courez vers les flots de la « Seine; tâchez qu'ils vous fassent repousser une au« tre chevelure mieux peignée. » Le vaillant Eudes extermina un grand nombre de ces barbares. Mais le second de ces deux braves, quel était-il? C'était l'abbé Ebble, le compagnon et le rival en courage de

[1] *Succidere musolis.* — *Musolis* est pour *musculis.* — *Musculus,* machine sous laquelle les sapeurs travaillaient à couvert.

Eudes. D'un seul javelot il perce sept Danois à la fois, et ordonne, par raillerie, de les porter à la cuisine. Nul ne devance ces guerriers au combat, nul n'ose se placer au milieu d'eux, nul même ne les approche et n'est à leur côté; tous les autres cependant méprisent la mort et se conduisent vaillamment. Mais que peut une seule goutte d'eau contre des milliers de feux? Les braves fidèles étaient à peine forts de deux cents hommes, et les ennemis au nombre de quarante mille, car il est constant qu'on en comptait quarante mille, renouvelant les uns après les autres leurs attaques sur la tour. Les cruels redoublent sans cesse les fureurs de la guerre; des clameurs et des frémissemens s'élèvent dans l'air, de grands cris frappent le ciel çà et là, les boucliers peints tremblent sous les éclats de pierres qui les accablent; les écus gémissent sous les coups, les casques crient, percés par les traits. Bientôt les cavaliers, revenant du pillage, accourent se joindre au combat; frais et rassasiés de nourriture, ils marchent vers la tour: et beaucoup d'entre eux, frappés et mourans, regagnent leurs vaisseaux, sans avoir eu le temps de lancer contre la tour leurs pierres et leurs traits. Quant à ceux qui cherchent un remède à leurs brûlures dans les douces ondes du fleuve, les Danoises, en les voyant, s'arrachent les cheveux, fondent en larmes, et chacune crie à son époux: « Où cours-tu? fuis-tu d'une fournaise[1]? Ainsi donc, enfant du démon, aucune vic« toire ne pourra te rendre maître de cette tour. Ne

[1] Les Bénédictins veulent que *fornace*, que porte le texte, soit mis pour *turris;* mais il s'agit d'hommes brûlés, et le sens littéral *fournaise* a paru plus naturel.

« t'ai-je pas comblé des dons de Cérès, de ceux de « Bacchus et de venaison? Pourquoi, sitôt épuisé de « fatigues, cherches-tu ici un abri? Desires-tu si ar- « demment t'y cacher de nouveau? Vil glouton, les « autres reviennent-ils de même? Puissent-ils, dans « ce cas, obtenir un aussi honorable accueil! » Un fourneau, nom ignoble, étend ses sinuosités sous le pied de la tour, et de sa bouche vomit de cruels désastres [1]. La brèche qu'il a faite, les assiégeans s'efforcent de l'agrandir, en coupant le bas du rempart. Tout-à-coup se laisse voir une ouverture funeste, immense, et plus large qu'on ne saurait le dire. Les grands dont on a déjà cité les noms apparaissent entièrement à tous les yeux; ils voient tous les ennemis couverts de casques, eux-mêmes sont vus de tous les assiégeans, et de leurs regards ils comptent un à un les Danois, qui n'osent entrer dans la tour. La frayeur les repousse de ce fort que leur audace n'a pu emporter. Bientôt on lance sur eux, du haut de la tour, le moyeu arrondi d'une roue, qui précipite dans les enfers six hommes à la fois, et ces malheureux, retirés de la foule par les pieds, vont grossir le nombre des mourans. L'ennemi attache alors aux portes des matières enflammées. De ce moment, tourmentés par la crainte des feux de Vulcain, les nôtres se persuadent qu'ils vont perdre la tour. Un horrible bûcher s'élève, une noire fumée étend ses nuages sur nos chevaliers; la forteresse est enveloppée d'ombres épaisses, mais seulement pendant une grande heure environ. Le Seigneur en effet ne veut pas que ceux qu'il connaît si bien aient à souffrir long-temps

[1] Abbon décrit là une espèce de mine.

de tels maux, et, prenant pitié de nous, il ordonne que cet épais nuage de fumée retombe sur ceux qui l'ont produit. Mars s'agite et déploie alors ses fureurs avec plus de violence, deux porte-enseignes accourent de la bonne ville et montent sur la tour, portant sur leurs lances le drapeau [1] couleur de safran, si redoutable aux yeux des Danois; cent catapultes de leurs coups rapides étendent, privés de sang et de vie, les corps de cent ennemis, et ces morts, traînés par les cheveux, vont revoir leurs vaisseaux et y chercher un dernier asile. Cependant le boiteux Vulcain succombe sous les efforts vainqueurs de Neptune. Là, le brave chevalier Robert, heureux jusqu'alors, expire frappé d'un trait cruel par cette race pestiférée des Danois; là périssent aussi, de notre côté, quelques hommes du commun, mais en petit nombre, grâces à la bonté de Dieu. Honteux alors comme un loup dévorant qui, n'ayant pu se saisir d'aucune proie, regagne le plus épais du bois, les assiégeans prennent la fuite en toute hâte et pleurent la perte de trois cents des leurs, que Caron a reçus sans vie dans sa barque; alors aussi les nôtres, secondés par les ombres de la nuit, s'empressent de porter remède aux maux que la tour a soufferts. Ces deux combats eurent pour témoin novembre, lorsque ce mois était déjà sur la fin de sa course, et qu'il s'en fallait seulement de trois jours que le glacial décem-

[1] Le texte porte: *Amictum auribus immodica croceum formido Danorum.—Amictum,* dans ce cas, ne peut être qu'un morceau de drap, un drapeau, puisqu'il est porté sur des lances. Quant à *auribus,* il est ainsi écrit pour *oribus;* sans cela, quel sens aurait la phrase, et comment un drapeau serait-il effroyable aux *oreilles* des Danois?

bre vînt le remplacer et amener le terme de l'année.

Mais à peine le soleil a répandu dans l'air ses rayons rougeâtres, que les Danois parcourent les rives de la Seine du côté de l'abbaye du bienheureux Denis, asseoient leur camp autour de l'église circulaire de Saint-Germain, et le fortifient de retranchemens faits de pierres entassées et mêlées avec de la terre. Ensuite leurs cavaliers parcourent en furieux les montagnes, les plaines, les bois, les champs et les fermes; de leur côté, leurs fantassins cruels tuent les petits enfans, les jeunes garçons, les adolescens, les vieillards à cheveux blancs, les pères avec leurs fils, et les mères elles-mêmes. La femme est massacrée sous les yeux de son mari, l'époux tombe égorgé sous les yeux de l'épouse, et la mort dévore les enfans à la face de leurs pères et de leurs mères. Le serf devient libre, l'homme libre est réduit à l'état de serf; on fait du valet un seigneur, et du seigneur un valet. Le vigneron et sa vigne, le laboureur et sa terre périssent également sous le fer de l'ennemi. La triste France, dépeuplée de maîtres et de serviteurs, ne peut plus se vanter de posséder un seul héros, et est inondée de larmes. Aucune maison demeurée debout ne conserve de chef vivant qui la gouverne. Hélas! cette terre opulente est dépouillée de ses riches trésors; de funestes, dévorantes et mortelles blessures la déchirent; le pillage, la mort, la flamme la mettent en lambeaux; les dures cohortes, les fatales phalanges et les troupes impitoyables des Danois avides de sang la ravagent, l'écrasent, la brûlent et la dévastent. Il leur suffisait de vouloir pour pouvoir promptement toutes choses, par cela seul que leur aspect répandait l'effroi. Les petits, humbles vallées, et les grands, Alpes naguère si orgueilleuses, fuient également la fureur des armes, et tous, le cœur glacé, courent se cacher ensemble dans les forêts. Nul ne se montre, tous se dispersent, aucun ne résiste. C'est ainsi que les Danois détruisent autant qu'ils le peuvent l'éclat de ce beau royaume; c'est ainsi qu'ils emportent sur leurs vaisseaux ce qui fait l'ornement de cette contrée célèbre. Cependant la ville de Paris reste debout au milieu de ces terribles ouvriers qui creusent le sol sous ses murs, elle se montre inaccessible à la peur, et se rit de tous les traits qu'on lui lance.

Les Danois fabriquent alors, chose étonnante à voir! trois machines, montées sur seize roues [1], d'une grandeur démesurée, faites avec des chênes immenses et liés ensemble; sur chacune est placé un bélier [2] que recouvre un toit élevé; dans les cavités de leur sein, et dans l'intérieur de leurs flancs, elles pouvaient renfermer et tenir cachés, disait-on, soixante hommes armés de leurs casques. Déjà les assiégeans parviennent à terminer une de ces machines d'une forme et d'une grandeur convenables; bientôt même deux sont entièrement construites, et ils travaillaient à la troisième; mais de la tour on lance adroitement, de toute la force de la corde d'un arc, une javeline contre les artisans de ces deux ma-

[1] Les Bénédictins veulent que ces machines soient des chars à seize roues. Rien ne le dit dans le texte, et il paraîtrait plus probable que c'étaient des espèces de tours; au reste, le texte ne dit que *monstra*, machines étonnantes. On s'y est tenu.

[2] Le texte porte *argete* pour *arjete* ou *ariete*, bélier. Il s'agit en effet de machines propres à attaquer une tour.

chines. Ainsi ils reçurent les premiers la mort qu'ils nous préparaient, et l'une de ces cruelles machines détruite, toutes deux le furent également.

Du cuir arraché du cou et du dos dè jeunes taureaux les Danois forment alors mille grands boucliers, qu'une plume latine appellerait *pluteos* [1] ou *crates* [2], et dont chacun peut couvrir quatre ou six hommes. Pendant la nuit même les ennemis ne se donnent nul relâche, et ne goûtent pas un instant de sommeil; ils aiguisent, réparent et forgent des traits rapides, raccommodent leurs anciens boucliers et en font de neufs. Aussitôt que le vieux Phébus, tout brillant de sa rapide lumière, se lève au haut du ciel, monté sur son char attelé de quatre coursiers, chasse l'épaisse nuit, et lance ses regards sùr la cité de Paris, voilà que tout-à-coup les Danois, cette race issue de Satan, se précipitent furieux, et tout chargés de traits redoutables, hors de leur camp, et, semblables à de légères abeilles qui, gémissant sous le poids du romarin, du thym et des fleurs des arbres ou des douces prairies, regagnent la ruche qui fait leur empire, ils courent vers la tour, et se dirigent à pas pressés sur cette forteresse. Ces hommes, nés pour notre malheur, s'avancent le dos courbé sous les arcs; les traits s'agitent sur leurs épaules, leurs épées couvrent la campagne, leurs boucliers dérobent aux yeux les eaux de la Seine; des milliers de balles de plomb, répandues comme une grêle épaisse dans les airs, tombent sur

[1] Machine couverte de claies et de peaux de bœuf dont on se couvrait pour aller à la sape.

[2] Larges boucliers d'osier.

la ville, et de fortes catapultes foudroient les redoutes qui défendent le pont. Mars, réveillant ses fureurs, étend de toutes parts son féroce empire. Les cloches de l'église retentissent et remplissent le vide de l'air de leurs sons plaintifs; la citadelle tremble sur ses fondemens, les citoyens s'abandonnent à l'effroi, les trompettes résonnent avec un violent éclat, et la crainte s'empare de tous ceux qui gardent les tours. Là cependant se faisaient remarquer beaucoup de grands et d'hommes courageux: au dessus de tous le prélat Gozlin brillait le premier; ensuite venait son neveu, le vaillant abbé Ebble; là on admirait aussi Robert, Eudes, Ragenaire, Utton, Hérilang; tous sont comtes, mais le plus noble de tous est Eudes, qui abattit autant de Danois qu'il lança de javelots.

Le cruel peuple ennemi combat fortement, et notre bon peuple lutte vaillamment aussi. Le féroce Danois divise son armée en trois corps rangés en forme de coin [1]; le plus considérable, il l'oppose à la tour, et les deux autres, que portent des barques peintes, il les dirige contre le pont; il se persuade que, s'il peut s'emparer de ce pont, la tour sera bientôt en son pouvoir. Celle-ci a fort à souffrir de l'attaque des ennemis, mais le pont en souffre bien davantage encore. La tour, rougie de sang, gémit sous les coups qui la frappent; le pont pleure sur ses forces épuisées et la mort de beaucoup de ses guerriers: il n'est aucun des chemins qui conduisent à la ville que ne teigne le sang des combattans. A ses pieds, la tour ne voit au loin que des

[1] 29 janvier 886.

boucliers peints qui couvrent la terre et la dérobent aux regards; partout où l'on jette les yeux, on n'aperçoit que des pierres funestes et des traits cruels qui volent dans l'air comme d'épais essaims d'abeilles; et le ciel même ne voit rien autre chose entre la tour et ses nuages. De grands cris se font entendre, et partout règnent une crainte plus grande encore et un bruit effroyable. Les uns attaquent, les autres résistent, et les Normands, faisant résonner leurs armes, ajoutent encore à l'horreur du combat déjà trop cruel. Nul enfant de la terre n'a jamais pu voir et contempler tant de fantassins armés du glaive se mouvoir en une seule masse sous une tortue peinte et d'une si grande étendue. Les Danois s'étaient fait de cette tortue un toit qui garantissait leur vie, et nul d'entre eux n'osait élever la tête au dessus de cet abri, mais par dessous leurs armes semaient une affreuse mort. Mille combattent rangés en ordre de bataille, mille autres s'efforcent d'attaquer la tour, dont les assiégeans trop nombreux ne peuvent approcher tous ensemble. Ceux des nôtres qui défendent le fort, voyant la nation ennemie renouveler le combat, les bras nus et à visage découvert, courbent et tendent leurs arcs; un trait part et s'enfonce dans la bouche alors ouverte d'un des assiégeans; un second, qui s'empresse de couvrir de son bouclier son camarade mourant, tâte à son tour du mets fatal qui remplissait la bouche du premier. Un troisième s'efforce d'enlever du champ de bataille les deux premiers, mais lui-même vient compléter le nombre mystérieux de *trois*, et, percé d'une flèche, fait aussi amende honorable à la tour. Leurs compagnons cachent sous leurs boucliers et entraînent les cadavres; puis, animés d'une rage nouvelle, recommencent le combat. Les ais crient sous les pierres qui les frappent, les casques ensanglantés retentissent dans l'air sous les coups, et la cuirasse se brise sous l'épée cruelle. Le Tout-Puissant voyant les tours dont lui-même a jeté les fondemens, et les Chrétiens qu'il a faits ses propres membres, à moitié vaincus par les Danois, nous donne des forces et un courage auxquels rien ne résiste, et répand sur nos ennemis un esprit de terreur; ces malheureux périssent alors, et plusieurs sont transportés expirans dans leurs funestes barques par leurs compagnons qui avaient encore les armes en main.

Déjà le soleil avait envoyé de prompts messagers préparer dans l'Océan le lit superbe où il a coutume de prendre quelque repos. La féroce nation dont j'ai déjà parlé approche de la tour désolée, à l'abri de ses larges boucliers faits de bois et de peaux de taureaux fraîchement égorgés; les uns passent la nuit sous les armes, d'autres s'abandonnent au sommeil, d'autres enfin battent tous les chemins, en faisant vibrer leurs flèches armées de plumes, et dont dégoutte le poison; et du milieu même des ténèbres, la tour élevée est encore visible aux yeux des assiégeans. Dès que le soleil commence à briller, les cruels Danois renouvellent le combat sur tous les points, et tout armés environnent la tour de leur tortue. Les uns, en grand nombre, s'efforcent de sonder les fossés qui l'entourent, et d'en combler la profondeur; ils jettent dans ce gouffre des mottes de terre, les feuilles arrachées des arbres, les épis dépouillés de leur grain, l'herbe des prairies, des broussailles, des vignes que ne parent plus leurs fruits, de vieux taureaux, de belles vaches et de jeunes veaux; enfin, hélas! les malheureux qu'ils retiennent captifs, ils les égorgent; tout cela ils le précipitent dans les fossés profonds, et ce jour entier ils demeurent sur le champ de bataille, dans cette continuelle occupation.

A cette vue, le pieux évêque fond en larmes, et implore à haute voix la mère du Dieu notre Sauveur. « Illustre mère du Rédempteur qui as donné le salut « au monde, s'écrie-t-il; étoile brillante de la mer, « toi dont l'éclat surpasse celui de tous les astres, « prête une oreille miséricordieuse à mes humbles « prières; si jamais il m'a été doux de célébrer la « messe en ton honneur, fais que ce peuple im- « pie, atroce, dur, cruel, et qui, dans sa férocité, « immole les prisonniers, tombe enveloppé dans les « filets de la mort. » Le pontife Gozlin, priant ainsi avec larmes, s'empresse alors de lancer un trait contre le Normand qui, près de mourir lui-même, a livré à la mort les prisonniers; le barbare frappé, chancèle, laisse échapper son bouclier, ouvre la bouche, tombe violemment, mesure la terre de son corps, exhale son ame criminelle, et roule dans les fossés de la tour, auprès des captifs qu'a immolés son glaive cruel. La cité de Paris, consacrée à l'illustre Marie, brille illuminée en l'honneur de cette vierge; c'est elle qui nous sauve; c'est par son secours que nous jouissons encore de la vie; rendons-lui, si nous le pouvons, d'indicibles actions de grâces; chantons pour elle à l'envi de doux cantiques; que nos voix tonnantes s'élèvent jusqu'aux cieux, fassent retentir les louanges qui lui sont dues, et répètent : « Salut, aimable mère du Seigneur, brillante reine des « cieux, c'est toi qui nous daignes nourrir, toi qui « domines l'univers, toi qui as bien voulu arracher « le peuple de Lutèce aux mains et au glaive menaçant des Danois; certes tu pouvais seule sauver Lutèce, toi qui as enfanté le Rédempteur pour ce « monde corrompu! O toi qui as mis au jour un fils, « le roi des rois, que les Cours célestes, les Vertus, « les Dominations, les Principautés, les Puissances et « les Trônes des cieux, t'adressent leurs félicitations « et leurs louanges, t'honorent, te respectent et t'adorent! C'est toi, heureuse mère, qui as pu renfermer dans ton sein celui que ne peuvent contenir « la terre, les cieux et la vaste mer. C'est toi qui as « été choisie entre toutes pour nous enfanter le Dieu « ton créateur. Lune brillante, tu as donné à la terre « un soleil encore plus éclatant que toi; et, répandant sur nous les grâces dont tu étais remplie, tu « as relevé le genre humain de sa chute. Reine du « ciel, à quoi pourrais-je te comparer? Tu es la « sainte des saintes et la plus heureuse de tout ton « sexe. Fille du Tout-Puissant, aie pitié de ceux qui « sont fidèles à ton culte! Que gloire, honneur, « louange et brillant éclat demeurent à ton nom dans « toute éternité! mère de Dieu, sois toujours bénie « en Jésus par tous les empires! »

Aussitôt que Phébus eut disparu et que l'obscurité d'une nuit sereine régna sur la terre, les méchans Danois environnèrent la tour de gardes nombreuses; mais dès que l'aurore revient briller dans le ciel, eux aussi reviennent tous cerner cette forteresse. Ils l'accablent de traits mortels, font mouvoir leurs béliers, et en placent un contre la tour, à l'orient; le côté du nord, plus élevé, en voit s'élever un autre contre les portes; un troisième bat les murs vers l'occident. Les nôtres préparent alors des poutres pesantes, et en arment l'extrémité de dents de fer, afin de pouvoir détruire plus promptement les machines des Danois. Nos gens fabriquent aussi, avec de longs morceaux de bois liés ensemble deux à deux, des machines que le vulgaire appelle *mangonneaux*, propres à lancer de grosses pierres, et à l'aide desquelles ils fracassent les tentes que les féroces assiégeans ont dressées au pied de la tour; souvent nos pierres font jaillir la cervelle de la tête des misérables Danois, en écrasent plusieurs et brisent beaucoup de leurs écus. Tout bouclier que frappe la pierre est mis en pièces; aucun des malheureux qu'elle atteint n'échappe à la mort. Cependant leurs funestes phalanges s'efforcent toujours de combler les fossés, mais en vain : ils ne réussissent pas à en remplir un seul; c'est en vain aussi qu'ils travaillent à renverser la tour à coups de bélier. Furieux de ne pouvoir attirer les nôtres à combattre en rase campagne, les Normands prennent trois de leurs vaisseaux les plus élevés, se hâtent de les charger d'arbres entiers revêtus de toutes leurs feuilles, et y mettent les feux dévorans de Vulcain[1]. Le vent d'est pousse doucement ces navires qui vomissent la flamme, et des cordes les traînent le long des rives pour détruire le pont et brûler la tour : du bois qui remplit ces bâtimens jaillissent des flammes ardentes; les sources et

[1] 31 Janvier 886.

le fleuve se dessèchent, la terre soupire, et l'herbe verdoyante meurt embrasée par le feu. Le noir et puissant dieu de Lemnos tient Neptune foulé sous ses pieds, s'élève jusqu'à l'empire du ciel et parcourt la région des mers. La terre et ses champs, les eaux et les cieux sont consumés. La cité de Paris pleure, ses tours tremblent, ses murs se désolent. Hélas! quels intarissables fleuves de larmes coulent en abondance de tous les yeux! La fraîche jeunesse et la vieillesse aux cheveux blancs font entendre de tristes mugissemens; quelques mères, l'œil sec, s'arrachent les cheveux, se détournent de leurs enfans et se roulent dans la poussière; d'autres déchirent le vêtement qui couvre leur poitrine et la meurtrissent de leurs poings; d'autres enfin sillonnent de pleurs leurs joues humides. Les citoyens s'abandonnent à l'effroi; tous invoquent l'illustre Germain, et lui crient : « O Germain, prends pitié de tes ouailles malheureuses! » Germain, en effet, avait été autrefois le saint évêque de Paris, et ses restes vénérables faisaient la gloire de cette cité. Les murs redisent le nom de Germain, et dans la tour, les principaux guerriers comme le simple soldat répètent : « O Germain, « daigne secourir tes serviteurs! » Ce cri, sorti de bouches innombrables et que fait retentir l'écho, résonne sur les rivages et sur les plaines liquides de la haute mer, et frappent le trône céleste où Germain brille comme un astre superbe. La ville entière répond aux cris de toutes les voix qui appellent Germain; matrones et jeunes filles, toutes accourent également au tombeau du saint et implorent son bienfaisant secours. A ces cris, l'impie Danois s'abandonne aux excès d'une joie impie, et se rit de nos citoyens, serviteurs du vrai Dieu. Ces brigands qui nous affrontent, étouffés par leur rire infernal, élèvent en l'air leurs boucliers, et de leur gosier distendu et gonflé poussent des hurlemens aigus. L'air retentit au loin des gémissemens des gens de la ville et des clameurs non moins grandes des ennemis, et sous la voûte éthérée se font entendre et les cris des uns et les pleurs des autres [1].

Cependant le Dieu tout-puissant, le réparateur de toute la machine du monde, accueille les prières du saint qui le supplie; toi-même, Germain, tu viens alors au secours de ton humble troupeau; tu forces les barques enflammées d'aller échouer contre un immense monceau de pierres entassées pour soutenir le pont, et tu ne permets pas que celui-ci soit endommagé par aucun de ces navires. Aussitôt le peuple du Seigneur se précipite sur les vaisseaux en feu, les enfonce dans l'abîme des ondes, ou s'en empare en vainqueur. C'est ainsi que l'heureuse troupe qui sert le vrai Dieu trouve sa joie dans ce qui avait causé d'abord ses plaintes et ses cruelles douleurs: c'est ainsi que se termine pour nous ce combat. Le jour cesse alors, et pendant la nuit tout est si tranquille que la tour reste confiée à la garde des derniers des soldats.

Le soleil n'était pas encore remonté sur son brillant char que traînent quatre coursiers, et le jour commençait à peine à poindre, que les Danois trans-

[1] Dans toute cette phrase on a attribué les *clameurs* et les *cris* aux ennemis, quoique le texte ne le dise pas positivement, parce que l'opposition a paru dans l'intention de l'auteur qui, sans cela, n'eût fait que répéter ce qu'il avait dit plus haut.

portent furtivement dans leur camp les larges boucliers qui formaient leur tortue; ils abandonnent deux de leurs béliers, vulgairement nommés *carcamuses*[1]; la crainte les empêche de les emporter; nos gens s'en emparent et les brisent ensuite avec joie. Sigefroi, ce roi par qui notre tour craignait de voir enfoncer ses portes, emmène alors tous ses Danois. Ainsi, grâces au secours de Dieu, le dur Mars nous laissa prendre quelque repos. Ces combats avaient duré pendant les trois derniers jours de janvier, et le premier du mois suivant les vit finir.

Le troisième jour de ce combat fut celui de la sainte Purification[2] de l'adorable mère du Christ, à laquelle nous dûmes notre triomphe. Cependant les fatales cohortes normandes montent sur leurs navires, plus rapides que les oiseaux, et se dirigent vers les contrées orientales[3] soumises alors à l'empire de la triste France, et qui n'avaient point encore souffert des ravages de l'ennemi. Ces barbares s'avancent et détruisent sur leur passage toutes les chaumières abandonnées du domaine du célèbre Robert, surnommé le porteur de carquois; un seul homme d'armes était alors avec lui et le servait; tous deux habitaient la même maison. « Je vois, dit « l'homme d'armes au vieillard, les Normands qui « viennent contre nous à toute course. » Robert veut

[1] 1er Février 886.

[2] La *Purification* est le 2 février; l'auteur compte apparemment la veille de la fête comme partie de la fête, et fait finir le troisième jour du combat, c'est-à-dire, d'après ce qui précède, le dernier jour de janvier, au 1er février, à minuit, qui est le commencement de la veille de la Purification, où se disent les premières vêpres.

[3] L'Austrasie.

prendre son écu, mais ne le trouve pas; les siens, en effet, s'en étaient armés. Il ordonne cependant qu'on examine les mouvemens des Danois, tire son épée, marche à leur rencontre, et tue deux ennemis de sa main; mais personne ne venant le secourir, lui-même succombe dans un troisième combat. Adalelme, le neveu de ce chef, se présente accablé de tristesse au milieu du peuple et lui parle en ces termes : « Courage, braves guerriers! prenez vos boucliers et vos armes, et courons en toute hâte venger mon oncle. » Il dit, marche vers la campagne de Robert, attaque les féroces barbares, les bat, en fait un grand carnage, et les contraint à une fuite tellement précipitée, qu'ils ne peuvent rien emporter sur leurs vaisseaux de ce qu'ils avaient pillé. C'était là précisément ce que Robert s'était efforcé de faire.

Les Danois tentent ensuite de s'emparer de la plaine située auprès de la belle église de Germain, si souvent invoqué par les nôtres. Là, c'est un fait notoire, brillait son tombeau; là, en effet, avaient constamment reposé jusqu'alors ses vénérables restes, et son monastère était le plus célèbre de tous ceux que la vaste Neustrie s'honorait de posséder dans son sein. C'est de là que les propres religieux de Germain ont transporté son corps dans la cité de Paris. Le saint livra bientôt à nos soldats, qui gardaient la tour bâtie dans les champs de son église, ceux des ennemis qui osaient mettre le pied dans son pré. Un de ces brigands féroces, pénétrant jusque dans l'église de Germain, ose briser à coups de bâton les fenêtres en verre de cet édifice; sur-le-champ le saint frappe ce barbare d'une rage insensée, et l'attache au noir char des Euménides ; bientôt la mort saisit sans pitié ce misérable qui, ne pouvant résister aux maux qu'il endure, roule dans les enfers.

Bienheureux Germain, toi qui m'es si cher et dont je veux chanter les miracles, fais que mon esprit ne reste pas au dessous d'une telle entreprise ; je t'en conjure, grand saint, accorde-moi la grâce d'y réussir ! Puisse la divine colombe du Père et du Fils tout-puissants, j'ose le demander avec instance, pieux seigneur Germain, se reposer sur mes lèvres et remplir mon ame ! puisse cet esprit saint chasser loin de moi tous les vices impurs et parer mon cœur des fleurs et des fruits de toutes les vertus !

Un autre Danois, montant sur la plate-forme de la haute tourelle de l'église de Germain, suit une autre route que celle que l'on prend pour y parvenir, dirige ses pas sur les combles d'un difficile accès qui terminent ce temple d'une prodigieuse élévation, et, poussé par la force toute puissante du saint, il tombe du faîte et se brise les os. Ce miracle, Eudes, le roi futur de la France, debout alors sur le haut de la citadelle de la ville, le fait remarquer à la foule qui l'accompagne, le lui montre du doigt, et déclare que lui-même a vu tomber le Danois.

Un troisième jette les yeux dans l'intérieur du vaste mausolée du saint, et à son grand regret, il en perd la vue sur la place même. Un quatrième, qui, plus hardi, entre dans ce tombeau, est sur-le-champ privé de l'air qu'on respire sur la terre, et s'endort pour jamais dans le silence de la mort.

Heureux Germain, un cinquième tente d'ouvrir la tombe dans laquelle ton père est étendu ; mais la première pierre qu'il en détache lui brise la poitrine, et, du sépulcre où tu reposes, tu forces l'ame pestiférée de ce Danois de quitter son corps et de descendre malgré elle dans les profondeurs du noir abîme. De sa droite le saint fils défend les cendres de son illustre père; de sa gauche il protége celles de sa sainte mère. Ce père est Eleuthère, et Eusébie cette mère.

O douleur! voilà tout-à-coup que pendant le silence de la nuit le milieu du pont [1] s'écroule, entraîné par le courroux des ondes furieuses, qui s'enflent et débordent. La Seine, en effet, avait étendu de tous côtés les limites de son humide empire, et couvrait les vastes plaines des débris du pont, qui, du côté du midi, ne portait que sur un point où le fleuve s'abîme dans un gouffre; il n'en fut pas de même de la citadelle qui, bâtie sur une terre appartenant au bienheureux saint Germain, resta debout sur ses fondemens. L'un et l'autre tenaient au reste au côté droit de la cité de Paris. Aussitôt que le jour se lève, les cruels Danois se lèvent aussi, montent sur leurs vaisseaux, les remplissent d'armes et de boucliers, passent la Seine, cernent la malheureuse tour, et l'assaillent à plusieurs reprises de grêles de traits. La ville tremble, les clairons sonnent, les larmes inondent les murs, la terre gémit, et l'onde lui répond par des mugissemens; les pierres et les dards se croisent dans l'air qu'ils obscurcissent. Les nôtres poussent de grands cris; tous les Danois en jettent en même temps de non moins forts; la terre s'en émeut : chez ceux-là c'est de l'affliction, chez ceux-ci de la joie. Des citoyens veulent, mais ne peuvent secourir la tour,

[1] 6 Février 886.

ni porter aucune aide à ses défenseurs. Déjà fatigués par le combat, quoique réduits au nombre de douze, ces guerriers luttent courageusement et ne se laissent effrayer ni par les javelines des Danois, ni par la terreur qu'ils inspirent. Décrire leurs combats serait difficile; mais Hermanfroi, Hérivée, Hérilang, Odoacre, Herric, Arnold, Solie, Gerbert, Uvidon, Harderad, Eimard et Gossuin, sont les noms de ces braves qui forcèrent beaucoup d'ennemis de les accompagner au tombeau. Les infâmes assiégeans, qui voient que rien ne peut courber ces ames fières, amènent devant les portes de la malheureuse forteresse un chariot rempli de grains et y mettent le feu. De même que quand la foudre et la tempête viennent à éclater sur les campagnes, et que la nuit la plus noire se confond avec le jour sous le vaste espace de la voûte des cieux, il n'est personne qui ose approcher de sa propre maison, enflammée par le tonnerre; de même, dès que la fumée, enveloppant la tour, la cache aux catapultes, qui demeurent elles-mêmes plongées pendant quelque temps au milieu des feux tonnans de l'incendie, les Danois, redoutant de périr, laissent les flammes dévorantes du bûcher qu'ils ont allumé se livrer sans contrainte à leurs propres fureurs. Les nôtres ne craignaient pas qu'aucun des ennemis, effrayés des miracles opérés par les mérites de saint Germain, osât fouler de ses pas la terre appartenant à ce confesseur de la foi [1]; tous cherchent donc avec ardeur à éteindre le feu, mais les vases leur manquent pour puiser les eaux du fleuve. Ils n'en ont qu'un seul d'une grandeur raisonnable; mais hélas! pendant

[1] La tour était bâtie sur cette terre appartenant à Germain.

qu'ils s'en servent pour répandre l'eau sur les flammes qui s'élèvent sans cesse, il échappe de leurs mains et tombe en bas. Neptune désarmé succombe alors sous les efforts du boiteux Vulcain. Bientôt le feu s'élance au dessus de la tour et la dévore en entier; les chênes dont elle est faite, cédant à l'incendie dévastateur plutôt qu'aux efforts de l'ennemi, font entendre d'horribles craquemens. Nos guerriers abandonnent alors cette forteresse et se retirent sur l'extrémité du pont restée debout. Là ils renouvellent le combat et opposent une vigoureuse défense à de vigoureuses attaques, jusqu'au moment où Phébus dirige sa course vers les flots de la profonde mer. La race ennemie de Dieu, destinée à s'asseoir un jour à la table de Pluton, ne cesse d'accabler les nôtres de dards, d'éclats de roches et de flèches rapides; cependant les Danois, désespérant de les vaincre dans cette lutte, leur crient : « Rendez-vous, braves guer-« riers, ne craignez rien, reposez-vous sur notre foi.» Foi mensongère, hélas! ô douleur! les nôtres se fient en ces fausses promesses de la méchanceté, et se flattent de pouvoir se racheter par une forte rançon; et véritablement ils n'eussent jamais été pris ce jour-là sans cet artifice. Mais hélas! désarmés, ils tombent sous le glaive du féroce Normand; leur sang coule à flots et leurs ames s'envolent vers le ciel, où elles reçoivent la palme et la sainte couronne du martyre.

A peine cependant l'un d'eux, Hérivée, avait-il paru aux yeux de la foule de ces Gentils, que, frappés de la noblesse de sa figure et de la beauté de ses formes, ils le prirent pour un roi; l'envie d'obtenir de lui de riches présens le sauva pour un moment : mais dès que, promenant ses regards autour de lui, il aperçoit ses chers compagnons massacrés, semblable à un lion qui a vu du sang, il devient furieux, s'efforce d'échapper aux mains qui le retiennent, et, quoique attaché, cherche de tous côtés à se saisir d'une arme pour venger ses amis et le coup qui l'a frappé dans la personne de ses camarades. Cette consolation, la seule qu'il desire, lui est refusée; alors, d'une voix tonnante, et que n'affaiblit pas la crainte, il crie aux oreilles des insensés Danois : « Égorgez-moi, je tends « la tête à vos coups; non, l'argent ne prolongera « pas mes jours; mes compagnons morts, pourquoi « me laissez-vous vivre ? Croyez-moi, votre cupi- « dité sera trompée. » Son trépas illustra, non ce même jour, mais celui du lendemain. Quelles voix, quelles langues, quelles bouches suffiraient à redire les combats que ces braves [1] avaient livrés dans le pré de l'abbaye du saint fameux dont nous avons parlé ! combien ils avaient tué de Normands, et combien ils en avaient traîné prisonniers dans la ville de Paris ! Déjà aucun de ceux-ci n'osait plus se montrer dans les vastes champs du domaine de ce saint, tant était grande la terreur que leur inspiraient ces guerriers dont je chante les exploits. Cependant les cruels Danois jetèrent dans la Seine les cadavres sans vie de ces hommes courageux dont la gloire, les noms, la mort célèbre et les combats s'élèveront jusqu'au ciel, répétés de bouche en bouche, jusqu'à ce qu'on

[1] Le texte ne dit pas que ce soient les guerriers dont on vient de parler qui aient livré ces combats; mais, par ce qui précède et ce qui suit, on est conduit à ce sens, sans lequel il n'y aurait aucune liaison.

voie le soleil éclairer de ses rayons les ténèbres de la nuit, la lune et les étoiles briller en plein jour. Les assiégeans renversent enfin de fond en comble la tour qui pleurait la mort de ses défenseurs; mais frappé d'un trait le porte-étendard des Danois tombe et porte à Caron son corps et son dernier soupir. Que personne au surplus ne tente de s'élever contre ce que je raconte de ces combats; nul, en effet, ne peut parler sur ce sujet avec plus de vérité que moi, car j'ai tout vu de mes propres yeux, et les faits m'ont été confirmés par un des nôtres, qui lui-même se trouvait à toutes ces affaires, et parvint à éviter en nageant le glaive des féroces Danois.

Ceux-ci cependant passent la Seine, se dirigent vers la Loire, et gagnent l'établissement qu'ils y ont formé [1]; ils parcourent le pays situé entre ces deux rivières, et y font un immense butin; tout ce qu'ils y prirent, cette contrée, cédant à mes prières, me le dira elle-même. Cependant le vaillant abbé Ebble, croyant que tous les Gentils étaient partis pour cette région, se précipite presque seul hors de la citadelle de la ville, marche vers les retranchemens des Danois, un javelot à la main, le fait vibrer dans l'air et le lance dans le camp ennemi. Il n'avait pas pris de coursier pour s'y rendre, et ce ne fut pas non plus un coursier qui nous le ramena. Sans perdre un instant, et secondé par quelques-uns de ses compagnons d'armes, il court au camp, et frappe les remparts, auxquels il ordonne de mettre le feu. Ebble commande, les nôtres attaquent; mais du dedans on leur résiste

[1] Le texte porte seulement *patriam;* la suite prouve qu'il ne s'agit pas de leur pays, mais de l'établissement des Danois sur la Loire.

avec courage [1]. Un bruyant frémissement s'élève au milieu des flots de fumée du camp des Danois. Ceux-ci sortent de leurs retranchemens, et beaucoup plus nombreux que nous. Ils font fuir devant eux, même sans lui porter aucun coup, la tourbe qui avait suivi Ebble. Quant à ce héros, il tient ferme avec ses compagnons contre les ennemis. Ceux-ci n'ont pas tant d'audace que de le toucher même avec le fer, et si cinq cents hommes aussi courageux qu'il l'était lui-même l'eussent soutenu, il se serait jeté sur le camp des assiégeans, et aurait chassé les ames de ces misérables de leur demeure terrestre. Mais, manquant de soldats, il se vit contraint de cesser le combat.

Neustrie! toi la plus noble des contrées de l'univers! toi qui as donné le jour à une foule de grands qui ont étendu au loin leur domination; ne te refuse pas, je t'en conjure, à me dire de combien de richesses précieuses les Danois t'ont dépouillée, après s'être emparés de la tour de Paris, et combien ils ont trait de tes troupeaux en parcourant ton vaste territoire si rempli de trésors divers. « Lequel de mes enfans, répond la Neustrie, pourra croire un jour quelles « ont été mes pertes? Non, quand toutes les langues « les plus agiles se réuniraient, elles ne sauraient « dire combien d'hommes, de chevaux et de bœufs, « d'autres troupeaux et de jeunes porcs, mâles et « femelles, ces barbares m'ont ravis. Mes fleuves « retentissaient du bêlement des agneaux; sur le ga- « zon de mes prairies, véritable vallée de Tempé, les

[1] Le texte porte seulement : *pugnant nostri, constantius illi.* — *Illi* se rapporte évidemment aux Danois. L'auteur n'ayant pas dit plus haut qu'il en restât dans le camp, il a fallu l'indiquer.

« jeunes taureaux faisaient entendre leurs mugisse-« mens; dans mes bois résonnait le cri rauque des « cerfs, et le grognement des sangliers effrayait mes « forêts; les féroces Danois m'ont enlevé tous ces « biens, tu dois le savoir, et l'avoir entendu ra-« conter! »

Hélas oui! ces dégâts je les ai vus du haut des murs de la cité de Paris; nos yeux en ont été les témoins, et nos vers les redisent avec certitude. Les Danois, ne pouvant tenir tant de butin enfermé dans les camps, ni dans les forts, firent une vraie étable [1] de l'église du saint évêque Germain, et la remplirent de taureaux, de jeunes truies et de chèvres au nez court. Tous ces animaux, entassés dans ce lieu, poussent bientôt de longs gémissemens; les plaies couvrent leurs corps, et, déchirés par la douleur, ils rendent le dernier soupir. Leurs gardiens arrivent pour les porter à leur cuisine, mais trouvent que déjà ils servent de pâture à d'innombrables vers; l'église entière est infectée de l'horrible odeur qui s'exhale de tous ces cadavres. Ce n'est pas à la cuisine, mais à la Seine qu'on les traîne; de ce moment, on vide l'église de bœufs, et on n'y en laisse plus égorger aucun.

« Vous avez lu mes malheurs, dit la Neustrie, sa-« chez maintenant mes triomphes. Les villes dont les « barbares voulaient le plus ardemment se rendre « maîtres leur résistèrent, et, par la grâce de Dieu, « ils ne purent venir à bout de s'en emparer. Ces bar-« bares étrangers livrèrent des combats sans nombre « dans le pays de Chartres, mais ils y laissèrent

[1] Bostar.

« quinze cents morts. Cette perte ils l'éprouvèrent dans « un seul jour et dans une seule bataille sanglante, que « leur livrèrent Godefroi et Odon, tous deux géné- « raux du comte Eudes. Dans la suite, ce même « Odon en vint souvent aux mains avec eux, et tou- « jours il en demeura vainqueur. Hélas! il avait perdu « autrefois dans un combat sa main droite, et l'avait « remplacée par une main de fer, qui n'était pas infé- « rieure en force à sa main véritable. Les Normands « ne furent pas plus heureux contre la cité du Mans, et « d'autres villes ne se laissèrent pas plus vaincre que « Chartres. » Mais il faut que ma plume prenne quelque repos, Apollon l'ordonne.

FIN DU LIVRE PREMIER.

LIVRE SECOND.

Muse, lève-toi promptement, le soleil répand déjà ses feux sur les climats d'orient; hâte-toi donc de tourner tes pas vers moi, et de m'apporter ta lumière.

Henri, homme puissant et brave, accourut de la Saxe [1] au secours de Gozlin, évêque de Paris, apporta des vivres à ce prélat, et la mort à un nombre hélas! trop peu considérable des cruels Normands; il donna ainsi aux nôtres des moyens de soutenir leur vie, et fit sur les ennemis un immense butin. Une certaine nuit il pénétra dans le camp des Danois, et leur enleva beaucoup de chevaux. Cependant, au carnage affreux que fait Henri de ces brigands, de violentes clameurs et des frémissemens de rage se font entendre; les nôtres alors renonçant aux douceurs du repos, garnissent les murailles; les Danois expirans poussent des cris perçans, et les citoyens redoutant d'avoir, comme de coutume, à supporter la fatigue ordinaire d'une lutte contre les barbares, leur répondent par de grands cris. Henri, à la fin, abandonne le camp des Danois; et ceux-ci, faisant retomber sur-le-champ leur vengeance sur notre citadelle, l'attaquent avec leurs pieux, et nous rendent leur présence funeste. Nos guerriers ouvrent les portes; alors s'engage un combat violent et corps à corps; les boucliers et les épées volent en éclats; la vie chérit les nôtres et abandonne les Danois; la mort

[1] En mars 886.

s'attache à nos ennemis, et la vie favorise nos amis; enfin nos citoyens goûtent les douceurs du repos, et les misérables Normands s'abandonnent à la fuite.

Tandis cependant que le roi Sigefroi et Eudes confèrent ensemble, une troupe nombreuse de féroces Danois accourt, et s'efforce de s'emparer d'Eudes par surprise, et de l'entraîner loin de la tour; mais lui leur porte d'abord de grands coups; puis, d'un saut agile, repasse le fossé, quoique chargé de sa javeline et de son bouclier, fait volte-face, et continue de combattre en héros, comme il l'a toujours fait; les siens s'élancent vers leur chef, en le comblant d'éloges, et tous contemplent avec étonnement ses nobles exploits. Alors Sigefroi, qui voit les nôtres se présenter pleins d'audace au combat, crie à ses compagnons : « Quittez ce lieu, il ne nous est pas donné « de rester ici plus long-temps; le mieux est de nous « en éloigner au plus vite. »

Aussitôt qu'Henri s'est retiré dans ses États, les barbares abandonnent les terres de Saint-Germain le Rond [1] et passent sur celles du saint du même nom [2], dont les bienfaits me nourrissent; ils osent s'y établir, et environnent son pré de retranchemens; de toutes parts, ce saint, mon seigneur, quoiqu'il ne soit souillé d'aucun péché, se voit enfermé dans des murs comme un voleur dans sa prison; et sans doute, en punition de nos fautes, sa haute église est de tous côtés entourée d'une muraille. Cependant Sigefroi, ce roi dont on a déjà parlé, accepte soixante livres de l'argent le plus pur, consent à ce prix à se retirer loin de nous, veut que

[1] Saint-Germain-l'Auxerrois. — [2] Saint-Germain-des-Prés.

tous les Normands l'accompagnent, et brûle du desir de comparer la douceur des eaux de la tranquille Seine à l'amertume des flots de la mer, et de montrer aux siens comment la bouche de l'Océan engloutit la queue blanchissante du fleuve, et comment celui-ci frappe de ses nageoires la tête du dieu des mers. Mais les siens refusent de le suivre. « Allons, puis-« sans Danois, leur crie-t-il, allons, courage, attaquez « donc de tous côtés les murs de Paris; cernez de « toutes parts, en vaillans guerriers, sa citadelle; ac-« cablez ses tours sous les coups de vos flèches for-« midables et de vos membres robustes; que chacun « apporte des pierres; que chacun lance à l'envi des « traits : je prendrai sur moi de rester spectateur de « ce combat. » A peine a-t-il fini de parler, que tous se lèvent; ils arrivent jusque dans les îles sur lesquelles repose la ville [1]; armés de glaives meurtriers, ils entourent nos murailles. Les nôtres cependant sortent des portes, se rangent au pied des tours, et tuent à l'ennemi deux de leurs rois et beaucoup d'hommes d'un moindre rang. Bientôt les infidèles fuient à l'envi, et la victoire demeure aux adorateurs du Dieu véritable. Le fleuve de la Seine nous prêtant son secours, enfle ses ondes, engloutit au fond de ses abîmes ces malheureux, et les fait descendre dans l'Averne. Sigefroi triomphe, insulte aux mourans par ses rires et leur dit : « Bra-« ves guerriers, assiégez donc actuellement ces « remparts; emparez-vous de la ville et prenez la « mesure des demeures que vous devez habiter ici

[1] *Inquesulas penetrant urbis sedes quibus extat.* — *Inquesulas* est pour *penetrantque insulas.*

« désormais. Quant à vous, crie-t-il aux siens, par« tons, le temps approche où nous nous féliciterons d'avoir quitté ces lieux. » Sans tarder davantage, et plein de joie, il abandonne les rives de la Seine, emportant avec lui le prix de sa retraite; et les autres eussent reçu comme lui de semblables présens s'ils s'en fussent rendus dignes.

Quelle oreille pourra s'ouvrir sans peine pour entendre ce que je vais dire? Que la terre, la mer, le ciel et le vaste univers gémissent, l'évêque Gozlin, le ministre de Dieu, ce héros plein d'humanité, est passé au Seigneur[1]; il s'est élevé vers les astres, dont il a lui-même le brillant éclat, celui qui fut pour nous une ferme citadelle, un bouclier, une javeline à deux pointes aiguës, un arc redoutable et une flèche rapide et sûre. Hélas! tous nos yeux épuisent péniblement leurs sources de larmes, et la crainte déchire tous nos cœurs accablés par le chagrin. Dans ce même temps mourut également Hugues, prince et abbé tout à la fois; et ceux de Sens se virent aussi enlever leur docte évêque Évrard. Ce fut encore alors que les ennemis, parvenus au comble de leur joie, s'y abandonnèrent avec transport; leurs sentinelles déclarèrent en effet avoir vu, pendant le silence d'une nuit humide et noire, l'ombre de Germain, toute brillante d'un éclat éblouissant, et portant un fanal où étincelait une vive lumière, parcourir l'espace étroit du tombeau où le saint a été enseveli et que ses membres ont rempli d'une divine odeur.

Le temps des solennités de la fête de ce saint approchait; les Normands alors renouvellent ironique-

[1] 16 avril 886.

ment aux défenseurs des forts de Paris leurs reproches de ce qu'ils ne célèbrent pas ces saintes pompes; puis, animés d'un esprit d'insulte, ils se répandent dans la campagne, font rouler à travers les champs un chariot chargé de gerbes de grain, et pressent cruellement de l'aiguillon les flancs des bœufs qui le traînent. Mais tout-à-coup ces animaux boitent sans qu'on puisse apercevoir en eux aucune cause de cet accident. Les Normands alors attachent au chariot plusieurs autres bœufs, puis d'autres encore; les malheureux taureaux tirent à l'envi des cornes et des épaules; déjà leurs flancs sont rougis de leur sang; mais tous leurs efforts ne peuvent ébranler les roues attachées à la terre; les Danois restent frappés d'étonnement à la vue de ce miracle opéré par notre seigneur Germain. Les taureaux sont alors détachés, et le cruel aiguillon demeure inactif. Le lendemain le chariot est déchargé des gerbes, dépouilles de nos champs, et sur-le-champ les roues reprennent leur mouvement et tournent sur leur axe.

L'un de ces Normands, condamné à être égorgé, s'était réfugié dans le temple du même saint et tenait embrassée sa statue. Mais le malheureux est chassé sans pitié de cet asile et livré à la mort par les siens. Malheur à ces impies! Ils avaient accablé ce malheureux et furent accablés à leur tour; le sort qu'ils avaient fait éprouver à leur compagnon, tous l'éprouvèrent justement, grâces aux mérites de Germain; ils ne trouvèrent en lui qu'une pitié semblable à celle qu'ils avaient montrée, et furent cruellement punis par le ciel d'avoir poussé l'audace au point de violer l'église. Les Danois alors, pleins d'une crainte respectueuse pour le saint lieu, y établirent des prêtres chargés d'y célébrer la messe et les offices sacrés aux heures marquées, et défendirent d'un commun accord que qui que ce fût se permît d'en rien enlever. Un d'eux, enfreignant cet ordre, prit et étendit sur son propre lit une des nappes d'autel de l'église[1]. Par un miracle qui n'a rien de semblable à aucun autre, on trouva sous cette nappe tout son corps manifestement rapetissé et revenu à l'état de l'enfance; de tous ceux qui l'ont bien connu auparavant, nul ne peut absolument le reconnaître[2]; on cherche avec étonnement où se sont cachés ses veines et ses nerfs, comment ses os et leur moelle ont disparu, et comment ses entrailles se sont renfermées dans la cavité d'un ventre si petit. Chose admirable! cet homme, qui passait pour le plus grand des Danois, remarquables par leur haute taille, tous le voient maintenant, à l'heure de sa mort, le plus petit des enfans; et c'est dans cet état que la vie l'abandonne, et que, furieux de désespoir, il descend en gémissant chez les ombres.

Un certain homme goûtait du plus profond de son cœur les douceurs du repos au milieu des ombres de la nuit; le même saint, très-cher au Seigneur, lui ap-

[1] *Tegmen ecclesiæ*, proprement une couverture de l'église. On ne peut entendre par à qu'une des nappes d'autel.

[2] Voici le texte de cette phrase.... *Sub quo manifeste — effigies ejus reperita fuit puerilem — scilicet eventu nulli similante minuta; — notu quibus fuerat pridem, nec noscitur ullo — oppido!* La construction ne peut être, ce semble, que celle-ci: *Sub quo effigies ejus reperita fuit minuta manifeste in puerilem* (*effigiem* sous-entendu), etc. Dans cette phrase, *eventu* n'est pas seulement un événement, mais un miracle. Quant au sens général, il est, ce semble, celui qu'on a adopté, comme le prouve le détail qui suit.

parut; il le vit prendre dans sa main, à la prière de saint Marcel et de saint Cloud, une eau limpide, la bénir, et en arroser la ville en faisant tout le tour de ses murailles [1]. Le même saint découvrit ensuite son nom à cet homme, annonça que la ville pouvait concevoir d'heureuses espérances, et disparut de devant la face de celui qui le contemplait.

Dans la même cité de Paris, était un noble homme, tombé dans un extrême amaigrissement, et à qui le souffle même échappait, tant il craignait de mourir et de voir le Châtelet pris par les Normands. Vers ce même temps, un songe lui fit voir ses concitoyens décidés à l'abandonner, et la ville lui paraissait désertée par tous ses habitans : tout-à-coup, un clerc, d'une admirable beauté, et dont le visage brillait de l'éclat le plus serein, se présente à ses yeux, et lui dit du son de voix le plus doux : « Que crains-tu? lève-« toi, laisse là tes indignes frayeurs; regarde cette « multitude de citoyens, ils ne pensent plus à la fuite, « et sont prêts à combattre. » Cet homme se lève, vif et dispos, et voit en effet les remparts garnis de bataillons de jeunes guerriers couverts de leurs casques. La même voix tonne alors aux oreilles des gardes qui veillent à la défense de Paris. « Je suis Germain, leur

[1] *Visus adest cuidam Domini sanctissimus idem.—pectore carpenti requiem per nubila noctis.— Marcelli sancti precibus, necnon Clodoaldi — accipiens manibus liquidam benedicere lympham.* En supprimant le point après le premier vers, ce qui semble indispensable, la construction paraît être : *Idem sanctissimus Domini visus ades cuidam carpenti pectore requiem per nubila noctis accipiens manibus liquidam lympham* (sous-entendu *et*) *benedicere* (*eam* sous-entendu) *precibus sancti Marcelli necnon Clodoaldi.* Cette construction, la seule possible, ce semble, une fois admise, la traduction est littérale, et présente un sens raisonnable.

« dit-il, l'évêque de cette cité; prenez courage, ne « craignez rien, elle ne deviendra pas la proie de « ces impies dévastateurs. » Le saint parle, et cet homme retrouve la respiration ainsi que l'embonpoint; le bienheureux parle, et ce malade est délivré de sa funeste maladie; le ministre de Dieu parle, et le moribond se levant de sa couche, marche, entièrement guéri de ses maux par les paroles de l'habitant des cieux, et explique lui-même la vision qu'il a eue pendant la nuit.

Un autre jour, tandis que les soldats servant sous la bannière du saint portaient son corps autour des murailles de la ville, et que tous les citoyens suivaient en formant la haie, et adressaient par des chants éclatans leurs vœux et leurs prières au Dieu tout-puissant, l'un des porteurs des saintes reliques, nommé Gozbert, est tout-à-coup frappé d'une pierre par un des étrangers; mais celui qui a lancé le coup meurt, précipité dans les ombres du Tartare, et celui qui l'a reçu n'éprouve, grâces au secours du saint, d'autre mal que celui du choc de la pierre.

Cependant Paris, en proie à toutes les horreurs d'un cruel carnage, est tourmenté au dehors par le glaive de l'ennemi; au dedans, hélas! une peste mortelle étend ses funestes ravages sur la foule des nobles, et nous n'avons pas, dans le voisinage, de terre où nous puissions donner la sépulture aux cadavres des mourans. Il n'y a point de jour où les habitans de la ville et les féroces ennemis, campés dans les faubourgs, ne se livrent quelque combat, et aucun jour ne se passe sans faire descendre dans les antres de l'enfer des hommes morts de la peste.

Dans ces tristes circonstances, Eudes, celui qui doit bientôt régner, est envoyé pour presser Charles, ce roi des Francs dont on a parlé plus haut, d'accourir en toute hâte au secours de Paris. De tous les grands il ne resta dans cette ville que le vaillant abbé Ebble, dont le nom a souvent brillé ci-dessus dans ces vers. Un certain jour, au lever de l'aurore, ce guerrier ordonne à six de ses cavaliers de prendre les armes et le costume des Danois; ils passent la Seine, volent à travers les campagnes, parcourent la plaine, et tuent un nombre égal de Normands tout armés, mais ensevelis dans un funeste sommeil; un grand bruit s'élève soudain dans le camp ennemi; aux cris affreux que poussent les mourans, les féroces Danois prennent leurs boucliers, et les nôtres regagnent leur barque.

Nos troupeaux paissaient le long des rives qui baignent les terres de Saint-Denis; les Normands, qui souvent les avaient convoités, tentèrent de les enlever; mais constamment l'abbé Ebble marcha contre eux pour leur fermer le passage, et une certaine fois il perça d'un trait le comte qui les commandait; les barbares alors abandonnèrent ces rives, emportant avec eux le cadavre de leur chef; et bientôt après, le même Ebble fit sortir encore de la citadelle six cavaliers qui dans un rude combat tuèrent sept ennemis.

Cependant les citoyens allaient fréquemment, par les nuits les plus noires, attaquer les gardiens des troupeaux de l'ennemi, mettaient les uns en fuite et égorgeaient les autres; ces attaques, ils les répétaient souvent; et pour donner de leurs succès des preuves auxquelles on pût croire, ils apportaient dans la ville des Danois morts, et y en amenaient d'autres encore pleins de vie. Une certaine fois cependant, trois cents des cruels ennemis pénètrent en leur manière accoutumée dans l'île, et jusque dans l'intérieur des murs qu'on y a bâtis; neuf d'entre eux tombent sur-le-champ sous le glaive de deux de nos guerriers, et trente reçoivent des blessures si profondes qu'il n'est donné à aucun d'eux de voir la lumière du quatrième jour d'après. De notre côté, deux des combattans goûtèrent seuls les douceurs d'une mort glorieuse, et portèrent jusqu'aux astres leurs pas bienheureux; l'un fut le vieux Sigebert, et l'autre le jeune Segevert.

Après ces événemens, le vaillant Eudes paraît tout-à-coup sur les hauteurs de Montmartre, entouré de trois bataillons de soldats armés de casques; le soleil, qui, dédaignant le lit de pourpre du vaste Océan, commençait à paraître, lança l'éclat de ses rayons sur les boucliers de cette troupe; et cet astre, qui chérit Eudes, avant de répandre sa lumière sur ses compagnons, salue ce guerrier, l'amour des citoyens, et que tous brûlent de revoir. Cependant les ennemis, animés par le desir de lui fermer l'entrée de la tour, passent la Seine, et couvrent les rives d'alentour; mais Eudes, monté sur son coursier, s'ouvre un passage à travers les féroces Normands, franchit les portes qu'Ebble lui tient ouvertes, rejoint ainsi les défenseurs du fort, et par ce noble fait d'armes frappe d'étonnement tous les spectateurs. Le cruel ennemi suit par derrière et presse vivement les compagnons d'Eudes, qui s'efforcent de rentrer en toute hâte à Paris, sur les traces de leur chef. Alors Adalelme, ce même comte dont on a déjà parlé ci-dessus, et qui était à plus de deux lieues, s'avance à la rencontre des Danois. « Courage, crie-t-il aux « siens, mieux vaut courir au devant de ces barbares « que de souffrir qu'ils nous attaquent ici. » Ainsi dit Adalelme. La race détestée prend aussitôt la fuite, et la victoire demeure aux nôtres; les écus résonnent, les dards volent, les champs se couvrent des cadavres des Danois que moissonne le glaive destructeur d'Adalelme; il ne leur donne aucun relâche qu'il ne les ait forcés de repasser le fleuve, et revient ensuite victorieux et triomphant.

Alors fut tué Henri [1], souvent nommé plus haut, qui voulait assiéger les Danois dans leur propre camp. Alors aussi Sinric, un de leurs rois, s'efforçant de traverser la Seine pour rejoindre les siens, refusa deux des trois barques qui se trouvaient prêtes, et se plaça dans la troisième avec cinquante de ses compagnons; mais il fit naufrage, disparut au milieu du fleuve, et trouva la mort au fond de l'abîme liquide où lui et les siens plantèrent ainsi leurs tentes. Il avait dit qu'il dresserait son camp dans le lit de la Seine, et aux lieux où elle prend sa source, avant de se résoudre à quitter le territoire de l'empire des Francs; et ce qu'il avait dit, Dieu voulut qu'il l'exécutât ainsi.

Enfin, au moment où le soleil, parvenu au milieu de sa course, brûle l'univers de tous ses feux, où la terre est dévorée de la soif, où l'ombre plaît le plus aux troupeaux, et où un doux zéphir rafraîchit de son souffle les agréables forêts, tous les forts de Paris furent entourés d'une foule d'ennemis avides de nous apporter la mort. On combattait de tous côtés; les

[1] En juillet 886.

murs, les tours, les ponts, avaient à se défendre tous en même temps; et l'onde livrait à la terre d'horribles batailles. Les clairons, de leur voix tonnante, avertissaient les citoyens de quitter les plaisirs de la table. « Allons, leur crient les trompettes, abandonnez tous les festins. » Une terreur générale s'empare de la ville et de ses habitans; dans Paris, il n'est aucun lieu où la guerre n'exerce ses fureurs. Les traits et les éclats de pierre que lancent les catapultes volent contre les tours, aussi serrés que la pluie qui tombe sur les champs, et les boucliers gémissent sous les coups de balles d'un plomb pesant et d'immenses quartiers de roche. Tels sont les tristes présens que ne cessent de nous faire les Danois; mais de leur côté les nôtres dirigent contre ces cruels ennemis les balistes, les pierres rapides et les flèches légères. Tous ces instrumens de mort que font voler l'un et l'autre parti remplissent au loin le vide de l'air, et on les voit flotter suspendus entre le ciel et la terre. Mars, fier et audacieux, étend de plus en plus son empire. Les reliques de Geneviève, la vierge du Seigneur, sont portées alors à l'entrée de la ville; et sur-le-champ, grâces aux mérites de cette sainte, les nôtres obtiennent l'avantage, et chassent loin d'eux à coups de traits les assiégeans. Ce succès, ce fut Gerbold, grand de courage, mais petit de taille, qui l'obtint, quoiqu'il ne fût accompagné que de cinq hommes armés; jamais, en effet, il ne déchargea contre la terre la gueule de sa catapulte sans faire couler des torrens de sang. Dans les autres parties de la cité se livrent de vifs combats; partout on entend au loin les boucliers crier et les casques craquer sous les

coups; nous luttons vaillamment, mais les Danois luttent plus rudement encore. Les nôtres, épuisés par les fatigues de la bataille, perdent enfin courage. Oh douleur! tous pleurent, tous poussent de profondes lamentations; la vieillesse que l'âge a blanchi, et la jeunesse brillante des fleurs du printemps, gémissent à l'envi; les moines pleurent; il n'est pas un clerc qui ne fonde en larmes; les cris tonnent dans l'air, et les plaintes s'élèvent jusqu'à la voûte éthérée. Les nôtres, craignant que l'ennemi ne s'empare de la ville, laissent voir toute la tristesse de leur ame, tandis qu'ivres de joie et persuadés qu'ils vont se rendre maîtres de nos murs, les cruels Normands insultent au ciel par leurs rires bruyans. Les femmes sanglottent, s'arrachent les cheveux, ou balaient la terre de leur chevelure en désordre. Hélas! elles mettent en pièces les vêtemens qui couvrent leur sein, et se meurtrissent de leurs poings; dans leur affliction, elles déchirent de leurs ongles leur triste visage; et d'une voix pleurante, toutes supplient Germain en ces termes : « Bien-
« heureux Germain, prête ton appui à tes enfans;
« autrement, il nous faudra mourir aujourd'hui; ô
« grand saint, secours-nous sans tarder, et à présent
« même; secours-nous, nous périssons. » La terre répète le nom de Germain; le fleuve, ses rivages, et tous les bois d'alentour font entendre également ces cris : « O saint Germain, aie pitié de nous, nous
« t'en supplions. » Les cloches des temples résonnent et font entendre de lugubres accens. La terre s'émeut à ces cris, le fleuve redit ces gémissemens, et la cité, qui craint de voir le jour prochain éclairer sa ruine, se désole et répand des larmes amères.

Mais voilà que tout-à-coup Germain, digne de la vénération de tout l'univers, se rend, sans tarder, à nos vœux, vole en personne à notre secours, se porte aux lieux où Mars livre les plus grands combats, et contraint les porte-enseignes des Danois à servir de pâture à la mort. Il chasse ensuite la foule des assiégeans loin de la ville et du pont tout ensemble; la grande tour se réjouit en voyant son seigneur évêque devant ses portes; nos braves, fatigués, reprennent alors leurs forces et rivalisent à qui résistera les armes à la main aux cruels ennemis qui abandonnent les remparts et le pont et reviennent vers la tour; mille d'entre eux l'assiégent, et leur grand nombre empêche seul que tous puissent à la fois prendre part à l'attaque; mais leurs entrailles, transpercées par une foule de glaives, tombent sur la terre comme la pluie tombe du ciel, et leurs compagnons les reportent expirans sur leurs vaisseaux.

Déjà l'océan recevait dans son sein le soleil qui descendait vers le palais de marbre de Thétis; alors, par les mains des Danois, un violent incendie s'allume au pied des portes de la tour; bientôt les flammes ceignent le faîte élevé de la forteresse, et l'ennemi nous combat en même temps par le fer et le feu. Les nôtres abandonnent la citadelle, et ordonnent d'en ouvrir toutes les portes, aimant mieux affronter une mort glorieuse que de s'en remettre à la foi des perfides Normands. Personne ne resta sur la tour, à l'exception d'un seul religieux du saint dont nous avons parlé si souvent : cet homme, tenant au dessus des flammes le bois de la céleste croix, a vu de ses yeux et raconté les merveilles qu'on va rapporter, mais que cachait aux autres l'épaisse fumée qui enveloppait le signe de la rédemption. Quoique les portes fussent ouvertes, le feu, sans défense contre la croix, mourut tout-à-coup sans qu'on l'étouffât par l'épée, ni qu'on l'éteignît avec le secours de l'onde; les barbares prirent promptement la fuite; ces cruels traînèrent avec eux les cadavres de beaucoup des leurs, et Mars suspendit sur ce point ses fureurs. Cette victoire, les nôtres la durent à la vertu de la sainte croix et aux mérites de l'auguste évêque Germain, dont les reliques furent rapportées à la basilique du martyr Étienne, par le peuple plein de joie et chantant à haute voix : « Nous te louons, « grand Dieu, et nous te reconnaissons pour le Sei- « gneur. » Ce saint, autrefois illustre évêque de Paris, est aujourd'hui la sauve-garde de cette cité, qui passe ainsi alternativement de la tristesse à la joie.

L'ame agitée par sa colère contre les Danois, aussi profondément que l'est la mer par le vent d'ouest, le roi Charles dit à six cents Francs : « Hâtez-vous de « vous rendre vers cette ville, lieu qui convient à « notre séjour. Ces brigands oseront-ils donc commet- « tre de tels méfaits sous mes yeux? » Sur-le-champ les Francs obéissent à ces ordres. Tandis qu'ils suivent le chemin qui mène à l'église du saint prélat, les infidèles marchent sur leurs traces, rassemblent des troupes derrière eux, et les attaquent; mais les nôtres les battent; les Normands fuient et meurent[1]. La foule des fuyards cherche un asile dans des temples qui avoisinent les murs. Tout-à-coup deux de nos guer-

[1] En septembre ou octobre 886.

riers (je raconte un fait merveilleux) se précipitent dans une de ces églises, ne la quittent qu'après l'avoir remplie de morts, reprennent ensuite leurs chevaux, sautent dessus et vont se réunir à leurs compagnons. C'est ainsi que six cents des nôtres couvrirent de trois mille cadavres ennemis l'espace situé entre la Seine et Montmartre, et revinrent sains et saufs. La gloire de ce succès fut décernée par la renommée aux frères Théodoric et Aledramne, deux des grands du royaume.

Alors le prince que nous chantons, l'empereur Charles, arrive entouré de guerriers de toutes les nations, aussi brillans que les astres dont resplendit le ciel, et suivis d'une foule immense de peuples parlant diverses langues. Il fixe ses tentes aux pieds de Montmartre et près de la tour. Son premier soin est de donner pour pasteur à l'église de Paris, veuve depuis si long-temps de son évêque, le noble et illustre Anschéric, qui a su se distinguer et se faire honorer par la possession de toutes les saintes vertus. Ce monarque veut bien consentir ensuite que les barbares se retirent dans le pays de Sens et reçoivent sept cents livres d'argent, à la condition de retourner dans leur sauvage empire, au mois de mars; car à cette époque novembre tenait la terre engloutie sous les glaces. Ces choses réglées, Charles, qui bientôt devait mourir, s'en retourna.

Dis maintenant, ô Bourgogne, les noms de ces barbares dont tu as souffert les coups; jusques là, peu accoutumée à la guerre, tu ne les connaissais pas, à moins que la Neustrie, unissant à tes fils quelques-unes de ses nobles filles, ne t'entretînt de leurs fureurs; mais à présent tu sais ce que sont les Normands [1].

En quittant la Bourgogne, les Normands revinrent [2] dans le pré, si souvent cité, de Germain, y dressèrent leur camp et respectèrent comme auparavant le temple du saint. Vers ce temps, ce Germain, mon seigneur, rendit à quatre malheureux l'ancien usage de leurs membres raccourcis et retirés d'une manière effroyable, restitua le mouvement à leurs organes et à leurs fibres, voulut que leurs genoux et leurs pieds se redressassent et reprissent leur état naturel qu'ils avaient perdu depuis long-temps, et redonna aux yeux éteints de l'un d'eux la faculté de revoir les rayons du soleil répandant leurs feux sur l'univers.

Du fond du comté de Bessin, et à travers l'armée des barbares, vint, quelque temps après, au même temple, une femme également aveugle; mais, grâces au mérite du bienheureux, elle arriva sans qu'il lui eût été fait aucun mal et recouvra la vue. Auprès des pieds du saint est un puits dont les eaux offrent un prompt et sûr remède contre la douleur de la fièvre, à quiconque les boit avec une foi entière en son secours. Une Normande, voulant faire du pain pour les siens, ordonne qu'on lui apporte par force,

[1] *Nomina tunc ensem quorum perpessa fuisti — nec vocitare prius, pigra ô Burgundia bello, — Neustria prœcluibus thalamum nisi comeret altis, — Jam tibi consilio facilis; verum modo jam scis :* ce passage serait inintelligible si la glose publiée par dom Toussaint Du Plessis n'indiquait *vocitabas* au lieu de *vocitare*, et ne mettait au dessus d'*altis* ces mots : *nutritis filiabus*, ce qui conduit au sens que nous avons adopté. Il paraît, en effet, qu'avant cette époque, les Normands n'avaient pas pénétré en Bourgogne.

[2] En 887.

et à titre de tribut, l'eau de ce puits que le prêtre, gardien du temple, vendait fort cher aux malades; mais à peine le pain est il mis au feu, qu'il prend la couleur rouge du sang. Peu après, une autre Danoise, c'est un fait connu, voulant avoir de force de cette eau, ne puisa que du sang.

Qui pourrait, au surplus, raconter tous les miracles d'un si grand saint? Quand j'aurais mille bouches et autant de langues, quand elles rempliraient l'air et feraient retentir le ciel de leurs paroles, je serais hors d'état de rapporter les faits merveilleux du saint qui me sert de père, et d'en dire même le nombre. Ce saint est Germain; s'il ne lui a pas été permis de briller plus long-temps sur la terre, il y a fait du moins des miracles dont les hommes ne peuvent trop s'étonner. Dès le sein de sa mère, et avant même de voir la lumière, il lui fut donné d'opérer des prodiges et de pratiquer la plus haute vertu. Lecteur, lequel de tous les saints a jamais produit de si grandes choses? Il n'y a peut-être que saint Jean-Baptiste; j'y consens, si vous le voulez; mais alors qu'on vous tienne donc, mon patron Germain, pour l'égal de ce saint fameux; car lui aussi a rappelé trois morts à la vie et a rétabli leurs ames dans les demeures corporelles qu'elles avaient déjà quittées.

Dis, cité de Paris, quels sont les héros qui t'ont défendue? « Eh! qui aurait pu me sauver, répond « cette ville, si ce n'est l'évêque Germain, qui fait « toute ma force et est l'objet de tout mon amour? « Après le Roi des rois et la sainte mère de Dieu, c'est « lui qui fut mon véritable roi, mon pasteur et mon « valeureux comte; lui seul est encore mon glaive à

« deux tranchans, ma catapulte, mon bouclier, mon « large rempart et mon arc rapide. Les peuples chan-« tent ses miracles; c'est assez. Que la faible voix de « Philomèle ne s'épuise pas à les célébrer. »

Cessons donc de dépeindre dans nos chants la série des œuvres admirables de ce saint. Disons comment les bataillons normands, peu retenus par un traité fragile, ne voulurent pas quitter les frontières de France, pour se retirer dans leurs antres. Ils avaient envie, ô Bourgogne, de remonter de nouveau, tout en retenant l'argent qu'on leur avait donné, le cours de la Seine dans ta contrée, où ne sont point de terres stériles. Mais ce desir, ils le dissimulaient et le tenaient caché. Ce qu'ils firent ensuite demeurait enseveli dans leur cœur, et ce qu'ils annonçaient n'était que dans leur bouche [1]. Ils pensèrent donc qu'il leur serait facile de traverser les ponts secrètement, en mettant leurs barques en mouvement. La nouvelle en est bientôt apportée à l'évêque Anscheric, au milieu de son repas. Une foule de guerriers étaient assis à la table au moment où l'aiguille du cadran regardait la voûte du ciel que le soleil partageait en deux parts égales et inondait de flots de lumière; tout-à-coup Paris s'écrie que les Gentils fendent les ondes de la Seine avec leurs rames et remontent les flots vers l'orient. Ebble et Anscheric, dédaignant les plaisirs de

[1] ..... *Simulata cupido latebat; — quod sequitur cordi affuerat, sed hoc tamen ori.* Mot à mot : *Leur desir dissimulé était caché; ce qui suivit était dans leur cœur, mais cela était dans leur bouche.* Ce que veut dire l'auteur est, ce semble, que les Normands qui s'étaient engagés à retourner dans leur pays, cachaient leur dessein d'aller en Bourgogne, dans l'espoir de passer en secret sous les ponts, pour remonter la Seine.

la table, se lèvent, crient aux armes, se portent sur la rive et font pleuvoir les traits. Ebble tire la corde de son arc; la flèche part; le pilote du bâtiment qui marche le premier reçoit le coup dans l'aisselle, à travers un petit trou, percé dans la barque par une tarière. Le conducteur de la flotte périt, et est ainsi englouti dans les flots. Ainsi les Normands, véritables acéphales, puisqu'ils s'arment contre le Christ, vrai chef de ce monde, perdent leur chef, et s'arrêtent sous les murs de la citadelle.

Alors ils demandent grâce, et s'obligent, sous la foi du serment, et en donnant des otages, à ne toucher aucun autre rivage que celui de la Seine, et à se retirer promptement, comme ils devaient le faire avant. Ils étaient convenus, en effet, de nous laisser tout le terrain que baigne le fleuve tranquille de la Marne, que nous appelons communément notre barrière. Les nôtres tremblaient que les Danois ne la violassent; mais, par suite de ce traité, amis et ennemis se réunirent sur une place qui leur était commune à tous; ils avaient les mêmes maisons, un seul pain et une seule boisson, s'arrêtaient dans les mêmes lieux, suivaient les mêmes routes et partageaient les mêmes lits; voir ainsi les deux peuples mêlés ensemble, c'était pour tous un sujet d'étonnement. Ce traité, les Danois l'exécutèrent d'abord en se rendant chez les Sénonais, et ils s'y montrèrent fidèles jusqu'au moment où leurs barques, emportées par les flots et secondées par un vent favorable, eurent eu le bonheur d'atteindre, en dépit de nos murailles, les eaux supérieures de la Seine. Hélas! ils emmenèrent avec eux, le long des rives, vingt Catholiques, et leur arrachèrent la vie, soit en les massacrant, soit en les faisant périr sous les courroies [1]. Après en avoir tenu deux autres dans leur propre camp, privés de toute nourriture, ils les entourèrent de charbons ardens, et leur firent souffrir ainsi une mort dont les nôtres avaient espéré se garantir à force de prières [2]. Bientôt les barbares franchirent les barrières fixées, se rirent des habitans de Sens, et sillonnèrent avec leurs navires les flots de la Marne. La nouvelle en est envoyée à Paris. Mille cris et mille gémissemens sortent de toutes les bouches. Toute paix cesse, tout traité est rompu entre les Normands et nous. Sur-le-champ les citoyens parcourent à l'envi la ville et la place publique, et cherchent s'ils n'y verront pas paraître quelques-uns de ces barbares. Heureusement on en découvrit cinquante, qu'on accabla de blessures. Celui qui se fit surtout remarquer contre eux fut l'abbé Ebble, fameux guerrier, distingué par ses connaissances dans les lettres, et propre à tout, s'il n'eût été trop avide de richesses, et trop abandonné aux plaisirs de la vo-

[1] Les *courroies* étaient un supplice infligé aux esclaves. On n'a pu trouver un autre sens que celui qu'on a adopté pour ces deux vers : *Eheu! Catholicos secum per littora vitæ; —bis denos siquidem aut necibus lorisve plicarunt.*

[2] *Mox adhibent propriis vitam sine mandere castris, — vallatam geminis mortem, sine tegmine prunas: — quæ nostri precibus sperarunt tuta tenere.* La construction de cette phrase plus qu'obscure paraît être : *Mox adhibent geminis* (*in* sous-entendu) *propriis castris, vitam sine mandere* (*et* sous-entendu), *mortem vallatam* (*secundum* sous-entendu) *prunas sine tegmine quæ*, etc. Mot à mot : *Ils présentent à deux des nôtres, dans leur propre camp, une vie sans manger, puis une mort entourée de charbons, sans rien qui les recouvre, choses que les nôtres*, etc. Le sens adopté est celui qu'on a cru pouvoir prêter à cette phrase inintelligible, et à côté de laquelle on lit, à la marge du manuscrit : *ænigma*.

lupté. Quant à l'évêque Anscheric, au lieu de faire tuer, comme il l'aurait dû, ceux qu'on avait pris, il leur permit de s'en aller, par respect pour le traité. Les ennemis tombèrent ensuite sur les gens de Meaux, et cernèrent leur ville.

Cependant Charles, ayant cessé de régner et de vivre, était tristement descendu dans les entrailles profondes de la riche terre [1]. Eudes reçut alors avec joie, par le consentement et la faveur du peuple franc, le titre et la dignité de roi, le sceptre et le diadème. La France s'en réjouit, quoique Eudes fût Neustrien; elle ne pouvait trouver en effet aucun de ses propres enfans semblable à ce prince. La Bourgogne, quoiqu'un duc ne lui manquât point, ne refusa pas de reconnaître cet illustre fils de la Neustrie, et Eudes eut ainsi l'honneur de réunir sur sa tête triomphante une triple couronne. Il se rendit en outre en toute hâte chez les astucieux Aquitains, les soumit promptement à son pouvoir, et regagna le royaume des Francs. Les Normands étaient alors campés sous les murs de la ville de Meaux. Cette cité avait pour évêque Segemond, et pour comte Teutbert, vaillant guerrier, frère du prélat Anscheric. Ni le jour, ni la nuit ne laissaient de repos à ce héros, les armées ennemies l'attaquaient sans cesse et de tous côtés; cependant il leur résista long-temps et courageusement. Toutes les fois qu'il sortait des murailles pour fondre sur les féroces Danois, il faisait éprouver à leur troupe cruelle des pertes innombrables, et je ne pourrais dire combien de porte-drapeaux

[1] Charles le Gros mourut le 12 ou 13 janvier 888.

tombèrent sous ses traits. Mais ô douleur! ce brave guerrier, n'étant pas secouru par son prince, succomba un jour qu'il se précipitait au milieu des armes meurtrières des Normands, et la ville souffrit alors toutes les horreurs de la destruction, et vit son évêque réduit en captivité. Ce fut sous ces tristes auspices que commença le règne d'Eudes.

Enfin les Danois volent de nouveau vers les murs élevés et sûrs de Lutèce. Alors Eudes y appelle tous les guerriers qui lui sont soumis et habitent ses États; ce grand prince en réunit un nombre qu'on ne saurait compter. Les Francs superbes accourent, la tête haute; tu te présentes aussi, Aquitain, renommé par ta finesse et les traits acérés de ta langue; les Bourguignons viennent également, mais avec le projet de fuir; et cette réunion, qui dura trop peu, ne remporta point de triomphes.

Je ne sais comment un guerrier aquitain, nommé Adhémar, trompa ceux de sa nation, et suivi, dit-on, d'un petit nombre d'hommes, mit à mort un grand nombre de Danois. Ensuite Scladémar s'élança au milieu du combat; le premier, il égorgea deux Normands et les envoya dans le séjour des ombres. Du moment où les barbares se montrèrent sous les murs de Lutèce, Scladémar, qui avait été le compagnon du comte Robert [1], fut le premier à prendre l'épée, et l'épée causa aussi sa fin : d'abord, il en frappa les infidèles, et en fut frappé à son tour. La terreur de son nom dispersait les Normands, et il leur était arrivé de fuir jusqu'à trois cents stades de la

[1] Peut-être de Robert le Fort.

ville, jetant aux pieds des remparts et sur les chemins leurs casques et leurs boucliers.

De son côté, accompagné seulement de trois cents hommes de pied, mais fortifié par la faveur de la Vierge, l'évêque Anscheric fit mordre la poussière, dans un combat sanglant, à six cents des impies Danois. Ce fut ainsi qu'avec l'appui de Dieu, qui règne au haut du ciel, les citoyens, pleins de joie, rapportèrent dans leurs murs un immense butin.

Racontons maintenant les nobles triomphes d'Eudes. On appelle Montfaucon [1] le lieu où ce prince battit d'abord dix mille cavaliers et ensuite neuf mille fantassins des profanes Normands. Ce fut le propre jour anniversaire de la Nativité de Jean, le précurseur du Sauveur, qui lui valut ce double triomphe. N'ayant pour toute suite que mille hommes armés de boucliers, ce roi suivait son chemin; tout-à-coup un chasseur, qui poursuivait avec ses chiens les lièvres des forêts, lui apprend que des cavaliers barbares s'approchent par milliers. Eudes saisit son bouclier, et le suspend à son col; prévoyant que des combats inattendus le menacent, il revêt ses armes, et ses compagnons en font de même, à son exemple. Après avoir imploré les secours du ciel, le héros fond sur les ennemis; les uns perdent et leurs boucliers et la vie, les autres prennent la fuite devant trois jeunes gens qui se sont revêtus des armes royales d'Eudes. Ce prince dit alors aux siens : « Ceux que nous avons vaincus sont peut-être suivis « par d'autres; ainsi donc, tenez toujours vos rangs

[1] Probablement Montfaucon en Argonne, entre l'Aisne et la Meuse, et non pas Montfaucon près Paris.

« serrés. Au premier mot que vous entendrez de moi, « ajouta-t-il, que chacun de vous soit prêt; je vais « aller moi-même à la découverte sur cette monta- « gne, et si le son de la trompette vient frapper « votre oreille, que nul de vous ne cède à la pa- « resse. » Il dit, demande son cor, et monte sur un rocher. Tout-à-coup il voit des fantassins couverts de leurs armes s'avancer à pas lents. Aussitôt les cris retentissans de son cor portent partout au loin l'épouvante; les sons de cet instrument recourbé volent dans la plaine et s'élèvent jusqu'aux cieux; il fait entendre sur tous les tons des accens tantôt continus, tantôt brisés. Docile à la voix de son maître, toute la forêt lui répond; le bruit rapide du cor remplit l'air tout entier, et il ne faut pas s'en étonner, puisque c'est, dis-je, une voix royale qui tonne. Les gens d'Eudes sautent sur-le-champ sur leurs coursiers, et se précipitent au milieu des étrangers. L'un de ceux-ci fait vibrer sa hache au dessus de sa tête, et en décharge un coup sur le casque et les épaules du roi; mais ce malheureux, qui a osé frapper l'oint du Seigneur, reçoit dans son corps l'épée toute entière du prince, et son ame s'exhale de son sein. Le combat devient à chaque instant plus acharné; de ces barbares infames, les uns perdent leur sang et leur vie, les autres prennent la fuite; notre monarque triomphe; l'espace d'un seul jour lui suffit pour étendre sur la poussière tant de milliers de Danois, et son glaive ne cesse de les poursuivre jusqu'à ce qu'il les ait contraints à s'éloigner des frontières de France. Cette victoire cependant ne lui procure aucun repos, car bientôt il apprend que les Aquitains se séparent de lui [1] et méconnaissent son pouvoir.

Furieux, il marche contre eux en toute hâte, et dévaste leurs terres, ne frappant que le menu peuple sur son passage; il s'efforce de bloquer les villes qui lui sont opposées, mais ne peut y réussir. Bien plus, au moment où le soleil, quittant la voûte du ciel, se plonge dans les antres humides et mobiles de l'océan, Adhémar, ce chef dont j'ai déjà parlé, quoique uni au roi Eudes par les liens du sang, lève contre lui l'étendard de la révolte. Il semblait que Proserpine fût à ses ordres, tant il mit en fuite les troupes d'Eudes. Pendant que l'ombre de la nuit cache la lumière du jour, Adhémar porte la mort dans les bataillons d'Eudes; celui-ci dort alors, et son infidèle parent extermine ses guerriers. Dès que le soleil brille, le monarque s'éveille, mais alors disparaît, gorgé de sang, celui dans les veines duquel coule le sang royal. Au surplus, je vais dire comment il avait déjà fait de telles choses. C'était lui en effet qui n'avait pas voulu souffrir que le roi donnât la ville de Poitiers à son frère Robert, et qui, s'aimant plus qu'il n'aimait son prince, s'était emparé pour lui-même de cette contrée.

Eudes se rendit ensuite à Limoges et dans les campagnes de l'Auvergne; là il trouva Wilhelm, son ennemi [2], à la tête d'une armée formidable, prêt à l'attaquer, si le fleuve qui coulait entre les deux camps n'eût empêché le combat. Le roi dépouilla donc Wil-

[1] En 892.

[2] Ce *Wilhelm*, surnommé le Pieux, était fils de Bernard III, comte d'Auvergne.

helm de tous ses honneurs et les donna à Hugues, alors prince et gouverneur de Bourges, ce qui fit éclater une cruelle guerre entre ces deux comtes. Le fameux Wilhelm, qui commandait à Clermont, eut en effet à regretter la perte de onze cents hommes que Hugues avait tués; celui-ci, à son tour, perdit dans un combat cent des siens; et pris lui-même par le glaive de Wilhelm, il le supplia de lui accorder quelque pitié; mais celui-ci répondit que c'était trop tard recourir à la prière, et, plus prompt que la parole, passa sa lance à travers le corps de son rival. Cependant, parmi les hommes de Hugues, étaient deux vaillans guerriers, l'un Rotgaire, comte et neveu de Hugues, l'autre Étienne, soldat plein d'audace. Tous deux tuèrent à Wilhelm beaucoup de ses gens; ainsi donc, ô malheur! vous avez eu, toi, Hugues, à pleurer ta mort, et toi, Wilhelm, à déplorer ta victoire.

Cependant un messager vint alors frapper l'oreille du roi de la triste nouvelle que la Gaule, trahissant ses sermens envers lui, tendait le cou au joug de Charles, fils de Louis, à qui le ciel imposa, pour ainsi dire, le surnom de Bègue [1]. Eudes se met en marche sur-le-champ et court chercher celui qui pousse la témérité jusqu'à vouloir s'emparer de ses États de Germanie. Le héros s'empare des places fortes et terrasse les rebelles, par sa seule présence, il met en fuite Charles et tous ceux qui suivent ses bannières, comme

[1] *Qui vocitatus ut a cœlo prænomine Balbus*. Par *a cœlo*, l'auteur semble indiquer que l'infirmité qui fit surnommer ce prince *le Bègue* lui vint du ciel; peut-être, tout dévoué à Eudes, fait-il de cette infirmité une preuve de réprobation pour la race de *Louis*.

le dieu de Délos chasse les ténèbres, ou comme la lumière dissipe les atomes, et il renvoie humiliés ceux qui déjà levaient contre lui la tête avec insolence. Quel discours suffirait à dire combien de fois le monarque poursuivit de son épée tonnante et contraignit à la fuite le fils du puissant empereur Arnoul, Cendebald [1], en qui Charles avait mis son appui, sa force et son espérance contre Eudes, dont lui-même n'eut jamais le courage de soutenir les regards? Après ce triomphe, au surplus, il ne fut pas permis au vainqueur de goûter le repos.

Me voilà en effet réduit de nouveau à raconter avec de tristes gémissemens le retour des féroces Gentils étrangers. Ils dévastent les campagnes, égorgent les peuples, parcourent les villes et les palais du roi, enlèvent les laboureurs, les chargent de fers et les envoient au-delà des mers. Eudes l'apprend, ne s'en met point en peine, et n'oppose à de tels forfaits que de vaines paroles [2]. Plût à Dieu que ta bouche, Eudes, ne se fût jamais souillée de paroles si criminelles! Ce fut sans doute le démon lui-même qui te les inspira. Eh quoi! ton esprit néglige de veiller sur les brebis que t'a confiées le Christ, et tu dédaignes même de prendre plus long-temps soin de ton propre honneur! Aussitôt que les barbares, qu'aucune probité ne saurait retenir, connurent tes paroles, ils s'abandonnèrent aux transports de la joie, couvrirent de leurs barques tous les fleuves qui arrosent la Gaule, tin-

[1] Zuentibold, duc de Lorraine, bâtard de l'empereur Arnoul.

[2] *Rex audit, nec curat Odo; per verba respondit.* Littéralement : *Leur répond par des paroles.* Voilà au surplus un fait clairement raconté, et dont ne parle aucun autre historien.

rent sous leur joug la terre et l'onde; et toi, le gardien de la France, tu souffris tous ces excès!

France, dis, je t'en conjure, que sont donc devenues ces forces avec lesquelles tu as jadis triomphé de dangers plus grands, et ajouté des royaumes à ton empire. Le vice et un triple péché te tiennent engourdie. Tu te laisses emporter à l'orgueil, à un honteux amour pour les plaisirs de Vénus, et à un goût effréné pour les habits précieux. N'as-tu donc pas la force de repousser au moins de ton lit voluptueux tes propres parentes et les religieuses consacrées au Seigneur? Pourquoi te livres-tu à des goûts contre nature, lorsque tant de femmes courent au devant de tes caresses? Malheureux, nous nous permettons ce qui est défendu comme ce qui ne l'est pas. France, il te faut des agrafes d'or pour relever tes magnifiques vêtemens, et de la pourpre de Tyr pour donner à ta peau un vif incarnat; tu ne veux pour tes épaules que des manteaux enrichis d'or; une ceinture ne plaît à tes reins que si elle est garnie de pierres précieuses, et tes pieds ne s'accommodent que de courroies dorées; des habillemens modestes ne suffisent pas à te couvrir. Voilà ce que tu fais, et aucune autre nation n'en fait autant. Si tu ne perds ces trois vices, tu perdras tes forces et le royaume de tes pères. De ces vices naissent tous les crimes : la Bible et les prophètes du Christ nous l'attestent. O France, fuis-les donc à jamais!

Chanter ne m'ennuie pas, mais je n'ai plus à raconter de hauts faits d'Eudes, quoique ce noble prince jouisse encore du bonheur de respirer sur cette terre.

Moi, pauvre poëte, je t'en conjure, lecteur, indique-moi quelque peuple ennemi dont je puisse raconter les défaites et plaire ainsi à ceux qui habitent les douces demeures des cieux!

FIN DU SIÉGE DE PARIS PAR LES NORMANDS.

CHRONIQUE
DE FRODOARD [*].

[*] Nous renvoyons le lecteur à la *Notice sur Frodoard*, placée en tête de son *Histoire de l'église de Rheims*, et où nous avons donné sur sa *Chronique* tous les renseignemens qui nous restent.

CHRONIQUE

DE

FRODOARD.

[877.] Dans l'année 877, le sixième jour d'octobre, le très-excellent empereur Charles[1], de sainte et illus-mémoire, termina sa course terrestre, et, à ce que nous espérons, entra en possession des joies éternelles. Il fut réellement fils du sérénissime empereur et auguste Louis, et petit fils du très-glorieux César, nommé Charles. L'abbesse Bertrade, sa noble parente, qui, ainsi que la congrégation qui lui est confiée, se rappelle toujours sa grandeur et sa bonté, et qui prie sans cesse pour lui, a fait raconter sa vie dans un abrégé qui est lu tous les ans à son anniversaire. Ainsi sa mémoire ne s'oublie pas[2]. . . . . .

. . . .

[919.] Il tomba à Rheims une grêle étonnante, dont la grosseur surpassait celle d'un œuf de poule, et qui en largeur pouvait occuper tout le creux de la main. On la vit encore plus considérable dans quelques lieux. Cette année il n'y eut point ou du moins très-peu de vin dans le canton de Rheims. Les Normands ravagèrent toute la Bretagne dans le pays de Cornouailles, situé sur le rivage de la mer. Ils bouleversèrent et dévastèrent tout, après avoir emmené,

[1] Charles le Chauve. — [2] Ici est une lacune de 877 à 919. Voir la *Notice*.

vendu et chassé tous les Bretons. Les Hongrois ravagèrent l'Italie, et le royaume de Lothaire, l'une des parties de la France.

[920.] Presque tous les comtes français abandonnèrent leur roi Charles auprès de Soissons, parce qu'il ne voulait pas renoncer à son conseiller Haganon, que, de condition médiocre, il avait rendu puissant. Hérivée, archevêque de Rheims, reçut le roi lorsque tous l'avaient délaissé, le conduisit à sa demeure dans son domaine de Carcasirie; le lendemain ils se rendirent à Crosnes, domaine de l'évêque de Rheims, et demeurèrent là jusqu'à leur retour à Rheims. L'archevêque le garda ainsi presque sept mois, jusqu'à ce qu'il eût ramené les grands à lui, et lui au royaume. Ensuite l'archevêque Hérivée partit pour le rivage de la Meuse, afin de reprendre un château nommé Maisières, situé dans son diocèse, et que retenait malgré lui Erlebald, comte du canton. Cet homme était alors excommunié pour les mauvaises choses qu'il faisait contre les serviteurs de l'évêque, et pour s'être emparé par ruse du château d'Hautmont, appartenant à l'église de Rheims. L'archevêque assiégea Maisières pendant quatre semaines presque entières; après ce temps, Erlebald l'abandonna; enfin, le pontife s'en empara, y mit des gardes et revint à Rheims. Erlebald se rendit près du roi qui demeurait alors dans le pays de Worms, et était vis-à-vis de Henri, prince d'outre Rhin; là il fut attaqué et tué par des ennemis du roi.

Cette année et la suivante il s'éleva une querelle entre Hilduin, évêque, et Richard, abbé de Pruim, au sujet de l'évêché de Tongres; dans le vrai, le roi avait donné cet évêché à Richard, parce que Hilduin, à qui il l'avait accordé d'abord, avait quitté son parti. Mais le clergé du lieu ayant élu Hilduin, qui avait la faveur du peuple et de Gislebert, que plusieurs Lorrains avaient choisi pour prince à la place du roi Charles, Hériman, archevêque de Cologne, le consacra. Quand Gislebert et les Lorrains furent rentrés dans l'obéissance, le roi Charles ne voulut donner cet évêché qu'à l'abbé Richard et point à Hilduin. Dans le diocèse de Rheims, un cierge, déposé à la porte du monastère de Saint-Pierre par des citoyens qui allaient à Rome visiter les tombeaux de saints apôtres, fut allumé trois fois par un feu céleste. Il vint aussi en ce lieu une jeune fille nommée Osanne, du canton de Vouzi; depuis deux ans elle ne se nourrissait point de viande, ne pouvait manger de pain et avait beaucoup de visions; dans ce temps elle demeura sans mouvement pendant une semaine complète, et, à l'étonnement de tous, sua du sang, de manière que son front et sa figure en furent couverts jusqu'au cou; il ne lui restait presque point de vie ni de chaleur, et elle ne respirait que par un très-petit souffle. Elle attesta qu'elle avait vu alors beaucoup de choses, dont elle dit plusieurs, mais elle déclara qu'elle n'osait proférer la plus grande partie de ce qu'elle avait vu. Dans ce temps, on trouva aux environs de Rheims du miel dans les rayons, et des fleurs parurent sur quelques arbres avec des fruits déjà mûrs.

[921.] Rodolphe, évêque de Laon, mourut; Adelelme, trésorier de ce lieu, lui succéda et fut sacré par le seigneur Hérivée, archevêque de Rheims. Plusieurs Anglais, se rendant à Rome, furent tués à coups de pierres par les Sarrasins, dans les défilés des Alpes. Il se tint un concile à Troli; il fut présidé par l'archevêque Hérivée; le roi Charles y fut présent aussi : à cette occasion on donna l'absolution à Erlebald, et Richard, marquis de Bourgogne, mourut. Le roi Charles alla dans le royaume de Lorraine, reprit par force, sur le rebelle Ricuin, plusieurs forts, fit une trêve jusqu'à la messe de saint Martin, avec Henri, prince d'outre Rhin, et revint à Laon. Il y eut cette année plusieurs tempêtes en divers lieux; des hommes furent tués de la foudre et des maisons brûlées de même; la chaleur de l'été fut considérable, et on eut beaucoup de foin; il y eut une sécheresse presque continuelle, pendant les trois mois de juillet, d'août et de septembre; le comte Robert assiégea, pendant cinq mois, les Normands qui s'étaient emparés du fleuve de la Loire, reçut d'eux des otages, leur accorda, avec le pays de Nantes, la Bretagne qu'ils avaient dévastée, et ils commencèrent à recevoir la foi de Jésus-Christ; Herluin, évêque de Beauvais, mourut; Charles fit de nouveau la paix avec le roi Henri.

[922.] Charles dévasta, pendant tout l'hiver et le temps du carême, par les rapines, les incendies et les sacriléges, le royaume de Lorraine, afin de poursuivre Gislebert et Othon. Richard, qui était parti pour Rome, revint ordonné par le pape Jean, et l'évêque Hilduin, qui avait aussi été à Rome, en revint excommunié. Drogon, évêque de Toul, mourut; Goslin lui succéda. Bérenger, empereur des Lombards, ayant été chassé de son royaume par ses grands, Rodolphe, roi de la Gaule cisalpine, fut appelé par eux dans ce royaume, et les Hongrois, à l'instigation de Bérenger, prirent beaucoup de villes et ravagèrent l'Italie. Charles revint ensuite à Laon; Hugues, fils de Robert, se rendit sur la Vesle; il trouva là, venant à sa rencontre, près de Fismes, les vassaux de l'archevêque Hérivée, et plusieurs comtes de France. Ils allèrent ensemble dans le pays de Laon, situé sur l'Aisne; la cause de ce voyage fût le susdit Haganon, à qui le roi Charles avait donné l'abbaye de Chelles, qu'il avait prise à Rothilde, sa tante, belle-mère de Hugues. Charles sortit secrètement de Laon avec Héribert et Haganon, et, par amour pour ce dernier et crainte pour lui, il passa la Meuse. Hugues le suivit jusqu'à la Meuse avec deux mille hommes prêts à combattre; il trouva le Lorrain Gislebert qui venait au devant de lui, et, appelé à une conférence par son père qui l'avait d'abord poursuivi, et qui était alors dans le pays de Laon, il revint. Apprenant cela, Charles repassa la Meuse avec quelques Lorrains qui étaient venus à lui, et commença à ravager et à incendier les villes de l'église de Rheims. Il assiégea par les armes, prit et saccagea un château nommé Hautmont, mais non sans une grande perte des siens. Robert se rendit sur le fleuve de la Marne, au devant de Rodolphe, son gendre, fils de Richard; Charles le suivit avec ses Lorrains, passa la Marne, et le château d'Epernai fut saccagé par les amis d'Haganon. Robert passa la Marne au dessous d'Epernai, au moment où Rodolphe venait avec les Bourguignons; il dressa son camp seulement à trois lieues de l'armée de Charles, et l'un et l'autre demeurèrent plus d'une semaine en cette position; tous enfin vinrent à une conférence, excepté Haganon et Charles.

Cependant Hugues, fils de Richard, venant à Robert, rencontra, dans les domaines de l'évêché de Rheims, environ deux cents de ceux qui étaient avec Haganon et qui allaient piller; il les prit, il s'empara des chevaux et des armes; trois hommes furent tués et les autres renvoyés à leurs compagnons couverts d'ignominie. De là, Robert plaça son camp près de Chaumuzy, et Charles établit le sien près de Rheims; après que ce dernier eut demeuré trois jours de suite à une lieue de la cité, et que quelques chevaux eurent été pris par les citoyens de Rheims, ils combattirent près de la ville le dimanche de la Pentecôte, et quand quelques Lorrains eurent été tués et beaucoup d'autres blessés, la nuit interrompit le combat. Charles ayant appris ensuite que ceux qui étaient avec Robert avaient pris Laon, partagé entre eux les trésors d'Haganon qui y étaient, et fait prisonnier un de ses frères, il assiégea cette ville avec Haganon. Quelques Lorrains revinrent chez eux, d'autres suivirent Charles : Robert dressa ses tentes sur l'Aisne; Charles, quand il se vit refuser l'entrée de Laon, s'arrêta près de la Sère, et Robert près de l'Ale, et comme les troupes de ce dernier croissaient chaque jour et que celles de Charles diminuaient, Charles s'éloigna secrètement avec Haganon et passa la Meuse. Les Francs élurent pour roi le seigneur Robert et se donnèrent à lui. Ainsi Robert fut constitué roi à Rheims, dans Saint-Remi, par les évêques et les grands du royaume. Hérivée, archevêque de Rheims, mourut trois jours après le sacre du roi Robert, le 2 juillet, quatre jours avant qu'il eût achevé la vingt-deuxième année de son pontificat. Séulphe, qui faisait les fonctions de diacre de cette ville épiscopale, lui succéda dans son évêché.

On vit, près de Cambrai, apparaître trois soleils ou trois orbes éloignés également de cet astre. De plus, on vit dans le ciel deux javelots approchant à l'envi l'un de l'autre, jusqu'à ce qu'un nuage les couvrît; de plus, deux branches d'arbres qui s'avançaient l'une vers l'autre, jusqu'à ce que la nuée les cachât aussi. Robert envoya en Lorraine son fils Hugues, avec une petite troupe de Français, afin de délivrer le château de Chevremont, appartenant à Gislebert, et que Charles assiégeait; quand Charles apprit sa venue, il leva le siége, et Hugues, après avoir reçu des Lorrains quelques otages, retourna vers son père. Il y eut dans le pays de Cambrai un tremblement de terre qui renversa plusieurs maisons. On rapporte que dans l'église de Saint-Pierre, du lieu de Gésède, situé dans la banlieue de Paris, il s'effectua beaucoup de miracles depuis que les reliques de la barbe de ce bienheureux apôtre y furent portées. Plus de cent soixante-dix aveugles, boiteux, ou gens qui avaient les membres paralysés, s'en allèrent pleins de santé. Tous les démoniaques qui vinrent dans ce lieu s'en allèrent l'esprit sain et libre des démons, sans compter encore beaucoup de miracles innombrables qui se firent dans ce lieu.

[923.] Robert se rendit en Lorraine pour conférer avec Henri, qui vint à sa rencontre sur les bords de la Roër. Là, se redoutant mutuellement, ils se jurèrent amitié, se firent des présens, et se séparèrent. Les Lorrains donnèrent en ce lieu des otages, et firent une trève avec Robert pour jusqu'aux calendes d'octobre. Les Normands ravagèrent l'Aquitaine et l'Auvergne; Guillaume, duc d'Aquitaine, et Raimond combattirent contre eux, et douze mille Normands perdirent la vie. Boson, fils de Richard, tua Ricuin, qui languissait dans son lit. Charles passa la Meuse avec ses Lorrains, qui violaient ainsi la trève faite précédemment avec Robert; il vint à Attigni, ayant appris que Robert campait près de la ville de Soissons, passa l'Aisne tout-à-coup, avant que celui-ci eût pu assembler ses fidèles, et le lendemain, le jour du dimanche, après l'heure de midi, Charles fondit avec ses Lorrains sur Robert et les Francs, qui n'attendaient point de combat en ce jour, et dont beaucoup dînaient alors. Robert fit armer ceux qui étaient avec lui, et marcha contre Charles. Le combat s'engagea; beaucoup périrent de l'un et de l'autre côté; et le roi Robert, percé d'une lance, tomba mort. Cependant ses partisans, ayant à leur tête Hugues, son fils, et Héribert, remportèrent la victoire, et Charles s'enfuit avec ses Lorrains. Les partisans de Robert, occupés de la mort de leur roi, ne continuèrent point à les poursuivre, mais s'emparèrent de leur camp, dont le butin fut pillé surtout par la foule des campagnards et de ceux qui habitaient la banlieue de la ville de Soissons. Ensuite, les Lorrains, après avoir perdu beaucoup de bagages, que prit le comte Roger, et qu'il conduisit à Laon, laissant Charles dans le royaume de France, revinrent chez eux. Alors Charles supplia par plusieurs messages le comte Héribert, l'archevêque Séulphe et les autres grands de revenir à lui. Ils refusèrent, et se rendirent en Bourgogne, auprès de Rodolphe, qui vint en toute hâte au devant d'eux avec une forte armée. Les Français ayant appris que Charles avait mandé à lui les Normands, et voulant empêcher qu'ils pussent le rejoindre, se rendirent avec Rodolphe sur l'Oise, et se placèrent entre les Normands et Charles. Celui-ci alors s'enfuit en-delà de la Meuse, et tous élurent Rodolphe. Rodolphe, fils aîné de Richard, fut donc constitué roi dans le monastère de Saint-Médard, dans la ville de Soissons. Le comte Héribert envoya à Charles son cousin Bernard avec des messagers qui ignoraient, à ce qu'on rapporte, le but de la commission qu'on leur donnait. Charles, persuadé par ses sermens, vint à lui avec peu de monde, et Héribert le prit, et le mit dans un fort à lui sur la Somme, auprès de Saint-Quentin. Ensuite ayant donné la liberté à ceux qui avaient accompagné le roi, il le fit conduire dans une de ses forteresses nommée Château-Thierry, et située sur la Marne; là, il lui fournit toutes les choses nécessaires à la vie, et le retint prisonnier; et après, il suivit en personne le roi Rodolphe.

Cependant Ragenold, prince des Normands qui résidaient aux environs de la Loire, excité par de fréquens messages de Charles, ayant joint ses compatriotes de Rouen, ravagea la France au-delà de l'Oise. Les vassaux d'Héribert attaquèrent leur camp, s'étant adjoint les comtes Ingobrand et Rodolphe, beau-fils de Roger; ils firent un grand butin, et délivrèrent en ce lieu mille captifs. Ragenold ayant appris cela, fut plein de fureur, et se rendit dans le pays d'Arras pour le piller; le comte Adelelme alla à sa rencontre, lui tua six cents hommes, et mit les autres en fuite; Ragenold s'enfuit avec eux dans l'asile de ses forts, et de là, ne manqua à aucune des rapines et pirateries qu'il put exercer. Le roi Rodolphe, mandé par Hugues, fils de Robert, pour ces objets pressans, se rendit de Bourgogne à Compiègne, sur l'Oise; et ayant appris que les Normands dévastaient Beauvais, il s'y rendit de là avec l'archevêque Séulphe, le comte Héribert, et quelques hommes choisis et courageux. Après avoir passé la rivière d'Epte, il entra dans le pays donné aux Normands, qui avaient embrassé la foi du Christ, à condition qu'ils seraient fidèles à cette foi et à garder la paix; le roi dévasta avec les Français, par le fer et le feu, une partie de cette terre, parce qu'ils avaient enfreint ce qu'ils avaient juré en retour des promesses de Charles, qui leur avait concédé l'étendue de cette région. Tandis que le roi Rodolphe s'occupait ainsi, il fut joint par des envoyés des Lorrains, qui offraient de se soumettre à lui corps et biens. Le roi, rappelé par ce message de la dévastation qu'il opérait, se rendit aux vœux des Lorrains, et partit, de l'avis des grands, laissant les comtes Hugues et Héribert à la défense de la patrie, en-delà de l'Oise. Les Lorrains se rendirent au devant de lui à Mouson; et sa femme Emma, fille du roi Robert, fut dans ce temps sacrée reine à Rheims par l'archevêque Séulphe. Rodolphe fut reçu dans la Lorraine par plusieurs Lorrains; alors Wigeric, évêque de Metz, le pria d'aller prendre possession d'un certain fort nommé Saverne. Rodolphe, après y avoir passé presque tout l'automne, reçut enfin des otages du châtelain du fort qui, appartenant au royaume d'outre Rhin, avait vainement espéré des secours d'Henri;

et il retourna à Laon auprès de sa femme. Cependant, quand les Normands eurent dévasté quelques-uns de nos bourgs en-delà de l'Oise, et qu'ils eurent vu leur terre ravagée par les Français, les deux partis s'envoyèrent de fréquentes ambassades : les Normands proposèrent la paix au comte Héribert, à l'archevêque Séulphe, et à tous les Français qui les avaient accompagnés contre eux, si on voulait leur donner toute l'étendue de terre qui va jusqu'à la Seine. Sur ces entrefaites, le roi Rodolphe étant revenu, comme nous l'avons dit, à Laon, ils lui envoyèrent des otages, et firent avec lui une trève pour jusqu'au mois de mai.

Pendant que ces choses se passaient, Henri traversa le Rhin, d'après l'invitation du comte Gislebert et de Roger, évêque de Trèves, qui ne s'étaient point encore soumis à Rodolphe ; et on annonça qu'il dévastait la Lorraine. Il ravagea en effet tout ce qui se trouve entre le Rhin et la Moselle, emmenant des troupeaux de toute sorte de bétail, enlevant toutes les autres richesses, et faisant prisonniers beaucoup de jeunes gens. Ensuite, apprenant que Rodolphe rassemblait une armée non seulement en France, mais encore en Bourgogne, il rentra dans son royaume, et accorda aux Lorrains une trève pour jusqu'aux calendes d'octobre de l'année suivante. Othon, un de ceux qui s'étaient réunis à Rodolphe, l'abandonna pour Henri. Quand l'évêque Wigeric fut en possession du fort de Saverne, il le démolit; Cambrai brûla par incendie imprévu. Un autre Rodolphe, roi de la Gaule cisalpine, que les Italiens avaient appelé en place de Bérenger, qu'ils avaient chassé, livra une bataille à ce même Bérenger, et le vainquit. On dit que quinze cents hommes périrent dans ce combat; l'archevêque Séulphe reçut du pape Jean le *pallium*, insigne de la dignité archiépiscopale. Une multitude d'Anglais se rendant à Rome pour visiter le tombeau de saint Pierre et prier, furent tués au milieu des Alpes par les Sarrasins; l'évêque de Verdun mourut, et son évêché fut accordé à Hugues, prêtre de Rheims, par le roi Rodolphe; il fut sacré par l'archevêque Séulphe.

[924.] Au commencement de cette année, on leva sur toute la France un impôt qu'on donna aux Normands pour obtenir la paix; et le roi Rodolphe préparait son départ pour l'Aquitaine, parce que Guillaume, duc de cette province, refusait de se soumettre à lui. Quand celui-ci eut appris que Rodolphe hâtait sa route vers l'Aquitaine avec une troupe ennemie, il vint au devant de lui sur la Loire : les deux princes s'envoyèrent des messagers, et en vinrent enfin à une entrevue près de la Loire, au dessous d'Autun; ils demeurèrent un jour, Rodolphe sur cette rive-ci du fleuve, Guillaume sur l'autre, et ils s'envoyèrent des messagers; enfin, quand le jour fut terminé, Guillaume passa le fleuve, vint de nuit trouver Rodolphe, descendit de cheval, et s'approcha à pied du roi, qui resta sur son cheval; alors le roi l'embrassa, et ils se séparèrent. Le lendemain, Guillaume vint encore trouver Rodolphe, et en reçut une trêve de huit jours; quand ce temps fut écoulé, il se soumit à lui, et le roi lui rendit le Berri, qu'il lui avait enlevé autrefois de vive force, ainsi que la ville de Bourges, par le secours et l'appui de Robert, qui cependant alors n'était pas encore roi; ensuite il donna Péronne à Héribert, et le

Maine à Hugues, fils de Robert. L'archevêque Séulphe obtint de nouveau de Hugues de Vienne, qui était présent à cette entrevue, une terre de Saint-Remi, attenante au Lyonnais, et que n'avait jamais possédée l'archevêque Hérivée. De là, étant de retour, nous vînmes à un certain château dit Mont-Saint-Jean, qu'avait envahi Régnier, et qu'il retenait. Cependant, décidé par Gislebert et Wallon, ses neveux, et plusieurs autres, que le roi avait commis à l'attaque du château, il envoya au roi son fils comme otage. Le roi, supplié par les parens de Régnier et Hugues, son frère, ordonna qu'on rendît ce jeune homme, et accorda une trève à son père; et tous ceux qui étaient avec lui furent liés par le serment. Cependant Bérenger prit Gislebert, qui avait épousé sa sœur, et le laissa aller lorsqu'il lui eut donné pour otage les fils de son frère Régnier; Gislebert, en liberté, ravagea par beaucoup de dévastations les terres de Bérenger, de son frère Régnier, et du comte Isaac; ensuite il envoya au roi Rodolphe des ambassadeurs, afin d'être reçu au nombre des siens; mais, d'après le conseil de ses fidèles, le roi, indigné de ses parjures et de son inconstance, refusa d'y consentir.

Les Hongrois, conduits par le roi Bérenger, qu'avaient chassé les Lombards, ravagèrent l'Italie; ils mirent le feu à Pavie, ville très-riche et très-peuplée. Des richesses innombrables périrent dans l'incendie, et quarante-trois églises furent brûlées. L'évêque de cette ville et celui de Verceil, qui était avec lui, furent étouffés par le feu et la fumée; et l'on dit que sur cette immense multitude d'habitans, il en survécut à peine deux cents, qui ramassèrent, dans les cendres et les ruines de leur ville brûlée, huit boisseaux de pièces d'argent, qu'ils donnèrent aux Hongrois pour racheter leur vie et les murs de leur ville vide. Après cette expédition, les Hongrois passèrent tout-à-coup les sommets des Alpes, et vinrent en Gaule. Mais Rodolphe, roi de la Gaule cisalpine, et Hugues de Vienne, les arrêtèrent dans les défilés des Alpes; alors, tout-à-coup, ils s'évadèrent par les sentiers écartés de ces monts, et envahirent la Gothie. Les deux chefs français les suivirent, et en tuèrent autant qu'il leur fut possible. Sur ces entrefaites, Bérenger fut tué par les siens. Les Normands firent la paix avec les Francs par l'entremise des comtes Hugues, Héribert, et de l'archevêque Séulphe, en l'absence du roi Rodolphe. Cependant il consentit à ce qu'on augmentât leurs terres, et le traité de paix leur concéda le Maine et le pays de Bayeux. L'on apprit que beaucoup des Hongrois qui ravageaient la Gothie avaient été atteints d'une contagion d'inflammation de tête et de dysenterie, et que peu avaient échappé à la mort.

Le roi Rodolphe tint une assemblée générale à Attigni; ensuite, tandis qu'il préparait son départ pour la Lorraine, il fut atteint d'une grave maladie; et lorsqu'il se croyait convalescent, le mal redoubla de force, le saisit, l'accabla, et l'on désespéra presque généralement de son état; aussi se fit-il porter à Saint-Remi, où il fit beaucoup de dons, et envoya le reste de ses trésors dans les monastères de France et de la Bourgogne, à l'exception de ce qui appartenait à sa femme; et après avoir demeuré quatre semaines à Saint-Remi, il recouvra une pleine santé, partit pour la ville de Soissons, et de là retourna en Bourgogne. Henri fut aussi retenu tout l'été sur les frontières des Sarmates par une maladie. Sur ces entrefaites, il s'éleva une querelle entre Gislebert et Régnier, son frère ; une non moins grande se préparait entre Boson et Othon par suite des meurtres, rapines et incendies qui se faisaient des deux côtés. Le comte Isaac prit aussi par une attaque frauduleuse, et brûla un château appartenant à Étienne, évêque de Cambrai. La tour placée sur la Marne, où Héribert faisait garder Charles, fut aussi consumée par un incendie subit. Ragenold ravagea avec ses Normands les possessions de Hugues, entre la Seine et la Loire, parce qu'il n'avait pas encore reçu de terres dans les Gaules. Un concile d'évêques du diocèse de Rheims se tint à Troli sous la présidence de l'archevêque Séulphe; le comte Isaac y vint à amendement et satisfaction pour les choses qu'il avait méchamment faites contre l'évêque de Cambrai ; et après avoir payé cent livres d'argent, il se réconcilia avec Étienne, évêque de cette même ville, en la présence du comte Héribert et de plusieurs comtes de France.

Le roi Rodolphe se rendit ensuite au château du Mont-Saint-Jean, s'en empara malgré Régnier, qui l'abandonna, et revint en France. Guillaume et Hugues, fils de Robert, traitèrent avec Ragenold, touchant leur terre, et Ragenold se rendit avec ses Normands en Bretagne. Il y eut cette année en plusieurs lieux de France des illuminations de chandelles dont la lumière s'alluma tout-à-coup, et il apparut des visions de saints à un prêtre nommé Éberulf, demeurant près de Mouzon. Un certain homme, dont les membres étaient paralysés depuis long-temps, et

dont les nerfs étaient retirés de telle sorte que ses cuisses jointes aux jambes touchaient aux jarrets, fut délié et guéri par la vertu divine dans l'église de Rheims, le jour de la Toussaint.

[925.] Au commencement de cette année, Ragenold ravagea avec les siens la Bourgogne; alors les comtes Warnaire et Manassès, les évêques Anségise et Gozlin, s'étant réunis auprès du mont de Chelles, tuèrent plus de treize cents Normands; Warnaire ayant eu son cheval tué sous lui, fut pris et tué; et Anségise, évêque de Troie, fut blessé. Quand le roi Rodolphe eut appris ces faits, il partit pour la Bourgogne, accompagné de quelques Français, savoir, des soldats de l'église de Rheims, de l'évêque Ebbon, de quelques autres, et suivi du comte Héribert. Ayant assemblé une assez forte troupe en Bourgogne, il se rendit au camp des Normands, sur la Seine, et là se donna un combat à pied entre les Français et les Normands. Mais ceux qui étaient avec le roi, c'est-à-dire la plus grande partie de l'armée, voyant que les Normands ne tentaient pas de forcer le camp, ni de monter sur leurs chevaux, repoussèrent dans leur camp ceux de ces hommes qui étaient sortis pour combattre, en tuèrent beaucoup, et cessèrent le pillage pour placer leur camp à deux ou trois milles de celui des Normands. Hugues, fils de Robert, mit aussi le sien vis-à-vis, sur ce côté-ci de la Seine. Les Français retardaient de jour en jour une attaque plus vive du camp, en attendant des vaisseaux qui devaient venir de Paris; alors, et à ce qu'on rapporte, avec leur consentement, les Normands sortirent secrètement du camp, se retirèrent, passèrent par un bois qui devait protéger leur route, et les nôtres revinrent chez eux. Dans le commencement des jeûnes du carême, Héribert ayant conféré avec Gislebert, et ensuite avec Hugues, appela de Bourgogne le roi, qui partit en hâte et vint à Cambrai au-devant des Lorrains et de Gislebert. Ceux-ci quittèrent l'assemblée qui se tenait alors, vinrent près du roi sur la Meuse, et se donnèrent à lui, ainsi qu'Othon. Les Normands de Rouen rompirent le traité qu'ils avaient fait, et ravagèrent la ville de Beauvais et celle d'Amiens; cette dernière brûla par l'imprudence des fuyards, et celle d'Arras fut consumée aussi par un incendie subit. Les Normands vinrent ravager jusqu'à Noyon, et mirent le feu aux faubourgs; les habitans de la cité sortirent avec ceux des faubourgs, repoussèrent les Normands, en mirent à mort autant qu'ils purent, et délivrèrent une partie des faubourgs. Les bourgeois de Beauvais dévastèrent le pays des Normands en-delà de la Seine. Après cela, les Parisiens eux-mêmes, et avec eux plusieurs fidèles de Hugues, fils de Robert, et les habitans de quelques châteaux, ravagèrent la partie du Rouennais qui est possédée par les Normands d'en-deçà de la Seine; ils brûlèrent les bourgs, emmenèrent les troupeaux, et tuèrent beaucoup de Normands. Pendant ce temps, le comte Héribert se plaça sur l'Oise avec un petit nombre de Français, parce qu'il ne se trouvait encore que peu d'herbe pour les chevaux; il se plaça près de l'Oise, pour interdire aux Normands le passage; en effet, quand ils eurent appris la dévastation de leur pays, ils se hâtèrent de revenir. Ensuite, Henri passa le Rhin, et s'empara de force du château de Tolbiac, que gardaient les fidèles de Gislebert; il ne demeura pas long-temps en Lorraine, repassa le Rhin, revint chez lui, et reçut de Gislebert des otages. Le comte Helgaud et les autres Français maritimes entrèrent dans les lieux placés près d'eux, et possédés jadis par les Normands, et les ravagèrent.

Cependant Rodolphe revint de Bourgogne en France, et pour se préparer à la guerre contre les Normands, il convoqua les Français; alors Héribert commença l'expédition contre les Normands, avec les soldats de l'église de Rheims; en même temps le comte Arnoul et les autres Français maritimes attaquèrent un fort des Normands, où Rollon, leur prince, avait envoyé mille hommes de Rouen, sans compter les habitans du bourg même. Ce fort, situé près de la mer, est appelé Eu; les Français l'entourèrent, attaquèrent le rempart qui le ceignait comme un boulevard, brisèrent les murs, les escaladèrent, et, s'étant emparés de la ville par combat, tuèrent tous les mâles et brûlèrent le fort. Cependant quelques-uns échappèrent et s'emparèrent d'une certaine île voisine; mais les Français la prirent, quoique en plus de temps qu'ils n'en avaient mis pour la ville. Quand les Normands, qui défendaient de toute leur force leur vie par les armes, virent qu'il n'y avait plus d'espérance de la sauver, plusieurs se plongèrent dans les flots; quelques-uns qui s'échappaient furent égorgés, d'autres périrent par le glaive des Français, d'autres se percèrent de leurs propres traits; tous périrent ainsi, et après avoir fait un grand butin, les Français revinrent chez eux; le roi Rodolphe resta avec Hugues et les Bourguignons à Beauvais.

Dans le même temps mourut Séulphe, archevêque de Rheims, après avoir passé dans cet épiscopat trois ans et cinq jours. Le comte Héribert vint à Rheims, et fit voter à son gré les vassaux de l'église et les clercs même, touchant l'élection de l'évêque. Hugues, fils de Robert, conclut avec les Normands un traité de paix; les terres des fils de Baudouin, celles de Rodolphe de Gouy et d'Helgaud furent exceptées de l'assurance. L'évêché de Rheims fut confié à Héribert sous le nom de son fils, encore enfant, et à peine âgé de cinq ans, à ce qu'on rapporte. L'évêque Ebbon se rendit à Rome avec des envoyés du comte Héribert. Tous les Lorrains se donnèrent à Henri, et lui-même accorda à Bernuin, neveu de l'évêque Dadon, l'évêché de Verdun; celui-ci en chassa le prêtre Hugues, à qui Rodolphe l'avait donné, et se fit sacrer.

[926.] L'année 926 commença, et le roi Rodolphe attaqua, avec le comte Héribert et plusieurs Français maritimes, les Normands resserrés dans un b[illegible] sur le territoire d'Arras; peu après, pendant la nuit, les Normands firent une sortie subite et attaquèrent le camp du roi; le comte Héribert lui porta secours, de peur qu'il ne fût pris par eux; on brûla quelques cabanes, et l'on combattit autour du camp. Cependant les Normands furent repoussés du camp, et se retirèrent. Le roi fut blessé dans cette occasion, et le comte Helgaud fut tué. On dit que onze cents Normands périrent dans ce combat. Après cela, Rodolphe revint à Laon, et les Normands ravagèrent les campagnes couvertes de bois jusqu'au Portian. Les Hongrois passèrent aussi le Rhin, et, jusqu'au territoire de Vouzi, ils exercèrent leurs cruautés par le pillage et les incendies. La lune étant dans son dernier quartier, le samedi de Pâques, le premier jour d'avril, elle subit une éclipse, devint pâle, perdit une partie de sa lumière, et parut comme si elle eût été au second quartier; à la naissance de l'aurore, elle devint couleur de sang. Le corps de saint Remi et les reliques de quelques autres saints furent transportées de leurs monastères à Rheims, à cause de la crainte que causaient les Hongrois. Les reliques de sainte Walleburge étaient de ce nombre et opérèrent plusieurs miracles. On fit sur la France et la Bourgogne une levée d'impôts, afin de donner aux Normands de l'argent pour la paix; quand il fut remis, le traité fut confirmé de part et d'autre par un serment. Ensuite une armée partit de France et de Bourgogne sous la conduite du roi Rodolphe et du comte Héribert, se rendit sur la Loire; on reçut des otages de la ville de Nevers, que le frère de Guillaume défendait contre le roi; ensuite les Français passèrent en Aquitaine pour poursuivre Guillaume, qui avait quitté le parti du roi. Ils le suivirent dans sa fuite, jusqu'à ce que l'armée fût forcée de rentrer en France par les déprédations des Hongrois, qui avaient encore repassé le Rhin.

Rodolphe, roi de la Gaule cisalpine, qui avait persécuté l'Italie, et, pendant la vie de son épouse, s'était uni à une autre femme, fut expulsé du royaume d'Italie; Burchard, prince des Allemands, son beau-père, et qui avait passé les Alpes avec lui pour lui rendre son royaume, fut tué par les fils de Berthe; et Hugues, fils de la même Berthe, et roi de Rome, fut établi roi de toute l'Italie. Le prêtre Hugues, chassé de

Verdun, mourut. Évrard, homme d'outre Rhin, fut envoyé en Lorraine par Henri, pour faire justice, et établit la paix parmi les Lorrains. Le comte Rodolphe, fils d'Héloïse, mourut peu après : il en arriva autant à Roger, mari de sa mère et comte de Laon. Hugues, fils de Robert, épousa la fille d'Édouard, roi des Anglais, sœur de la femme de Charles.

[927.] Il s'éleva une querelle entre le roi Robert et le comte Héribert pour le comté de Laon, qu'Héribert desirait donner à son fils, et que le roi avait accordé à un certain Roger, fils de Roger. Un dimanche matin, dans le mois de mars, on vit, à Rheims, des armées de feu dans le ciel. L'invasion de la peste succéda à ce prodige; c'était de la fièvre et de la toux qui, mêlées ensemble, répandirent la mortalité dans toutes les nations de Gaule et de Germanie. Wigeric, évêque de Metz, mourut. Le comte Héribert envoya au-delà du Rhin des ambassadeurs à Henri; à leur retour, ils l'engagèrent de sa part à une conférence : il s'y rendit avec Hugues, fils de Robert; ils firent la paix et s'honorèrent mutuellement par des présens. Alors Henri donna, sans se soucier de l'élection, l'évêché de Metz à un serviteur de Dieu, nommé, à ce qu'on dit, Bennon.

Hugues, fils de Robert, et le comte Héribert marchèrent contre ceux des Normands qui demeurent sur la Loire. Un grand ouragan ravagea le territoire de Laon et de Soissons, et en plusieurs lieux renversa des maisons, déracina des arbres et tua des hommes. Guillaume, prince des Aquitains, mourut. Les Normands de la Loire, ayant été assiégés pendant cinq semaines par Hugues et Héribert, donnèrent et reçurent des otages. La ville de Nantes leur fut conservée, et ils firent la paix avec les Français. Il se tint à Troli un synode de six évêques, malgré le roi Rodolphe, qui s'y refusa par l'entremise des messagers du comte Héribert, et lui fit dire de différer le synode et de le venir trouver à Compiègne. Celui-ci s'y refusa et se rendit au synode, où le comte Herluin vint à pénitence, pour avoir eu une épouse tandis que la sienne vivait. Après que le synode fut terminé, le comte Héribert voulut se rendre à Laon, mais il fut prévenu par le roi Rodolphe qui envoya des soldats à la garde de ce lieu; ensuite il y vint lui-même et entra dans la ville. Alors Héribert fit sortir Charles du lieu où il avait été gardé, et le conduisit avec lui dans la ville du Vermandois, c'est-à-dire Saint-Quentin. Rodolphe retourna en Bourgogne et laissa les fils de Roger avec sa femme à la garde de la ville de Laon. Ils firent une sortie, dévastèrent des lieux avoisinant le château de Couci, qui appartient à l'évêque de Rheims; Charles et Héribert demandèrent aux Normands une entrevue dans le château d'Eu, et là le fils de Rollon se mit sous le pouvoir de Charles, et jura alliance avec Héribert. Des craintes occasionnées par de faux bruits sur la venue des Hongrois agitèrent la Lorraine et la France.

[928.] Au commencement de l'année, dans les solennités de la naissance du Christ, Rodolphe vint avec une armée ennemie de Bourguignons pour ravager la France et brûler aussi plusieurs lieux; Hugues, fils de Robert, se hâta de venir au-devant de lui, et se rendit sur l'Oise. Il fut un médiateur commun entre Rodolphe et Héribert, et reçut des otages de ce dernier, qu'il devait garder jusqu'à ce qu'ils se retrouvassent à l'assemblée désignée. Après cela, Rodolphe revint en Bourgogne, ne pouvant persuader à sa femme de quitter Laon; mais le comte Héribert vint à Rheims avec Charles, et envoya de là des lettres à Rome au pape Jean, lui annonçant, touchant le rétablissement de Charles, qu'il combattrait de toutes ses forces pour cet objet, comme le pape le lui avait enjoint sous la menace d'une excommuniation. Le roi Rodolphe et le comte Héribert se rendirent de nouveau à l'assemblée, passé la Quadragésisme. La reine, épouse de Rodolphe, quitta Laon et revint en Bourgogne. Le comte Héribert s'empara de Laon, et ensuite eut une entrevue avec les Normands et Hugues, fils de Robert, et ils se jurèrent amitié. Cependant Eudes, fils d'Héribert, qu'il avait donné pour otage à Rollon, ne lui fut pas rendu et ne devait l'être que quand son père se serait soumis à Charles, avec plusieurs autres comtes et évêques de France. Il y eut en plusieurs lieux diverses tempêtes. Oger, évêque d'Amiens, homme saint et plein de jours, mourut; on dit que sa vie avait été à plus de cent ans. Le comte Héribert prit à main armée et détruisit un certain fort nommé Mortaigne, bâti sur l'Escaut, et appartenant aux fils de Roger. Cependant l'envoyé du comte Héribert revint de Rome et annonça que le pape Jean avait été retenu en prison par Gui, frère du roi Hugues, pour une querelle qui s'était élevée entre eux.

Un certain Odalric, évêque de Dax, fut introduit dans l'église de Rheims par le comte Héribert, pour y remplir les fonctions épiscopales, seulement en place de son fils Hugues, encore enfant, et ledit comte ne donna que l'abbaye de Saint-Timothée, avec sa prébende canonique, au même Odalric. Henri, prince germain, passa le Rhin avec beaucoup de Germains, et vint sur la Meuse; il assiégea un château nommé Durfos, appartenant au comte Boson, qui ne voulait pas se soumettre à lui au sujet de certaines abbayes, et qui, méprisant avec opiniâtreté les ordres d'Henri, retenait un bien épiscopal qu'il avait pris par force. Henri lui fit dire qu'il lui accorderait la paix, s'il revenait à lui; Boson, après avoir reçu des otages et la promesse d'Henri pour sa sûreté, vint à lui et lui promit par serment de lui être fidèle et de laisser en paix son royaume; il rendit la terre dont il s'était emparé. La paix fut faite, tant pour lui que pour Régnier, avec Gislebert et les autres Lorrains; Hugues et Héribert se rendirent près d'Henri pour l'entrevue, et à leur retour marchèrent au-devant du roi Rodolphe; Héribert se donna de nouveau à lui et remit Charles en prison; il se rendit ensuite avec Rodolphe en Bourgogne, au-devant de Hugues, roi d'Italie. Les vendanges furent presque finies avant le mois d'août. Le roi Hugues eut une entrevue avec Rodolphe, et donna à Héribert la province de Vienne, à la place de son fils Eudes; Bennon, évêque de Metz, attiré par des embûches, fut fait eunuque et privé des yeux; le roi Rodolphe vint à Rheims, fit la paix avec Charles, lui rendit Attigni et le combla de dons.

[929.] Les comtes Hugues et Héribert marchèrent contre Boson, frère du roi Rodolphe; c'était pour de certains alleux de Rothilde, morte dernièrement, et qu'Hugues, son gendre, réclamait sur Boson qui les avait envahis. Héribert prit Vitri, château de Boson, et accorda ensuite à Boson une trève jusqu'à la fin du mois de mai. Boson se rendit près d'Henri et fut forcé de jurer publiquement la paix. Dérold, médecin, reçut l'évêché d'Amiens; Adalbéron, celui de Metz; une certaine abbaye fut accordée, selon le traité, à Bennon, pour sa nourriture; Héribert et Hugues assiégèrent Montreuil, château d'Herluin, fils du comte Helgaud : cependant ils s'en allèrent après avoir reçu des otages. Le pape Jean, après avoir été privé de sa dignité par une femme puissante nommée Marozie, et retenu prisonnier, mourut, soit par violence, soit, comme plusieurs l'assurent, par une esquinancie. Le roi Charles mourut à Péronne. Il s'éleva une querelle entre les comtes Hugues et Héribert, parce que le premier avait reçu à son service, avec sa terre, Herluin, et qu'Hilduin, vassal de Hugues, avait été reçu par Héribert. Les chemins des Alpes furent occupés par les Sarrasins, et beaucoup de gens, voulant aller à Rome, en furent empêchés et revinrent.

[930.] Le roi Rodolphe dispersa presque en un seul combat, donné à Limoges, les Normands de la Loire, qui infestaient l'Aquitaine par leurs ravages; il soumit à sa domination les Aquitains. Héribert reçut à son service Arnold, vassal de Hugues. La France fut agitée par plusieurs guerres entre Hugues et Héribert; le roi Rodolphe vint en France, et avec beaucoup de travail rétablit, en plusieurs assemblées, la paix entre eux et Boson, et Héribert rendit Vitri à celui-ci. Adelelme, évêque de Laon, mourut, et Gozbert, son neveu, obtint son évêché. Héribert reçut à son service Anselme, vassal de Boson, avec Vitri, et lui donna le château de Couci avec une autre terre. Le roi Rodolphe revint en Bourgogne, et les Lorrains vinrent en France avec Gislebert. Ils marchèrent contre Hugues, assiégèrent et prirent une ville nommée Douai. Cependant les hommes de Boson reprirent Vitri par trahison et s'emparèrent de même de Mouzon. Boson, ayant laissé quelques fidèles à la garde de Mouzon, marcha pour assiéger le château déjà nommé; mais Héribert, appelé par quelques habitans de Mouzon, y vint subitement, passa la Meuse à des gués qu'il ne s'attendait pas à trouver, et entra dans la ville; la porte fut ouverte en secret par la garnison, et Héribert prit tous les vassaux de Boson qui étaient restés à la garde du lieu. Une grande lumière parut peu avant le commencement du jour dans la partie septentrionale et orientale du ciel, à Rheims et autour de l'église de Sainte-Marie.

[931.] Rodolphe se rendit à Vienne; Charles Constantin, fils de Louis l'aveugle, qui en était maître, lui promit fidélité, et Rodolphe s'en retourna; de là il se rendit à Tours pour prier saint Martin. Sur ces entrefaites les Lorrains s'emparèrent de Douai, et Hugues le concéda à Roger, fils de Roger; mais Héribert rendit pour cela à Arnold le château de Saint-Quentin; les Grecs poursuivirent les Sarrasins jusque dans le bois de Frainet, qui était leur lieu de refuge, et d'où ils sortaient pour aller ravager l'Italie par de fréquentes invasions; ils s'emparèrent des Alpes, et, avec l'aide de Dieu, les accablèrent avec un prompt carnage, et regagnèrent par les montagnes l'Italie tranquillisée. Le jour de la Purification de la bienheureuse Marie, mère de Dieu, dans son église à Rheims, un certain serviteur des chanoines, garde de l'église de Saint-Denis et de Saint-Théodulphe, saisi tout-à-coup par le mal, se roidit; les nerfs de ses mains et de ses jambes se contractèrent; on le vit tomber sur le pavé, sa tête frapper la pierre, et, paralysé par la douleur que lui causaient ses mains et ses pieds roidis; il fut peu après emporté sans mouvement; dans la suite il reprit l'usage de ses mains, à la messe, le cinquième jour, qui était un dimanche; et celui de ses jambes, le quinzième jour, aussi à la messe. Cinq fois auparavant même chose lui était arrivée dans la même église, le jour de la Purification du Sauveur, et au bout de trente jours il avait été guéri dans la même solennité de la Purification.

Robert, évêque de l'église de Tours, revenant de Rome, et passant la nuit dans des tentes avec ses compagnons, sur les Alpes, fut tué par des brigands. Gislebert, fils de Manassé, abandonna le roi Rodolphe, à cause du château d'Avalon qui lui avait été enlevé par la reine Emma, et Richard, fils de Garnier, fit de même pour la même raison. En outre, il s'éleva une querelle entre le Lorrain Gislebert et Boson, qui s'était réconcilié avec Héribert. Le fort de Durfos, appartenant à Boson, fut pris par Gislebert; de plus, et dans le même temps, Mortaigne, fort aux fils de Roger, fut pris par Arnoul, fils de Baudouin; et Héribert reçut le serment de Gislebert le Lorrain. Boson, ayant laissé Henri, se rendit au roi Rodolphe, et, à son retour, prit de force Châlons, le brûla et le renversa, à cause de sa haine pour l'évêque Bozon, dont les hommes avaient mutilé quelques-uns des siens.

Le roi Rodolphe revint en France, et, comme le comte Héribert s'était révolté contre lui, il se joignit à Hugues, et prit et détruisit un certain château nommé Doulens. Ensuite il assiégea Arras; le comte Héribert s'étant joint les Lorrains par l'entremise de leur duc Gislebert, marcha contre le roi, et, après avoir conclu une trève pour jusqu'aux calendes d'octobre, ils se séparèrent; alors quelques fidèles d'Héribert partirent de Rheims, prirent et détruisirent un château nommé Braine, situé sur la Vesle, qui appartenait à Hugues, et que lui-même avait enlevé à l'évêque de Rouen. Le roi Rodolphe envoya au clergé et au peuple de l'église de Rheims des lettres pour l'élection d'un évêque; mais ils lui répondirent qu'ils ne pouvaient la faire, que celui qu'ils avaient choisi devait demeurer, et que l'élection qu'ils avaient faite devait être maintenue. Le comte Héribert se rendit près de Henri, et se donna à lui; l'armée du roi et celle de Hugues ravagèrent les pays de Laon et de Rheims; le roi Rodolphe se rendit à Attigni, et envoya à Henri Hugues, qui lui donna des otages; et, quand ils eurent juré la paix, Henri repassa le Rhin. Cependant les Bretons qui occupaient l'extrémité de la Gaule, et avaient été soumis par les Normands, se soulevèrent contre eux, et l'on rapporte que dans les solennités de la fête de Saint-Michel, ils les tuèrent tous, en commençant par leur chef Félécan.

Le roi Rodolphe, avec Hugues, Boson et quelques autres, assiégea la ville de Rheims. A la troisième semaine du siége, ceux qui étaient dans la ville lui ouvrirent les portes; il y entra, et fit sacrer évêque Artaud, moine du monastère de Saint-Remi, qui, auparavant, dans la même année, avait laissé le parti d'Héribert, et embrassé celui de Hugues. Le roi prit aussi Bovon, évêque de Châlons, qui l'avait abandonné en même temps qu'Héribert; il l'envoya à Hugues, pour être gardé, et donna son évêché au clerc Milon; ensuite il marcha vers Laon, et assiégea Héribert, qui s'y était renfermé avec les siens. Héribert ne résista pas long-temps, et chercha à s'évader; il en trouva l'occasion, s'enfuit, et laissa sa femme dans la citadelle qu'il avait construite lui-même dans l'intérieur de la ville. Le roi eut besoin, pour la prendre, de beaucoup de peine et de temps; dès qu'il s'en fut emparé, il s'en retourna en Bourgogne, et marcha contre les Aquitains, qui s'opposaient à lui. Le Normand Incon, qui demeurait près de la Loire, pénétra avec les siens en Bretagne; et après avoir vaincu, chassé et tué les Bretons, il s'empara du pays.

[932.] Le roi Rodolphe revint en Bourgogne, et prit plusieurs châteaux de Gislebert et de Richard, qui avaient quitté sa cause. Érard, évêque de Noyon, mourut, et un certain clerc de cette ville, qui voulait en être fait évêque, y introduisit de nuit, et en secret, le comte Adelelme, en le faisant passer par dessus le mur. Le matin, aux soldats de la ville qu'il avait chassés se joignit une troupe considérable des faubourgs; ils l'assiégèrent; et avec l'aide des citoyens qui habitaient l'intérieur, quelques-uns entrèrent par la porte qui était brûlée, d'autres par les fenêtres de l'église. Adelelme s'enfuit dans ce dernier lieu; il fut tué auprès de l'autel avec ceux qui l'accompagnaient, et les citoyens reprirent la ville. Le comte Héribert reprit le château de Ham, et fit prisonnier Hébrard, frère de Herluin, qui en était maître. Le roi Rodolphe eut une conférence avec Hugues, reçut dans ses bonnes grâces Bovon, et lui rendit son évêché de Châlons; Galbert, abbé de Corbie, fut ordonné évêque de Noyon. Le roi Rodolphe, après avoir reçu en grâce Gislebert, alla de Bourgogne en France; et après s'être emparé de l'abbaye de Saint-Médard, qu'avait Héribert, il s'en retourna en Bourgogne.

Hugues assiégea avec plusieurs évêques de France la ville d'Amiens, que défendaient les fidèles d'Héribert; il lui fit une longue et âpre guerre; mais enfin, après avoir reçu des otages, il s'éloigna, et cerna d'un siége le fort de Saint-Quentin. Milon, qui ravageait l'évêché de Châlons, fut excommunié par Artaud, archevêque de Rheims, et les autres évêques de ce diocèse. Hugues, après avoir assiégé pendant deux mois Saint-Quentin, le prit enfin, par la soumission des citoyens. Le lendemain de son entrée, il passa un contrat dans l'église de ce lieu. Raimond et Hermingaud, princes de Gothie, se donnèrent au roi Rodolphe; Loup Asinaire, Gascon, en fit autant: on rapporte qu'il avait un cheval de plus de cent ans, et qui était encore très-vigoureux. Gislebert assiégea Péronne, d'après l'invitation de Hugues; beaucoup de Lorrains périrent dans de fréquens combats; le reste, ne pouvant prendre le fort, s'en alla. Le duc Gislebert eut auparavant, par l'entremise de Hugues, une entrevue avec le roi Rodolphe; celui-ci assiégea avec Hugues le château de Ham à Héribert, et se retira, après avoir reçu des otages. Gosbert, évêque de Laon, mourut, et Ingram, doyen de Saint-Médard, lui succéda. Boson, frère du roi, et Bernuin, évêque de Verdun, s'attaquèrent par des incendies et des pillages. Héribert passa le Rhin, et alla rejoindre Henri.

[933.] Gison et Amalric, envoyés de l'église de Rheims, revinrent, et apportèrent le *pallium* à l'archevêque Artaud; ils annoncèrent que le pape Jean, fils de Marie (dite Marozie), était retenu prisonnier par son frère Albéric, qui gardait aussi captif sa mère Marozie, et défendait Rome contre le roi Hugues. Les Hongrois se divisèrent en trois parts, dont l'une se rendit en Italie, l'autre envahit les possessions transrhénanes de Henri; il marcha contre eux avec les Bavarois, les Saxons et tous ses autres sujets, et les combattit jusqu'à extermination. Sans compter ceux qu'engloutit le fleuve et ceux qui furent pris vivans, trente-six mille périrent par le glaive. Richard, évêque de Tongres, détruisit, parce qu'il était placé sur les terres de son église, le château de Loches, que le comte Bernard avait bâti dans le Portian. La ville de Vienne, livrée par ceux qui la gouvernaient, se donna au roi Rodolphe. Guillaume, prince des Normands, se soumit aussi à lui, et le roi lui donna la terre des Bretons, située sur le bord de la mer. Le roi Rodolphe assiégea pendant sept semaines le fort Château-Thierry, appartenant à Héribert; ensuite de Walon, qui le gardait, le rendit à la reine Emma; et elle laissa le fort à sa foi et à sa prudence. Gaudri, évêque d'Auxerre, mourut; et Gui, archidiacre du lieu, lui succéda. Pendant le siége de Château-Thierry, il se tint un concile, où assistèrent plusieurs évêques de France et de Bourgogne, et qui fut présidé par Artaud, archevêque de Rheims, et le vénérable Teudole, évêque de Tours; alors le seigneur Artaud sacra Hildegaire comme évêque de Beauvais.

Eudes, fils d'Héribert, qui était maître du château de Ham, dévasta par le pillage et l'incendie le pays de Soissons et de Noyon. Héribert, son père, vint secrètement à Saint-Quentin, et, trois jours après son arrivée, prit, les armes à la main, le château, sans que les citoyens s'y opposassent. Les soldats placés là par Hugues s'y refusant, Héribert les prit, reçut leur serment, et quitta ce lieu, en laissant seulement quelques-uns de ses partisans à la garde de la ville. Quand Hugues eut appris cela, il revint, et, à peine arrivé, reprit le fort; il fit saisir un noble clerc, nommé Téduin, laissé là par Héribert, le fit pendre avec quelques autres, et fit couper les membres à plusieurs. De là, il partit avec le seigneur évêque Artaud, et prit sans difficulté un fort nommé Royes, que les hommes d'Héribert avaient abandonné. Hugues, roi d'Italie, assiégea Rome. Les Sarrasins s'emparèrent du passage des Alpes, et ravagèrent les lieux voisins. Héribert reprit Château-Thierry, sur la Marne : ce lieu lui fut livré par ceux qu'y avait laissé Walon pour les garder; il y plaça une garnison, et s'en alla. Dès que Hugues eut appris ce fait, il s'occupa d'assiéger ce fort aussi vite que possible.

[934.] Après que le roi Rodolphe et le comte Hugues eurent assiégé pendant quatre mois le susdit château, et pendant que les gardes dormaient, Walon monta sur les murs avec les siens, et prit une partie de la ville; mais la citadelle, mieux fortifiée, fut conservée par les fidèles d'Héribert. Néanmoins, au bout de peu de temps, les soldats du roi continuant à les presser, ils leur donnèrent des otages, et le siége fut terminé. Le jour de la solennité de l'Annonciation du Seigneur, pendant que l'archevêque Artaud offrait le sacrifice de la messe dans l'église de la bienheureuse Marie, mère de Dieu, un certain jeune homme, qui avait les nerfs des jambes contractés, et ne pouvait que se traîner, tout-à-coup étendit les muscles de ses jambes et de ses genoux, se leva, se mit à marcher, et reprit un chemin qu'il ne pouvait faire depuis long-temps. Pareillement, dans l'église de Saint-Hilaire, devant la porte de Mars, un certain aveugle, nommé Paul, recouvra la vue; il avait été averti pendant son sommeil de venir en ce lieu pour y revoir la lumière.

Héribert ne tenant compte des otages qu'avaient donnés les siens, le roi reprit avec Hugues le siége interrompu de Château-Thierry. Henri envoya au roi Rodolphe, pour Héribert, Gislebert et Ébrard, avec les évêques de Lorraine. Château-Thierry se rend au roi; Péronne et Ham sont accordés à Héribert jusqu'aux calendes d'octobre. Arnoul de Flandre épouse la fille d'Héribert, qui lui avait été fiancée autrefois par des sermens mutuels. Héribert fait récolter dans le Vermandois, et conduire à Péronne, les moissons de ceux qui l'avaient trahi, ou qui avaient reçu leur terre de Hugues. On vit à Rheims, le quatorzième jour d'octobre, le matin, avant le lever du soleil, des armées de feu courir dans le ciel; on vit encore comme un serpent de feu et des javelots de fer. Il suivit bientôt des maladies pestilentielles, qui affligèrent les corps humains de diverses manières. On vit un certain diacre de Verdun, accablé de langueur, rendre l'esprit. Mais avant qu'on le mît dans le cercueil, il se retourne, se relève, plein de force, et tel qu'on ne voyait en lui aucun signe de maladie. Il attesta qu'il avait vu les divers lieux de supplice et de bonheur, qu'il avait été désigné pour les lieux de châtiment, mais que, par les prières de la mère de Dieu et l'intercession du bienheureux Martin, il avait été rendu à la vie temporelle, pour faire pénitence. Gislebert vint en France au secours d'Héribert avec les Lorrains, pour assiéger la ville de Saint-Quentin. Mais, avant qu'il y fût arrivé, des envoyés de Hugues vinrent à sa rencontre. La paix se fit entre Hugues et Héribert; ils se prêtèrent mutuellement serment, s'engagèrent pour jusqu'aux calendes de mai, et les Lorrains revinrent chez eux. La règle primitive des moines fut rétablie dans plusieurs monastères de Lorraine, et la reine Emma mourut.

[935.] Le roi Rodolphe assiégea et prit un château, nommé Viriliac, appartenant à Godefroi, et que défendaient contre ce dernier certains Aquitains. Le roi lui rendit son fort; de là, il revint en France, et envoya Godefroi au-delà du Rhin, à Henri; ensuite, le roi se fixa à Laon. Le jour même de la sainte Pâque, il s'y éleva un tel tumulte entre les soldats royaux et ceux de l'évêque, que non seulement beaucoup de laïques, mais plusieurs clercs furent ou blessés ou tués. De là, le roi alla à Soissons, où il tint un plaid avec les grands de son royaume; il reçut les envoyés de Henri, et se rendit à une conférence avec lui, où fut présent Rodolphe, roi de la Bourgogne transjurane. Ils firent alliance ensemble, se lièrent aussi avec Héribert, et lui rendirent quelques-unes de ses possessions. Henri ayant reçu aussi Boson, lui rendit une grande partie des terres qu'il avait eues auparavant. Les Hongrois se répandirent en Bourgogne, et la ravagèrent par le pillage, le meurtre et l'incendie; mais cela ne dura pas long-temps, à cause de l'arrivée du roi Rodolphe, et ils passèrent en Italie. L'archevêque Artaud sacra évêque de Térouane un certain moine Wifred.

Le roi Rodolphe assiége le fort de Dijon, qu'avait pris le comte Boson, et que retenaient ses partisans. Les Lorrains vinrent avec quelques comtes de Saxe, amis d'Héribert, et une nombreuse armée, comme pour avoir une conférence avec Hugues. Mais, comme il refusa de rendre à Héribert le château de Saint-Quentin, ils l'assiégèrent, et le prirent lorsque, enfin, les défenseurs furent forcés de se rendre. Ils le renversèrent, et se disposèrent à aller attaquer Laon. Mais sur un ordre du roi Rodolphe, ils retournèrent chez eux. Cependant Boson, frère du roi Rodolphe, mourut dans l'expédition du siége de Saint-Quentin; il fut porté à Saint-Remi, et y fut enseveli. Le roi Rodolphe fut retenu au lit tout l'automne par une grave maladie. Les Normands, qui ravageaient le Berri, furent attaqués et taillés en pièces par les habitans. Un synode de sept évêques fut tenu à Fismes, sous la présidence de l'archevêque Artaud. Les brigands et ceux qui envahissaient les biens ecclésiastiques furent invités à venir à pénitence.

[936.] Ingram, évêque de l'église de Laon, et le roi Rodolphe, moururent presque en même temps. Ce dernier fut enseveli à Sainte-Colombe de Sens. Cette église avait été brûlée peu de temps auparavant par quelques rebelles. Les Bretons revenant des régions d'outre mer, du service du roi Adelstan, regagnèrent leur pays. Le comte Hugues envoya au-delà de la mer pour avertir Louis, fils de Charles-le-Simple, de revenir prendre possession de la souveraineté du royaume. Le roi Adelstan, son oncle, ayant reçu le serment des ambassadeurs français, l'envoya en France avec plusieurs évêques et quelques-uns de ses fidèles. Hugues, et d'autres grands d'entre les français, vinrent à sa rencontre; et à peine était-il sorti du navire, que sur le rivage même, près de Boulogne, ils se donnèrent à lui, comme il avait été convenu. De là, il fut conduit à Laon, consacré de la bénédiction royale, oint et couronné par le seigneur Artaud, archevêque. Tous les princes du royaume, et plus de vingt évêques, étaient présens à cette cérémonie. L'évêché de Laon fut donné à Rodolphe, prêtre de cette ville; il avait été élu par les citoyens, et fut sacré par l'archevêque Artaud.

Le roi et Hugues allèrent en Bourgogne, et assiégèrent la ville de Langres, dont Hugues, frère du roi Rodolphe, s'était emparé. Ils la prirent sans combat, par la fuite de ceux qui étaient préposés à sa garde, et reçurent des otages des évêques et des grands de Bourgogne. Le roi Henri mourut sur ces entrefaites, et il s'éleva entre ses fils une querelle, au sujet de son royaume; enfin, la plus grande partie de ses États vint à son fils aîné Othon. Le troisième jour de septembre, et le quatorzième jour de la lune, on la vit couverte d'une couleur de sang, et elle éclairait moins la nuit. Le pape Jean, frère d'Albéric, mourut, et un serviteur de Dieu, nommé Léon, fut nommé pape de Rome. Hugues, roi d'Italie, s'efforça de prendre cette ville; mais voyant son armée fatiguée par la faim, et ses chevaux mourir, il fit enfin la paix avec Albéric, lui donna sa fille pour épouse, quitta le siége; et ayant, à ce qu'on rapporte, découvert quelques embûches de son frère Boson contre lui, il le prit par ruse, et le mit en prison. Les Sarrasins vont en Allemagne pour piller. A leur retour ils se dirigent vers Rome, et tuent beaucoup de personnes. Hugues, fils de Robert, et Hugues, fils de Richard, se partagèrent la Bourgogne, et firent la paix. Adelelme, évêque de Sens, meurt.

[937.] Bernuin, du monastère de Saint-Crépin, est sacré évêque de Senlis. Galbert, évêque de Noyon, meurt, et Transmar, du monastère de Saint-Waast, lui succède. Le roi Louis se délivre de la tutelle de Hugues, et reçoit sa mère à Laon. Hugues fait la paix avec Héribert. Walon ouvre à Héribert les portes de Château-Thierry; celui-ci y entre, fait prendre et jeter en prison ce Walon, devenu son homme. On vit une partie du ciel en feu, et la persécution des Hongrois vint du même côté tomber sur la France. Ils ravagèrent les maisons de campagne et les champs, brûlèrent les basiliques, et emmenèrent une multitude de captifs. Cependant il y eut plusieurs églises qu'ils ne réussirent pas à incendier en y appliquant le feu. Ils approchèrent des murs de l'église de Sainte-Macre deux meules de grains qui les touchaient presque, mirent le feu aux meules, et ne purent brûler les murailles. Dans l'église du bienheureux Basle, un certain Hongrois s'efforçant de monter sur l'autel, et y appuyant sa main, elle s'attacha aux pierres de l'autel, et il ne put la détacher. Alors les autres Hongrois coupèrent la pierre autour de sa main, et le païen fut forcé de la porter ainsi. Ce fait fit l'admiration de tout le monde.

Un certain prêtre, nommé Adalgaire de Bovoncourt (c'est ainsi que s'appelle le domaine de l'église de Saint-Basle), fut pris par les Hongrois et mené jusque dans le Berri. Tandis qu'il était dans la prison, et aux fers, une de ses compagnes de captivité eut une vision, où il lui fut ordonné de dire à ce prêtre qu'il prît la fuite aussitôt qu'il n'aurait plus de liens, et au même moment ses chaînes tombèrent; mais, craignant la mort, dont l'avait menacé son barbare maître, s'il tentait de s'enfuir, il les rattacha à ses pieds, chercha le cadenas qui ne tenait plus aux fers, eut soin de resserrer ses liens avec, et n'osa s'enfuir. Une autre nuit, la même captive eut de nouveau une vision semblable, pour qu'elle encourageât le prêtre à tenter de s'évader, et les liens de celui-ci furent encore détachés; alors, plein de courage, il prit la fuite, se cacha quelques jours dans un marais, où il apprit que les barbares avaient passé outre, et il regagna enfin sa patrie. Il nous a rapporté qu'il avait vu dans cette captivité un certain moine, nommé Hucbaud, du monastère d'Orbay; les païens souvent avaient voulu le tuer, mais ils n'avaient jamais pu couper sa chair; alors ils commencèrent à dire que c'était un dieu. Un autre, à ce que rapporte ce prêtre, vit Hucbaud nu placé en public, et attaqué de toutes parts par des flèches, et, jusqu'à la fin, il ne reçut aucune blessure, et sa peau ne fut point entamée, car les flèches qu'on lançait rebondissaient de son corps comme d'un diamant, et il ne paraissait sur sa peau aucune cicatrice. Il les vit encore le frapper nu, et de toutes leurs forces, avec un glaive; néanmoins sa chair ne fut point endommagée.

Les Bretons revinrent après de longs voyages dans leur pays, et eurent de fréquens combats avec les Normands, qui avaient ravagé la terre limitrophe de la leur; ils restèrent vainqueurs, et reprirent les pays dévastés. Rodolphe, roi de la Bourgogne transjurane et de la Gaule cisalpine, mourut, et le petit Conrad, son fils, lui succéda. Ebbon, évêque de Soissons, mourut, et Gui, fils de Foulques d'Anjou, et chanoine de Saint-Martin de Tours, lui succéda dans son évêché.

[938.] Le roi Louis s'empara d'un château nommé Montigni, que possédait un certain Serle, et dont il se servait pour exercer des rapines; il détruisit le fort, mais il laissa la vie sauve à Serle, à la prière du seigneur Artaud; il accorda la paix à Héribert, d'après la demande de Hugues; il reprit aussi Touzy sur la Meuse, ainsi que toutes les métairies voisines que son père Charles avait données à sa mère pour les droits de sa dot, et que gardait le comte Roger, mais qu'il lui rendit lorsqu'il les redemanda à main armée. Le roi reprit de vive force le château de Corbigni, que son frère avait donné à Saint-Remi, et dont s'était emparé Héribert; il prit les hommes d'Héribert, mais leur permit de s'en aller, à la prière de l'archevêque Artaud. Le prince Hugues, fils de Robert, épouse la sœur d'Othon, roi d'outre Rhin, et fille de Henri. Le roi Louis s'approcha des lieux maritimes, et s'efforça de restaurer un château nommé Visan, port de mer. Tandis qu'il était avec Arnoul, les hommes d'Héribert prirent, par la trahison d'un certain Guibert, un château de l'église de Rheims; il se nomme Causoste, et est placé sur la Marne; ils emmenèrent avec eux le châtelain Ragobert, et les domaines placés autour furent dévastés par de terribles ravages.

Cependant le roi Louis, rappelé par l'archevêque Artaud, revint, entra dans Laon, et assiégea une nouvelle citadelle bâtie dernièrement en ce lieu par Héribert. Il fit miner et renverser par beaucoup de machines le mur, et la prit enfin avec beaucoup de peine; de là il se rendit à une conférence avec Hugues, frère du feu roi Rodolphe, et laissa à la garde de Laon Eudes, fils d'Héribert, qui s'était déjà donné à lui; mais Hugues vint à sa rencontre, et lui jura amitié. Gislebert vint avec les Lorrains secourir Hugues et Héribert contre le roi Louis, et prit le château de Pierre-Pont. Le comte Arnoul et Héribert font un accord entre le roi Louis et Hugues, et jurent avec des sermens la paix jusqu'au mois de janvier. Aussitôt, par le conseil d'Odouin et de Gérard, qui avaient abandonné Rodolphe, évêque de Laon, et passé à Hugues, le roi Louis pille et partage aux siens les trésors cachés dans cette ville.

[939.] Le roi Louis marcha au-devant de Hugues, fils de Richard, et, revenant de Bourgogne avec lui, il marcha contre Hugues, fils de Robert, et Guillaume, prince des Normands ; ce dernier fut excommunié par les évêques qui étaient avec le roi, pour avoir, auparavant, dévasté par le pillage et l'incendie quelques domaines du comte Arnoul. Il en arriva autant à Héribert, qui, après avoir ravagé des forts et des domaines à Saint-Remi, les gardait obstinément. Hugues donna des otages à Louis et fit la paix pour jusqu'aux calendes de juin. Bernuin, évêque de Verdun, mourut. Les Lorrains abandonnèrent Othon, leur roi, et vinrent au roi Louis, qui refusa de les recevoir à cause de l'amitié qu'Othon et lui s'étaient jurée par l'entremise des ambassadeurs de ce roi germain et du comte Arnoul. Celui-ci prit, par le moyen d'un traître, Montreuil, château d'Herluin, et envoya outre mer, au roi Adelstan, la femme d'Herluin. Peu de temps après, celui-ci ayant rassemblé une assez nombreuse armée de Normands, reprit à main armée son château, et ne fit mettre à mort aucun des soldats d'Arnoul qu'il y trouva, mais il les réserva pour ravoir son épouse. Les Lorrains vinrent une seconde fois au roi Louis, et les grands de ce royaume, savoir le duc Gislebert, Othon, et les comtes Isaac et Thierri, se donnèrent aussi à lui ; mais les évêques différèrent de les imiter, parce que Othon, leur roi, retenait leurs otages.

Le roi Othon passa le Rhin, parcourut la Lorraine et ravagea plusieurs lieux par le pillage et l'incendie ; la flotte envoyée d'Angleterre par le roi Adelstan pour secourir le roi Louis, traversa la mer et dévasta le pays des Morins : il est contigu à la mer. Après avoir ainsi achevé l'unique chose pour laquelle ils fussent venus, ils regagnèrent leur pays. Le roi Othon eut une conférence avec Hugues, Héribert, Arnoul et Guillaume, prince des Normands; ils se jurèrent la paix, et Othon repassa le Rhin.

Sur ces entrefaites, le roi prit le pays de Verdun, où quelques évêques du royaume de Lorraine se donnèrent à lui; ensuite il se rendit en Alsace, y eut une conférence avec Hugues, roi de la Gaule cisalpine; reçut plusieurs Lorrains qui venaient à lui, et chassa au-delà du Rhin quelques fidèles d'Othon. Ensuite il retourna à Laon, en chassa l'évêque Rodolphe, accusé de trahison; il ôta aux hommes de cet évêque leurs bénéfices, et les donna à ses fidèles; Gislebert, duc de Lorraine, passa le Rhin pour piller, fut poursuivi à son retour par les Saxons, et l'on rapporte qu'il tomba dans le Rhin avec son cheval, qu'il fut suffoqué par la violence des ondes, et qu'on ne put le retrouver; mais d'autres disent qu'il fut découvert par des pêcheurs qui l'enterrèrent, mais tinrent ce fait caché à cause des richesses de ses dépouilles. Le roi Louis rentra en Lorraine, et épousa Gerberge, veuve de Gislebert, sœur du roi Othon. Une multitude d'hommes de lieux divers, qui se rendaient à Rome, fut dispersée et tuée par les Sarrasins. Les Bretons combattirent avec les Normands, remportèrent la victoire, et l'on dit qu'ils prirent un fort à ces derniers. De certains hommes d'Arnoul ravagèrent les terres d'Herluin, et furent tués par lui. Le roi Othon revint en Lorraine, et força presque tous les habitans à revenir à lui; Hugues le Blanc se rendit avec Héribert à la conférence du roi; en revenant il ravagea les possessions de quelques fidèles de l'église de Rheims, et incendia plusieurs lieux.

[940.] Bérenger, évêque de Verdun, fut sacré par Artaud, archevêque de Rheims; le roi Louis alla au-devant de Guillaume, prince des Normands, qui se rendait dans la ville d'Amiens, et se soumit à lui. Le roi lui donna les terres que son père Charles avait accordées aux Normands; ensuite il alla trouver Hugues; mais celui-ci refusa de se rendre vers lui, et le roi retourna à Laon. Le roi donna à l'archevêque Artaud, et par lui à l'église de Rheims, par charte royale, le droit de posséder toujours la monnaie de la ville, et il accorda à la même église tout le comté de Rheims. L'archevêque Artaud assiégea le château de Causoste; enfin, le cinquième jour, le roi Louis vint dans ce lieu; ceux qui étaient dans le fort le rendirent, le quittèrent, et avant peu de temps il fut détruit jusqu'en ses fondemens, et renversé par ceux qui l'avaient pris. Les messagers de Hugues vinrent au roi; le roi s'étudia avec eux à procurer la paix entre l'évêque Artaud et Héribert; ensuite il se rendit avec cet évêque à un certain château que possédait sur la Marne Hérivée, neveu d'Hérivée, jadis archevêque, et d'où il dévastait les terres de l'église de Rheims. Aussitôt après avoir reçu des otages de ce même Hérivée, il revint sans retard à Rheims, se rendit le lendemain de son arrivée à l'église de Saint-Remi, se confia aux prières de ce saint, promit, avec cautions, de lui donner chaque année une livre d'argent, et accorda aux moines de ce lieu une chartre d'immunité.

Le prince Hugues, fils de Robert, s'étant joint quelques évêques, tant de France que de Bourgogne, assiégea la ville de Rheims avec le comte Héribert et Guillaume, prince des Normands. Le sixième jour du siége, presque toute l'armée de l'évêque Artaud l'abandonna et passa à Héribert, qui entra ainsi dans la ville. L'évêque Artaud fut cité à Saint-Remi par les grands et les évêques; et, soit persuadé, soit forcé par les principaux d'entre les évêques, il abdiqua sa puissance et sa charge. On lui accorda l'abbaye de Saint-Basle et le monastère d'Avesne, et il se retira à Saint-Basle. Hugues et Héribert, ayant conféré avec quelques Lorrains, partirent avec Guillaume pour aller assiéger Laon, et laissèrent à Rheims le diacre Hugues, fils d'Héribert, déjà nommé à cet évêché.

Le roi Louis, après six ou sept semaines, revint de Bourgogne, et prit avec lui l'archevêque Artaud; plusieurs parens de ce dernier, à qui le comte Héribert avait enlevé leurs bénéfices, l'accompagnèrent; il se rendit dans la Champagne rhémoise, passa l'Aisne, et marcha sur Laon. Lorsque Hugues et Héribert eurent appris cela, ils quittèrent le siége de Laon, et se rendi-dirent de nuit et en hâte au fort de Pierre-Pont; de là ils allèrent au-devant du roi Othon, le rejoignirent, le conduisirent à Attigni, et là se donnèrent à lui avec le comte Roger. Le roi Louis entra à Laon, et pourvut les siens de choses nécessaires à la vie. Il alla ensuite en Bourgogne avec Hugues le Noir et Guillaume de Poitiers. Le roi Othon donna le royaume de Lorraine à son frère Henri; ensuite il suivit Louis en Bourgogne, avec la multitude de peuples divers qu'il avait amenés avec lui. Il avait aussi Conrad, fils de Rodolphe, roi de la Bourgogne transjurane; il l'avait autrefois pris par ruse, et le menait avec lui. Othon posa son camp sur la Seine, et reçut d'Hugues le Noir des otages et sa promesse de ne point nuire à Hugues et Héribert qui s'étaient donnés à lui; après ces actions, il retourna dans son royaume. Hugues, fils d'Héribert, fut sacré évêque de Rheims, par Gui, évêque de Soissons. Ensuite le roi Louis revint à Laon. Tandis que je me disposais à aller visiter, pour y prier, le tombeau de saint Martin, je fus arrêté par le comte Héribert, parce que plusieurs personnes m'accusaient en secret près de lui de vouloir faire ce voyage pour nuire à son fils ou à lui. Il me fit retenir sous garde, m'enleva tout ce que je tenais de l'évêché, ainsi que l'église que je gouvernais à Cormici, et me tint prisonnier ainsi cinq mois pleins. Le roi Louis attaqua le fort de Pierre-Pont, et s'en alla après avoir reçu des otages. Ensuite il marcha en Lorraine avec l'évêque Artaud et plusieurs de ses fidèles. Le roi Othon, après avoir passé le Rhin, marcha contre lui, mais leurs fidèles les déterminèrent à une trève.

Une certaine jeune fille pauvre, nommée Flotilde, du village de Lavenne, assurait avoir eu certainement, et en veillant, des visions de saints; elle prédisait les choses futures, et sa mort arriva l'année d'après, la nuit même de la naissance du Seigneur. La même année, une nuit de dimanche, dans le mois de décembre, on vit, dans le ciel, des armées de diverses couleurs. Dans une troupe de gens d'outre mer et de Français qui avaient été à Rome, plusieurs furent tués par les Sarrasins, et le reste ne put passer les Alpes, parce que le village du monastère de Saint-Maurice était en la possession des Sarrasins.

[941.] Gerland, archevêque de Sens, fut chassé de son siége par Frotmond, que Hugues le Blanc avait mis à la tête de cette ville; Gerland était accusé d'avoir favorisé Walon, homme du comte Héribert, qui avait expulsé Frotmond et les siens de ladite ville. Le comte Héribert convoqua un synode pour décider la querelle entre son fils Hugues et Artaud; mais Hugues s'y opposa avec beaucoup d'ardeur, de peur qu'il n'arrivât qu'on se réunît pour être fidèle au roi Louis et lui porter secours, et l'assemblée n'eut pas lieu. Le roi Louis se rendit en Bourgogne, et apprit que le comte Roger avait placé son camp près de lui; il marcha contre lui, le prit sur la Marne avec ceux qui l'accompagnaient et les emmena en Bourgogne. Les comtes Hugues et Héribert convoquèrent les évêques du diocèse de Rheims, qui s'assemblèrent à Soissons, dans l'église de Saint-Crépin et Saint-Crépinien; ils traitèrent de l'état de l'église de Rheims, et ils déclarèrent que, par les querelles des clercs et des nobles laïques, ce siége avait long-temps manqué de pasteur; que comme l'archevêque Artaud avait juré qu'il ne reprendrait jamais cet évêché, il ne pourrait plus revenir le gouverner, et que Hugues, fils du comte Héribert, qui y avait été déjà nommé, serait, d'après la demande du clergé et du peuple, sacré évêque. Alors Hugues me rappela de mon exil. Les évêques vinrent à Rheims, et consacrèrent, à Saint-Remi, cet évêque élu. Le comte Roger, après avoir donné des otages, fut relâché par le roi Louis, et rendit à Arnoul le château de Douai; le monastère de Saint-Thierri fut glorifié par de divins miracles. La plus grande croix de l'église de Rheims, couverte d'or et ornée de pierres précieuses, fut enlevée en secret de l'église. Les chanoines de Montfaucon, opprimés par l'évêque de Verdun, abandonnèrent leur monastère et portèrent à Rheims le corps de leur patron, saint Baudry.

Le roi Louis se rendit en Bourgogne, réconcilia le comte Roger avec Hugues le Noir, et fit la paix avec Gislebert [1]. De là il se rendit à Laon et en chassa Arnoul et son frère Landry, tous deux accusés de trahison. Il donna ce comté au comte Roger. Le roi ayant ensuite appris qu'Hugues le Blanc se hâtait pour assiéger Laon, il rentra en Bourgogne avec l'évêque Artaud et le comte Roger. Tandis qu'il séjournait aux environs de Vitry, Hugues et Héribert assiégèrent Laon; le roi prit avec lui tout ce qu'il put rassembler d'hommes et marcha dans le Portian; lorsque Hugues et Héribert surent qu'il approchait, ils laissèrent là le siége, allèrent contre lui, attaquèrent à l'improviste son armée, en tuèrent beaucoup et mirent le reste en fuite; le roi, séparé des siens avec peu de monde, et forcé de renoncer à cette guerre, s'enfuit avec peine, accompagné de l'évêque Artaud et du comte Roger. L'évêque Artaud, ayant perdu ce qu'il possédait, alla vers Hugues et Héribert, leur prêta tous les sermens qu'ils voulurent, et leur rendit les abbayes de Saint-Basle et d'Avenay, et le domaine de Venderesse. Il fit aussi la paix avec l'évêque Hugues, et alla à Saint-Basle pour y habiter. Il naquit un fils au roi Louis; et les susdits comtes, ayant conféré avec Guillaume, recommencèrent le siége de Laon, persuadés qu'on leur livrerait le château par trahison. Mais ils revinrent chez eux sans avoir accompli ce qu'ils voulaient. Le roi Louis fut accueilli à Vienne

[1] Frodoard a dit plus haut que Gislebert était mort.

par Charles Constantin, les Aquitains y vinrent et se déclarèrent pour lui. Hugues, Héribert, Guillaume et Arnoul eurent ensemble une conférence, et de là Héribert passa le Rhin et alla trouver Othon.

[942.] Le roi Louis, après avoir reçu le serment des Aquitains, revint à Laon; mais il n'y demeura pas long-temps; et n'ayant pu obtenir la paix, il retourna en Bourgogne. Un légat du pape Étienne, nommé Damase, ordonné évêque à Rome pour cette mission même, vint en France, et apporta aux princes du royaume et à tous les Francs et Bourguignons des lettres du Siége apostolique, pour leur enjoindre de reconnaître leur roi Louis, et les menacer de l'excommunication, s'ils s'y refusaient et continuaient de le poursuivre à main armée. Les évêques du diocèse de Rheims s'assemblèrent à ce sujet avec le comte Héribert, et ils le prièrent d'intercéder auprès du comte Hugues, pour qu'on se soumît au roi. Plusieurs traîtres furent trouvés à Rheims et mis à mort; d'autres, dépouillés de leurs biens ecclésiastiques, et chassés de la ville. Les légats de l'église de Rheims étant revenus de Rome, apportèrent à l'évêque Hugues le *pallium*, de la part du pape Étienne; il vint en même tepsm avec eux des messagers aux princes du royaume, leur ordonnant de reconnaître le roi Louis, d'envoyer alors des ambassadeurs à Rome, et déclarant qu'ils devaient savoir que, si tout cela n'était pas fait avant la Nativité du Seigneur, ils seraient excommuniés. Le seigneur Eudes, abbé, s'employa auprès de Hugues, roi d'Italie, pour faire faire la paix entre lui et Albéric, patrice romain. Ce même roi Hugues s'efforça de chasser les Sarrasins de Frainet, un de leurs forts. Le comte Roger mourut près de Guillaume, prince des Normands, en s'acquittant d'une mission du roi Louis. Guillaume reçut royalement ce prince à Rouen. Ensuite Guillaume de Poitou et les Bretons vinrent au roi Louis; et il alla avec eux sur l'Oise. Mais Hugues, Héribert et Othon, duc de Lorraine, après avoir détruit les ponts et enlevé les bateaux, se placèrent sur l'autre rive du fleuve avec ce qu'ils purent rassembler d'hommes. Une négociation fut faite entre eux et le roi par des messagers, et enfin, au milieu de septembre, une trève fut conclue pour jusqu'à la moitié de novembre. Des otages furent donnés de part et d'autre; le roi reçut en cette qualité le plus jeune des fils d'Héribert. Ensuite, non seulement le roi et Guillaume, mais encore Hugues, envoyèrent, par le duc Othon, des otages au roi Othon. Il y eut une grande famine en France et en Bourgogne, et une mortalité de bœufs s'étendit de telle sorte qu'il resta, dans ces pays, très-peu d'animaux en santé. Le roi Louis marcha au-devant du roi Othon; ils se reçurent amicalement, et confirmèrent par des conditions leur amitié. Othon se donna beaucoup de peine pour faire faire la paix entre le roi Louis et Hugues; enfin, ce dernier se soumit à Louis; Héribert en fit autant avec son fils, de même nom que lui. Quand le roi revint, les évêques du diocèse de Rheims vinrent à lui; il accueillit Rodolphe, évêque de Laon, et lui rendit son évêché. Le vénérable seigneur Eudes, abbé, restaurateur de beaucoup de monastères, réparateur d'une sainte règle, mourut à Tours, et fut enseveli à Saint-Julien.

[943.] Le comte Arnoul, après avoir invité à une

conférence Guillaume, prince des Normands, le fit périr par trahison. Le roi Louis donna la Normandie au fils aîné de ce même Guillaume et d'une concubine bretonne. Quelques-uns des princes de Normandie se donnèrent au roi, d'autres au duc Hugues. Le comte Héribert mourut; ses fils l'enterrèrent à Saint-Quentin; et ayant appris que Rodolphe, fils de Rodolphe de Gouy, arrivait pour envahir la terre de leur père, ils l'attaquèrent et le tuèrent. Lorsque le roi Louis eut reçu cette nouvelle, il fut fort triste. L'archevêque Artaud quitta l'ermitage de Saint-Basle, et vint près du roi. Celui-ci lui promit de lui faire rendre l'évêché de Rheims. L'évêque prit avec lui plusieurs de ses frères et quelques-uns de ceux qui avaient été chassés de cet évêché, et il s'empara du fort d'Hautmont. Pendant que le roi Louis assiégeait Mouzon avec eux, il fut repoussé par les fidèles d'Hugues; quelques-uns des siens furent tués. Cependant il mit le feu à quelques maisons des faubourgs, et de grandes provisions de vivres furent perdues.

Hugues, duc des Français, eut de rudes combats avec des Normands qui étaient arrivés païens, ou étaient revenus au paganisme. Il y périt une grande multitude de gens de pied chrétiens, et à lui; mais aussi, après avoir tué beaucoup de Normands, et mis les autres en fuite, il s'empara de la ville d'Évreux, par l'aide des Normands chrétiens qui la possédaient. Le roi Louis regagna Rouen. Turmod le Normand, qui était revenu au rite des gentils et à l'idolâtrie, et contraignait à l'observer son fils Guillaume et d'autres encore, lui tendit des embûches avec Sétric, roi païen; mais le roi le combattit, et le tua. Il confia

Rouen à Herluin, et revint à Compiègne, où le duc Hugues l'attendait avec ses neveux, fils d'Héribert. Hugues s'était donné beaucoup de peine pour que le roi les reçût à soumission. Le roi reçut d'abord l'un d'eux, l'évêque Hugues, par la médiation d'Othon, duc de Lorraine, du prêtre Adalbéron, et surtout par les prières instantes du duc Hugues. Les conditions furent que l'on restituerait à l'archevêque Artaud les abbayes qu'il avait perdues pour suivre le roi; qu'on le pourvoierait d'un autre évêché; qu'on rendrait à ses frères et à ses parens les bénéfices qu'ils tenaient de l'évêché de Rheims; ensuite le roi reçut aussi les autres fils d'Héribert. Après cela, le roi Louis retourna à Rouen; il y reçut Évreux des mains de Hugues; et, accablé d'infirmités, il passa presque tout l'été dans son lit à Paris.

L'évêque Hugues prit et brûla le château d'Ambli. Les frères Robert et Rodolphe, chassés de Rheims, le possédaient, et de là exerçaient beaucoup de ravages dans l'évêché. Herluin combattit Arnoul, le vainquit, tua celui qui avait fait périr Guillaume, prince des Normands, et envoya à Rouen ses mains coupées. Ensuite le susdit Hugues assiégea le château d'Hautmont, que possédait Eudes, frère de l'évêque Artaud. Mais, après avoir reçu pour otage son fils, encore enfant, il s'en alla, parce que le roi l'appelait. Il tint sur les fonts sacrés la fille du roi, qui lui délégua le duché de France, et soumit toute la Bourgogne à son pouvoir. Le même Hugues réconcilia Arnoul avec le roi, qui lui en voulait à cause du meurtre de Guillaume. Le roi Othon fit prendre et mettre en prison certains Lorrains qui lui tendaient des embûches. Cela fit naître des querelles entre les rois.

[944.] Le roi Louis partit pour l'Aquitaine avec la reine Gerberge; et après avoir eu une conférence avec Raimond, prince des Goths, et les autres grands d'Aquitaine, il revint en France. Les fidèles du roi prirent, par la trahison de quelques citoyens, un château nommé Montigni, situé dans le Soissonnais, et du ressort de l'abbaye de Saint-Crépin. Le roi l'avait eu jadis, parce que les fils d'Héribert le lui avaient rendu, et il l'avait donné à Ragenold. Les fidèles du roi tuèrent un certain André, qui le gardait pour les fils d'Héribert; mais le traître avait été tué par André. Les serviteurs du roi reprirent, avec l'aide de l'évêque Dérold et de ses gens, qui la leur livrèrent, la ville d'Amiens, que tenait Eudes, fils d'Héribert. Toutes ces choses firent naître des querelles entre le roi et les fils d'Héribert. Othon, duc de Lorraine, mourut. Hugues, duc de France, fit un pacte avec les Normands; il leur donna et en reçut des otages, et ensuite prépara son départ avec les fils d'Héribert, pour aller en Lorraine au-devant du roi Othon. Mais celui-ci différa son arrivée, et envoya le duc Herman avec une grande armée. Le roi Louis, après avoir fait faire la paix entre Herluin et Arnoul, donna le fort d'Amiens au même Herluin. Les fils d'Héribert prirent par trahison un fort nommé Clastres, situé dans le Vermandois, et appartenant à un certain Rodolphe, fidèle du roi Louis. Ce Rodolphe s'enfuit en secret. Ils s'emparèrent de ses trésors, les pillèrent, et laissèrent le château vide.

Le duc Hugues se rendit à une conférence avec Herman, qu'on avait envoyé assiéger les châteaux des frères Régnier et Rodolphe, fidèles du roi. Comme il n'y avait pas de garnison pour lui résister, ils demandèrent leur grâce, et donnèrent beaucoup d'otages au roi Othon. Celui-ci vint au palais d'Aix, et y conféra avec les Lorrains. Les envoyés du roi Louis et du duc Hugues vinrent l'y trouver; il reçut honorablement les messagers du roi, et fort mal ceux du duc. Cela dura jusqu'à ce que Manassé, un des ambassadeurs de Hugues, voyant combien les envoyés de Louis nuisaient à sa commission, mit au jour plusieurs ordres que lui avait autrefois donnés Louis contre Othon, et que jusqu'alors il n'avait pas voulu découvrir; il divulgua plusieurs sanglans reproches que le roi lui avait enjoint de faire à Othon, disant qu'il manquait aux sermens qu'il lui avait fait, et ajoutant beaucoup d'autres injures. Cela émut Othon de telle sorte que, voyant que les messagers de Louis ne pouvaient réfuter ces assertions, il les laissa là, traita honorablement ceux de Hugues, et ordonna à ses fidèles de renoncer à toute communication avec Louis, et de ne lui prêter aucun secours.

Il y avait alors dans les pays transrhénans de la Germanie un homme qui avait eu la main coupée; ceux qui l'ont connu assurent qu'au bout de quatorze ans, elle lui fut rendue pendant son sommeil, subitement, et parfaitement saine. Dans ces mêmes régions, on vit, dans de certains cantons, des globes de feu voler en l'air, et quelques-uns, en volant, brûlèrent plusieurs maisons de ville et de campagne. Mais dans quelques lieux, on les repoussa en leur opposant des croix, la bénédiction épiscopale et de l'eau bénite. Les soldats du roi ravagèrent l'évêché de

Rheims; les fils d'Héribert, l'abbaye de Saint-Crépin; et Ragenold, celle de Saint-Médard. Ils se nuisaient ainsi les uns aux autres par des rapines et des déprédations. Il y eut dans les environs de Paris un grand orage et un si violent ouragan, qu'il enleva de leurs fondemens les murailles d'une antique maison placée sur Montmartre (dit Mont des Martyrs), et qui, construite avec un très-solide ciment, était longtemps demeurée immobile. On rapporte que l'on vit des démons, sous la figure de cavaliers, détruire une église voisine, frapper avec ses poutres les murs de la maison, et ainsi les jeter bas. On dit aussi qu'ils arrachèrent toutes les vignes du mont, et dévastèrent les semences.

Il arriva bientôt de grands maux aux Bretons. Divisés qu'ils étaient par les querelles de leurs princes, Bérenger et Alain, ils furent attaqués, vaincus, taillés en pièces par les Normands, avec qui ils avaient fait un pacte. Dol, une de leurs villes, fut prise, et son évêque fut étouffé de telle sorte par la multitude de ceux qui fuyaient dans l'église, qu'il mourut. Cependant les Bretons ayant réparé leurs forces, recommencèrent le combat, et vainquirent les Normands; ensuite il se donna un troisième combat; une grande multitude y périt de part et d'autre, mais les Normands l'emportèrent; ils poursuivirent les Bretons presque à extermination, et les chassèrent de leur terre. Ainsi les Normands, qui peu auparavant étaient venus des pays d'outre mer, s'emparèrent de la Bretagne.

Le roi Louis partit pour la Normandie avec Arnoul, Herluin, et quelques évêques de France et de Bourgogne. Arnoul, qui précédait le roi, dispersa quelques Normands qui s'étaient emparés d'Arques, et prépara ainsi au roi le passage. Le roi parvint à Rouen, y fut reçu par les Normands; et après que le peu qui n'avait pas voulu le recevoir eut passé outre mer, tout se soumit à lui. Le duc Hugues passa la Seine avec quelques grands de Bourgogne, et assiégea la ville de Bayeux, que le roi lui avait donnée, en cas qu'il l'aidât à soumettre la nation normande. Mais lorsque ce peuple se fut donné à lui, le roi lui fit ordonner de cesser ce siége; il le refusa, et Louis entra dans la ville. De grandes discordes entre le roi et le duc en naquirent; et encore parce que Louis avait reçu des otages de la ville d'Évreux, qui était à Hugues, et ne voulait pas les lui rendre.

[945.] Tandis que le roi Louis demeurait encore à Rouen, la reine Gerberge mit au monde à Laon un fils qui fut nommé Charles au baptême. Le roi alla à Laon, y conféra avec Arnoul, régla plusieurs choses, et revint à Rouen. Pendant le temps de Pâques, Bernard, comte de Senlis, Thibaut, ainsi qu'Héribert, attaquèrent et prirent Montigni, château du roi; ils le brûlèrent et le détruisirent. Ce même Bernard attaqua les chiens et les chasseurs du roi, leur enleva leurs chevaux et toutes les choses qu'il put. Il ravagea aussi Compiègne, résidence royale, et plusieurs domaines qui en dépendaient. Le roi prit avec lui une armée de Normands, et ravagea le Vermandois; il s'adjoignit encore Herluin avec une partie des soldats d'Arnoul, ainsi que l'évêque Artaud, ceux qui avaient été chassés de Rheims, le comte Bernard, et le comte Thierri, son neveu, et il assiégea Rheims. Ils ravagèrent les moissons, saccagèrent les villes, en brûlèrent quelques-unes, et détruisirent quelques églises. Chaque fois qu'on combattit près des portes ou autour des murs, il y eut de part et d'autre beaucoup de blessés et de morts. Sur ces entrefaites, le duc Hugues combattit les Normands qui avaient envahi les frontières; il en tua beaucoup, et les chassa de son pays. Ensuite il envoya à Rheims vers le roi, et donna des otages pour que Ragenold, du parti de Louis, pût venir en sûreté traiter avec lui; il y vint en effet, et l'on régla que le roi recevrait des otages de l'évêque Hugues, et laisserait le siége de Rheims jusqu'à ce que l'évêque se fût rendu à une assemblée désignée, pour y répondre au roi sur tout ce que celui-ci exigeait. Le roi ayant reçu des otages suivant ce traité, quitta le siége, quinze jours après l'avoir commencé. Le duc Hugues eut, vers le temps de la fête de Saint-Jean, et par intermédiaire, une conférence avec le roi. Rien de positif ne fut réglé quant à la paix entre eux, si ce n'est qu'ils s'accordèrent mutuellement une trève pour jusqu'au mois d'août.

Tout cela étant ainsi réglé, le roi Louis prit avec lui Herluin et quelques-uns de ses domestiques, et gagna Rouen. Le seigneur Théotilon, vénérable prélat de la ville de Tours, qui s'occupait de faire faire la paix entre le roi et les princes, mourut; il fut accablé par la maladie; elle le prit comme il était en route pour revenir à Laon, où il s'occupait de cette pacification. Lorsqu'il rendit le dernier soupir, on vit courir dans l'air un signe de feu de la longueur d'une coudée, et dont la lumière chassa les ténèbres de la nuit, et suffit à ceux qui conduisaient les funérailles; ils furent tellement réjouis de ce miracle, qu'ils portèrent pendant deux cents milles son corps jusqu'à Tours; et ce saint homme y fut enterré près du sépulcre du vénérable Eudes, et dans le monastère de Saint-Julien, qu'il avait fondé par une grande piété; et l'on rapporte que depuis, ce temple fut illustré par des miracles de Dieu.

Tandis que le roi Louis était à Rouen, Haigrold, normand, qui commandait à Bayeux, lui fit dire que, s'il voulait venir dans un temps et un lieu convenus, il s'y rendrait aussi. Le roi vint avec peu de monde à l'endroit désigné; Haigrold arriva avec beaucoup de Normands armés, attaqua ceux qui suivaient le roi, et les tua presque tous; le roi s'enfuit seul, fut poursuivi par un Normand, son fidèle, qui l'avait accompagné à Rouen, fut pris par d'autres Normands, qu'il croyait ses fidèles, et mis en prison. Hugues, roi d'Italie, fut chassé de son royaume par les siens, et l'on mit son fils à sa place. Hugues, l'évêque, assiégea le château d'Hautmont; il lui fut rendu, après sept semaines presque entières de siége, par Odon, mais à la condition que l'évêque recevrait aussi son fils et le fils de son frère, et leur accorderait la terre de leurs pères. Le duc Hugues s'employa pour qu'on relâchât le roi; mais les Normands demandèrent pour otages les fils du roi, et déclarèrent qu'ils ne le rendraient qu'à cette condition. On envoya donc à la reine, pour avoir les enfans; elle donna le plus petit, et déclara qu'elle ne laisserait pas aller l'aîné. Gui, évêque de Soissons, se donna en otage pour obtenir la liberté du roi. Le roi fut donc remis au duc Hugues, qui le confia à Thibaut, un des siens, et alla joindre le roi Othon. Mais celui-ci ne voulut pas le voir, et lui envoya Conrad, duc de Lorraine; Hugues lui parla, et s'en revint très-irrité contre Othon. Richard, évêque de Tongres, mourut; le roi Othon donna son évêché à Hugues, abbé de Saint-Maximin, qui ne le voulait pas et le refusait; il le fit sacrer évêque, et ensuite repassa le Rhin.

Plusieurs hommes eurent les membres affligés de plaies à Paris et dans les bourgs avoisinans; ces membres, brûlés peu à peu, se consumaient jusqu'à ce que la mort finît ce supplice. Quelques-uns cependant échappèrent à ce tourment, en visitant les églises des saints; plusieurs furent guéris à Paris, dans l'église de Marie, sainte mère de Dieu; et l'on assure que tous ceux qui purent y parvenir furent sauvés de cette peste. Le duc Hugues les nourrit par des aumônes quotidiennes. Ceux d'entre eux qui voulurent retourner chez eux furent de nouveau atteints par la maladie, et recouvrèrent la santé en retournant à l'église.

[946.] Il s'éleva des querelles entre les fils d'Héribert, au sujet de l'héritage de leur père; mais enfin ils se réconcilièrent par l'entremise de leur oncle Hugues, et se le partagèrent tout comme ils jugèrent à propos; Edmond, roi des Anglais, envoya des ambassadeurs au prince Hugues pour qu'il relâchât le roi, et Hugues tint pour cette cause une assemblée publique avec ses neveux et les autres primats du royaume. Le pape Marin mourut, Agapit lui succéda; le patrice Albéric et Hugues, roi d'Italie, firent la paix. Hugues, duc des Français, après s'être adjoint Hugues le Noir, fils de Richard, et les autres grands du royaume, replaça sur son trône le roi Louis, qui était depuis près d'un an sous la garde du comte Thibaut; il reprit le château de Laon que tenait la reine Gerberge, et le confia au même Thibaut. Le duc Hugues, restituant au roi Louis le nom et la dignité de roi, se donna à lui, ainsi que les autres princes du royaume. Edmond, roi d'outre mer, mourut; l'épouse du roi Othon, sœur du même Edmond, mourut aussi.

La reine Gerberge avait envoyé, peu de temps auparavant, une ambassade à son frère Othon, lui demandant des secours contre le prince Hugues, à qui on avait donné Laon pour qu'il rendît le roi Louis qu'il gardait prisonnier depuis qu'il l'avait reçu des Normands. Il rassembla dans tout son royaume la plus grande armée qu'il put, et vint en France, menant avec lui Conrad, roi de la Gaule cisalpine; le roi Louis marcha au-devant d'eux, et en fut reçu très-amicalement et très-honorablement; ils vinrent ensemble à Laon; mais après avoir considéré la force de cette place, ils s'en allèrent et assiégèrent Rheims, la bloquèrent et l'entourèrent d'une grande armée. L'évêque Hugues, voyant qu'il ne pouvait soutenir ce siége, ni résister à une telle multitude, conféra avec les princes qu'il crut ses amis; savoir Arnoul, qui avait épousé sa sœur; Gui, qui avait épousé sa tante, et Herman, frère de Gui; il leur demanda ce qu'il fallait faire; ils lui conseillèrent de sortir avec tous les siens et d'abandonner la ville, parce qu'il avait été réglé par les rois que certainement il serait chassé, et que, si la ville était prise par force, eux, ses amis, ne pourraient obtenir des rois qu'on ne lui arrachât pas les yeux. Après avoir reçu cet avis et l'avoir communiqué aux siens, il sortit le troisième jour du siége, avec presque toute sa garnison. Ainsi les rois entrèrent dans la ville avec les évêques et les princes, et firent de nouveau introniser l'évêque Artaud, qui avait été chassé jadis; Robert, archevêque de Trèves, et Frédéric, archevêque de Mayence, le prenant chacun par la main, le remirent sur son siége : ensuite, laissant la reine Gerberge à Rheims, les rois envahirent avec leurs armées la terre de Hugues, et marchèrent sur Senlis; mais comme ils virent cette place très-forte, et qu'ils n'étaient pas en état de l'attaquer, ils tuèrent quelques-uns des fidèles de Hugues et laissèrent ensuite la ville; ils gagnèrent le pays au-delà de la Seine, dévastèrent, par de grands ravages, les champs et les villes, parcoururent la terre des Normands, saccagèrent plusieurs lieux, et ensuite s'en allèrent et revinrent chez eux. Dérold, évêque d'Amiens, mourut.

[947.] Le prince Hugues, ayant levé une armée, partit pour la terre d'Arnoul et y assiégea quelques-uns de ses forts. Mais, n'ayant point réussi dans ses espérances, il revint chez lui. Le roi Louis assiégea aussi, avec quelques Lorrains, Mouzon, que retenait l'évêque Hugues, chassé de Rheims; mais les choses n'allant point à son gré, et tous les Lorrains le quittant, au bout d'un mois il se rendit à Rheims. Bovon, évêque de Châlons, mourut, et les habitans de cette ville élurent un jeune et noble clerc nommé Gibuin. Le roi Louis célébra à Aix la Pâque avec le roi Othon, et fut honoré par lui de dons royaux. Le prince Hugues, présomptueusement et persuadé par quelques personnes, attaqua, avec l'évêque Hugues, la ville de Rheims, croyant s'en emparer sur-le-champ; mais ils furent frustrés dans leur attente, par la résistance des fidèles du roi et de l'archevêque Artaud, et ils s'en allèrent, au bout de huit jours, couverts de confusion. L'évêque Hugues, à la demande de son oncle Hugues, ordonna évêque d'Amiens Thibaut, clerc de Soissons. Le roi Louis partit avec l'évêque Artaud pour Arras, afin d'y attendre le comte Arnoul; de là, et après l'avoir joint, ils allèrent tous assiéger Montreuil, château fort à Roger, fils d'Herluin; mais, après des peines inutiles et avoir perdu beaucoup des leurs, ils retournèrent chez eux sans espoir. Il y eut à Rheims, pendant tout l'espace d'une nuit, un grand orage avec des éclairs continuels et un tremblement de terre, si bien que tous les puits furent remplis et que plusieurs maisons furent renversées.

La tenue du plaid des rois Louis et Othon eut lieu au commencement d'août, sur la rivière de Chiers, le prince Hugues avait placé son camp entre Mouzon et Douzy. On exposa dans l'assemblée aux évêques la querelle entre Hugues et Artaud, évêques de Rheims; mais rien ne put être décidé, parce que le synode n'était pas convoqué alors; on déclara qu'il aurait lieu au milieu du mois de novembre; en attendant, on accorda à Artaud l'évêché de Rheims, et l'on permit à Hugues, l'autre évêque, de demeurer à Mouzon. Par la médiation du roi Othon, le roi Louis et le prince Hugues se donnèrent une trêve pour jusqu'au temps du synode. Hérivée, neveu d'Hérivée, jadis archevêque, qui avait un château qu'il avait bâti en deçà de la Marne, et ravageait les terres de l'évêché de Rheims, fut excommunié par l'archevêque Artaud, pour avoir enlevé les biens de l'Église. Le comte Rainold et Dudon, frère de cet évêque, sortirent un jour avec les hommes de l'Église contre les brigands d'Hérivée et les mirent en fuite. Quand il apprit cela, il arma tous les soldats qui étaient avec lui, sortit de son fort pour combattre les nôtres et les attaqua; il fut tué avec plusieurs des siens; les autres furent mis en fuite, et il y eut de part et d'autre des blessés. Le corps d'Hérivée fut apporté à Rheims par les vainqueurs; l'évêque Hugues prit avec lui Thibaut de Montaigu, mari de sa sœur, ainsi que plusieurs hommes rapaces, et vint au temps de la vendange dans les campagnes voisines de Rheims; ils emportèrent presque tout le vin, et le conduisirent dans divers lieux.

Le synode ci-dessus mentionné eut lieu à Verdun; y présida Robert, évêque de Trèves; y assistaient Artaud de Rheims, Odalric d'Aix, Adalbéron de Metz, Goslin de Tulle, Hildebald d'outre Rhin, de Werden, Israël de Bretagne, et y furent présens l'abbé Brunon, frère du roi Othon, Agenold, Odilon et d'autres vénérables abbés. L'évêque Hugues y fut mandé; on lui envoya même pour l'amener les évêques Goslin et Adalbéron; mais il refusa d'y venir. Alors le synode, unanimement, adjugea l'évêché de Rheims au seigneur Artaud. On indiqua un nouveau synode pour le 13 janvier.

[948.] Le susdit synode fut célébré dans l'église de

Saint-Pierre, à la vue du château de Mouzon, par le seigneur Robert, les autres évêques du diocèse de Trèves, et quelques-uns de celui de Rheims. L'évêque Hugues y vint, parla à Robert, mais ne voulut point entrer au synode; il envoya aux évêques, par son clerc, des lettres de la part du pape Agapit, et qu'il avait rapportées de Rome. Elles ne contenaient aucune autorité canonique, mais ordonnaient qu'on restituât l'évêché de Rheims à Hugues. Quand les évêques les eurent lues, ils prirent conseil avec les abbés et les gens savans là présens; ensuite ils répondirent qu'il n'était ni juste, ni convenable, que la charge de légat apostolique, qu'avait reçue devant les rois et les évêques, tant de France que de Germanie, et par la cession de Frédéric, archevêque de Mayence, l'archevêque Robert, et qu'il avait même commencé à exercer, fût suspendue par des lettres qu'apportait l'ennemi de l'archevêque Artaud; que de plus, ce qui avait été commencé régulièrement devait être fini canoniquement. Ainsi l'on ordonna qu'on lût le dix-huitième chapitre du concile de Carthage, touchant l'accusé et l'accusateur: après cette lecture, on jugea, suivant la règle du même concile, qu'Artaud conserverait la communion et la paroisse de Rheims; qu'Hugues, qui avait dédaigné de se rendre à deux conciles, serait exclu du gouvernement et de la communion de l'évêché de Rheims, jusqu'à ce qu'il se fût rendu, pour se justifier, à un synode universel qui fut indiqué pour les calendes d'août. Les évêques firent écrire sur du papier en leur présence ce chapitre, y ajoutèrent leur décision, et l'envoyèrent au même Hugues. Le lendemain, il le renvoya à l'archevêque Robert, lui faisant dire qu'il n'obéirait point à leur jugement. Le comte Arnoul prit le château de Montreuil, avec l'aide du prince Hugues.

Cependant des lettres de proclamation furent envoyées par le seigneur Artaud au siége de Rome; alors le seigneur pape Agapit envoya son vicaire Marin, au roi Othon, pour qu'il convoquât et assemblât un synode général; ce même pape adressa aussi, de Rome, des lettres particulières à quelques évêques de Gaule et de Germanie, pour les y appeler; ce synode, tenu par l'ordre du pape, s'assembla, le 7 de juin, dans la résidence royale d'Ingelheim et dans l'église dédiée au bienheureux Remi, et il eut lieu à cause des dissensions cruelles qui existaient entre le roi et le prince Hugues, entre Artaud, archevêque de Rheims, et Hugues, qu'on lui avait injustement substitué; car ces querelles troublaient tout le royaume des Français. Lorsque Marin, vicaire du saint siége, fut arrivé, s'assemblèrent pour tenir le synode les évêques de la Germanie et quelques évêques de Gaule, savoir : Robert, archevêque de Trèves; Artaud, de Rheims; Frédéric, de Mayence; Wifred, de Cologne; Adeldach, de Hambourg; Hildebald, de Werden; Goslin, de Tulle; Adalbert, de Metz; Bérenger, de Verdun; Fulbert, de Cambrai; Rodolphe, de Laon; Reichau, de Worms; Raimbauld, de Spire; Poppon, de Wurtzbourg; Conrad, de Constance; Odalric, d'Augsbourg; Tethard, d'Hildesheim; Bernard, d'Altfurt; Dudon, de Paderborn; Lioptach, de Riben; Michel, de Ratisbonne; Farabert, de Tongres; Dudon, d'Osnabruck; Ever, de Minden; Baudri, de Maestricht; Hérold, de Salzbourg; Adalbert, de Bade; Starchand, d'Hochstædt; Horath, Wichard, de Bâle; et Lidach. En présence des prélats et dans l'église du même lieu, lorsqu'on eut récité les prières suivant le rite de la célébration d'un concile, et lu les injonctions sacrées, que les glorieux rois Othon et Louis furent entrés, et que le ci-dessus nommé Marin, légat du saint siége, eut fait son allocution, le roi Louis se leva d'auprès du seigneur Othon, et, avec sa permission, il exposa à haute voix ses plaintes, en présence de Marin, vicaire du siége de Rome, et des autres évêques qui siégeaient avec lui. Il rappela comment Hugues et les autres princes de France l'avaient invité à revenir des régions d'outre-mer pour reprendre le royaume héréditaire de son père; comment les vœux et les acclamations de tous les grands et chevaliers français l'avaient élevé et désigné pour obtenir les marques du pouvoir royal; de quelle manière ensuite le même Hugues l'avait chassé, attiré par des ruses, pris et retenu un an entier en prison, et n'avait pas voulu le relâcher jusqu'à ce que la reine Gerberge lui eût abandonné le château de Laon, qu'il avait attaqué, et qui seul entre tous les châteaux royaux était resté au pouvoir des fidèles du roi; et il ajouta que si quelqu'un disait que tous ces maux, soufferts depuis la prise de possession de son royaume, lui étaient arrivés par sa faute, il se purgerait de cette accusation, selon le jugement du synode et la volonté du roi Othon, ou s'en défendrait par un combat singulier.

Ensuite l'archevêque Artaud se leva, exposa, selon l'ordre qu'il avait reçu du pape romain, le commencement et la suite de la dispute qui s'était élevée entre lui et l'évêque Hugues, qu'on lui avait substitué comme évêque. Lorsqu'on eut lu ces lettres et qu'on les eut interprétées en langue tudesque, à cause des deux rois, un certain Sigebold, clerc déjà mentionné de Hugues, entra et présenta les lettres qu'il avait apportées de Rome, et qu'il avait déjà produites au synode de Mouzon; il affirma qu'elles lui avaient été remises à Rome, par le même Marin, là présent. Alors Marin prit les lettres qu'avait apportées de Rome Sigebold, et ordonna de les réciter devant le synode. Leur lecture témoigna que Gui, évêque de Soissons, Hildegaire, évêque de Beauvais, Rodolphe, de Laon, et tous les autres évêques du diocèse de Rheims, avaient adressé des lettres au siége de Rome, pour que Hugues fût réinstallé dans l'évêché de Rheims, et Artaud expulsé. Après cette lecture, l'évêque Artaud, Rodolphe, nommé dans ces lettres, et Fulbert, évêque de Cambrai, les réfutèrent, affirmant que jusqu'alors ils n'avaient ni vu, ni entendu ces choses, et qu'ils n'avaient point consenti à leur contenu. Comme ce clerc ne put leur nier qu'il les avait calomniés, le seigneur Marin engagea le synode général à prononcer un jugement et un juste châtiment sur cet homme qui proférait des mensonges contre les évêques. Ceux-ci, après que le délateur eut publiquement avoué qu'il avait produit des faits faux, lurent les capitulaires sur les calomniateurs de ce genre, et pensèrent et jugèrent unanimement qu'il devait être dégradé de ses dignités, et, selon la teneur des capitulaires, envoyé en exil. Il fut donc dégradé du diaconat et chassé avec reproche de la présence du synode; ils jugèrent aussi que l'évêque Artaud, qui s'était présenté à tous les synodes, et n'avait point refusé le jugement des évêques, devait, d'après les saints canons et les règles des saints pères, conserver l'évêché de Rheims, et ils le louèrent et l'encouragèrent.

Le second jour de la session, après avoir lu les divines autorités, et après l'allocution du vicaire Marin, le seigneur Robert, archevêque de Trèves, proposa que, puisque, d'après les saintes règles, on avait rendu à l'archevêque Artaud son évêché de Rheims, on proclamât le jugement synodal contre l'usurpateur de son siége. Le légat Marin, sur cette proposition, ordonna alors que le synode proférât la sentence canonique: on prescrivit donc de réciter les capitulaires catholiques de la sainte loi; et ensuite, d'après les réglemens des canons et des décrets des saints pères Sixte, Alexandre, Innocent, Zosime, Boniface, Célestin, Léon, Symmaque, et tous les autres saints docteurs de l'Église, les évêques excommunièrent et repoussèrent du sein de l'Église de Dieu le susdit Hugues, usurpateur de l'évêché de Rheims, jusqu'à ce qu'il vînt à pénitence, et fît une satisfaction convenable. Les autres jours, le synode régla des choses nécessaires, touchant les unions incestueuses et les églises de Germanie, que les laïques donnaient, et qui plus est, vendaient illégalement, et enlevaient injustement aux prêtres; et l'on traita et décida plusieurs choses utiles à l'Église de Dieu.

Cependant le roi Louis pria le roi Othon qu'il lui donnât du secours contre Hugues et ses ennemis; celui-ci y consentit, et ordonna au duc Conrad de lui porter secours avec l'armée des Lorrains. Le roi Louis demeura avec ce duc; les évêques Artaud et Rodolphe, qui étaient avec le roi, habitèrent avec les évêques lorrains, de peur de trouver des ennemis dans les chemins. Nous demeurâmes donc près de quatre semaines avec Robert de Trèves, Rodolphe de Laon, et Adalbéron de Metz. Quand l'armée fut assemblée, les évêques lorrains gagnèrent Mouzon, assiégèrent et assaillirent ce fort; ils forcèrent la garnison qui y était avec Hugues à se rendre; et après en avoir reçu des otages, ils allèrent au devant du roi Louis et du duc Conrad, dans les environs de Laon. Là, le duc et son armée attaquèrent un certain fort possédé et bâti dans le lieu nommé Montaigu, par ce Thibaut, qui retenait la ville de Laon contre le roi. Ils donnèrent l'assaut au fort, et le prirent sans retard; de là, ils allèrent à Laon. Les évêques qui s'y étaient réunis dans l'église de Saint-Vincent, excommunièrent Thibaut, au nom de Marin, légat du siége apostolique, et au leur propre. Ils citèrent le prince Hugues à venir à pénitence pour le mal qu'il avait fait au roi et aux évêques. Gui, évêque de Laon, vint au roi Louis, se donna à lui, et se réconcilia avec l'archevêque Artaud, en lui faisant satisfaction pour avoir sacré Hugues. Le duc Conrad tint le fils de Louis sur les fonts sacrés. Après avoir pris et rasé le château de Mouzon, les Lorrains revinrent chez eux.

Hugues, sans perdre de temps, assembla une nombreuse armée de ses Normands, s'approcha de Soissons, et attaqua cette ville; il tua beaucoup de monde, fit jeter beaucoup de feux, brûla la maison épiscopale, le cloître des chanoines, et une partie de la ville, mais il ne put la prendre, et se retira. Il se rendit à un château, que bâtissait sur l'Aisne, dans un lieu nommé Roucy, Rainold, comte de Louis, et il entoura ce fort de son camp; mais il ne put le prendre, et ravagea les domaines de l'église de Rheims, qui étaient proches du lieu où il s'était placé. Ses brigands de soldats tuèrent une partie de leurs habitans, profanèrent les églises, et se livrèrent à de tels excès, que dans le village de Chermizy ils tuèrent, tant au dehors qu'au dedans de l'église, près de quarante hommes. Après avoir achevé tant de ravages, Hugues revint avec ses satellites; alors les compagnons de Hugues, qui étaient excommuniés avec lui, revinrent à l'évêque Artaud; il en reçut plusieurs, et leur rendit ce qu'ils avaient possédé, mais il en renvoya d'autres.

Ensuite l'archevêque Artaud partit pour le synode de Trèves avec les évêques Gui de Soissons, Rodolphe de Laon, et Wifred de la cité des Morins. A leur arrivée, ils trouvèrent Marin, qui les attendait avec l'archevêque Robert; mais aucun des prélats germains et lorrains n'y était. Ceux de France siégeant donc, le vicaire Marin commença à leur demander ce qu'avaient fait contre eux, depuis le concile, le prince Hugues, ou le roi Louis. Ils rapportèrent les choses ci-dessus mentionnées, que le prince avait commises contre eux et leurs églises; Marin demanda alors si les lettres qu'il avait données pour le citer à comparaître lui avaient été remises. L'archevêque Artaud lui répondit que plusieurs lui avaient été données, que d'autres ne l'avaient point été, parce que celui qui les portait avait été arrêté [illegible] chemin par les satellites de Hugues; mais que cependant, tant par lettres que par messagers, il avait été cité. On s'informa donc s'il n'y avait pas quelque part un envoyé de Hugues; et comme on n'en trouva point, on décida qu'on attendrait jusqu'au lendemain pour voir s'il n'en arriverait pas. Comme il n'en vint point, tous ceux qui étaient présens, tant clercs qu'illustres laïques, déclarèrent hautement qu'on devait l'excommunier; mais les évêques différèrent cette mesure jusqu'au troisième jour du synode; alors on s'occupa des évêques, tant de ceux qui avaient été cités et n'avaient point comparu, que de ceux qui avaient participé au sacre de Hugues. Gui, évêque de Soissons, se prosterna devant le vicaire Marin et l'archevêque Artaud, et s'avoua coupable; mais les archevêques Robert et Artaud intercédèrent pour lui auprès de Marin, et on le jugea digne d'être absous de cette faute. Wifred, évêque, fut trouvé pur d'avoir contribué à ce sacre; un certain prêtre, envoyé de Transmar, évêque de Noyon, se présenta, et assura aux évêques que ce prélat était atteint d'une grave maladie, qui l'empêchait de se rendre au synode. Quelques gens de notre pays le confirmèrent aux évêques.

Le troisième jour enfin, surtout d'après les demandes instantes de Liutdolf, envoyé et chapelain du roi Othon, car son maître le voulait ainsi, le comte Hugues, ennemi du roi Louis, pour tous les crimes commis par lui, et ci-dessus mentionnés, fut excommunié, et devait l'être jusqu'à ce qu'il vînt à résipiscence et fît satisfaction au vicaire Marin ou aux évêques qu'il avait offensés; qu'[illegible] cela lui déplaisait, il n'avait qu'à aller à Rome, pour obtenir l'absolution. On excommunia aussi deux évêques sacrés par le condamné Hugues; savoir Thibaut et Yves. C'était depuis son expulsion que le premier avait été mis par lui à Amiens, et depuis sa condamnation que le second l'avait été à Laon. On excommunia aussi Adelelme, clerc de Laon, que Rodolphe, son évêque, accusait d'avoir introduit dans l'église l'excommunié Thibaut. Marin cita par lettres Hildegaire, évêque de Beauvais, pour qu'il vînt rendre compte, à lui ou au seigneur pape à Rome, de la participation qu'il avait eue à l'illicite ordination de ces faux évêques. Héribert, fils du comte Héribert, fut aussi cité pour venir faire satisfaction des maux qu'il avait faits à l'Église.

Après toutes ces choses, les évêques revinrent chez eux; Liutdolf, chapelain du roi Othon, mena le vicaire Marin en Saxe près de ce roi; et là, Marin consacra l'église de Fulde. Après cette consécration, l'hiver étant passé, Marin retourna à Rome. Cette année, Gérunce, évêque de Bourges, et Rodolphe, évêque de Laon, moururent. Il naquit un fils au roi Louis; l'archevêque Artaud le tint sur les fonts sacrés, et lui donna le nom de son père.

[949.] Les Laonnais, qui gardaient fidélité au roi Louis, élurent pour leur évêque le diacre Roricon, son frère; Artaud, archevêque de Rheims, le sacra; cependant il ne fut point reçu à Laon, et s'arrêta au château de Pierre-Pont. Les Amiennais, qui haïssaient Thibaut, que Hugues leur avait donné pour évêque, livrèrent le château au comte Arnoul. Celui-ci appela le roi Louis, prit la ville, chassa Thibaut, et introduisit Raimbaud, moine d'Arras, qu'auparavant les Amiennais avaient choisi pour évêque.

Ce Raimbaud fut conduit à Rheims par le roi, et y fut sacré par l'archevêque Artaud. Les vassaux de l'église de Rheims, que n'avait pas voulu recevoir l'archevêque Artaud, prirent par ruse le fort d'Hautmont, que tenait Dudon, son frère; ils appelèrent l'excommunié Hugues, l'introduisirent dans la ville, et de là ravagèrent les terres de l'évêché, qui étaient proches de ce château. La solennité de Pâques approchait, et la reine Gerberge alla la passer avec son frère, le roi Othon, et la célébra avec lui au palais d'Aix. Il y afflua des ambassades de plusieurs peuples, savoir des Grecs, des Italiens, des Anglais et de quelques autres encore.

La reine revint à Rheims avec l'assurance d'être secourue par son frère. Alors le roi Louis entra subitement à Laon; les siens montèrent en secret sur le mur pendant la nuit; on brisa les serrures des murs, et le roi entra dans la ville; il prit les gardes, excepté ceux qui étaient montés sur la tour de la maison royale, qu'il avait lui-même fondée à la porte de la ville; ne pouvant la prendre, il sortit de Laon, et en fit continuer le mur en dedans. Le comte Hugues ayant appris cela, se rendit dans ce lieu avec les siens, et le roi envoya des messagers à Conrad, duc des Lorrains, pour lui demander du secours. Alors Hugues s'approcha de la tour, se posa près de la porte, introduisit dans la citadelle une garnison avec des vivres suffisans, et se retira. Le roi alla au devant du duc Conrad; ils conférèrent ensemble, et le duc régla, entre le roi et le comte Hugues, une trève pour jusqu'au mois d'août, où le roi devait avoir une entrevue avec le roi Othon. Lorsque l'entrevue fut terminée, le roi revint à Rheims, où Adalbert, fils d'Héribert, le joignit, et se donna à lui. Le comte Rainold se gagna quelques fidèles de l'évêque Artaud, et bâtit sur la Marne le fort de Mareuil; le château de Coucy fut rendu au seigneur archevêque Artaud par ceux qui le gardaient pour le comte Hugues et Thibaut, et qui se donnèrent à lui. Dudon, frère de ce même archevêque, et le comte Thierri, assiégèrent, avec ses fidèles, le château d'Hautmont, que tenait Hugues, autrefois évêque; ils placèrent et fortifièrent leur camp devant la porte de ce fort.

Le comte Hugues assembla une grande quantité de ses Normands à Laon, emmena ceux de ses fidèles qui tenaient la citadelle, en introduisit d'autres avec des vivres, se rendit dans le Portian, et y plaça son camp. Ensuite il envoya au roi Louis, qui était à Rheims, comme pour lui demander la paix, puis tout-à-coup il entra à Laon, et s'efforça de s'en emparer; mais il ne réussit pas et revint chez lui. Le roi, appelant à lui l'archevêque Artaud et plusieurs Lorrains, le poursuivit jusque dans le pays de Senlis. Arnoul brûla le faubourg de la ville, et revint chez lui. Alors Hugues, après avoir assemblé une armée considérable, tant des siens que des Normands, vint dans le Soissonnais, envoya au roi les évêques Gui, d'Auxerre; Anségise, de Troyes, et appela à lui le comte Rainold : ils se donnèrent des sermens de part et d'autre, et on convint de trèves pour jusqu'à l'octave de Pâques. Peu de temps après, le roi conféra avec Arnoul; le comte Rainold prit sur Hérivée le fort de Châtillon en montant la nuit sur le mur, et

Dudon, frère du seigneur Artaud, s'empara trois jours après du château d'Hautmont, par un moyen presque semblable.

Le pape Agapit tint un synode à Saint-Pierre, dans lequel il confirma la sentence de condamnation prononcée contre Hugues, dans le concile d'Ingelheim, et excommunia aussi le prince Hugues, jusqu'à ce qu'il satisfît au roi Louis. Un certain Bernard, du parti d'Hugues, et ayant sur l'Oise un château nommé Chauni, se donna avec son château au comte Adalbert. Une église dédiée à sainte Marie, et placée sur le bord de l'Aisne, fut illustrée par d'admirables miracles, et des guérisons secourables; une autre église dédiée pareillement à sainte Marie, brilla par une gloire presque semblable.

[950.] Le roi Louis se rendit près du roi Othon, au delà de la Moselle, et lui demanda conseil et secours sur la paix à faire entre lui et Hugues. Othon lui promit de lui envoyer pour cet objet le duc Conrad avec ses Lorrains. Celui-ci vint en effet avec quelques évêques et comtes, conféra avec Hugues et rapporta au roi Louis ce qu'il en avait appris; ensuite il revint près d'Othon et envoya à Louis quelques comtes chargés de signifier à Hugues les volontés du roi. Bientôt le roi Louis et le prince Hugues se rendirent avec les leurs, près de la Marne, pour y traiter des conditions de la paix: les uns se placèrent d'un côté, les autres de l'autre; ils s'envoyèrent des messagers. Enfin, par la médiation du duc Conrad, de Hugues le Noir, des évêques Adalbéron et Fulbert, Hugues vint au roi et se fit son homme; il se réconcilia aussi avec le comte Arnoul, avec Rainold et l'archevêque Artaud, à qui il rendit la tour de Laon.

Après ces choses, Hugues eut une nouvelle conférence à Compiègne avec le roi; on y donna l'évêché de Noyon à Rodolphe, qui était archidiacre de cette même église, et que les Noyonnais avaient choisi jadis pour évêque. Peu de temps après, Hugues assiégea, avec son armée, la ville d'Amiens, et fut reçu dans la tour, que tenait l'évêque Raimbaud. Ensuite il assiégea une autre tour que gardaient les hommes du comte Arnoul. Pendant ce temps, le roi était malade à Laon; le roi Othon, qui assiégeait Praide, grande ville des Vénèdes, reçut à soumission leur roi, et s'assujettit les Hongrois. Les hommes du comte Rainold prirent, par une attaque furtive, un fort de l'église de Rouen, situé sur la Vesle, et nommé Braine. Le prince Hugues, irrité de cela, envoya au roi qui partit, chassa ces envahisseurs, et rendit le fort à ses premiers maîtres; ensuite il eut une entrevue avec Hugues, et pendant ce temps la garnison de Coucy abandonna l'archevêque Artaud et remit la ville à Thibaut. Le roi, irrité de cela, pria Hugues de lui rendre ce fort, mais il ne put l'obtenir, parce que Thibaut s'y opposait de toutes façons. Alors le roi, irrité, se retira à Laon, malgré Hugues. Thibaut chassa de Coucy plusieurs gens qui y étaient; le seigneur Artaud sacra à Rheims Rodolphe, évêque de Noyon. Un certain Bérenger, prince d'Italie, ayant, à ce qu'on rapporte, empoisonné Lothaire, fils du roi Hugues, se fit roi d'Italie.

[951.] Le roi Louis, avec son armée, gagna l'Aquitaine; mais avant qu'il entrât dans cette province, Charles Constantin, prince de Vienne, et Étienne, évêque d'Auvergne, vinrent à lui et se firent ses hommes : ce même évêque le combla de riches présens. Guillaume de Poitiers s'y rendit aussi. Tandis que le roi tardait à entrer en Aquitaine, il fut attaqué d'une violente maladie; mais Létold, comte de Bourgogne, qui dernièrement s'était aussi donné à lui, lui fut très-utile et le guérit. Le roi ayant repris ses forces, revint en France. Sur ces entrefaites, Frédéric, frère de l'évêque Adalbéron, et qui avait épousé la fille du prince Hugues, vint dans son royaume, et, malgré le roi et la reine, bâtit un fort dans le lieu nommé Fains : il ravagea, par ses pillages, les lieux d'alentour. Le roi Louis, très-mécontent de cela, envoya une légation au roi Othon; le prince Hugues se disposa à aller auprès du même roi, d'après son invitation, et lui envoya d'avance deux lions; il les suivit de près, fut reçu honorablement par le roi Othon, et très-bien traité par lui. Il passa joyeusement avec lui; à Aix, la solennité de Pâques, et, comblé par ce roi de magnifiques dons, il partit et fut accompagné par le duc Conrad jusqu'à la Marne. Ce duc, mécontent de quelques Lorrains, jeta bas leurs châteaux et priva de leurs bénéfices quelques gens de Verdun; il prit au comte Régnier un de ses châteaux, et fit assiéger tous les autres. Les ambassadeurs du roi Louis au roi Othon revinrent et déclarèrent que celui-ci ne voulait pas, et même défendait absolument que Frédéric, ou quelqu'un des siens, possédât quelque fort dans le royaume de France, à moins d'avoir obtenu le consentement du roi Louis.

Les Hongrois, sortis d'Italie, passèrent les Alpes et entrèrent en Aquitaine; ils y demeurèrent presque tout l'été, ravagèrent ce pays par beaucoup de dégâts, de meurtres, et revinrent chez eux par l'Italie. Le roi Louis assiégea un fort nommé Braine, qu'avaient construit de certains brigands, savoir Gotbert et son frère Angilbert. Il le prit par la famine et le détruisit. Ensuite il partit pour se rendre à une entrevue avec Arnoul et Hugues; mais Hugues, irrité contre Arnoul, de ce qu'il s'était emparé du fort de Montreuil, et de la terre d'Herluin, ne voulut pas venir à cette conférence. Loin de là, il entra sur cette terre avec Roger, fils d'Herluin, et y assiégea un château; mais le roi, à la demande d'Arnoul, envoya à lui, lui fit interrompre ce siége, et reçut leurs sermens pour une trève qui devait durer jusqu'aux calendes de décembre.

La reine Edgive, mère du roi Louis, entra à Laon, sous la conduite de quelques hommes d'Héribert et d'Adalbert, son frère; et elle se rendit près d'Héribert qui l'épousa. Le roi Louis, irrité, lui reprit l'abbaye de Sainte-Marie qu'elle avait à Laon, et la donna à Gerberge, son épouse; il s'empara aussi du domaine d'Antony. Le roi Othon gagna l'Italie; Bérenger, roi des Lombards, s'enfuit de Pavie à son arrivée; Othon entra dans la ville, et épousa Adélaïde, sœur de Conrad, roi de la Bourgogne transjurane, veuve de Lothaire, roi d'Italie et fils d'Hugues. Les Sarrasins s'emparèrent du passage des Alpes, et, après avoir exigé des tributs des voyageurs qui se rendaient à Rome, ils leur laissèrent le passage libre.

[952.] Le roi Othon envoya à Rome une ambassade pour être reçu dans cette ville; mais n'ayant pu l'obtenir, il revint chez lui avec sa femme, en laissant à la garde de Pavie quelques-uns des siens; Louis revint à Laon avec la reine Gerberge; le roi Bérenger se rendit à Pavie auprès du duc Conrad qui y était resté, et fut reçu par lui comme fidèle; on le conduisit au roi Othon qui le traita très-bien, lui accorda ce qu'il desirait, et lui permit de revenir en paix en Italie. Othon lui-même retourna à Pavie après la célébration de la Pâque. Le comte Hugues vint avec les siens sur la Marne, et le duc Conrad le joignit avec quelques Lorrains; ils assiégèrent ensemble un fort près de Mareuil, que le comte Rainold avait naguère construit sur la Marne, avec les hommes du seigneur archevêque Artaud. Ils rassemblèrent de tous côtés des machines et l'attaquèrent fortement; enfin ceux qui étaient dedans, s'étant remis à la foi de Conrad, Hugues et lui s'emparèrent de ce fort, non sans une grande perte de leurs gens, et ils le brûlèrent. Dans ce temps, Héribert et Robert, neveux de Hugues, se construisirent un fort dans le lieu nommé Montfélix. Hugues et Conrad revinrent chez eux.

Le roi Louis, et l'archevêque Artaud se rendirent sans délai, avec le comte Rainold, sur la Marne; ils restaurèrent le fort qu'avaient détruit les susdits princes, et y laissèrent forte garnison. De là le roi alla avec le même comte, dans les environs du château de Vitry, possédé par un certain Walter, qui l'avait trahi dernièrement, et s'était donné à Héribert avec son château. Ils dévastèrent par le fer et le feu ses terres et le domaine de Pontion, dont s'était emparé Héribert. Le roi bâtit un autre fort vis-à-vis de Vitry. Il laissa à sa garde quelques-uns de ses fidèles, voisins de Walter; le confia à Odalric, abbé de Bourgogne, et après il regagna Laon. Ensuite, sans perdre de temps, il revint à Rheims avec la reine. L'archevêque Artaud renvoya du monastère de Saint-Basile les clercs qui le desservaient, y envoya des moines, et le confia aux abbés Hincmar et Rotmar.

[953.] Au commencement de l'année 953, le prince Hugues envoya des messagers au roi Louis, pour que la paix fût faite et confirmée entre eux. Il demanda que la reine Gerberge voulût bien avoir une entrevue avec lui. Elle y consentit, alla le trouver, et, comblée par lui de dons honorables, revint à Rheims. Hugues obtint du roi que le fort qui avait été bâti vis-à-vis de Vitry serait détruit. Tous deux firent à la mi-carême un traité de paix et de concorde. Des querelles s'élevèrent entre le roi Othon, Liutdolf son fils, le duc Conrad et plusieurs grands de Germanie. Comme la nouvelle femme de ce roi lui avait donné un fils, on disait qu'il lui avait promis son royaume, que cependant autrefois, avant d'aller en Italie, il avait assigné à Liutdolf, et pour lequel il lui avait fait jurer fidélité par ses magnats. Alors ce roi ôta à Conrad le duché de Lorraine, et celui-ci chercha à s'emparer de sa personne. Quand le roi Othon découvrit cela, il commença à agir avec dissimulation, et à rechercher la mort de Conrad; celui-ci fortifia ses châteaux; mais Régnier, son ancien ennemi, assiégea un des plus forts. Conrad rassembla une armée, la plus considérable qu'il put, pour lui faire lever le siége; après avoir livré plusieurs combats et perdu beaucoup des siens, il fut mis en fuite et entra à Mayence.

Sur ces entrefaites, la reine Gerberge accoucha à

Laon de deux jumeaux; l'un fut appelé Charles, et l'autre Henri; mais ce dernier mourut presque aussitôt après son baptême. Il se tint à Saint-Thierri un synode de cinq évêques, sous la présidence de l'archevêque Artaud; le comte Rainold y fut cité pour ses usurpations des biens ecclésiastiques, et n'y vint point. Mais le roi pria qu'on ne l'excommuniât pas, afin qu'il pût se rendre au synode; et à sa demande, la sentence de condamnation fut retardée. Le roi Othon assiégea Mayence, où s'était retiré le duc Conrad. Enfin, après deux mois presque entiers, Conrad étant sorti pour lui parler, et lui ayant donné des otages, le roi repassa le Rhin. Alors Conrad, sans perdre de temps, laissa une forte garnison à Mayence, attaqua la ville de Metz, et la prit bientôt par une attaque inattendue. Le roi Othon, appelé par son frère Henri, se rendit en Bavière, que Liutdolf dévastait, après avoir pris plusieurs villes. Conrad, après beaucoup de ravages, quitta Metz, à la persuasion (comme l'on rapporte), de l'abbé Agenold. Wifred, évêque de Cologne, mourut, et Brunon, frère du roi Othon, lui succéda. Othon lui donna aussi la Lorraine.

[954.] Conrad, dont on vient de parler, ayant fait un pacte avec les Hongrois, les conduisit en Lorraine et jusque dans les terres de Régnier, son rival, et de Brunon. Après avoir fait de grands ravages, les Hongrois entrèrent avec une énorme multitude de captifs dans le royaume de Louis. Ils traversèrent ainsi le Vermandois, le Laonnais, le Rhémois, le Châlonnois, et entrèrent en Bourgogne. Ils perdirent beaucoup de monde, tant par les combats que par les maladies; et ceux qui survécurent revinrent chez eux par l'Italie.

Louis, fils du roi, mourut à Laon. Le roi Louis, sorti de Laon, regagna Rheims comme pour s'y établir. Mais avant de parvenir à l'Aisne, il aperçut devant lui un loup, le poursuivit de toute la vitesse de son cheval, tomba, et fut rapporté à Rheims, grièvement meurtri. Il se mit au lit, atteint d'une grave maladie, et couvert de plaies d'éléphantiasis; consumé par ce mal, il finit son dernier jour, et fut enterré à Saint-Remi. La reine Gerberge envoya à Hugues, lui demandant conseil et secours. Il l'invita à la venir trouver, la reçut honorablement, la consola, et lui promit que son fils entrerait en possession du royaume. Liutdolf chassa de Bavière Henri, son oncle paternel, et s'empara de tout ce pays. Les Lorrains furent en proie à mille maux, tant par les déprédations du duc Conrad, que par leurs propres querelles. Foulques, doyen du monastère de Saint-Médard, fut sacré à Rheims évêque de Noyon. Frédéric, frère de l'évêque Adalbéron, épousa la fille du prince Hugues. Le comte Héribert s'empara, par une attaque imprévue de quelques-uns de ses satellites, de Roucy, fort de Rainold.

Lothaire, fils de Louis, fut sacré roi à Saint-Remi, par l'archevêque Artaud et par l'aide du prince Hugues, de l'archevêque Brunon, et des autres évêques et grands de France, de Bourgogne et d'Aquitaine. Ce même roi donna à Hugues la Bourgogne et l'Aquitaine; le château de Roucy fut rendu à Rainold, qui donna quelques domaines à Héribert; et la reine Gerberge revint à Laon avec le roi, son fils. Peu de temps après, les soldats de Rainold prirent, par une attaque imprévue, un certain fort nommé Montfélix, placé au-delà de la Marne, et appartenant à Héribert; alors Héribert et son frère Robert vinrent l'assiéger, et le premier envoya des messagers à Rainold pour lui redemander son château; celui-ci refusa, à moins qu'Héribert ne quittât le siége, et que tous deux ne se réunissent pour statuer sur tous les châteaux qu'ils s'étaient mutuellement enlevés. Cela se fit. Rainold reçut d'Héribert les terres qu'il avait jadis données pour ce fort, et le lui rendit. Albéric, patrice des Romains, mourut, et son fils Octavien, qui était clerc, eut sa principauté; ensuite, après la mort d'Agapit, il fut fait pape de cette ville, d'après le vœu des Romains.

[955.] Le roi Othon marcha pour s'opposer aux Hongrois, qui se disposaient à ravager son pays, il combattit contre eux, les vainquit, et ne les laissa point entrer dans son royaume. Le prince Hugues reçut honorablement à Paris, au temps de Pâques, la reine Gerberge, avec son fils, le roi Lothaire, les retint pendant quelques jours près de lui, et les traita convenablement; de là, il alla avec ce roi en Aquitaine, et se rendit à Poitiers. Ils n'y trouvèrent point Guillaume, assiégèrent cependant cette ville, et ne réussirent à rien après un long siége. Néanmoins le comte Rainold prit, par un assaut subit, le fort de Sainte-Radegonde, qui est contigu à la ville, et le brûla; enfin, après deux mois, l'armée, accablée par le manque de vivres, leva le siége. Guillaume alors assembla son armée et poursuivit celle du roi. Lorsque celui-ci et Hugues le surent, ils retournèrent contre lui, et à peine eurent-ils montré leur grand nombre, que l'armée de Guillaume s'enfuit; mais les troupes royales le poursuivirent, tuè-

rent beaucoup d'Aquitains, et firent un grand nombre de nobles captifs. Guillaume put à peine s'échapper avec très-peu de monde.

Les Hongrois envahirent la Bavière avec une immense multitude de troupes, et voulaient venir en France; le roi Othon marcha contre eux avec Borislas, prince des Sarmates, et Conrad qui s'était soumis à lui; il les tailla en pièces et les tua presque tous; mais Conrad, qui avait combattu très-vaillamment ce jour-là, et avait beaucoup aidé le roi à remporter la victoire, périt. Après cette guerre, le roi Othon combattit deux rois sarmates, et par la jonction de Borislas, qui s'était déjà soumis à lui, il fut victorieux. L'évêque Foulques mourut, et après un délai de cinq mois, Hadulfe, clerc de Laon, fut élu par les Noyonnais, et sacré évêque à Rheims, par Artaud, Roricon et Gibuin.

[956.] Le roi Othon tint un plaid à Ingelheim avec les Lorrains, et reçut des otages de presque toutes les villes. Après Pâques, il y eut encore une assemblée à Cologne, où il reçut beaucoup de trésors des Lorrains. Bientôt après se répandit une maladie contagieuse sur la Germanie et toute la Gaule; plusieurs périrent, et d'autres furent accablés de graves maux. Robert, évêque de Trèves, Régnier, Baudry, et deux autres évêques, attaqués de cette maladie, moururent presque tout de suite. Le roi Lothaire reprit, les armes à la main, un fort sur la rivière de Chier, que le comte Régnier avait enlevé à un certain Ursion, vassal de l'église de Rheims; il emmena avec lui les enfans de Régnier, ainsi que des soldats qu'il avait trouvés là, et brûla et détruisit ce château. Le prince Hugues mourut. La reine Gerberge eut une conférence avec son frère Brunon, et les enfans et les soldats de Régnier lui furent rendus : alors on restitua aussi à la reine les possessions que lui avait données, comme dot, le duc Gislebert. L'évêché de Trèves fut donné à Henri, parent du roi Othon; Fulbert, évêque de Cambrai, mourut; on accorda son évêché à Bérenger, clerc d'outre-Rhin, neveu de Bovon, jadis évêque de Châlons, et il fut sacré à Rheims par l'archevêque Artaud.

[957.] L'église de la sainte Mère de Dieu, à Rheims, fut illuminée une nuit du mois de janvier, peu après minuit, par une lumière subite, en présence du seigneur Artaud, et aussi devant le gardien Guitard, qui en était dans l'admiration. Le roi Lothaire partit pour la Bourgogne supérieure; des guerres s'élevèrent entre le comte Régnier et les Lorrains, d'une part, et de l'autre, Brunon, qui de prêtre avait été fait duc. Il en arriva de même en France entre Baudouin, fils d'Arnoul, et Roger, fils d'Herluin, au sujet du fort d'Amiens. Robert, fils d'Héribert, se donna au roi Lothaire; ce dernier se rendit dans le Cambresis avec sa mère et sa tante, au-devant de son oncle Brunon. Quand Régnier vit qu'il ne pouvait résister à une si grande multitude, il vint à Brunon; mais comme il ne voulut pas donner les otages qu'on lui demandait, Brunon le fit arrêter, le mit en prison, et, peu de temps après, l'euvoya en exil en delà du Rhin. Liutdolf, fils d'Othon, qui avait obtenu presque toute l'Italie, mourut et fut enterré à Mayence, dans l'église de Saint-Alban.

[958.] Les fidèles de l'évêque Artaud prirent, par

une attaque subite, le château de Coucy. Hardouin, vassal de Thibaut, et à qui ce fort avait été confié, voyant qu'on s'en était emparé, s'enfuit avec les siens dans la citadelle, qui était une très-forte tour. Le roi Lothaire vint l'attaquer avec le seigneur Artaud, quelques évêques et comtes, et l'assiégea pendant près de trois semaines; enfin Hardouin ayant donné ses neveux pour otages, le roi se retira. Lorsque Thibaut survint, il ne reprit pas la ville, mais s'en alla par le Soissonnais et Laonnais, ravageant et dévastant tout, et il retourna chez lui. Les hommes de Thibaut prirent, par la trahison de ceux qui le gardaient, un fort nommé La Fère; mais Roricon, évêque de Laon, vint, pour l'assiéger, avec les vassaux de l'église de Rheims et tout ce qu'il put rassembler d'amis; enfin la venue du roi Lothaire et la médiation des frères Robert et Héribert, déterminèrent Thibaut à rendre La Fère. Le roi Othon marcha contre les Sarmates; Brunon, archevêque de Cologne, passa avec une armée de Lorrains en France pour se rendre en Bourgogne, afin d'y conférer avec ses sœurs et ses neveux.

[959.] Brunon vint aussi en France, et eut à Compiègne une conférence avec la reine sa sœur, et ses neveux, qui se querellaient au sujet de certains châteaux que le roi Lothaire avait repris sur la Bourgogne, et, après qu'on eut donné des otages, il obtint qu'ils resteraient en paix jusqu'au futur plaid. Le roi Lothaire alla à Cologne avec sa mère pendant les jours de Pâques; il passa cette fête avec son oncle Brunon, et obtint des assurances touchant le royaume de Lorraine. Après avoir reçu des présens de son oncle, il retourna à Laon. Les Lorrains se révoltèrent contre le duc Brunon à la persuasion d'un certain Immon qui, après avoir été son premier conseiller, l'avait abandonné. Ils firent cela parce que le duc leur avait ordonné de détruire de nouvelles villes qui leur appartenaient, et qu'il voulait leur imposer des charges inaccoutumées; mais, après les avoir remis sous son pouvoir, il leur donna le comte Frédéric pour les gouverner en sa place. Le comte Arnoul vint à Rheims, et donna à l'église de Sainte-Marie une grande masse d'argent dont on couvrit et décora le coffre où sont enfermées les reliques de saint Calixte, saint Nicaise, sainte Eutrope, et plusieurs autres saints. Il orna aussi d'or et d'argent le livre des Évangiles de cette église; il fit aussi beaucoup de dons au monastère de Saint-Remi. Le comte Robert s'empara du château de Dijon après en avoir chassé les fidèles du roi : alors Brunon, excité par les prières de la reine, vint en Bourgogne avec les Lorrains et les autres peuples qui lui étaient soumis, et il assiégea ce château et la ville de Troyes, qui appartenaient au susdit Robert.

[960.] Dans les environs du fort de Hautmont, Manassès, neveu du seigneur évêque Artaud, prit de certains brigands, et ils furent condamnés à la potence; un d'eux était prêtre. Le fort de Maisières, situé près de la Meuse, dans la terre de l'église de Rheims, fut rendu à l'archevêque Artaud par Lambert, qui ne pouvait plus le garder, en présence de Frédéric, duc de Lorraine. Richard, fils de Guillaume, prince des Normands, épousa la fille de feu Hugues le Grand, prince d'outre Seine. Le château de Dijon, que tenaient les fidèles du roi, fut pris par Robert, frère d'Héribert; il s'en empara par ruse, en feignant d'être homme du roi, et en chassa la garnison royale; mais le roi partit avec la reine sa mère pour le reprendre, et l'assiégea; l'évêque Brunon s'y rendit avec ses Lorrains et ses autres vassaux, reçut des otages de Robert, et les donna au roi. L'un d'eux, fils du comte Odalric, trouvé traître après le jugement, fut décapité, et on laissa la vie à l'autre. Par l'entremise de leur oncle Brunon, Othon et Hugues, fils de Hugues le Grand, vinrent au roi, et se firent siens; celui-ci fit Hugues duc, ajouta le Poitou à son héritage paternel, et donna la Bourgogne à Othon. Brunon ayant appris que quelques Lorrains s'insurgeaient contre lui, se rendit en hâte en Lorraine, et laissa le roi à ce siége avec ses cousins germains. Un certain Robert, ennemi de Brunon, avait fortifié le château de Namur; un autre, nommé Immon, celui de Chèvremont. Quand Brunon arriva pour le siége, il trouva tous les lieux d'alentour épuisés par le manque de vivres; et étant dans l'abondance, il attaqua l'ennemi; il fit avec lui une trève, et alla à Cologne. Le roi Lothaire, après avoir repris Dijon, et y avoir établi une garnison, revint à Laon.

[961.] Gui, évêque d'Auxerre, mourut; Othon, fils du feu prince Hugues, vint passer les fêtes de Pâques à Laon avec le roi Lothaire; beaucoup de grands de France et de Bourgogne s'y rendirent aussi. Le plaid royal et l'assemblée des divers princes se tinrent à Soissons. Richard, fils de Guillaume de Normandie, s'avança pour l'empêcher, s'il pouvait; mais il fut arrêté par les fidèles du roi; plusieurs des siens furent tués, et il fut mis en fuite. Hugues, fils du feu comte Roger, mourut, et fut enterré à Saint-Remi. Artaud, archevêque de Rheims, mourut, le trentième jour de novembre. Lothaire se rendit en Bourgogne avec sa mère, la reine Gerberge et plusieurs grands de France; des prélats et des grands d'Aquitaine vinrent l'y joindre.

[962.] La reine Gerberge se rendit à une entrevue avec son frère Brunon, et lui suggéra de ne point rendre l'évêché de Rheims à Hugues, comme le demandait le frère de celui-ci. Le roi Othon se rendit à Rome dans des intentions pacifiques; il y fut reçu avec plaisir, et élevé à la dignité impériale. Bérenger, roi d'Italie, très-irrité de cela, commença à dévaster et à incendier les régions qu'il aurait dû gouverner. Le roi Lothaire conféra avec son cousin Hugues, qui lui demanda de rendre l'évêché de Rheims à Hugues, et ils se donnèrent une trêve pour jusqu'au mois d'avril. Il se tint à Meaux, sur la Marne, un synode de treize évêques des diocèses de Rheims et de Sens, et qui fut présidé par l'évêque de ce dernier lieu. Quelques-uns de ces prélats y demandèrent avec empressement qu'on rendît au susdit Hugues l'évêché de Rheims; Roricon, de Laon, et Gibuin, de Châlons, s'y opposèrent tout-à-fait, et assurèrent que l'homme qui avait été condamné par tant d'évêques ne pouvait être absous par un moins grand nombre. On laissa donc la chose, pour qu'elle fût soumise au pontife romain.

Le roi Lothaire conféra avec le prince Arnoul, et le réconcilia avec son petit-fils, qui portait le même nom, et que ce prince avait offensé par la mort de son frère, qu'il avait surpris en trahison et fait périr.

Alors ce prince soumit toutes ses terres au roi, afin d'être honoré par lui pendant sa vie. Un certain Thibaut, qui combattait les Normands, fut vaincu par eux, et leur échappa par la fuite. Mais comme Hugues, son seigneur, était irrité contre lui, il vint au roi, fut très-bien reçu par lui et la reine Gerberge; et rassuré par de douces consolations, il s'en alla. Wulfold, abbé du monastère de Saint-Benoît, fut fait évêque de Chartres. Il vint une légation du pape Jean; elle annonça que Hugues, jadis évêque, avait été excommunié non seulement par le pape et un synode tenu à Rome, mais encore par un autre, célébré à Pavie. L'authenticité de ce message ayant été confirmée par l'archevêque Brunon, nous élûmes, avec l'agrément du roi Lothaire, de la reine sa mère, et de Brunon, Odalric, illustre clerc, fils d'un certain comte Hugues; il fut sacré à Rheims par Gui, évêque de Soissons; Roricon, de Laon; Gibuin, de Châlons; Hadulfe, de Noyon, et Wicfred, de Verdun. Le jour de la Nativité de la sainte mère de Dieu, un certain possédé, serviteur de la reine Gerberge, accourut tout nu au milieu de l'église et jusqu'à l'autel, se prosterna, et resta couché, comme s'il était mort; mais enfin il fut délivré du malin esprit. Le même jour, dans le même lieu, un aveugle recouvra la vue.

[963.] Odalric, archevêque de Rheims, cita les grands de France qui avaient envahi quelques biens de cette église; et moi alors, cassé par l'âge et accablé d'infirmités, je me démis de mon abbaye en présence de cet évêque; il me délivra de ce joug; et par le moyen de l'élection des frères, il l'imposa à mon neveu Frodoard; j'étais dans la soixante-dixième année de mon âge. Gibuin, évêque de Châlons, étant sorti de cette ville, elle fut assiégée par les frères Héribert et Robert; ils y mirent le feu à l'aide de machines; les soldats qui la défendaient se réfugièrent dans une certaine tour, et furent enfin délivrés.

[964.] L'hiver fut très-âpre jusqu'aux calendes de février. Le seigneur évêque Odalric excommunia un grand, nommé Thibaut, pour s'être emparé injustement du château de Coucy et d'autres possessions de l'église de Saint-Remi, et les avoir gardées opiniâtrément. Le comte Héribert remit au même archevêque la ville d'Épernai; il obtint son amitié, et ne refusa pas à ses demandes les domaines de l'église de Rheims dont il s'était emparé.

[965.] Othon, fils de Hugues, et possesseur de la Bourgogne, mourut, et les gouverneurs de ce pays se mirent sous la loi de ses frères Hugues et Eudes clerc. Le prince Arnoul mourut aussi; le roi Louis entra dans sa terre, et les grands de cette province se soumirent à lui par la médiation de Roricon, évêque de Laon; le roi se rendit de nouveau dans cette ville, où sa mère, la reine Gerberge, vint le joindre avec son fils le petit Charles. L'archevêque Odalric reçut Épernai d'Héribert, et Coucy de Thibaut; il délia celui-ci de l'excommunication, et donna le château de Coucy au fils de Thibaut, qui s'était soumis à lui.

L'empereur Othon alla à Cologne en revenant de Rome; il y reçut sa sœur, la reine Gerberge, qui alla le trouver avec ses fils, le roi Lothaire et le petit Charles, et tint là un grand plaid avec beaucoup d'autres grands. Étant à Rome, et parce que le pape Octavien, qui l'avait reçu et béni à titre d'empereur, avait quitté la ville, et ne voulait point y revenir, malgré les instances qu'il lui faisait, lui qui voulait le corriger de son irréligion, Othon assembla un synode, et fit sacrer un certain Jean, illustre clerc de cette église, et choisi par les Romains; mais comme Jean avait été à Pavie, Octavien rentra à Rome, y fut reçu par les Romains, et mourut peu de temps après. Pendant que Jean restait à Pavie avec l'empereur, les Romains choisirent et firent ordonner Benoît, archiviste de l'église de ce lieu, et qui avait consenti à l'élection de Jean, et s'était soumis à lui. L'empereur Othon retourna à Rome, convoqua un grand synode, remit Jean sur son siége, et emmena avec lui en Saxe Benoît, déposé par jugement unanime du synode des évêques.

[966.] Le roi Lothaire épousa Emma, fille d'un ancien roi d'Italie. L'archevêque Odalric excommunia le comte Rainold, pour les terres de l'église de Rheims qu'il retenait obstinément. Ce même comte parcourut avec les siens plusieurs lieux de cet évêché, et les dévasta par le pillage et le feu[1].

Dans ce temps, des lettres furent envoyées par un certain comte au duc d'Aquitaine; elles contenaient ceci : « G. Rainold, comte du Portian, au duc d'Aquitaine. Je me refuse absolument à ce que tu m'as « mandé pour notre conférence et le voyage auquel « tu m'engageais; l'âge et d'autres obstacles m'empêchent de partir. Mais je t'envoie exactement par

[1] Ici finit la Chronique de Frodoard; on trouve dans un exemplaire de la bibliothèque de Dijon, l'addition du paragraphe suivant.

« lettres ce que je sais sur la généalogie et la parenté « que tu voulais m'entendre raconter. Mathilde et « Albérade furent filles de Gerberge; de Mathilde « naquirent le roi Rodolphe et sa sœur Mathilde; « d'Albérade vint Hermentrude; de Mathilde, fille « de Mathilde, vint Berthe; d'Hermentrude vint « Agnès; de Berthe vint Gérald le Genevois; d'A- « gnès vint Gui [1]. »

Dans cette même année mourut Frodoard, d'une vie recommandable, prêtre de l'église de Rheims, vénérable par sa saintété angélique, par la splendeur de sa chasteté, céleste par l'éclat de sa science, et rempli avec abondance de toutes les autres vertus; c'était lui qui avait dicté cet excellent livre et plusieurs autres; il termina, le 28 mars, l'exil de son voyage sur la terre, et devint, à ce que nous croyons, citoyen du ciel. Une inondation énorme et comme on n'en avait jamais vu, un bruit de tonnerre et une grande lueur d'éclairs arrivèrent le 23 juillet.

. . . .

[976.] Adalbéron, archevêque de nom, et non de mérite, détruisit les arcs qui étaient près des portes de l'église de Sainte-Marie, de Rheims, et sur lesquels était placé l'autel de saint Sauveur; il détruisit encore des fontaines d'un admirable travail. Dans ce même temps de carême, le quatrième jour de la semaine sainte, le dix-neuvième du mois d'avril,

[1] Ici s'arrête le manuscrit de Dijon; les paragraphes suivans sont tirés du manuscrit de Rheims.

au milieu de la journée, il y eut une bataille entre Charles, frère du roi, et les comtes lorrains Godefroi et Arnoul; du côté de Charles, et d'entre les grands, il périt dans ce combat Immon de Longen, qui était soldat du duc Hugues; Hetdo, fidèle de Charles, et d'autres encore; il en mourut beaucoup plus du parti de Godefroi, et Godefroi lui-même tomba à terre percé d'une lance; mais il fut, après le coucher du soleil, trouvé et emporté par les siens. Il vécut encore quelque temps, mais ne revint jamais entièrement à sa première santé. Quant à Arnoul, comme plusieurs le rapportent, il s'enfuit très-long-temps et jusqu'à ce qu'enfin il fût arrivé dans ses domaines, et s'y tint tranquille. Dans cette même année, le treizième jour de décembre, Roricon, évêque de la sainte église de Laon, qui était accablé de la langueur d'une paralysie, après avoir rendu à Dieu toutes les grâces qu'il lui devait pour son infirmité, mourut la veille de la Saint-Thomas, après *laudes*. Le muids de vin se vendit, au mois d'août, sept deniers.

[977.] Le jeune Adalbert, qui était né dans le royaume de Lorraine, succéda à l'évêque Roricon, de la manière qui suit : le jour de la naissance de saint Marcel, pape, le seizième jour de janvier, il reçut, dans l'église de Laon, le don de cet évêché, par la faveur du roi Lothaire; ensuite, le 24 mars, savoir la veille de l'Annonciation de Notre-Dame, il fut ordonné prêtre par Adalbéron, archevêque de Rheims, dans l'église ci-dessus mentionnée de Sainte-Marie; le premier d'avril, il fut sacré évêque le dimanche des Rameaux; de là il revint à Laon et consacra le saint chrême selon le rite ecclésiastique; enfin, le jour de Pâques il s'établit dans son siége. Hadulfe, évêque de Noyon, qui depuis long-temps était attaqué gravement d'une paralysie, rendit l'esprit le jour de la Nativité de saint Jean-Baptiste, qui cette année fut un dimanche. Cette même année, dans le temps de la vendange, il y eut une telle abondance de vin, que pour un muids de vin les vendeurs ne recevaient des acheteurs que cinq, quatre, ou trois deniers.

[978.] La veille de saint Vincent, diacre et martyr, Macallan, homme de Dieu, Irlandais de nation, quitta cette vie passagère qu'il avait en dégoût, et commença à vivre heureusement avec le Dieu vivant qu'il avait toujours servi pendant sa vie. Cet abbé est enterré et repose dans l'église de Saint-Michel-Archange, dont il a pieusement gouverné l'abbaye pendant qu'il demeurait corporellement en ce monde.

FIN DE LA CHRONIQUE DE FRODOARD.

CHRONIQUE

DE

RAOUL GLABER.

NOTICE

SUR

RAOUL GLABER.

Les savans n'ont point réussi à déterminer avec précision l'époque de la naissance et de la mort de Rodolphe ou Raoul, dit *Glaber* ou *le Chauve* (sans poil); on peut seulement affirmer qu'il publia son ouvrage en 1047, et qu'il vivait encore en 1048. Quant aux événemens de sa vie, on n'en sait que ce qu'il en a dit lui-même dans son histoire. Enfermés dans un cloître, les écrivains de ces temps n'avaient guère pour public que les moines qui y partageaient leur obscurité. Quand une grande supériorité d'esprit ou de caractère ne les poussait pas à prendre aux affaires publiques ou aux controverses théologiques, une part très-active, peu de gens, hors des murs de leur couvent, s'inquiétaient de leur existence, de leurs travaux, seulement de leur nom. Pour eux les liens de famille étaient rompus, les relations sociales à peu près nulles; rien de nos jours ne peut donner l'idée d'un tel isolement. La vie de Raoul Glaber ne fut point, comme il le raconte, paisible et immobile. Dès l'âge de douze ans il annonçait des penchans si licencieux, que son oncle, moine lui-même, le fit entrer dans les Ordres pour le tirer de ses déréglemens. Il porta dans son nouvel état les passions qu'en l'éloignant du monde on avait espéré étouffer. A peine reçu dans un monastère, il s'y montrait indocile, brouillon, ennemi de toute règle, et se faisait chasser. Sur le bruit de sa science et de ses talens, on l'admettait dans quelque autre maison, et bientôt il s'y attirait le même sort. Il parcourut ainsi les monastères de Saint-Léger de Champeaux, Saint-Bénigne de Dijon, Notre-Dame-du-Moutier, Saint-Germain d'Auxerre, Bèze et Cluny, toujours en querelle avec ses frères ou ses supérieurs; et c'est après tant de vicissitudes, même après quelques voyages dans le nord de l'Italie, qu'il n'a laissé d'autres souvenirs de son existence que ceux qu'il a pris lui-même soin de conserver. Il mourut probablement à Cluny, dont l'abbé, Odilon, lui témoigna sans doute plus de bienveillance qu'il n'en avait rencontré ailleurs, à en juger du moins par la dédicace que Raoul lui fit de son livre.

Quand ces détails nous seraient inconnus, on pourrait présumer, d'après cet ouvrage même, que Raoul était d'un esprit actif, mal réglé, plus avide d'apprendre et de produire que de faire de sa science et de son travail un bon emploi. « Fâ-

« ché, dit-il, de voir que depuis Bède et Paul « d'Italie [1], personne n'eût essayé d'écrire quel- « que histoire pour la postérité, » il entreprit de raconter les événemens contemporains ou voisins de son temps, depuis l'an 900 jusqu'au moment où il écrivait; et il embrassa dans ce dessein, non-seulement la France, mais « les quatre parties du « monde, » expressions qui désignaient alors l'empire romain tout entier. Non content d'avoir étendu à ce point la sphère de son livre, et d'y traiter à la fois, comme l'exigeait presque l'état de la société à cette époque, des affaires ecclésiastiques et des affaires civiles, il y mêla la métaphysique à l'histoire, la poésie à la prose, interrompant sa narration pour se livrer à de subtiles dissertations, à de bizarres hypothèses sur quelques phénomènes naturels venus à sa connaissance, trahissant à chaque pas l'impossibilité de s'assujétir à une marche régulière, et la stérile mais inquiète activité de son imagination; aussi, peu d'ouvrages de ce temps, et c'est beaucoup dire, surpassent le sien en confusion et en inexactitude. Ce n'en est pas moins un des monumens les plus curieux et les plus complets d'une époque qui nous en a si peu laissé; on y rencontre, principalement sur l'histoire des Capétiens, avant leur élévation au trône, des détails qui manquent

[1] Paul Diacre.

partout ailleurs, et aussi quelques anecdotes qui peignent avec vérité l'état des mœurs et des esprits. L'empressement avec lequel l'historien a recueilli, quel qu'en fût l'objet, tous les faits, tous les bruits dont il avait entendu parler, n'est pas non plus sans valeur; nous ignorerions sans lui qu'au commencement du XIe siècle, une forte pluie de pierres éclata près de Joigny. Les informations plus précises qu'il semble avoir sur ce qui se rapporte à la Bourgogne, et la situation des divers monastères où il passa sa vie, ont fait conjecturer, non sans vraisemblance, qu'il était Bourguignon [1].

L'Histoire de Raoul Glaber a été publiée pour la première fois en 1596 dans le *Recueil des Historiens de France* de Pithou; Duchesne et les Bénédictins l'ont réimprimée dans les leurs. On a aussi du même historien une vie de Guillaume, abbé de Saint-Bénigne de Dijon; et pendant qu'il habitait le monastère de Saint-Germain d'Auxerre, il renouvela les inscriptions en vers des autels, effacées par l'injure des temps, et fit des épitaphes pour les tombeaux des personnes alors illustres qui y avaient été enterrées.

F. G.

[1] *Histoire littéraire de la France*, tom. VII, pag. 599; *Mémoires de l'Académie des inscriptions*, tom. VIII, pag. 553, dans un mémoire de M. de Sainte-Palaye, sur Raoul Glaber.

CHRONIQUE

DE

RAOUL GLABER.

PROLOGUE.

Au plus illustre des grands hommes, à Odilon, père de l'abbaye de Cluny, le moine Raoul Glaber.

J'ai bien souvent partagé les justes regrets des studieux frères de notre Ordre, et ceux que vous avez quelquefois exprimés vous même, de ne voir, parmi nos contemporains, personne s'occuper de transmettre à la postérité, sous quelque forme que ce fût, les événemens multipliés dont nous sommes témoins, dans les églises du Seigneur comme parmi les peuples. Ce n'est pas cependant pour les abandonner à l'oubli que le Sauveur a déclaré lui-même qu'il ne cesserait, avec l'aide du Père et la participation du Saint-Esprit, d'en opérer de nouveaux dans le monde jusqu'à la dernière heure du dernier jour. Dans un espace de près de deux cents ans, c'est-à-dire depuis le prêtre Bède, en Bretagne, et Paul, en Italie, il ne s'est trouvé personne qui essayât d'écrire quelque histoire pour la postérité. Encore ces deux écrivains ont-ils traité seulement celle de leur propre nation, de leur patrie. Cependant il est bien certain que tout l'empire romain, les provinces au-delà des mers, les pays barbares, ont été le théâtre d'une foule d'événemens qui seraient très-profitables pour les hommes s'ils leur étaient racontés, et deviendraient surtout pour chacun d'eux d'excellentes leçons de prudence et de circonspection. On en peut dire autant des faits qui se pressent avec une vivacité peu ordinaire depuis environ l'an 1000 de l'Incarnation du Christ notre sauveur. Je vais donc, pour obéir à vos conseils et au desir de nos frères, essayer de les raconter, en passant rapidement sur les commencemens; quoique l'interprétation des Septante ne soit pas conforme aux livres historiques des Hébreux pour la computation des années depuis la création du monde, cependant on peut croire en toute assurance que l'année 1002 de l'Incarnation du Verbe répond à la première du règne de Henri, roi des Saxons, et la millième année de notre ère à la treizième du règne de Robert, roi des Français. Ces deux princes passaient alors pour les rois les plus chrétiens et les plus puissans de notre continent. Henri même, le premier d'entre eux, reçut bientôt l'empire de Rome, et c'est pour cela que nous avons déterminé l'époque précise de leur règne pour nous guider dans le cours des temps. Au reste, puisque nous devons embrasser dans ce livre les événemens des quatre parties du monde, nous croyons devoir, surtout en nous adressant à des religieux, faire précéder cet ouvrage, entrepris au nom du Seigneur, de quelques détails sur la doctrine abstraite de la divine *quaternité*, sur ses rapports et ses harmonies.

LIVRE PREMIER.

CHAPITRE Ier.

De la divine Quaternité.

En créant l'univers, Dieu a distingué toutes choses par des apparences et des formes variées, pour que l'homme instruit, à l'aide des objets présentés à sa vue, ou conçus par son esprit, pût s'élever jusqu'à la connaissance simple de la Divinité. C'est aussi en cherchant à percer et approfondir le sens caché de ces figures que se sont distingués les pères grecs de l'Église catholique, qui sans doute n'étaient pas médiocrement philosophes. Parmi les différens sujets sur lesquels ils se sont exercés, se trouve le système des *quaternités*, dont l'étude peut servir à la fois à l'intelligence de ce bas monde et du monde futur ou supérieur. Or ces *quaternités* et leurs influences respectives, une fois déterminées avec précision, rendront plus dispos l'esprit et l'intelligence de ceux qui les méditeront.

Il y a donc quatre évangiles qui constituent dans notre esprit le monde supérieur ; et ce bas monde se compose d'autant d'élémens. Il y a aussi quatre vertus qui dominent toutes les autres, et nous forment par leur union au reste des vertus. Nous voyons pareillement aussi notre corps pourvu de quatre sens, outre le toucher, moins subtil que les autres, et destiné seulement à les servir. Or ce que l'éther, ou l'élément du feu, est dans le monde sensible, la prudence l'est dans le monde intellectuel, car elle s'élève comme lui, et elle aspire de tous ses vœux à prendre place près de Dieu. Ce que l'air est dans le monde corporel, la force l'est aussi dans l'intellectuel; c'est elle qui soutient tous les êtres vivans; c'est elle qui fortifie tout ce qui a besoin de développer quelque activité. De même encore l'eau, dans le monde corporel, est représentée dans l'intellectuel par la tempérance. N'est-elle pas en effet comme la nourrice des gens de bien, la mère d'une foule de vertus, la conservatrice de la foi dans les cœurs qu'elle échauffe de l'amour divin? La terre, à son tour, représente en ce monde la justice dans l'intellectuel, c'est-à-dire la règle fixe et immobile d'une distribution impartiale. On peut aisément se convaincre que les quatre Évangiles embrassent des rapports spirituels tout-à-fait analogues. L'Évangile de Matthieu contient la figure mystique de la terre et de la justice, puisqu'il explique plus clairement que les autres la substance corporelle du Christ incarné. Celui de Marc est le symbole de la tempérance, qui répond à l'eau; car, par le baptême de Jean, il nous montre la faute lavée par la pénitence. Celui de Luc a bien de l'analogie avec l'air et la force, car il occupe plus d'espace, et est soutenu par une multitude de récits. L'autre, enfin, selon Jean, en insinuant dans notre esprit la connaissance simple de Dieu et la foi dans nos cœurs, n'est-il pas la représentation exacte de l'éther, de la prudence, et de ce qui s'élève par sa sublimité au dessus de tout? L'homme lui-même est en harmonie avec cet enchaînement mystérieux de rapports entre les élémens, les vertus et les Évangiles, qui ont été créés pour lui; aussi les philosophes définissent-ils sa substance un *microcosme*, c'est-à-dire un petit monde.

En effet, la vue et l'ouïe, qui servent d'instrumens à l'intelligence et à la raison, répondent à l'éther, parce que c'est l'élément le plus subtil, et que son élévation au dessus des autres, lui assure par cela même un rang plus honorable et plus brillant. Vient ensuite l'odorat; il appartient à la même catégorie que l'air et la force. Quant au goût, il représente assez exactement l'eau et la tempérance. Ainsi donc le toucher, le plus grossier comme aussi le plus solide et le plus ferme de tous les sens, correspond naturellement à la terre et à la justice. Cet enchaînement de rapports évidens semble, par son admirable clarté, comme un concert muet à la louange de Dieu; car, au milieu de cette variété invariable dont ils subissent la loi, en s'appelant l'un et l'autre tour à tour, ils ne cessent de proclamer la source première dont ils découlent, et vers laquelle ils demandent à retourner, pour y trouver le repos.

Il faut, dans l'esprit du même système, considérer avec non moins d'attention le fleuve qui prend sa source dans l'Eden d'orient, et se partage ensuite en quatre fleuves très-fameux. Le premier d'entre eux, le Phison, que l'on interprète pour l'ouverture de la bouche, signifie la prudence qui verse toujours avec abondance ses conseils salutaires. En effet, puisque c'est par la négligence que l'homme a perdu le paradis, il faut, pour y rentrer, qu'il prenne la prudence pour guide. Le second, le Gœon, ou le gouffre de la terre, signifie la tempérance, cette vertu qui nourrit la chasteté, et qui élague d'une main bienfaisante le feuillage pernicieux des vices. Le troisième est le Tigre, qui passe chez les Assyriens, mot que nous traduisons par les conducteurs; il indique la force sans doute, parce qu'il écarte tous les vices de prévarication pour conduire l'homme, avec l'aide de Dieu, à la béatitude éternelle. Le quatrième enfin, l'Euphrate, dont le nom annonce aussi l'abondance, désigne évidemment la justice, qui nourrit et récrée toute ame sincèrement éprise d'elle. Ces fleuves peignent donc dans leur sens mystique l'image des quatre vertus dont nous avons parlé, ainsi que la figure des quatre Évangiles. Ces mêmes vertus ne se trouvent pas moins clairement figurées encore dans la division de la durée du monde en quatre époques. En effet, depuis le commencement du monde jusqu'à la vengeance de Dieu par le déluge, chez ces hommes qui, pratiquant les lois de la simple nature, ne connurent du Créateur que sa bonté, ce fut le règne de la prudence : chez Abel, par exemple, Enoch, Noé et tous les autres qui, éclairés par une raison puissante, comprirent si bien leurs véritables intérêts. Du temps d'Abraham et des autres patriarches qui furent avertis par des prodiges et des visions, comme Isaac, Jacob, Joseph, etc., la tempérance régna à son tour, et nous les voyons tous, au sein de la bonne ou de la mauvaise fortune, aimer toujours leur auteur au dessus de toutes choses. Lorsque Moïse et les autres prophètes, tous hommes d'une grande vigueur, eurent fondé leurs institutions et leur législation, ce fut la force qui les soutint, pendant qu'ils méditaient avec une attention laborieuse les préceptes de la loi. Enfin, depuis l'Incarnation du Verbe jusqu'à nos jours, c'est la justice qui remplit, dirige et embrasse toute cette époque, selon la parole de la vérité à Jean-Baptiste : « Il faut que nous soyons remplis de « toute justice [1]. »

Nous nous proposons donc de rappeler ici tous les grands hommes que nous avons pu connaître par nous-mêmes ou par des renseignemens sûrs, et qui, depuis l'an 900 de l'Incarnation du Verbe, qui crée et vivifie tout, jusqu'à nos jours, se sont distingués par leur attachement à la foi catholique, ou aux lois de la justice. Comme nous comprendrons aussi dans cette histoire la foule d'événemens et de faits remarquables qui se sont passés, tant dans les saintes églises que dans l'un et l'autre peuple, nous devons, avant tout, jeter un coup d'œil sur un empire autrefois maître du monde, l'empire romain.

Lorsque la vertu toute-puissante du Christ eut soumis partout à son empire les princes de la terre, la tyrannie des Césars se décrédita d'autant plus qu'ils tenaient évidemment leurs droits de la crainte qu'inspirait leur férocité, et non de l'amour qu'un souverain peut mériter par sa douceur et son humanité. Aussi leur postérité, privée par des progrès insensibles d'une partie de l'empire, finit par en être entièrement dé-

[1] Évangile selon saint Matth. c. III, v. 15.

pouillée, et Rome; avec ses citoyens, si fiers autrefois de dicter des conditions et des lois aux villes et aux nations étrangères, fut réduite à défendre à son tour sa propre indépendance. C'est alors que des peuples soumis auparavant par ses armes commencèrent à l'inquiéter par des incursions fréquentes, et que des rois voisins prétendirent lui ravir le titre même d'empire, pour se l'approprier. Les rois de France, les plus forts et les plus puissans de la chrétienté, se distinguaient par leur justice, en même temps qu'ils l'emportaient sur tous les autres par le pouvoir des armes et la science militaire; et l'empire, soumis à leur puissance, servit pendant long-temps à décorer leur triomphe. Parmi eux, se distinguèrent surtout Charles, surnommé le Grand, et Louis le Pieux. Ceux-ci, par leur prudence et leurs sages conseils, surent si bien contenir dans le cercle de leur domination les peuples subjugués, que tout le monde romain obéissait à ses empereurs comme une seule famille, et que la république dut s'applaudir d'avoir échangé contre une domination paternelle la sécurité et la pompe orgueilleuse dont elle jouissait autrefois, mais qu'elle devait à la crainte inspirée par ses empereurs. Cependant, comme nous n'avons pas entrepris de raconter avec l'exactitude de l'histoire leurs faits, ni leur généalogie, nous nous contenterons d'indiquer en peu de mots quand finit le règne ou l'empire de leurs descendans.

Il exista donc des rois et des empereurs de leur race, tant en Italie que dans les Gaules, jusqu'au dernier roi Charles, surnommé le Simple.

Celui-ci avait parmi les grands de son royaume un certain Héribert, dont il avait tenu le fils sur les fonts sacrés du baptême, et dont l'esprit rusé aurait dû suffire pour éveiller ses soupçons, avant même que la découverte de ses projets perfides les eût confirmés. En effet, cet Héribert avait résolu de tromper le roi, en prétextant quelque affaire dont ils avaient à délibérer, pour l'attirer, comme il le fit plus tard à force de caresses, dans un de ses châteaux, où il pût l'enchaîner et le garder en prison. Mais on finit par suggérer au roi qu'il eût à se conduire avec beaucoup de précaution, pour n'être pas enveloppé dans les piéges d'Héribert. Docile à ces avis, il s'était promis de se tenir sur ses gardes contre Héribert, lorsqu'un jour ce seigneur pénètre sans obstacle avec son fils dans le palais du roi, et pendant que le prince se lève, en lui tendant les bras pour l'embrasser, il se baisse dans la posture la plus humble, pour recevoir l'accolade du roi. Le monarque embrasse ensuite le fils : ce jeune homme était debout; et quoique initié aux desseins perfides de son père, plus novice pourtant dans l'art de la dissimulation, il ne songea point du tout à s'incliner devant le roi. Son père, qui se tenait près de lui, l'ayant vu, lui appliqua un vigoureux soufflet, en lui disant : « Quand le « seigneur roi vous embrasse, apprenez à ne pas « rester debout pour recevoir cet honneur. » Cette action d'Héribert convainquit le roi et tous les assistans de son innocence, et dissipa tout soupçon de fraude et de supercherie. Voyant donc qu'il avait calmé le ressentiment du prince, Héribert n'en fit que plus d'instances pour l'engager à venir chez lui régler cette affaire dont il parlait depuis long-temps. Aussitôt le roi lui promit de le suivre partout où il voudrait. Au jour convenu [1], il se rendit en effet dans un lieu que lui avait désigné Héribert, et n'emmena avec lui qu'une faible escorte, pour donner à ce seigneur une preuve de confiance. Le premier jour, il reçut un accueil magnifique; le second, Héribert, d'après un ordre prétendu de Charles, invita ceux qui avaient accompagné le roi à se retirer chez eux, parce que, disait-il, sa garde et lui suffiraient pour le service du prince. Ils partirent donc; mais, en exécutant les ordres d'Héribert, ils ne se doutaient guère qu'ils laissaient leur roi dans les fers. Héribert tint le monarque en prison jusqu'à sa mort. Charles avait un fils nommé Louis, alors encore enfant. Le jeune prince n'eut pas plus tôt appris l'aventure de son père, qu'il prit la fuite, passa l'océan, et resta dans sa retraite jusqu'à l'âge viril.

CHAPITRE II.

Du roi Rodolphe [2].

Il y avait alors un fils de Richard, duc de Bourgogne, qui s'appelait Rodolphe; il était bien fait de corps et d'un esprit capable; il avait pour épouse Emma, femme aussi remarquable par son jugement que par sa beauté. Elle était sœur de Hugues le Grand, dont

[1] En 923.
[2] Ou Raoul.

l'habileté militaire gouvernait alors le royaume des Francs. Ce seigneur voyant le trône vacant, et sachant bien que l'élection d'un roi dépendait de sa volonté, envoya demander à sa sœur lequel elle préférerait voir élever à la royauté, de Hugues son frère, ou de Rodolphe son mari. Emma répondit adroitement à cette question qu'elle aimait mieux embrasser les genoux de son mari que ceux de son frère. Hugues remplit avec plaisir le vœu de sa sœur, et laissa passer la couronne dans les mains de Rodolphe [1]. Celui-ci mourut sans enfans, et fut le seul de sa famille qui occupa le trône. Hugues était fils de Robert, comte de Paris, qui avait eu le titre de roi pendant peu de temps, et qui fut tué par l'armée des Saxons. Nous n'avons pas parlé plus tôt de sa généalogie, parce qu'en remontant plus haut elle est très-obscure.

CHAPITRE III.

Du roi Lothaire.

CEPENDANT les grands de tout le royaume élurent Louis [2], fils du roi Charles, dont nous avons parlé, et le firent sacrer comme devant régner sur eux par droit d'hérédité. Quant à Héribert, il avait péri d'une mort cruelle. Après une maladie de langueur qu'il avait eu long-temps à souffrir, il était entouré de ses proches qui le pressaient, à sa dernière heure, de songer au salut de son ame, et de régler ses affaires domestiques [3]. Mais on ne put jamais obtenir de lui

[1] En 923. — [2] En 936. — [3] En 943.

d'autre réponse que ce peu de mots : *Nous étions douze qui avions juré de trahir Charles* : et il avait encore ces paroles sur les lèvres quand il expira. Au reste, Louis eut de Gerberge, veuve du duc Gislebert, un fils nommé Lothaire[1]. Quand ce prince monta sur le trône, comme il était d'un esprit ferme, autant que souple et robuste de corps, il essaya de rétablir son royaume tel qu'il était autrefois. Othon, roi des Saxons et empereur romain, avait ajouté à ses États de Saxe la partie supérieure du royaume des Francs, que l'on nomme encore Lothairrègne (Lorraine). Lothaire tâcha de surprendre Othon II, fils du grand Othon, premier du nom, dans son palais d'Aix-la-Chapelle; mais ce prince en fut averti secrètement[2], et eut beaucoup de peine à se dérober avec sa femme, par une fuite nocturne, aux embûches de son ennemi. Enfin, ayant rassemblé une armée de soixante mille hommes et plus, il entra en France, pénétra jusques aux portes de Paris, y resta trois jours, et commença à retourner en Saxe. Lothaire, de son côté, ayant réuni toutes les forces de la Bourgogne et de la France, poursuivit l'armée d'Othon jusqu'à la rivière de Meuse, où un grand nombre de fuyards périrent dans les eaux. Là, les deux princes cessèrent leurs hostilités, sans que Lothaire eût pu réussir dans ses projets. Il engendra un fils nommé Louis[3]. Quand ce jeune prince fut parvenu à l'adolescence, Lothaire l'établit roi et le désigna pour son successeur[4]; il lui choisit aussi pour épouse une princesse d'Aquitaine, qui s'aperçut bientôt que le jeune homme n'hériterait pas des talens de son père. Dès

[1] En 954. — [2] En 978. — [3] En 979. — [4] En 985.

lors elle résolut de se séparer de son époux; et comme elle était douée d'une grande finesse, elle lui fit entendre adroitement qu'ils feraient bien de revenir ensemble dans la province qu'elle avait quittée, supposant que ses droits héréditaires lui en assuraient la possession. Louis, sans soupçonner l'artifice, céda aux conseils de sa femme, et partit avec elle. Quand ils furent en Aquitaine, elle laissa son époux pour rejoindre les siens. Lothaire en ayant reçu la nouvelle, alla chercher son fils et le ramena avec lui : ils vécurent ensemble, et quelques années après moururent[1] tous deux sans enfans. Avec ces deux princes s'éteignit leur race impériale et royale.

CHAPITRE IV.

Des derniers empereurs de Rome.

La famille de ces princes étant donc épuisée, les rois des Saxons se rendirent maîtres de l'Empire romain. Le premier d'entre eux fut Othon[2], fils d'Henri roi des Saxons, et frère d'Hedwige qui épousa Hugues le Grand, duc de France. Othon égala en gloire et en puissance tous ceux qui avaient gouverné l'Empire avant lui, et secourut les églises et les pauvres avec une grande libéralité. Sous le gouvernement de ce prince, les Sarrasins osèrent quitter l'Afrique pour venir s'emparer, dans les Alpes, des positions les plus

[1] Lothaire mourut en 986, et Louis l'année suivante.

[2] Othon Ier succéda l'an 936 à son père Henri, roi de Germanie Il ne fut couronné empereur qu'en 962, et mourut en 973.

sûres. Ils y restèrent quelque temps à ravager le pays, et à dévaster dans leurs courses toutes les campagnes d'alentour.

Il arriva qu'à la même époque [1] le bienheureux père Maïeul [2], revenant d'Italie, rencontra les Sarrasins sur son passage, dans les défilés des Alpes. On le saisit, on l'entraîne avec tous les siens dans les retraites secrètes des montagnes : cependant le bon père avait été blessé grièvement à la main par un coup de javelot qu'il avait reçu volontairement pour préserver un des hommes de sa suite. Après avoir partagé entre eux toutes ses dépouilles, les Sarrasins lui demandèrent s'il avait, dans sa patrie, assez de bien pour pouvoir se racheter de leurs mains, lui et les siens. L'homme de Dieu, dont l'affabilité égalait la dignité, leur répondit qu'il ne possédait rien en propre dans ce monde, et n'y voulait rien posséder, sans pourtant dissimuler qu'il comptait parmi les hommes soumis à sa domination des personnes qui passaient pour avoir de l'argent et des propriétés considérables. A ces mots ils le pressèrent eux-mêmes d'envoyer un des siens chercher sa rançon et celle de ses compagnons d'infortune; ils allèrent même jusqu'à déterminer la somme qu'ils exigeaient; ils la fixèrent à mille livres, sans doute pour que chacun d'eux eût une livre dans le partage. Le saint homme envoya donc un des siens porter, au monastère de Cluny qu'il dirigeait, une lettre fort courte, ainsi conçue : « Aux seigneurs et frères de Cluny, le frère Maïeul,

[1] En 972.

[2] Maiolus ou Maïeul, nommé en 948 coadjuteur de l'abbé de Cluny, et mort en 994.

« malheureux et captif. Les douleurs de la mort m'ont « environné; et les torrens de l'iniquité m'ont rempli de « trouble[1]; envoyez donc, s'il vous plaît, ma rançon et » celle de mes compagnons de captivité. » Quand cette lettre fut portée aux frères du monastère de Cluny, une douleur incomparable, un chagrin plus cruel que la mort les saisit en apprenant cette nouvelle si fatale pour la patrie toute entière. Ils réunirent tous les ornemens qui servaient à embellir l'abbaye, pour payer au plus tôt la rançon imposée au bon père. Cependant cet homme divin ne put rester long-temps entre les mains des Sarrasins, sans trahir lui-même son rang et son mérite, car lorsqu'ils lui offrirent, à l'heure du dîner, leur nourriture ordinaire, comme des viandes et du pain très-dur, en lui disant d'en prendre sa part; « Si j'ai besoin, leur répondit-il, le « Seigneur me donnera de la nourriture; quant à celle « que vous m'offrez, je ne saurais en manger parce que « je n'y suis point accoutumé. » L'un d'eux, en voyant son air respectable, cédant à un sentiment de pitié, découvre ses bras, les lave, pétrit assez proprement un pain sur son bouclier, sous les yeux du vénérable Maïeul, le fait cuire aussi en peu de temps, et le lui présente avec le plus grand respect. Maïeul l'accepte, commence par l'oraison accoutumée, mange pour soutenir ses forces, puis rend grâces au Seigneur. Un autre Sarrasin, en façonnant avec son couteau une petite lance de bois, vint tout-à-coup à mettre le pied sur un livre du père : c'était la Bible qu'il n'oubliait jamais d'emporter partout avec lui; à la vue de cette profanation il poussa un gémissement. Quelques

[1] Psaum. 17, v. 5.

autres barbares, témoins de cette scène, réprimandèrent leur camarade, en disant que les grands prophètes méritaient plus d'égards, et qu'il ne fallait pas fouler aux pieds leurs paroles; car les Sarrasins lisent les prophètes hébreux, et les livres chrétiens; ils prétendent même reconnaître, dans un de leurs compatriotes qu'ils appellent Mahomet, l'accomplissement de toutes les prédictions des saints prophètes relatives à Jésus-Christ, seigneur et maître de toutes choses; et pour justifier leur aveuglement, ils ont aussi leur généalogie imitée de l'évangile de Matthieu, où se trouve la généalogie des Juifs depuis Abraham jusques au Christ, en descendant par Isaac et ses enfans, dont la postérité devait être bénie en toutes choses d'après les promesses et les prédictions du Seigneur; « Ismael, disent aussi leurs livres, engendra Na« baioth.... » et puis ils descendent ainsi jusqu'à la fin de leurs impostures, toutes aussi éloignées de la vérité que contraires à l'autorité sacrée de la religion catholique. Au reste, pour que la sainteté du bienheureux Maïeul brillât dans tout son éclat, le jour même Dieu voulut que les autres Sarrasins, je ne sais à quel propos, se jetassent avec furie sur celui qui avait ainsi profané le livre, et lui coupassent le pied. Plusieurs d'entre eux commencèrent aussi à prendre avec lui un ton plus doux et plus respectueux. Enfin, quelques frères s'étant hâtés de revenir dans le camp des Sarrasins avec la somme qu'ils avaient prescrite, ramenèrent dans sa patrie le bon père et tous ceux-là seulement qui avaient été pris avec lui. Peu après les Sarrasins ayant été resserrés à leur tour dans un lieu appelé Frainet, par l'armée de Guillaume, duc d'Arles, y périrent bientôt jusqu'au dernier, sans qu'un seul pût regagner son pays.

Dans ce même temps mourut l'empereur Othon[1] : il transmit à son fils Othon II le même Empire, que ce dernier administra avec assez de succès jusqu'à sa mort. Il était encore empereur lorsque le vénérable pontife Adalbert[2], de la province appelée *Béthem*[3] en langue esclavonne, et chargé d'administrer dans la ville de Prague l'église du saint martyr Vitisclod, se rendit en Prusse pour y prêcher aux peuples la parole du salut. Après y avoir opéré, par des instructions fréquentes, un grand nombre de conversions à la foi catholique, il prédit aux siens qu'il recevrait, dans ce pays même, la couronne du martyre; et pour les empêcher de concevoir aucune crainte pour leur propre vie, il leur annonça en même temps que personne n'y périrait que lui. En effet, un jour le saint évêque fit abattre et couper un arbre profane placé sur le bord du fleuve, et auquel le peuple superstitieux immolait des victimes; il éleva, sur la place même, et consacra un autel où il se disposa à accomplir la solennité de la messe. Au moment où il était tout entier au divin sacrifice, il fut percé de traits par des impies, et se soutint jusqu'à la fin de la sainte cérémonie, qui fut aussi le terme de sa vie. Enfin, ses disciples ayant pris le corps de leur maître, l'emportèrent avec eux, et rendirent à sa patrie ce saint homme, par les mérites duquel les hommes obtiennent jusqu'à présent de nombreux bienfaits.

[1] En 973.

[2] Saint Adalbert, martyr en 997, sous le règne d'Othon III.

[3] La Bohême

Othon mourut ensuite [1], après s'être distingué par une foule de belles actions, et avoir administré la république avec honneur; il laissait un fils, Othon III, âgé d'environ douze ans [2]. Quoique bien jeune encore, ce prince, déjà ferme et d'un caractère entreprenant, hérita des droits de son père à l'Empire. Au commencement de son règne le Siége apostolique vint à vaquer à Rome; aussitôt, usant de l'autorité d'empereur, il y plaça le fils d'un duc son parent [3], et ordonna [4] qu'on l'élevât, selon l'usage, au Saint-Siége. Son ordre fut exécuté sur-le-champ, mais ce fut bientôt l'occasion d'un grand malheur. Il y avait alors un des citoyens romains les plus puissans, nommé Crescentius, qui, selon l'habitude de ses compatriotes, s'adonnait d'autant plus à l'avarice, qu'il possédait plus d'argent. Il paraît, et l'événement le prouvera bientôt, qu'il n'était pas partisan d'Othon, car, après avoir dépouillé de tout honneur le pontife qu'Othon venait d'élire, comme nous l'avons dit, il l'expulsa du Saint-Siége, et eut l'insolence de lui donner un successeur [5]. Mais bientôt, lorsqu'Othon eut appris cette nouvelle, il entra en fureur et se hâta de marcher à Rome avec une armée formidable [6]. Crescentius ayant su que l'empereur s'approchait de la ville, monta avec les siens sur une tour située hors de Rome, et au-delà du Tibre; sa hauteur lui avait fait

[1] En 983.

[2] De 4 ans. Il était né en 980. Il fut couronné empereur en 996 par le pape Grégoire V.

[3] Brunon. Son nom de pape est Grégoire V.

[4] En 996.

[5] Jean Philagathe, évêque de Plaisance.

[6] En 997.

donner le nom d'*Entre-ciel*; il s'y fortifia, et résolut de s'y défendre jusqu'à la mort. L'empereur étant donc entré dans la ville, commença par faire saisir le pontife mal assuré, qui devait son élévation à l'insolence de Crescentius; il lui fit couper les mains, comme coupable de sacrilége, puis les oreilles, puis enfin on lui arracha les yeux. Sachant ensuite que Crescentius s'était fortifié, comme nous l'avons dit, dans cette tour qu'il devait bientôt quitter pour subir une mort cruelle, il la fit bloquer étroitement par son armée, pour ne laisser à Crescentius aucun moyen de s'enfuir. Cependant, par l'ordre de l'empereur, on éleva à l'entour, avec beaucoup d'art, des machines faites du bois des sapins les plus hauts. Crescentius, voyant qu'il ne pouvait plus songer à s'échapper, chercha enfin son recours dans un repentir tardif, qui n'émut pas la pitié du vainqueur. Un jour, après avoir gagné quelques soldats de l'empereur, il sort secrètement de la tour, enveloppé dans un manteau, la tête couverte, et tout-à-coup il vient se jeter aux pieds du prince, implorant sa pitié, et demandant la vie. L'empereur, ayant abaissé sur lui un regard, se tourna vers les siens et leur dit avec amertume: « Pourquoi laisse-t-on pénétrer dans les cabanes « des Saxons le prince des Romains, le maître de « l'Empire, l'arbitre des lois, et l'électeur des papes? « Reconduisez-le sur le trône de sa sublime grandeur « en attendant que nous lui préparions un accueil « digne de sa majesté. » Les soldats, en effet, dociles à cet ordre, prennent Crescentius, et le reconduisent avec respect jusqu'à l'entrée de la tour: là, il annonce aux Romains renfermés avec lui qu'ils ne pourront plus vivre qu'autant qu'ils sauront défendre la tour des attaques de l'ennemi, car, s'il est vainqueur, plus d'espoir de salut. Cependant, au dehors, l'armée impériale fait mouvoir et pousse les machines qui s'avancent par des progrès insensibles jusqu'au pied de la tour; quand elles y sont appliquées le combat commence. Pendant que les uns cherchent à pénétrer par le haut, les autres se précipitent sur la porte qui finit par céder à leurs coups; ils montent alors à l'envi, et parviennent au faîte. Crescentius, en les voyant, sent qu'il est désormais au pouvoir de ses ennemis, au moment même où il espérait repousser leurs efforts en prolongeant le combat; blessé grièvement, il est pris par les vainqueurs. Tous les Romains trouvés avec lui sont égorgés, et l'on attend que l'empereur prononce sur le sort du captif. « Qu'on le pré« cipite, dit-il, au milieu des remparts, à la vue de « tout le peuple, pour que les Romains ne nous ac« cusent pas de leur avoir dérobé leur prince. » On l'y précipite en effet, puis on le fait traîner par des bœufs dans la boue des carrefours, et l'on finit par élever un gibet où il est suspendu publiquement.

Après cette action, l'empereur ayant fait venir près de lui Gerbert, archevêque de Ravenne [1], l'établit souverain pontife des Romains. Ce Gerbert était originaire des Gaules : sa famille n'était pas des plus illustres, mais il avait un esprit distingué, nourri d'une science profonde par l'étude des arts libéraux. Il avait été nommé aussi archevêque de Rheims, par Hugues, roi des Francs; mais comme il avait l'esprit fin et pénétrant, il soupçonna qu'Arnoul, archevêque

[1] En 999.

de cette même ville, auquel il allait succéder avec l'autorisation du roi, ferait des démarches pour rentrer dans sa première dignité, et il se rendit prudemment vers Othon. L'empereur lui fit une réception honorable, le nomma sur-le-champ à l'archevêché de Ravenne, et bientôt après l'éleva au pontificat de Rome. Il arriva qu'à cette même époque, l'empereur, par le conseil du pape et d'autres personnes également zélées pour l'avantage de la religion et de la maison de Dieu, voulut chasser de l'église de Saint-Paul des moines qui n'avaient de religieux que le nom, se conduisant du reste très-mal. Il devait encore, d'après les mêmes avis, leur substituer, pour servir à leur place, des moines d'un autre Ordre, de ceux que nous appelons chanoines. Dans le temps qu'il songeait à exécuter ce dessein, il eut pendant la nuit une vision, dans laquelle lui apparut le bienheureux apôtre saint Paul, qui voulut bien donner ces instructions à l'empereur : « S'il est vrai que ce « soit le zèle de l'excellente œuvre du divin amour « qui t'embrase, garde-toi de changer la règle de « cette église, en chassant les moines qui l'occupent. « Il n'est jamais permis de rejeter ou de changer la « règle d'un Ordre ecclésiastique, quand il serait en « partie dépravé, car chacun sera jugé dans l'Or- « dre où il s'est consacré au service de Dieu; et si « un moine est corrompu, il pourra toujours s'amen- « der dans l'église où l'a appelé sa vocation. » Après cet avertissement, l'empereur répéta aux siens les paroles qu'il avait entendues de la bouche de l'Apôtre, et ne s'occupa plus que d'améliorer la règle des moines, sans songer à les chasser, ni même à les changer.

Cependant il ne fut pas aussi bien inspiré, quand il prit pour épouse la veuve de ce Jean Crescentius, et peu de temps après cette résolution peu réfléchie, il la répudia. Enfin, au moment où il se préparait à revenir en Germanie, la mort le surprit en Italie. Les soldats qu'il avait amenés avec lui se voyant privés de leur chef, se réunirent en une seule troupe, pour n'être point massacrés par les gens qu'ils avaient opprimés en Italie. Ils firent porter à leur tête le corps de leur ancien empereur sur un cheval [1], et, après avoir dans cet ordre gagné sûrement leur patrie, ils l'ensevelirent honorablement à Aix-la-Chapelle, dans le monastère de la bienheureuse Marie, toujours vierge. Othon III eut pour successeur au trône des Saxons Henri [2], son parent, qui devint aussi empereur des Romains après huit ans de règne [3]. Mais je m'arrête ici, pour raconter en partie par quelle suite de malheurs successifs le monde romain fut désolé au dedans comme au dehors sous les rois dont nous venons de parler. Il est sûr qu'en partageant l'empire du monde, on avait voulu assurer à Constantinople la domination de toutes les provinces soumises aux Grecs dans l'Orient, même de celles qui étaient situées au-delà des mers, comme Rome, à son tour, devait régner aussi sur tout l'empire latin. Mais une fois que l'univers eut appris à se déchirer entre deux maîtres, chacun d'eux s'accoutuma à voir insensiblement décroître son pouvoir, jusqu'à ce qu'enfin, res-

[1] En 1002.

[2] Henri, duc de Bavière, petit-fils du duc Henri, frère de l'empereur Othon Ier. Il ne fut couronné empereur que la douzième année de son règne.

[3] En 1014.

serré par une suite de guerres dans des limites plus étroites, il offrît une proie plus facile à l'ambition de l'étranger. Et comme toute la puissance des empereurs reposait plutôt sur la tyrannie que sur une douceur libérale ou sur les droits d'une possession héréditaire, il était juste que les peuples, pour se venger d'un gouvernement si fatal à ses sujets, portassent la désolation dans ses États par de fréquentes invasions.

CHAPITRE V.

Des Infidèles.

ENFIN, vers l'an 900 de l'Incarnation du Verbe, Algalif [1], roi des Sarrasins, étant sorti de l'Espagne, conduisit une armée nombreuse en Italie, comptant s'enrichir des dépouilles de ce pays, et prêt à le ravager, le fer et la flamme à la main. Il s'avança jusqu'à Bénévent, dévastant tout sur son passage. Cependant les grands de quelques villes d'Italie réunirent leurs forces, pour présenter la bataille à Algalif. Mais voyant que leurs troupes n'étaient pas en état de se mesurer avec lui, ils préférèrent, selon l'usage de ces Italiens modernes, chercher leur sûreté dans la fuite, que dans une résistance courageuse. Sur ces entrefaites, les Sarrasins revinrent en Afrique avec leur prince; et depuis cette époque, quoique battus en plusieurs rencontres, tant par les empereurs que par les ducs et marquis du pays, ils ne cessèrent plus de venir attaquer l'Italie, jusqu'au temps de leur roi Altmuzor [2] et de Henri, empereur des Romains.

[1] C'est-à-dire *le Khalife*. — [2] Almanzor.

Les peuples des Gaules n'avaient pas moins à souffrir alors des incursions et des ravages des Normands. Le nom de Normands leur venait de cet amour du pillage qui les entraînait du fond des provinces septentrionales dans les pays occidentaux, car dans leur langue, *nord* signifie *septentrion*, et *mint* désigne le *peuple* [1]. C'est pour cela qu'on les appelle Normands, ou peuple du nord. Dans leurs premières incursions, ils restaient dans les parages de l'Océan, se contentant de lever quelques contributions sur les côtes; mais lorsqu'ils eurent formé une nation redoutable, on les vit répandre au loin la guerre sur terre et sur mer, et ils finirent par s'approprier des villes et des provinces.

Dans la suite des temps naquit, près de Troyes, un homme, de la plus basse classe des paysans, nommé Hastings. Il était d'un village appelé Tranquille [2], à trois milles de la ville; il était robuste de corps, et d'un esprit pervers. L'orgueil lui inspira dans sa jeunesse du mépris pour la pauvreté de ses parens; et cédant à son ambition, il s'exila volontairement de son pays. Il parvint à s'enfuir chez les Normands. Là, il commença par se mettre au service de ceux qui se vouaient à un brigandage continuel pour procurer des vivres au reste de la nation, et que l'on appelait la *flotte*. Après avoir quelque temps débuté dans ce méchant métier, il l'emporta bientôt sur ses compagnons les plus endurcis, par son intelligence, c'est-

[1] *Mann*, homme.

[2] Camusat dit que *Tranquille* est un petit village du diocèse de Troyes, à neuf lieues de cette ville, et nommé aujourd'hui Trancost ou Trancout.

à-dire par son audace dans le crime. Enfin différentes circonstances ayant concouru à augmenter ses forces et son pouvoir, tous les siens le reconnurent pour leur prince sur terre et sur mer. Trouvant dans ce haut rang une carrière nouvelle ouverte à sa cruauté, et ne voyant dans les fureurs de ses prédécesseurs que des exemples trop modérés pour la sienne, il commença à promener son glaive dans les pays lointains. Bientôt même il vint, avec presque toute la nation qu'il commandait, débarquer sur les côtes supérieures des Gaules, et rendre une funeste visite à cette terre natale qui avait enfanté un tel monstre. Il pénétra, sans éprouver de résistance, dans ce pays, où il porta partout la destruction, le meurtre et l'incendie, plus cruel envers sa patrie que les plus cruels ennemis. Alors aussi toutes les églises des Gaules qui n'étaient pas défendues par des villes fortifiées ou des châteaux forts, se virent abandonnées aux derniers outrages, et devinrent la proie des flammes, car il parcourut toutes les Gaules, emportant avec lui les plus riches dépouilles, avant de ramener ses soldats dans leur pays. Depuis ce temps, Hastings lui-même, et les princes de cette nation qui lui succédèrent, ne manquèrent pas, durant cent ans, de renouveler au loin les mêmes désastres chez tous les peuples des Gaules. Les événemens que nous venons de raconter se passèrent dans l'intervalle qui s'écoula depuis la chute des empereurs et rois en Italie et dans les Gaules, jusqu'à leur rétablissement. Cependant l'armée des Normands ayant résolu de faire, selon son habitude, une nouvelle incursion dans les Gaules, le vénérable Richard, duc de Bourgogne, père du roi Rodolphe, comme nous l'avons déjà dit, marcha à leur rencontre, les trouva déjà loin de leur pays, leur livra bataille, et en fit un si grand carnage, qu'un très-petit nombre d'entre eux échappèrent par la fuite, et parvinrent avec peine à rentrer dans leurs foyers. Quoique les Normands aient depuis encore ravagé quelques îles ou quelques provinces le long des côtes, cependant ils ne vinrent occuper dans la suite une partie du royaume des Francs que parce qu'ils y furent appelés par les rois mêmes du pays. Bien plus, quelque temps après, les Normands s'étant convertis à la foi catholique, les Francs et la plupart des Bourguignons s'empressèrent de contracter amicalement avec eux des mariages, et déclarèrent, d'un consentement général, qu'ils ne feraient plus ensemble qu'un même royaume, de nom comme de fait. De ces alliances sont sortis des ducs très-illustres, comme Guillaume et tous ceux qui après lui empruntèrent le nom de Richard, leur père ou leur aïeul. Rouen fut la capitale de leur duché. Ils l'emportèrent sur les autres par la gloire de leurs armes dans la guerre, comme par leur union dans la paix et par leur libéralité. En effet, toute la province qui leur était échue en partage semblait former une seule maison, une même famille, unie par les liens d'une concorde inviolable. Ils traitaient comme voleur et comme brigand tout homme qui avait recours au mensonge pour demander dans une affaire plus qu'il n'avait droit d'exiger, ou pour soustraire quelque chose à un autre par sa mauvaise foi dans les marchés. Les pauvres, les indigens, tous les étrangers, étaient comme leurs enfans d'adoption, et trouvaient toujours en eux des soins vraiment paternels. Ils envoyaient aussi presque dans l'univers entier les dons les plus magnifiques aux saintes églises. On voyait même tous les ans des moines venir de l'Orient, du célèbre mont Sina, à Rouen, et remporter à leur tour des secours en or et en argent, dont ces princes les avaient chargés pour leur communauté; enfin Richard deuxième du nom envoya à Jérusalem cent livres d'or pour le sépulcre du Sauveur; et tous ceux qui desiraient y faire un pélerinage de dévotion recevaient de lui les plus riches présens.

De plus, dans la succession des temps, la vengeance divine, pour punir les fautes et les péchés des hommes, suscita des sujets de discorde entre les rois des Francs et des Saxons, et cet incendie embrasa tout pendant long-temps; car Dieu, dans les secrets de sa justice, avait voulu affliger les peuples des Gaules d'une plaie épouvantable. Enfin, le prince des Hongrois, profitant de ces divisions, vint avec toute l'armée de sa nation faire une irruption sur les frontières des Gaules. Il ravagea jusques à deux fois ce malheureux pays, fit main-basse sur les Saxons et les Gaulois, et en emmena beaucoup avec lui, après avoir pillé et enlevé tous leurs biens, sans trouver aucun obstacle. Ce fléau dura jusqu'à ce que les princes des deux royaumes de Saxe et des Gaules fussent, avec l'aide de Dieu, réunis par les liens de la parenté et d'une religion commune. En effet, la race des premiers rois s'étant éteinte, et leur haine avec eux, l'univers, sous des rois amis, put refleurir dans la paix, et le royaume du Christ conquérir partout les tyrans purifiés dans les fonts sacrés du baptême. Les Hongrois eux-mêmes, après avoir commis tant de crimes, et porté tant de fois la désolation chez les peuples, convertis enfin, avec leur roi, à la religion catholique, sacrifièrent volontairement leur propre bien pour le Christ, eux qui s'étaient habitués à ravir celui des autres; et ces hommes, qui pillaient autrefois les Chrétiens, et les emmenaient en captivité pour leur servir d'esclaves quand ils les rencontraient sur leur passage, les accueillent à présent comme leurs frères ou comme leurs propres enfans.

Néanmoins, il paraît convenable et juste, et c'est une mesure nécessaire aussi pour la conservation de la paix, qu'aucun prince n'ose saisir avidement le sceptre de l'Empire romain, et ne puisse usurper le titre ou le pouvoir d'empereur, si le pape de l'Eglise romaine ne l'a choisi d'avance, comme digne, par l'innocence de ses mœurs, de commander à la république, et ne lui a remis entre les mains les insignes de l'Empire. Combien, en effet, ne vit-on pas autrefois de tyrans par toute la terre, qui, à force de témérité et d'audace, parvenaient à se faire créer empereurs, tout indignes qu'ils étaient de gouverner la république, puisque leur pouvoir était fondé sur la tyrannie plutôt que sur l'autorité de la piété? L'an 710 [1] de l'Incarnation du Seigneur, quoique l'insigne de la dignité impériale eût déjà reçu différentes formes, le vénérable pape Benoît [2] en fit faire un dont la figure était entièrement allégorique. On façonna,

[1] Il faut sans doute corriger cette date et y substituer celle de 1014.

[2] Benoît VIII, qui fut élu pape en 1012, couronna Henri empereur en 1014, et mourut en 1024.

par son ordre, une pomme d'or entourée de quatre côtés des pierres les plus précieuses, et surmontée d'une croix d'or. Elle représentait ainsi la figure du monde, qu'on nous peint en effet sous la forme d'un globe : on voulait par là que le prince de l'empire terrestre, en jetant les yeux sur cet emblème, n'oubliât jamais que, soit en gouvernant, soit en combattant, il devait toujours se montrer digne d'être protégé par l'étendard de la croix vivifiante; et ces pierres diverses, qui servaient d'ornemens, apprenaient aussi aux princes que le souverain pouvoir doit être relevé par l'éclat d'une foule de vertus. Le pape Benoît s'étant donc avancé selon l'usage, avec un cortége nombreux de citoyens et d'Ordres religieux, au-devant de l'empereur [1] Henri, qui venait à Rome à cet effet, lui remit entre les mains, à la vue de tout le peuple, ce symbole de la puissance impériale. Henri le reçut avec joie, et l'ayant considéré de tous côtés : « Bon « père, dit-il au pape avec la sagacité qui lui était « ordinaire, en me mettant sous les yeux le signe de « notre monarchie, vous m'avez en même temps donné « une leçon ingénieuse sur la manière dont je dois « l'administrer. » Puis, pesant dans sa main cette pomme d'or, il ajouta : « Personne n'a plus de droit à « posséder et à considérer ce présent, que ceux qui « foulent aux pieds les biens de ce monde pour sui- « vre plus légèrement la croix du Sauveur. » Et il l'envoya sur-le-champ au monastère de Cluny, qui passait dès lors pour l'abbaye la plus religieuse de toutes, et que sa libéralité avait déjà enrichie de plusieurs ornemens.

[1] En 1014.

Une chose bien digne encore de notre attention, c'est que, pendant que l'univers voyait ainsi les conversions des infidèles à la foi du Christ se multiplier dans le Nord et dans l'Occident, l'Orient et le Midi ne donnaient pas le même exemple. Tout cela se trouvait annoncé comme par un présage certain dans la position même de la croix du Seigneur, quand le Sauveur y était suspendu sur le Calvaire. En effet, pendant que l'Orient avec ses peuples féroces était caché derrière la face du Sauveur, attaché sur la croix, l'Occident, au contraire, placé devant ses regards, recevait de ses yeux la lumière de la foi dont il devait être bientôt rempli. Sa droite toute-puissante, étendue pour le grand œuvre de miséricorde, montrait le Nord qui allait être adouci par l'effet de la parole divine, pendant que sa gauche tombait en partage aux nations barbares et tumultueuses du Midi. Cependant, malgré cette sainte prophétie que nous venons de rapporter en peu de mots, ce n'en est pas moins une des lois inviolables de notre foi, qu'en tout lieu, comme chez tous les peuples, tout homme régénéré par les eaux sacrées du baptême, croyant fermement que le Père tout-puissant avec son fils Jésus-Christ et le Saint-Esprit forment un seul Dieu véritable, et faisant quelque bonne œuvre de piété, sera bien vu de Dieu, et qu'en restant fidèle à cette conduite, il obtiendra une vie éternelle de béatitude. Du reste, c'est à Dieu seul qu'il appartient de savoir pourquoi le genre humain est plus ou moins digne d'entrer dans la voie du salut éternel, selon qu'il habite telle ou telle partie du monde. Pour nous, en faisant cette observation, nous avons voulu seulement rappeler que l'Evangile du Christ notre Seigneur, en pénétrant jusqu'aux extrémités de ces deux parties du monde, le Septentrion et l'Occident, y a établi notre sainte religion sur les plus solides fondemens, mais qu'il ne s'est pas également propagé dans les deux autres, l'Orient et le Midi, et qu'il y a laissé les peuples barbares enlacés plus étroitement dans les liens de l'erreur.

Cependant, de peur que l'on n'en prenne occasion de proférer quelque calomnie contre la juste providence de notre bon Créateur, examinons avec soin le texte des saintes Écritures, et nous y trouverons exprimée sans aucun doute l'image du monde entier. Nous y verrons comment la bonté de Dieu se prouve, aussi bien que sa justice, par ceux qui font leur salut, comme par ceux qui perdent leur ame. Car, de même que le premier père des hommes avait d'abord été établi maître de son propre salut, par l'auteur de tout bien, ainsi, le Rédempteur offre généralement à tous les hommes une voie de salut qu'il met à leur portée, et qu'il abandonne à leur volonté. Cependant, les conseils secrets de sa justice qui embrasse toujours, et toujours à la fois, tout ce qui est, sans laisser rien échapper, montrent assez, dans le développement des siècles, qu'il est le seul Tout-Puissant, le seul Dieu de bonté et de vérité, et qu'il sait concilier ses œuvres de clémence avec le partage inévitable d'une juste vengeance, car sa bonté incomparable ne manque pas de témoignages qui puissent souvent l'attester. Bien plus, il choisit sans cesse dans la postérité d'Adam, prévaricateur, une foule d'élus qu'il rappelle dans le sein du fils de sa divinité.

Et tant d'exemples dont le monde est témoin chaque jour, qu'annoncent-ils autre chose que la bonté du Tout-Puissant, toujours changeante, quoique toujours la même, toujours immuable dans ses changemens? Et plus la fin de ce siècle approche, plus ces preuves éclatantes semblent se multiplier.

Admirons encore comment s'est révélée peu à peu la connaissance du Créateur, depuis l'origine du monde. Le premier homme, Adam avec toute sa race, reconnaît le Dieu qui l'a créé, lorsque, privé par sa faute des joies du paradis, et relégué dans l'exil, il fait éclater sa douleur par des pleurs et des gémissemens. Mais depuis que ses enfans reçurent en héritage l'univers tout entier avec l'immense étendue de la terre, le genre humain n'aurait pas tardé à se plonger irrévocablement dans l'abîme de son aveuglement et dans le précipice de l'erreur, si la bonté de la Providence ne l'avait ramené dans le giron de sa miséricorde. Aussi, dès les premiers temps, la divine bonté du Créateur enfanta des prodiges, fit sortir des miracles du sein des élémens, et plaça dans la bouche des sages des oracles qui devaient réveiller dans le cœur des hommes l'espérance ou la crainte. De même que le Créateur a consacré six jours à achever les ressorts de la machine du monde, et s'est reposé le septième, après avoir accompli son ouvrage, de même aussi il a opéré pendant six mille ans des miracles pour instruire la race humaine par leur fréquente apparition; car, de tous les âges précédens, aucun n'avait manqué d'annoncer, par des signes miraculeux, l'éternelle Providence, jusqu'au temps où le souverain principe des choses a revêtu l'humanité pour apparaître au monde, c'est-à-dire jusqu'au sixième âge, qui est le siècle présent : car on pense que dans le septième la machine du monde verra finir aussi ses travaux, sans doute afin que tout ce qui a reçu l'être trouve alors son repos et sa fin dans celui qui lui donne l'existence.

FIN DU LIVRE PREMIER.

LIVRE SECOND.

CHAPITRE Ier.

Hugues est élu roi.

Lorsqu'un voyageur s'engage dans quelque vaste région du globe, ou qu'il vogue sur l'immensité des mers, il jette souvent les yeux sur le sommet des montagnes et des forêts pour reconnaître sa route en les voyant de loin, et pour ne point s'écarter du but qu'il veut atteindre. Nous aussi, dans cette route où nous sommes entrés pour transmettre le passé aux générations futures, nous sommes obligés de diriger notre course, et de fixer, pour ainsi dire, les yeux de notre esprit sur les grands personnages du temps, pour donner à notre récit plus de clarté et une exactitude plus fidèle. La race des empereurs et des rois s'étant donc éteinte, comme nous l'avons dit, dans l'Italie et dans les Gaules, avec les grands monarques dont nous avons parlé, Louis, Charles, et les autres princes de son sang, il se trouva que le gouvernement des deux États échut à des souverains de la même famille. On se rappelle que nous avons vu l'Empire des Romains administré successivement par les trois Othon, passer ensuite à Henri. Il nous reste à parler de la manière dont fut gouverné depuis le royaume des Francs.

Après la mort des rois Lothaire et Louis, le houvernement de toute la France retomba sur Hugues, fils de Hugues le Grand, duc de Paris, dont nous avons déjà parlé, et qui avait pour frère le fameux Henri, duc de Bourgogne. Les grands de tout le royaume se réunirent pour faire sacrer Hugues roi [1]. Nous savons déjà que ce prince était parent des rois de Saxe par Othon Ier, qui avait pour mère la sœur de Hugues le Grand [2]. Hugues, ayant donc reçu la conduite du royaume des Francs, ne fut pas long-temps sans voir son autorité méconnue par ceux mêmes qui lui étaient soumis auparavant dans toute la France; mais, grâces à la vivacité de son esprit qui ne le cédait en rien à la vigueur de son corps, il finit par étouffer toutes les révoltes. Il avait aussi un fils, nommé Robert, doué d'une grande sagesse, profondément versé dans l'étude des arts et des lettres. Lorsqu'il sentit que ses forces commençaient à l'abandonner, il convoqua, dans la ville royale d'Orléans, tous les grands de France et de Bourgogne, et leur fit reconnaître pour roi, de son vivant même, son fils Robert, treize ans avant la millième année de l'Incarnation du Sauveur. Ce ne fut pourtant que quelques années après que le roi Hugues mourut; il termina ses jours sans accident, laissant le royaume en paix. Le roi Robert, quoique fort jeune, était déjà sage et instruit, d'une éloquence douce, et d'une piété remarquable; aussi le Seigneur, dans les vues secrètes de sa divine bonté, daigna-t-il dès lors destiner ce

[1] Le 3 juillet 987, selon la chronique de saint Denis.

[2] Othon Ier n'avait pas pour mère la sœur de Hugues le Grand, ce fut au contraire Hugues le Grand qui épousa Hedwige, sœur d'Othon Ier, au témoignage même de Glaber, liv. I, c. 4.

prince à gouverner un jour toutes les nations catholiques; car on vit sous son règne des fléaux épouvantables, annoncés auparavant par des signes certains dans les élémens, affliger l'Église du Christ; et si ce monarque, aidé de la protection divine, n'en avait pas arrêté le cours, ils auraient étendu bien plus loin leurs ravages.

CHAPITRE II.

Sur une baleine et sur les guerres d'Occident.

Quatre ans avant l'an mille on vit en mer, près d'un lieu nommé *Bernevaux* [1], une baleine, d'une grosseur monstrueuse, se dirigeant du septentrion à l'occident : elle apparut dans une matinée du mois de novembre, dès la première aurore, comme une île emportée sur les flots, et elle continua jusqu'à la troisième heure du jour de se développer sous les yeux des spectateurs surpris et effrayés à cette vue. Quelques personnes pourront douter de cet événement, quoiqu'il ait eu beaucoup de témoins; cependant on trouve partout la description de monstres pareils. On lit même dans la vie du bienheureux confesseur Bendan, né chez les Anglais orientaux, que cet homme de Dieu, après avoir vécu quelque temps en ermite avec d'autres moines, dans des îles de la mer, rencontra une bête semblable. Un jour qu'il naviguait autour de quelques îles, le crépuscule l'ayant surpris en mer, il vit de loin comme une autre île vers la-

[1] Lieu situé sur la côte de l'Océan, mais dont on ignore la position précise.

quelle il cingla avec ses compagnons, dans l'intention d'y passer la nuit. Ils abordent, ils sautent de leurs barques, et gravissent le dos du monstre qu'ils avaient pris pour une île, comptant bien n'y faire séjour que pendant cette nuit. Après un court repas, les autres frères abandonnent au repos leurs membres fatigués. Bendan seul, ce saint homme, ce pasteur vigilant de la bergerie du Seigneur, que l'on trouvait assidument en prières, observait avec prudence la force du vent et le cours des astres. Pendant qu'il occupait ainsi son attention, au milieu du silence de la nuit, il sentit tout-à-coup que ce lieu où ils avaient cherché un abri les emportait vers l'orient. Le lendemain, lorsque le jour reparut, le sage Bendan assemble ses compagnons, les encourage et les console par ses discours. « Mes excellens frères, leur dit-il, ne nous las« sons jamais de rendre grâces au souverain Créateur « et maître de toutes choses, à ce Dieu dont la provi« dence nous a préparé, au milieu des mers, un char « nouveau qui n'a besoin ni de nos voiles, ni de nos « rames. » Ces paroles de l'homme de Dieu jettent l'étonnement dans leur ame; ils se confient à la divine providence, ils se reposent sur la sagesse de leur compagnon, et attendent avec plus de tranquillité quelque hasard heureux. Ils furent ainsi emportés plusieurs jours de suite dans l'espace des mers, et ils purent observer qu'ils continuaient de se diriger, pendant tout ce temps, vers le soleil levant. Enfin ils arrivèrent à une île beaucoup plus belle que toutes les autres, et qui présentait une foule d'agrémens divers; les arbres et les oiseaux qu'elle contenait leur parurent aussi d'une nature et d'une forme nouvelles; le saint homme s'y rendit et y trouva un grand nombre de moines, ou plutôt d'anachorètes dont la vie et les mœurs étaient plus saintes et plus sublimes que celles de tous les autres mortels. On lui fit, ainsi qu'à ses compagnons, l'accueil le plus tendre; ils y restèrent plusieurs jours à s'instruire, par les bons soins de leurs hôtes, d'une foule de vérités relatives au salut; puis ils revinrent dans leur patrie, et racontèrent à leur retour leur merveilleuse découverte.

Au reste, après l'apparition de ce monstre dans l'Océan, il s'éleva des guerres tumultueuses dans tout l'Occident, aussi bien dans le pays des Gaules que dans les îles de l'Océan, comme l'Angleterre, la Bretagne et l'Écosse. Il arrive souvent en effet que, pour punir les fautes du bas peuple, Dieu suscite entre les rois et les princes des haines qui portent la désolation parmi leurs sujets, et leur font prodiguer à eux-mêmes leur propre sang. Ces îles furent donc le théâtre de malheurs pareils, jusqu'au jour où le roi de l'une d'elles s'empara par la force du gouvernement de toutes les autres.

Après la mort d'Ethelred, qui régnait sur ceux qu'on nomme les *Danemarques*, et qui avait épousé la sœur de Richard, duc de Rouen, Canut, roi des Anglais occidentaux, s'empara de ses États, et après avoir soutenu des guerres difficiles, il finit par conclure avec Richard un traité par lequel il épousa la sœur de ce duc, veuve d'Ethelred, et resta seul souverain des deux royaumes. Canut se mit ensuite à la tête d'une nombreuse armée pour aller subjuguer la nation écossaise, dont le roi, nommé *Melculon*[1],

[1] Malcolm, qui régna depuis l'an 993 jusqu'en 1023.

était un prince puissant et guerrier, et ce qui valait bien mieux encore, un excellent Chrétien par sa foi comme par ses œuvres. Ayant donc su que Canut avait formé le projet hardi d'envahir son royaume, Melculon assembla toute l'armée du pays, et opposa à son ennemi une résistance vigoureuse. Canut persévéra long-temps, et avec une opiniâtreté orgueilleuse, dans ses projets de conquête; mais enfin, cédant aux conseils de Richard, duc de Rouen, et de sa sœur, il dépouilla toute sa férocité naturelle pour prendre un cœur moins farouche, et consentit, pour l'amour de Dieu, à mener désormais une vie paisible; il alla même jusqu'à rechercher l'amitié du roi d'Écosse, et à tenir son fils sur les fonts sacrés du baptême. C'est depuis ce moment que l'on vit les ducs de Rouen appeler des îles de l'Océan des armées nombreuses à leur secours, toutes les fois qu'ils se voyaient dans la nécessité de soutenir une guerre. Grâces à cette alliance, les Normands et les insulaires purent jouir long-temps d'une paix assurée, et faire redouter leur puissance à la plupart des nations étrangères, sans redouter celle des autres; et cela ne doit pas nous étonner, car, en bannissant du milieu d'eux, par la crainte du Seigneur, la discorde ennemie de tout bien, ils avaient mérité que le Christ, toujours précédé de la paix, vînt établir parmi eux son pouvoir divin.

CHAPITRE III.

De Conan, duc des Bretons, et de Foulques, comte des Angevins.

Dans le même temps, la partie inférieure des Gaules était embrasée du feu des guerres intestines. Presque toutes les fois qu'on veut déterminer la position du monde, on représente les Gaules sous une figure carrée, quoique leur étendue, depuis les monts Riphées jusqu'aux frontières des Espagnes, entre l'Océan à gauche et les Alpes à droite, dépasse en longueur les limites d'un carré véritable. Les côtes inférieures de ce pays en forment aussi la province la moins estimée. Elle a Rennes pour sa capitale, et est habitée depuis long-temps par les Bretons, dont toutes les richesses consistèrent d'abord dans l'affranchissement des droits du fisc, et dans le lait que leur pays fournit en grande abondance. Etrangers à toute espèce d'urbanité, ils ont des mœurs grossières, un esprit facile à irriter, un sot babil. Ces Bretons eurent un prince nommé Conan [1] qui épousa la sœur de Foulques [2], comte d'Angers. Ce Conan montra plus d'insolence encore que tous les autres princes de sa nation. Il ne craignit pas de ceindre le diadême comme un roi, dans le petit coin de terre qu'occupait son petit peuple, et s'abandonna à tous les excès de la tyrannie. Bientôt une haine irrécon-

[1] Conan, comte de Rennes, régna seul en l'année 990, après la mort d'Alain, fils de Guerec.

[2] Foulques, surnommé Nerra, succéda à son père Geoffroi, en 987, et mourut en 1040.

ciliable s'éleva entre le comte d'Angers et lui, et après s'être offensés réciproquement, en ravageant le territoire et en massacrant les sujets l'un de l'autre, ils finirent par se décider à engager un combat, devenu inévitable. Ainsi donc, lorsqu'ils eurent longtemps et à l'envi l'un de l'autre exercé mutuellement leur haine, en se rendant tout le mal qu'ils pouvaient se faire, ils convinrent de venir tous deux à un jour marqué [1] avec leur armée, dans un lieu nommé Conquereux, pour s'y livrer bataille. Mais les Bretons réussirent, par un stratagême de mauvaise foi, à surprendre une partie des soldats de Foulques, et les égorgèrent lâchement.

En effet, ils vinrent en secret, avant le combat, dans le lieu qui avait été désigné pour champ de bataille, et y creusèrent adroitement un fossé long et profond qu'ils eurent soin de recouvrir de branches bien serrées. Quand ils eurent ainsi préparé l'appât et tendu le piége, ils se retirèrent. Au jour convenu, les deux comtes arrivent avec leur armée. Déjà les rangs étaient formés et la bataille prochaine, quand les Bretons, toujours occupés du succès de leur ruse, feignent de vouloir prendre la fuite, pour que l'ennemi donne tête baissée dans le piége qu'ils lui ont préparé. L'armée de Foulques les voyant s'ébranler, veut presser leur poursuite, et les soldats du comte d'Angers se précipitent en grand nombre dans la fosse que les Bretons avaient creusée sous leurs pas; les traîtres font alors volte-face, arrêtent leur fuite simulée, et s'élancent avidement sur leurs ennemis surpris, dont ils font un horrible carnage. Foulques lui-

[1] En 992.

14

même est jeté à bas de son cheval et renversé par terre, armé de sa cuirasse. Mais bientôt il se relève enflammé de fureur, ranime par ses cris la valeur de ses soldats; et, semblable à un ouragan violent qui renverse les épis pressés dans la plaine, il abat à ses pieds les Bretons, et les égorge sans pitié. Leur armée fut détruite presque toute entière. Conan, leur prince, fut pris, et les vainqueurs le livrèrent à Foulques après lui avoir coupé la main droite. Après cette victoire, le comte d'Angers revint dans son pays; et depuis, jamais un Breton ne lui causa la moindre inquiétude.

CHAPITRE IV.

Du monastère de Loches.

Nous aurions pu citer du même comte Foulques bien d'autres actions que nous avons omises pour ne point rebuter le lecteur. Cependant nous allons encore en rapporter un trait mémorable. Après avoir fait couler sans pitié le sang humain dans une foule de batailles qu'il livra partout avec des succès divers, il fut saisi de la crainte de l'enfer, et se rendit à Jérusalem, près du saint sépulcre du Sauveur. Comme il était assez présomptueux, il revint de ce pélerinage comme en triomphe, et sa férocité naturelle parut quelque temps adoucie. Alors il conçut la pensée d'élever une église dans une des meilleures terres de son domaine, et d'y fonder une communauté de moines qui prieraient nuit et jour pour racheter son ame de la mort du péché. Comme il ne voulait rien faire légèrement, il prenait conseil de chaque personne pieuse, pour savoir à la mémoire de quels saints il devait dédier cette église, afin d'obtenir leur intercession auprès de Dieu, en faveur de son salut éternel. Il prit aussi l'avis de son épouse, femme d'une prudence admirable. Elle lui conseilla d'accomplir son vœu en l'honneur et en la mémoire de ces Vertus célestes que la parole divine élève elle-même au-dessus des Chérubins et des Séraphins. Il se décida volontiers pour ce dernier parti, et fit bâtir une église magnifique en Touraine, à un mille du château de Loches [1]. Il se hâta d'en faire achever la basilique, et envoya aussitôt vers Hugues, archevêque de Tours, pour l'inviter à venir la bénir, parce qu'elle dépendait de son diocèse. Le prélat différa de se rendre aux volontés du comte, en disant qu'il ne pouvait se charger de présenter au Seigneur les vœux d'un homme qui avait dépouillé la mère-église de son diocèse d'un grand nombre de métairies et de serfs qui lui appartenaient. Il était juste, disait-il, que le comte commençât par restituer ce qu'il possédait injustement, puis il pourrait accomplir ensuite, envers le Dieu de toute justice, le vœu qu'il lui avait fait. Quand ces paroles eurent été répétées à Foulques, il reprit toute sa première férocité, accueillit avec indignation la réponse de l'archevêque, se laissa même emporter jusqu'à de violentes menaces, et forma des projets de vengeance qu'il ne put exécuter. Bientôt, s'étant muni d'une grande somme d'or et d'argent, il se rend à Rome, expose au pape Jean les motifs de son voyage, et, pour en obtenir l'objet de sa de-

[1] En 1007.

mande, il lui offre de riches présens. Le pape envoya en effet avec Foulques, pour consacrer son église, un de ces prélats qu'on appelle des cardinaux dans l'Église de saint Pierre, le prince des apôtres. Ce cardinal était aussi nommé Pierre; et le pontife romain lui donna plein pouvoir pour exécuter sans crainte tout ce que Foulques exigerait. Quand les prélats des Gaules surent cette nouvelle, ils reconnurent bien que cet ordre sacrilége n'avait pu être dicté que par une aveugle cupidité, et que les rapines de l'un, recueillies par l'avidité de l'autre, venaient de souiller l'Église romaine de ce scandale nouveau. Ils eurent tous horreur de voir un homme appelé à remplir le Siége apostolique fouler aux pieds avec tant d'impudence les lois apostoliques et canoniques tout ensemble, surtout lorsqu'un usage, fondé sur les autorités les plus anciennes et les plus nombreuses, interdit aux évêques le droit d'exercer leur ministère dans le diocèse d'un autre, s'ils n'y ont été appelés, ou au moins autorisés par le prélat qui le gouverne.

On vit donc, un jour du mois de mai, une foule immense se rassembler pour la dédicace de l'église. La terreur qu'inspirait le nom de Foulques, et l'honneur nouveau qu'il venait d'obtenir, contribuaient à rendre l'assemblée encore plus nombreuse. Quelques évêques, mais seulement ceux qui étaient soumis à son pouvoir, furent forcés de s'y trouver aussi. La cérémonie commença au jour marqué, et s'acheva avec avec assez d'éclat. Après qu'on eut célébré, selon l'usage, une messe solennelle, chacun revint chez soi. Mais vers la neuvième heure du jour, au moment où le ciel était partout serein, et l'air rafraîchi par un vent léger, un ouragan soudain se déchaîne avec violence du côté du midi, vient fondre sur l'église même, l'enveloppe d'un tourbillon, l'ébranle longtemps, et comme par des efforts redoublés. Enfin la voûte cède; toutes les poutres qui soutenaient l'édifice tombent avec les toits sur la partie occidentale du temple, et jonchent la terre de leurs débris. Beaucoup de personnes apprirent ce fait dans le pays, et l'on ne douta pas que Dieu n'eût voulu punir tant d'audace et d'insolence, en rendant inutile l'accomplissement du vœu que le comte avait formé, et donner par là une sévère leçon au siècle présent et aux générations futures, pour les détourner de suivre un pareil exemple. En effet, quoique le pontife de l'Eglise romaine reçoive plus d'hommages que les autres pontifes répandus dans l'univers, parce qu'il a obtenu les honneurs du siége apostolique, il n'a pourtant jamais le droit de transgresser en rien les préceptes de la règle canonique. Car de même que chacun d'eux, comme pontife d'une église orthodoxe, comme époux de sa propre église, y représente individuellement le Sauveur; ainsi, aucun d'eux en général ne doit entreprendre insolemment sur le diocèse d'un autre évêque.

CHAPITRE V.

Prodige surprenant dans Orléans.

L'AN 988 de l'Incarnation du Verbe, Orléans, dans les Gaules, fut témoin d'un prodige à la fois surprenant et terrible. On sait qu'il y avait dans cette ville un monastère antique, fondé en l'honneur du prince des apôtres, et habité d'abord par une communauté de vierges pieuses qui s'étaient vouées au culte du Dieu tout-puissant. C'est ce qui lui avait fait donner le nom d'Abbaye des Pucelles. Au milieu du monastère s'élevait le signe respectable de la croix, avec l'image du Sauveur expirant pour le salut des hommes. Là plusieurs personnes virent pendant quelques jours les yeux du Christ verser continuellement un ruisseau de larmes, spectacle terrible qui attira de tous côtés une foule nombreuse. La plus grande partie de ceux qui en furent témoins crurent y voir un présage divin de quelque malheur près d'éclater sur la ville; car, de même que le Sauveur, prévoyant dans sa pensée la ruine prochaine de Jérusalem, versa, dit-on, des pleurs sur le sort de cette ville, de même aussi les pleurs qui inondaient alors sa divine figure annonçaient évidemment le désastre prochain d'Orléans.

Bientôt un événement inoui vint confirmer dans la ville ce triste présage. Une nuit que les gardiens de la grande église, celle de l'évêché, s'étaient levés comme à l'ordinaire pour en ouvrir les portes aux fidèles qui venaient en foule entendre laudes et matines, tout-à-coup un loup se trouve devant eux; il entre dans l'église, va saisir la corde suspendue à la cloche, et l'agitant avec force, il se met à sonner. Les assistans d'abord interdits par cette étrange vue, poussent ensuite un cri, et, n'ayant point d'armes pour le chasser, le mettent du moins, comme ils peuvent, hors de l'église. L'année suivante [1], tou-

[1] En 989.

tes les habitations et les églises même d'Orléans furent la proie des flammes, et personne ne douta que ce malheur n'eût été prédit par les deux événemens sinistres que nous venons de rapporter.

Cette ville avait alors pour évêque le vénérable Arnoul, également distingué par sa naissance, son instruction et sa sagesse, qui tirait des revenus considérables des terres patrimoniales qu'il possédait. Ayant vu la ruine de son diocèse et la désolation du troupeau confié à ses soins, il se décida sagement à faire toutes les dépenses et les dispositions nécessaires pour relever la grande église autrefois bâtie en l'honneur de la sainte croix, et la reconstruire entièrement sur nouveaux frais. Pendant qu'il s'occupait avec tous les siens à diriger vivement les travaux, pour achever plus dignement son ouvrage et en presser l'exécution, Dieu lui prêta son aide d'une manière éclatante. Un jour que les maçons, avant de poser les fondemens de la basilique, creusaient le sol pour s'assurer de sa solidité, ils y trouvèrent une quantité d'or si prodigieuse qu'on la crut suffisante pour subvenir aux frais de construction de l'église toute entière, quelque grande qu'elle fût. Ceux auxquels le hasard avait offert ce trésor le prirent, et le portèrent à l'évêque, sans y toucher. Après avoir rendu grâces au Dieu tout-puissant de ce don inespéré, le prélat le remit à son tour entre les mains des entrepreneurs, avec ordre de l'employer fidèlement tout entier aux travaux de l'église. On dit encore que saint Évurce, ancien évêque du même diocèse, avait enfoui cet or par précaution, pour servir un jour à la restauration de l'église; et que cette pensée lui était venue parce qu'ayant voulu lui-même reconstruire et embellir son église, il avait trouvé dans le même endroit un trésor semblable, qui lui avait été destiné par la Providence. Par ce moyen, les bâtimens du siége épiscopal sortirent de leurs ruines, plus élégans qu'ils n'étaient auparavant; et le pontife lui-même voulut que toutes les autres églises d'Orléans, consacrées aux mérites des saints, et renversées par l'incendie, fussent aussi relevées plus belles de leurs ruines; et cette magnificence leur assura la supériorité sur toutes les autres pour l'éclat du service divin. La ville se remplit bientôt de bâtimens nouveaux, et la population, grâces à la bonté du Seigneur, ramenée de ses erreurs coupables, reprit d'autant plus aisément sa première puissance, qu'elle sut mieux comprendre que ce malheur était une juste punition de sa corruption. Cette ville, dès la plus haute antiquité, avait été choisie pour la résidence principale des rois des Francs, comme elle l'est encore aujourd'hui. Sans doute elle avait mérité cet honneur par sa beauté, par le nombre de ses habitans, la fécondité de ses campagnes et la célébrité du fleuve qui baigne ses murs. Elle a même emprunté son nom à la Loire; et si on l'a appelée *Aureliana* (Orléans), c'est-à-dire *Oreligeriana* (sur la rive de la Loire), c'est apparemment parce qu'elle est placée sur la rive de ce fleuve, et non pas, comme le croient légèrement quelques personnes, parce que l'empereur Aurélien, son fondateur, lui a donné son nom. Nous le répétons, c'est à la Loire qu'il faut rapporter plus légitimement l'origine de son nom.

CHAPITRE VI.

Prélats accusés de cupidité et d'avarice.

D'APRÈS le témoignage même de la sainte parole, c'est une vérité plus claire aujourd'hui que le jour, que la charité s'étant refroidie dans le cœur des hommes pendant ces dernières années, et l'iniquité ayant dépassé toute mesure, les ames chrétiennes commençaient à entrer dans un temps de danger et d'épreuve. En effet, les anciens Pères répètent en beaucoup d'endroits qu'une fois corrompues par l'avarice, les religions passées, avec leurs lois et leurs ordres, ont trouvé le principe de leur ruine dans ce qui devait servir à leur élévation et à leur accroissement, et que bien des ames se sont perdues pour avoir abusé de ce qui devait tourner au profit de leur salut. Car, nous aimons à le répéter, quand on écoute la voix de la cupidité et de l'avarice, on étouffe souvent celle de la justice. C'est ce qu'on pourrait prouver par l'exemple des cultes religieux de bien des peuples, de bien des pays différens. Mais cette vérité n'éclate nulle part avec plus d'évidence que dans les prêtres et les lévites d'Israël. A mesure qu'ils devinrent plus opulens que le reste de leurs frères, la plupart d'entre eux s'adonnèrent aussi à un orgueil plus insolent et à une cupidité plus effrénée. De là vint qu'ils finirent par devenir plus pervers que tous les autres; et cependant il y a bien loin encore des institutions de l'ancienne loi, toujours enveloppée de figures et de mystères, aux bienfaits manifestes et spirituels de la grâce nouvelle. Là, c'étaient des victimes terrestres qu'on exigeait pour offrandes; ici, c'est Dieu lui-même qui se donne pour récompense; là, on pouvait satisfaire à son devoir par un acte extérieur de servitude; ici, on ne mérite un tel prix que par l'hommage sincère du cœur le plus pur.

Si nous plaçons ici ce préambule, c'est que les princes s'étant laissé aveugler depuis long-temps déjà par le vain éclat des richesses, cette contagion ne tarda pas à gagner au loin tous les prélats eux-mêmes répandus sur la face de la terre. Ils tournèrent au profit de leur avarice et de leur propre condamnation les dons respectables qu'ils tenaient de la libéralité du Seigneur tout-puissant : d'autant plus indignes du nom de prélats, et plus incapables d'en remplir le saint ministère, qu'ils n'y étaient point parvenus par l'entrée de la porte principale. Mais le canon des saintes Écritures élève en vain la voix pour condamner leur audace, on voit plus que jamais leur exemple coupable suivi dans les différens ordres de l'Église. Les rois eux-mêmes, qui devraient choisir pour le service de notre sainte religion les personnes les plus propres à ce ministère, regardent comme plus digne de présider à la direction des églises et des ames chrétiennes celui-là seul dont ils espèrent recevoir de plus riches présens. Aussi les hommes les plus présomptueux, sans autre titre que l'orgueil insolent dont ils sont remplis, se poussent dans les prélatures, et ne redoutent pas le reproche d'avoir négligé le soin de leur troupeau, car ils ont placé toute leur confiance et tout leur espoir dans les trésors qu'ils amassent, et non dans l'acquisition des dons précieux de la sagesse. Et une fois à la tête des églises, ils donnent un libre essor à leur avarice, que toute leur ambition se borne à vouloir satisfaire : ils s'en font une idole; ils sacrifient à ce dieu, qui possède leur cœur, et qui leur a seul fait obtenir un titre qu'ils ne pouvaient attendre de leur mérite et de leurs œuvres. D'autres sont séduits par l'imprudente envie d'imiter leur exemple, ou s'abandonnent aux conseils d'une violente jalousie; car dès que l'un acquiert quelque chose dans cette funeste émulation du mal, l'envie persuade à l'autre que c'est un vol qui lui est fait : et l'on sait assez que les envieux se font un éternel tourment de la félicité des autres. De là naissent les débats et les troubles; de là des scandales fréquens; de là le mépris, et bientôt l'oubli de la règle dans divers Ordres.

Par une conséquence naturelle, les progrès de cette avarice impie dans le clergé développent dans le peuple un esprit d'audace et d'incontinence. Bientôt les détours du mensonge, la fraude et l'homicide, précipitent les hommes à leur perte par le vol ou par la convoitise; et quand les yeux de la religion catholique, c'est-à-dire les prélats de l'Église, se sont laissé obscurcir par ces épaisses ténèbres, le peuple, cherchant en aveugle la voie de son salut qu'il ne peut reconnaître, se trouve précipité dans l'abîme de sa ruine. Alors aussi, par un juste retour, les prélats sont en butte aux attaques de ceux qu'ils devaient considérer comme leurs sujets, et n'y trouvent plus que des rebelles instruits par leur propre exemple à s'écarter de la voie du devoir. Pourquoi s'étonner après cela qu'au milieu des tribulations où ils se sont jetés eux-mêmes, leurs cris ne soient plus exaucés, quand ils se sont fermé tout accès à la miséricorde divine par leur insatiable cupidité, comme s'ils ignoraient que ce vice entraîne toujours sa peine après lui, et que l'air qui en est infecté verse sur les hommes et les animaux quelque fléau contagieux, et souille même jusqu'aux fruits de son souffle empoisonné? C'est donc ainsi que les hommes qui devraient guider vers le salut tout le troupeau dont un Dieu tout-puissant leur avait confié la garde, le frustrent des bienfaits accoutumés de la divine providence; et quand la piété des évêques n'est plus qu'un vain nom, quand l'austérité régulière des abbés s'amollit, quand le zèle de la discipline monastique se refroidit, et qu'entraîné par tant d'exemples, tout le reste du peuple devient prévaricateur à la loi du Seigneur, ne faut-il pas croire que le genre humain a conjuré tout entier pour se précipiter, de gaîté de cœur, vers sa ruine, et s'ensevelir une seconde fois dans les ténèbres du chaos? Sans doute c'est par ces sortes d'événemens qu'il faut expliquer la confiance de l'antique Léviathan, lorsqu'il avait conçu l'espoir que l'inondation du Jourdain viendrait baigner ses lèvres; c'est-à-dire que les enfans du baptême, entraînés par l'appétit de l'avarice, loin du chemin de la vérité, viendraient en foule se submerger dans le gouffre de destruction; et, selon l'autorité de l'Apôtre où nous trouvons cette vérité clairement énoncée, c'est au refroidissement de la charité, c'est à l'excès de l'iniquité, dans des cœurs qui s'aiment mieux que la justice même, qu'il faut attribuer les malheurs extraordinaires que nous avons rapportés, et qui affligèrent toutes les parties du monde vers l'an mille et plus de la naissance du Sauveur.

CHAPITRE VII.

Incendies : mort de nobles personnages.

Sept ans avant l'an mille, le mont Vésuve, que l'on appelle aussi l'*antre de Vulcain,* vomit, par un plus grand nombre de bouches qu'à l'ordinaire, des flammes et du soufre, avec une multitude de pierres énormes qu'il lança jusqu'à trois milles de là. Les exhalaisons fétides qui accompagnèrent cette éruption commencèrent à rendre le pays voisin inhabitable. Mais il est curieux de rechercher pourquoi ce phénomène n'a lieu qu'en Afrique.

La première raison que nous en donnerons c'est le vide de la nature épuisée dans ce climat par l'ardeur excessive du soleil; et comme c'est là que se porte toute la masse des eaux de l'Océan oriental, le poids immense des flots que cet astre attire par ses rayons, du sein des gouffres de la mer, refoule l'air et le force à se réfugier dans les entrailles de la terre, d'où il s'échappe ensuite comme il peut dans l'espace, sous la forme d'une vapeur enflammée. Car, de même que l'air est destiné, par sa nature, à circuler dans les régions élevées, de même aussi il subit alternativement les lois des deux élémens qui composent son essence, l'eau et le feu. Il s'enflamme dans les climats brûlans, et se congèle sous une température humide. Cependant presque toutes les villes de l'Italie et de la Gaule furent dévastées par des incendies violents, et Rome elle-même fut presque toute entière la proie des flammes; le feu ne respecta pas non plus la charpente de l'église Saint-Pierre, et déjà même il menaçait de dévorer ses poutres défendues par des plaques d'airain, quand les Chrétiens, présens en foule à ce spectacle, désespérant de pouvoir arrêter le progrès des flammes par des moyens humains, se mirent à pousser tous ensemble un cri terrible, et coururent se jeter aux pieds du prince des apôtres, lui déclarant, au milieu de leurs ferventes prières, que, s'il ne veillait pas lui-même en ce moment au salut de son église, un grand nombre de ses serviteurs cesseraient bientôt, dans tout l'univers, de professer la foi qu'il avait enseignée. Aussitôt les flammes dévorantes abandonnèrent leur proie et disparurent.

A la même époque moururent, dans l'Italie et dans les Gaules, les principaux évêques, ducs et comtes de ces provinces. D'abord le pape Jean[1], ensuite Hugues, le marquis le plus puissant, et après eux les plus nobles personnages de l'Italie. Dans les Gaules, Eudes et Héribert[2]; le premier était comte de Tours et de Chartres, le second de Meaux et de Troyes. C'est alors que mourut aussi Richard, duc de Rouen[3], après avoir fondé un riche monastère, dans un lieu

[1] Le pape Jean XV mourut en l'année 996. Hugues, marquis de Toscane, en 1001. Il avait pour père Hubert, fils de Hugues, roi d'Italie.

[2] Eudes, fils de Thibaut le Tricheur, mourut en 995. Héribert, comte de Troyes, en 993. Celui-ci fut enseveli dans la basilique de Lagny.

[3] Richard, duc de Rouen, mourut l'an 996. Guillaume, duc de Poitou, surnommé Bras-de-Fer, en 993.

appelé Fécamp, où il fut enseveli et où il repose encore. Guillaume, duc de Poitou, termina ses jours vers le même temps. Les pontifes les plus religieux des Gaules ne tardèrent pas aussi à abandonner ce monde, comme le saint évêque de Troyes, Manassès; Gislebert, à Paris; Géboin, à Châlons, et un grand nombre d'autres. Parmi eux se trouve saint Maïeul[1], d'heureuse mémoire, qui finit ses jours en ce monde à l'abbaye de Souvigny. Les merveilles de sa mort rehaussèrent encore les mérites de sa vie, car une foule d'hommes et de femmes des deux ordres accoururent, des extrémités du monde romain, sur la foi de sa réputation de sainteté, et en furent récompensés par la guérison de leurs infirmités de toute espèce. Un fléau terrible exerçait en même temps ses ravages; c'était un feu secret qui consumait et détachait du corps tous les membres qu'il avait attaqués. Une nuit seule suffisait à ce mal effrayant pour dévorer entièrement les personnes qui en étaient atteintes. Cependant plusieurs saints furent d'un secours efficace aux malades qui se recommandèrent à leur mémoire; et les églises qui attirèrent surtout la foule des fidèles furent celles de Saint-Martin, de Tours; de Saint-Odalric, de Bavière; et du vénérable père Maïeul. Leur bienveillance ne manqua pas d'exaucer les vœux qui leur furent adressés dans cette occasion.

[1] Maïeul mourut en 994.

CHAPITRE VIII.

Mort du duc Henri. Ravage de la Bourgogne.

Trois ans avant l'an mille, Henri, duc de Bourgogne, mourut au château de Pouilly, sur la rivière de Saône[1]; il fut enseveli à Auxerre, dans l'église du saint confesseur Germain, un jour d'octobre. Au mois de décembre suivant, le soir du samedi qui précéda le jour de la Nativité du Seigneur, un signe prodigieux apparut dans l'air; c'était la figure ou plutôt la masse même d'un immense dragon, qui se dirigeait du septentrion au midi, en répandant partout un éclat effrayant. Ce prodige jeta la terreur dans le cœur de presque tous les hommes qui en furent témoins. L'année suivante[2] le roi Robert entra en Bourgogne à la tête d'une armée formidable; il était accompagné de Richard, comte de Rouen, qui commandait trente mille Normands. Il venait punir la rebellion des Bourguignons, qui n'avaient pas voulu soumettre à son pouvoir les villes et les châteaux du duc Henri son oncle, et qui se les étaient partagés entre eux. A son arrivée le roi commença par assiéger Auxerre, avec toute son armée. Il se fatigua sans succès à livrer de nombreux assauts à cette ville qui se vante d'avoir toujours résisté à la

[1] Odoranne, écrivain contemporain, place en 1002 la mort d'Henri, duc de Bourgogne, frère du roi Hugues. Il s'accorde en cela avec la petite Chronique de Saint-Germain-des-Prés. Cependant Hugues de Fleury et le chronographe de Vezelay la rapportent à l'année précédente.

[2] En 1003.

ruse comme à la force. Il renonça donc à son entreprise et transporta tout l'appareil de la guerre devant le château du saint évêque Germain, défendu par de bonnes murailles, et attenant à la ville. L'armée du comte Landri et les religieux de l'endroit en avaient fortifié les remparts, pour mettre à l'abri des fureurs de l'ennemi le saint troupeau qui l'habitait. Le vénérable Odilon, abbé de Cluny, se présenta devant le roi irrité de cette résistance, et proposa d'intervenir entre les deux partis; il voulait faire rendre au roi les honneurs qui lui étaient dus, consolider la concorde entre les princes, et assurer la paix de l'État; mais voyant qu'il ne pouvait réussir dans ses projets de conciliation, il se contenta d'encourager huit frères qui avaient été laissés pour garder le saint confesseur (tous les autres avaient quitté le monastère, par ordre du roi, avec leur abbé Hilderic), et leur recommanda d'essayer, par des prières assidues, si la bonté du Seigneur ne daignerait pas les sauver, eux et leur abbaye, des mains des assiégeans.

Après six jours de siége le roi transporté de colère prend son casque et sa cuirasse, et se met à haranguer l'armée pour l'encourager au combat. On voyait à ses côtés Hugues, évêque de cette ville, le seul de toute la Bourgogne qui se fût déclaré pour le roi. Déjà Robert était prêt à livrer l'assaut, lorsque l'abbé Odilon se présenta devant lui, et lui adressa les plus vifs reproches, ainsi qu'à tous les grands de sa cour, d'oser ainsi venir attaquer, les armes à la main, le pontife bien-aimé de Dieu, le grand saint Germain, qui se faisait gloire, comme nous l'apprend l'histoire de sa vie, d'éteindre le feu de la guerre avec l'aide du Seigneur, et de résister au cruel orgueil des rois. Sans tenir compte de ses paroles, les princes continuèrent leur marche; et ayant développé leur armée en forme de couronne tout autour du château, ils commencèrent l'assaut à l'envi les uns des autres. Les assiégés, de leur côté, firent une longue et vigoureuse défense, et le Seigneur résolut d'envoyer à ses serviteurs en danger un secours inattendu. En effet, au moment du combat, un nuage épais enveloppa tout le château de ténèbres si profondes, que les assiégeans ne pouvaient savoir au dehors où diriger leurs traits, pendant qu'lis se sentaient accablés du haut des murs par ceux des ennemis. Après une perte considérable, surtout du côté des Normands, les princes abandonnèrent le siége, et se repentirent, quoique un peu tard, d'avoir pris les armes contre un endroit de si vénérable renom. Au moment même où l'armée royale commençait l'attaque du saint lieu, un religieux du même couvent, le moine Gislebert, commençait aussi à célébrer le mystère de la messe, selon son habitude, à la troisième heure du jour, sur l'autel de la bienheureuse Marie toujours vierge, que l'on a placé par honneur au dessus de tous les autres, dans le haut de l'église. Cette circonstance explique assez la victoire que Dieu donna aux assiégés. Le lendemain le roi leva le siége, et s'avança jusqu'au fond de la Bourgogne, brûlant tout sur son passage, et ne respectant que les villes et les châteaux forts. Il revint ensuite en France[1], et plus tard, s'étant concilié les Bourguignons, il resta paisible possesseur de tout le pays.

[1] En 1015.

CHAPITRE IX

Grande famine. Incursion des Sarrasins.

A la même époque commença, dans le monde romain tout entier, une horrible famine qui dura cinq ans. On ne connaissait pas un pays qui ne se ressentît de la disette et ne manquât de pain. Beaucoup d'hommes du peuple moururent d'épuisement et de faim. On fut réduit, sur plusieurs points de la terre, à se nourrir, non seulement d'animaux immondes et de reptiles, mais de la chair même d'hommes, de femmes et d'enfans; car on n'écoutait que les horribles conseils de la faim, au mépris des attachemens les plus saints et même de l'amour paternel. On voyait, dans ces temps d'horreur, des fils, parvenus à la force de l'âge, dévorer leurs mères, et les mères, à leur tour, sourdes à la voix du sang, déchirer leurs enfans pour calmer leur faim. A la suite de ce fléau, les Sarrasins, avec leur roi Altmuzor, partirent des côtes d'Afrique, et vinrent occuper presque toute l'Espagne jusqu'aux frontières méridionales des Gaules. Ils firent, en plusieurs rencontres, un grand carnage des Chrétiens. Cependant Guillaume, duc de Navarre, surnommé Sanche, ne craignit pas de leur présenter plusieurs fois la bataille, quoique avec une armée bien inférieure en nombre. Le nombre des soldats qui composaient cette troupe ne suffisant pas à la défense du pays, les moines furent obligés aussi de prendre les armes. Après des pertes considérables de part et d'autre, la victoire resta enfin aux Chrétiens, mais elle leur coûta cher. Les Sarrasins qui survécurent à leur défaite repassèrent en Afrique. Il est prouvé que les Chrétiens perdirent, dans ces combats journaliers, un grand nombre de religieux qui avaient été entraînés sur le champ de bataille, plutôt par un sentiment de charité et d'amour pour leurs frères, que par l'attrait des vaines gloires de ce monde.

En effet, il y avait alors au couvent de la Réome[1] un frère de mœurs très-douces et qu'on appelait Wulfer. Un dimanche matin, il eut une vision qui ne nous paraît pas difficile à croire. Il se reposait un moment dans l'église pour réciter ses prières après laudes et matines : déjà les frères avaient tous quitté l'église pour retourner dans leurs cellules, quand tout-à-coup elle se trouva remplie toute entière d'hommes vêtus de blanc et portant de longues robes de pourpre. La gravité de leur maintien les faisait aisément reconnaître. Celui qui les précédait, une croix à la main, se disait évêque de beaucoup de nations, et annonçait qu'il allait célébrer, le jour même, dans cette église, le saint sacrifice de la messe. Il racontait aussi, et tous ses compagnons avec lui, qu'ils avaient assisté cette nuit, avec les frères, à la solennité des matines. Ils ajoutaient que l'office des laudes qu'ils avaient entendu, était bien celui qui était propre à ce jour.

[1] L'abbaye de la Réome, ainsi nommée de la Réome, rivière qui passe auprès du monastère, a pris depuis le nom de son fondateur, et s'est appelée l'abbaye Saint-Jean, ou, plus communément, Moûtier Saint-Jean.

Ce dimanche était en effet l'octave de la Pentecôte, et ce jour-là, en réjouissance de la résurrection du Seigneur, de son ascension, de la descente du Saint-Esprit, on a coutume, dans la plupart des pays chrétiens, de chanter des répons dont les paroles sont vraiment fort belles, l'harmonie douce et pleine, dignes enfin de la divine Trinité, autant que peuvent l'être les conceptions de l'intelligence humaine. L'évêque qui présidait à la cérémonie commença donc, devant l'autel de saint Maurice, martyr, le saint sacrifice de la messe par entonner l'antienne de la Trinité. Cependant frère Wulfer leur demanda d'où ils étaient et comment ils se trouvaient là; ils lui répondirent avec beaucoup de douceur : « Nous faisons profession de la religion chrétienne; mais, pendant que nous combattions pour la défense de notre « patrie et des peuples catholiques, le glaive des Sarrasins nous a séparés du commerce corporel des hommes. C'est pour cela que la divine providence veut « nous transporter au séjour des bienheureux. Si nous « avons passé par ce pays, c'est que nous devons y « trouver plusieurs collègues qui sont appelés à nous « accompagner bientôt dans notre voyage. » Enfin, celui qui officiait, après l'oraison dominicale, ayant souhaité la paix à l'assemblée, envoya un de ses compagnons donner au frère le baiser de paix. A cette vue, le moine voulait les suivre, mais tout disparut. Il comprit aisément qu'il sortirait bientôt de cette vie, et il ne se trompait pas, car le mois de décembre suivant, c'est-à-dire cinq mois après cette vision, comme il avait des connaissances en médecine, il fut envoyé à Auxerre par son abbé, pour traiter quelques frères malades dans l'abbaye du bienheureux confesseur saint Germain. Dès son arrivée, il commença par les avertir d'aviser promptement avec lui aux moyens de recouvrer leur santé, car il sentait sa fin approcher. « Reposez-vous aujourd'hui des fatigues de la route, « disaient les frères, et demain vous ne vous en porterez que mieux. — Sachez, leur répondit-il, que « si je n'emploie pas le reste de cette journée à vous « donner mes soins, demain il ne me sera plus possible d'en rien faire. » On crut qu'il plaisantait, parce que c'était un homme jovial et de belle humeur. On négligea ses avis. Le lendemain il sentit au point du jour une douleur aiguë, et se traîna comme il put jusqu'à l'autel de la bienheureuse Marie toujours vierge, pour y célébrer la sainte messe. Il revint ensuite à l'infirmerie des frères, et se mit au lit pour reposer ses membres souffrans. Déjà ses paupières semblaient chercher le sommeil au milieu des angoisses, comme cela arrive en telle occasion. Tout-à-coup la Vierge paraît devant lui, brillant d'un éclat éblouissant, et lui demande pourquoi il concevait des inquiétudes. « Est-ce le voyage qui te fait peur? « lui dit-elle; tu n'as que faire de rien craindre, « c'est moi qui veux te servir de guide. » Cette vision le rendit plus tranquille; il fit venir le prieur du monastère nommé Achard [1], homme d'une science profonde, qui depuis fut abbé du même monastère, et il lui raconta en détail, non seulement cette dernière vision, mais celle qui l'avait précédée. « Mon frère, lui dit le père, placez votre force dans

[1] Achard succéda en l'année 1010 à Hilderic, abbé du Moûtier-Saint-Jean.

« le Seigneur. Après avoir vu des choses que les « yeux de l'homme ne voient pas d'ordinaire, il ne « vous reste plus qu'à acquitter entièrement la dette « de la chair, pour mériter d'être admis dans la société « de ceux qui vous ont apparu. » Il assembla ensuite les autres frères, et ils lui firent ensemble la visite d'usage.

Trois jours après, à l'entrée de la nuit, Wulfer expira. Comme tous les frères se disposaient à le laver et à l'ensevelir, selon la coutume, et qu'ils faisaient sonner toutes les cloches du monastère, un homme du voisinage, bon chrétien, quoique laïque, ignorant la mort du frère, et s'imaginant que les cloches sonnaient matines, se leva pour se rendre à l'église, selon son habitude. A peine s'il était arrivé sur un pont de bois qu'il fallait traverser, quand plusieurs de ses voisins entendirent des voix crier du côté du monastère : « Tire, tire, amène-nous-le « promptement. » Et une autre voix leur répondit : « Je ne peux rien sur celui-ci, mais j'en amènerai un « autre, si je puis. » Aussitôt celui qui allait à l'église voit venir à sa rencontre, sur le pont, un homme qu'il croit reconnaître pour un de ses voisins, mais qui n'était autre en effet que le diable. Persuadé qu'il ne se méprenait point, il l'appela par son nom et l'avertit de passer avec précaution. A l'instant l'esprit malin s'éleva dans les airs sous la forme d'une tour pour tromper le pauvre homme dont il espérait fasciner la vue par cet enchantement subit. En effet, il eut à peine levé les yeux que le pied lui glissa, et qu'il fit une lourde chute sur le pont ; mais se relevant aussitôt, et faisant le signe salutaire de la croix, il reconnut la ruse du démon, et revint plus sage à la maison. Quelques jours après, il mourut en paix.

CHAPITRE X.

Pluie de pierres.

Au même temps, un présage merveilleux et digne de trouver place ici se manifesta près du château de Joigny, chez un noble homme, nommé Arlebaud. Pendant trois ans, il tomba presque continuellement, dans toute sa maison, des pierres de diverses grandeurs, dont on peut voir encore des monceaux tout autour de sa demeure. Venaient-elles de l'air, ou pénétraient-elles par le toit? c'est ce que personne ne peut dire. Ce qu'il y a de sûr, c'est que cette pluie, qui ne s'arrêtait ni la nuit, ni le jour, ne blessa pas une seule personne, et même ne brisa pas un vase. Plusieurs personnes reconnurent parmi ces pierres les limites, ou comme d'autres les nomment, les *bonnes* (bornes) de leurs champs. On en trouvait aussi qui avaient été apportées là des chemins, des maisons et des différens édifices situés au loin, ou dans le voisinage. L'événement prouva bien que ce prodige annonçait quelque catastrophe à la famille qui habitait ce séjour. Arlebaud et sa femme étaient tous deux issus d'illustres parens; ses fils et ses petits-fils, avant de recueillir l'héritage de leur père, eurent souvent des contestations assez vives avec leurs voisins. Ils avaient, dans le canton de Sens, un domaine nommé Allanto, dont la libéralité des directeurs du couvent

Sainte-Colombe les avait rendus légitimes possesseurs; mais comme il avait passé depuis dans les mains de quelques chevaliers d'Auxerre qui s'en étaient emparés, les héritiers d'Arlebaud firent, peu de temps après, tous leurs efforts pour y rentrer en maîtres. Après des débats qui durèrent quelques années, les deux partis en vinrent aux mains dans Allanto même, un jour de vendange, et laissèrent, dans ce combat, un grand nombre de morts de part et d'autre. Onze fils ou petits-fils d'Arlebaud y périrent. Plus tard, la querelle recommença, la discorde s'accrut encore et causa dans cette famille, comme parmi ses ennemis, une foule de meurtres et d'homicides sans nombre, jusque plus de trente ans après.

CHAPITRE XI.

Folie de l'hérétique Leutard.

Sur la fin de l'an 1000 il s'éleva, dans les Gaules, auprès du bourg des Vertus, canton de Châlons, un homme du peuple nommé Leutard, que l'on pouvait prendre pour un envoyé de Satan, comme les suites de son entreprise l'ont assez prouvé. Voici quelle fut l'origine de sa démence et de son endurcissement : il était resté seul un jour dans les champs, pour achever quelques travaux rustiques ; la fatigue le surprit, il s'endormit. Pendant son sommeil, il crut voir un essaim nombreux d'abeilles pénétrer dans son corps par les endroits secrets de la nature, et sortir par sa bouche avec un grand bourdonnement; elles lui faisaient en même temps une foule de piqûres, et, après l'avoir percé long-temps de leurs aiguillons, elles se mirent à lui parler et à lui commander des choses impossibles à l'homme. Épuisé par ces songes pénibles, il se lève, revient chez lui, et renvoie sa femme, prétendant se fonder sur un précepte de l'Évangile, pour justifier ce divorce. Étant sorti ensuite, comme pour faire ses prières, il entra dans l'église, saisit la croix et l'image du Sauveur, et les foula aux pieds. A cette vue, tous les assistans épouvantés crurent qu'il allait devenir fou. Il l'était en effet. Cependant il leur persuada (tant l'esprit des paysans est facile à séduire) qu'il faisait tout cela d'après une révélation merveilleuse de Dieu. Il avait donc toujours à la bouche des discours dénués de prudence comme de vérité, et ce docteur nouveau prêchait contre la parole du Maître de toute doctrine, car il enseignait que c'était une chose tout-à-fait vaine et superflue de payer la dîme. De même que toutes les autres hérésies se couvrent des saintes Écritures, qui pourtant les réprouvent, comme d'un manteau, pour tromper plus sûrement les hommes, Leutard reconnaissait aussi que les prophètes avaient dit de bonnes choses, mais il prétendait qu'il ne fallait pas les croire en tout. Enfin la réputation qu'il avait usurpée d'homme sage et religieux lui fit de nombreux prosélytes. Gébuin, vieillard d'une science très-étendue et évêque de ce diocèse, en étant instruit, le fit venir devant lui. Il lui fit des questions sur ce qu'on lui avait rapporté de ses paroles et de sa conduite. Leutard voulut alors dissimuler le venin de sa criminelle doctrine et s'appuya de quelques citations des saintes Écritures, que certainement il n'y avait pas trouvées. Mais l'évêque, homme d'une grande habileté, s'apercevant que non seulement elles étaient peu exactes, mais qu'elles contenaient des erreurs honteuses et condamnables, confondit ce fou, cet hérétique, ramena ceux d'entre le peuple qui déjà partageaient son délire, et les affermit plus que jamais dans la foi catholique. Quant à Leutard, se voyant vaincu et abandonné du peuple qu'il avait espéré séduire, il se jeta dans un puits où il trouva la mort.

CHAPITRE XII.

Hérésie découverte en Italie.

Une contagion funeste se déclarait en même temps à Ravenne. Un certain Vilgard cultivait l'étude de la grammaire avec passion plutôt qu'avec zèle, selon l'usage constant des Italiens, qui ont toujours négligé toutes les autres sciences pour se consacrer à celle-là. Cet homme, enflé du vain orgueil que lui donnait sa science, poussa plus loin la folie. Les démons prirent une nuit la forme de Virgile, d'Horace et de Juvénal pour lui apparaître, et sous ce déguisement lui rendirent grâces de ce qu'il embrassait avec tant d'affection l'étude de leurs écrits; ils le nommaient le héraut de leur gloire immortelle, et lui promettaient même de l'associer bientôt à leur célébrité. Abusé par ces artifices mensongers des démons, il se mit alors à enseigner avec emphase des principes opposés à notre sainte religion, et à prétendre qu'il fallait croire aveuglément toutes les paroles des poètes. Enfin il fut convaincu d'hérésie et condamné par Pierre, évêque de Ravenne. On découvrit en Italie plusieurs partisans de cette doctrine contagieuse, et ils périrent tous par le fer ou le feu. Quelques autres sortirent en même temps de la Sardaigne, si féconde en hérésies, et allèrent corrompre une partie de l'Espagne, mais ils furent aussi exterminés par les Catholiques. Saint Jean avait prédit tous ces maux dans la prophétie où il déclare que Satan doit être déchaîné au bout de mille ans; mais nous allons traiter plus amplement ce sujet dans le livre troisième.

FIN DU LIVRE SECOND.

LIVRE TROISIÈME.

Maintenant que nous avons donné quelques détails sur les faits antérieurs au onzième siècle, nous allons commencer le troisième livre de cet ouvrage par raconter, comme nous l'avons promis, les événemens qui ont eu lieu depuis l'an 1000. Nous avons déjà dit que, peu de temps avant, l'univers entier avait eu à regretter la perte de quelques grands personnages de l'Ordre des religieux ou de la noblesse. Cependant on vit paraître après eux, en Italie et dans les Gaules, des hommes de l'une et de l'autre classe, distingués par leur mérite, et dont la conduite et les œuvres méritent d'être proposées pour exemple à la postérité. Sous les deux rois les plus chrétiens, Henri, chez les Saxons, et Robert, chez les Français, la tranquillité de leur pays ne fut point troublée par des guerres étrangères, mais la patrie fut déchirée souvent par des divisions intestines. Car, si les méchans se font quelquefois une gloire d'inspirer de la crainte, les bons sont quelquefois aussi forcés d'y recourir, pour se faire respecter. Ainsi, tout le peuple romain, par l'entremise du vénérable pape Benoît, ayant appelé Henri au trône des Lombards, cette nation, toujours perfide, n'y voulut pas consentir. Ils reconnurent et firent sacrer roi un certain Ardoin[1]. Cepen-

[1] Marquis d'Yvrée.

dant, après une longue et vigoureuse résistance et des pertes considérables, ils finirent par se soumettre aux volontés de l'empereur. Arrivé à Pavie, Henri se fit construire, par les Lombards, un palais magnifique, et après avoir obtenu les honneurs de l'empire, il fit monter sur le trône avec lui la fille de Sigefroi, duc des Saxons [1]. Voyant bientôt qu'il n'en pourrait avoir d'enfans, il ne la répudia pas pour cela, mais il légua à l'Église chrétienne l'héritage auquel ces enfans auraient eu droit. Il fonda aussi un monastère en Saxe, dans un lieu nommé Bavoberch [2], c'est-à-dire, *mont de Bavon*, car en langue teutonique, *Berch* signifie mont. Ce monastère, enrichi par les libéralités sans nombre du pape Benoît, fut dédié à la mémoire du prince des Apôtres; et, d'après l'avis du même pontife, Henri fit ériger cette église en siége épiscopal. Il y établit un évêque auquel il assura en biens-fonds un revenu des plus considérables.

CHAPITRE Ier.

Étienne, roi des Hongrois. Guerres des Bénéventins.

Au même temps, les Hongrois qui habitaient les bords du Danube furent convertis avec leur roi à la

[1] Elle se nommait Cunégonde; elle conserva sa virginité dans le mariage, et mourut en 1040.

[2] Bavenberg ou Babenberg, et par contraction Bamberg. Henri institua en 1007 un évêché à Bamberg. Il y fonda de plus deux monastères, celui de Saint-Michel et celui de Saint-Étienne. L'église cathé-

religion chrétienne. Ce prince reçut à son baptême le nom d'Étienne [1], et devint très-bon catholique. Il épousa la sœur de l'empereur Henri. A compter de ce moment, tous les pélerins d'Italie et des Gaules qui voulaient visiter le temple du Seigneur à Jérusalem, renoncèrent à s'y rendre par mer, comme auparavant, et préférèrent passer par les États de ce roi. Grâces bientôt aux soins d'Etienne, la route devint très-sûre. Il accueillait comme des frères tous ceux qui se présentaient, et leur faisait des présens magnifiques. Cette conduite détermina une foule innombrable de nobles et d'hommes du peuple à entreprendre le pélerinage de Jérusalem.

Ce fut aussi vers ce temps que l'empereur Basile, qui gouvernait le saint empire de Constantinople, donna ordre à l'un de ses satrapes, nommé *Catapont* [2] (sans doute parce qu'il commande le long des côtes), d'aller lever des contributions sur les villes transmarines qui dépendaient de l'empire romain. Le satrape obéit de grand cœur, et envoya une flotte grecque piller l'Italie. Les Grecs poursuivirent cette entreprise pendant deux ans, et réussirent même à subjuguer une partie de la province de Bénévent.

Sur ces entrefaites, un Normand, nommé Rodolphe [3], homme d'une hardiesse à toute épreuve, encourut la disgrâce du comte Richard. Redoutant la colère de ce seigneur, il prit avec lui tout ce qu'il put empor-

drale fut consacrée en 1011 par Jean, évêque d'Aquilée, et l'église de Saint-Étienne, en 1019, par le pape Benoît VIII.

[1] Étienne, créé roi de Hongrie en 997, mourut en 1038.

[2] Κατὰ πόντον, le long de la mer.

[3] Ou Raoul.

ter, et vint à Rome exposer ses raisons au souverain pontife, Benoît [1]. Le pape, frappé de son noble maintien et de sa mine guerrière, commença à se plaindre devant lui de l'irruption que les Grecs venaient de faire dans l'Empire romain. Mais ce qui excitait le plus vivement sa douleur et ses regrets, c'est que, parmi tous les siens, il ne se trouvait pas un homme capable de repousser les attaques de l'étranger. A ces paroles du pontife, Rodolphe [2] se proposa pour faire la guerre aux Grecs, pourvu qu'il fût seulement secondé par les Italiens qui avaient de plus que lui à défendre les intérêts de leur véritable patrie. Aussitôt le pape l'adressa avec sa suite aux grands du pays de Bénévent, leur enjoignant de lui céder toujours le commandement dans les combats, et d'obéir unanimement à ses ordres. Les Bénéventins l'accueillirent en effet comme le pape l'avait prescrit. Rodolphe se mit sur-le-champ à la poursuite des Grecs qui levaient des contributions dans les villes, les attaqua, leur enleva leur butin et les massacra. A cette nouvelle, leurs compagnons, qui avaient déjà soumis des villes et des châteaux, réunirent leurs bandes éparses, et livrèrent bataille à Rodolphe et aux siens. Les Grecs perdirent le plus grand nombre de leurs soldats dans ce combat, et furent obligés ensuite d'évacuer quelques forts, que Rodolphe se hâta d'occuper avec son armée victorieuse. Après ce désastre, les vaincus envoyèrent à Constantinople demander du renfort à ceux qui les avaient chargés de cette expédition. On équipa en effet une nouvelle flotte, qui débarqua sur

[1] Benoit VIII, élu pape en 1012, mort en 1024.

[2] Vers l'an 1016.

les côtes d'Italie une armée beaucoup plus nombreuse qu'auparavant. Cependant, quand on vint à savoir de tous côtés que quelques Normands avaient ainsi remporté la victoire sur ces Grecs si orgueilleux, on vit les compatriotes de Rodolphe quitter en foule leur pays, avec leurs femmes et leurs enfans, pour venir le retrouver en Italie. Non seulement ils obtinrent l'agrément de Richard, leur comte, mais ils ne firent même que suivre en cela ses conseils. Ils pénétrèrent hardiment jusqu'au pied des Alpes, en un lieu nommé le Mont-Jouy. Les seigneurs du pays, pour satisfaire leur cupidité, avaient établi dans cet endroit des barrières et des gardes qui percevaient un droit de passage. On voulut aussi l'exiger des Normands, et leur fermer les portes; mais bientôt les barrières sont brisées, les gardes massacrés et le passage emporté par la force. Enfin, ils parvinrent jusqu'à Rodolphe, qui reçut ainsi un renfort considérable. Les deux partis ayant donc réparé leurs pertes, en vinrent aux mains dans un second combat : le carnage fut grand des deux côtés, mais la victoire resta encore aux Normands. Quelque temps après on engagea une troisième bataille, et les deux armées se retirèrent également fatiguées du combat. Rodolphe voyant diminuer le nombre de ses braves compagnons, et sachant par expérience que les hommes du pays n'étaient pas propres à la guerre, se rendit avec quelques soldats auprès de l'empereur Henri pour lui rendre compte de cette affaire. Ce prince lui fit un accueil des plus honorables, et lui donna même de riches présens, car il avait depuis long-temps conçu le desir de voir un guerrier si renommé. Henri leva aussitôt une armée formidable, et se disposa à défendre la république. Les Grecs croyant, au contraire, que Rodolphe leur avait abandonné le pays, se jetèrent promptement dans les forts qu'il leur avait enlevés, mais en vain, après sa victoire. Ils élevèrent aussi des murs à la hâte autour de l'ancienne ville de Troade, et la remplirent d'un grand nombre d'hommes et de femmes.

Cependant l'empereur s'étant mis en marche pour le pays de Bénévent[1], emporta et soumit sur son passage toutes les villes et les châteaux que les Grecs avaient soustraits à son empire. Quand il fut devant Troade, les rebelles qui s'y étaient enfermés lui opposèrent une longue et vigoureuse résistance, espérant que l'été suivant Basile lui-même viendrait les secourir, car les Grecs les avaient flattés de cette espérance, ajoutant qu'Henri serait réduit à l'humiliation d'embrasser en tremblant les pieds de leur empereur. Le monarque cependant assiége la ville avec son armée, et fait dresser ses machines pour la prendre de vive force. Les assiégés font une sortie à la faveur de la nuit, emportant avec eux des torches enduites de poix, et mettent le feu aux machines, qui bientôt sont consumées. L'empereur, à cette vue, enflammé de colère, fait reconstruire des machines plus solides, que l'on couvre tout entières de cuirs frais, et dont il confie la défense à des gardes vigilans. Déjà le siége durait depuis trois mois. Les deux partis étaient épuisés par les pertes qu'ils avaient souffertes (car la dysenterie avait fait des ravages dans le camp de l'empereur). Enfin les assiégés, mieux conseillés, trou-

[1] En 1020.

vèrent moyen d'échapper à leur ruine. Un jour ils prirent un ermite revêtu de l'habit de moine, comme on en voit beaucoup en Italie, lui mirent une croix à la main et lui donnèrent à conduire tous les enfans en bas âge qu'on put trouver dans la ville. Ils pénétrèrent jusqu'à la tente de l'empereur, en criant toujours à haute voix *Kyrie eleison*. L'empereur, les ayant entendus, leur fit demander ce qu'ils voulaient. On lui répondit qu'ils imploraient sa pitié en faveur de leur malheureuse ville. « Celui qui sonde les cœurs, dit Henri, « sait bien que les pères de ces enfans sont leurs « bourreaux plutôt que moi. » Et il ordonna, les larmes aux yeux, qu'on les reconduisît vers la ville, sans leur faire aucun mal. Ses ordres furent exécutés. Une autre fois, dès la pointe du jour, ils sortirent encore de la ville, en criant comme auparavant *Kyrie eleison*, jusqu'à ce que leurs voix perçantes fussent parvenues à l'oreille de l'empereur. Il sortit aussitôt de sa tente, et, jetant les yeux sur cette troupe innocente, il se sentit ému de pitié; et, comme c'était un prince plein de sagesse, il leur dit, en empruntant les paroles du Seigneur, *J'ai pitié de cette foule* [1]. On lui avait déjà entendu dire que s'il avait le bonheur de prendre la ville, il voulait que tout ce qu'on y trouverait du sexe masculin fût suspendu à la potence, qu'on brûlerait le reste, et que les murs de la ville seraient rasés; mais il se contenta de faire savoir alors aux premiers citoyens de la ville que, s'ils voulaient mériter leur pardon et apaiser sa colère, il fallait renverser eux-mêmes la partie des murailles de leur ville qui semblait rester debout comme pour

[1] Évang. sel. saint Marc, chap. 8, v. 2.

insulter à ses machines. Les assiégés ne reçurent pas plus tôt cet avis, qu'ils s'empressèrent d'exécuter à l'envi les volontés du prince. L'empereur exigea ensuite qu'ils vinssent le trouver désarmés, et leur fit reconstruire les murs qu'ils avaient abattus; enfin il se fit donner des otages par tous les principaux du pays et retourna en Saxe. Les Normands revinrent aussi dans leur patrie avec Rodolphe leur chef, et reçurent à leur retour les félicitations du prince Richard. Au mois de juillet de l'année suivante [1], l'empereur Henri mourut en Saxe, et fut enseveli avec honneur dans le monastère de Bavoberch qu'il avait fondé lui-même, comme nous l'avons déjà dit, en l'honneur du prince des Apôtres.

CHAPITRE II.

Robert, roi des Français.

Le roi Robert, qui gouvernait alors les États des Français, eut beaucoup à souffrir des outrages que lui prodiguait l'insolence de ses sujets, surtout de ceux que les deux Hugues, son père et son aïeul, ou son propre choix, avaient tirés d'un rang obscur, souvent même d'une basse naissance, pour les élever au faîte des honneurs. A leur tête se trouvait Eudes, fils de Thibaut de Chartres, surnommé le Tricheur, et une foule d'autres seigneurs moins puissans, qui se faisaient un titre à la révolte de ce qui aurait dû leur imposer une plus humble soumission. On comptait aussi

[1] En 1024.

parmi eux le second Eudes, fils du premier [1], qui surpassait tous les autres en perfidie comme en pouvoir. En effet, Etienne, comte de Troyes et de Meaux, fils d'Héribert et cousin du roi, étant mort sans enfans, Eudes s'empara, malgré le vœu du monarque, des vastes possessions qui devaient de bon droit rentrer dans les domaines de Robert. Il y eut aussi de longues querelles et de guerres fréquentes entre le même Eudes et Foulques d'Angers, tous deux gonflés d'orgueil, et par conséquent peu disposés à la paix. Guillaume, beau-fils du duc Henri, et fils d'Adalbert, duc des Lombards, se révolta aussi quelque temps contre son roi; il était soutenu par Landri, comte de Nevers, son gendre, et Brunon, évêque de Langres, dont il avait épousé la sœur. Il avait eu de ce mariage des fils et des filles; l'aînée de ces dernières avait épousé Landri : les autres furent données aux deux Guillaume, celui d'Arles, et celui de Poitou. Un de ses fils, Rainaud, épousa Adélaïde, fille de Richard, duc de Rouen. Quoique étranger dans les Gaules, puisqu'il avait même été, dans son enfance, enlevé par surprise du pays des Lombards, et remis adroitement, par les manœuvres habiles d'un moine, entre les mains de sa mère, en Bourgogne, ce Guillaume réussit à égaler, par ses richesses et par le nombre de ses soldats, les seigneurs les plus puissans du pays. Cependant il éprouva une très-vive résistance de la part de Hugues, fils de Lambert, comte de Châlons-sur-Saône. Ce Lambert, homme de très-rare mérite, entre autres excellentes actions de sa vie, fit élever, dans le canton d'Autun, en l'honneur de sainte Marie et de

[1] Eudes Ier mourut en 993, et le second en 1037.

saint Jean-Baptiste, un monastère appelé Paray[1], où il reçut plus tard les honneurs de la sépulture. Hugues était aussi évêque d'Autun, et le roi lui avait conféré l'administration du comté de son père, qui n'avait pas laissé d'autre enfant mâle; aussi les ennemis de Robert étaient-ils en même temps les siens, parce qu'il resta toujours fidèle à l'obéissance qu'il devait au roi.

Robert épousa une parente de ce seigneur, Constance, aussi constante de cœur que de nom, et qui était digne du trône. Elle était fille de Guillaume, duc de la première Aquitaine. Il en eut quatre fils et deux filles. Un certain Hugues, surnommé de Beauvais, chercha pendant quelque temps à répandre des semences de haine et de discorde entre le roi et sa femme, et parvint même à rendre la reine odieuse à Robert. Il espérait tourner cette désunion au profit de sa grandeur, et il réussit en effet à se faire donner, par le roi, le titre de comte du palais. Mais un jour que le roi était allé chasser dans la forêt, avec le comte Hugues qui ne le quittait pas, douze braves chevaliers, apostés par Foulques d'Angers, oncle de la reine, égorgèrent Hugues sous les yeux du roi. Robert, que cet événement attrista quelque temps, finit pourtant par vivre, comme il le devait, en bonne intelligence avec la reine. Ce prince, en sage serviteur de

[1] Paray, dans le diocèse d'Autun, sur la Brebince, en Charolais, célèbre par sa communauté des moines de Cluny, d'où il a reçu le nom de Paray le *Monial*. Les premiers fondemens de ce monastère furent jetés en 973, et nous apprenons, par une histoire tirée des archives du lieu, qu'on en fit la dédicace en 977. Il y a un autre endroit du même nom, près de Bourbon-Lancy, Paray le *Fratry*, ou des frères, ainsi nommé pour le distinguer de l'autre.

Dieu, aima toujours les humbles, et détesta de toutes ses forces les orgueilleux. En effet, lorsqu'un siége épiscopal venait à vaquer dans ses États, par la mort d'un prélat, il veillait avec le plus grand soin à ce qu'on lui donnât pour successeur quelque pasteur utile au bien de l'Église, fût-il d'une basse extraction, et non quelque personnage noble, asservi aux pompes du siècle. Aussi rencontra-t-il souvent une vive opposition dans les grands du royaume, qui, méprisant les humbles, choisissaient toujours des orgueilleux comme eux.

Il fut toujours en paix avec les rois ses voisins, surtout avec l'empereur Henri, dont nous avons parlé plus haut. En voici un exemple : ils vinrent un jour sur les bords de la Meuse, qui séparait leurs deux États, pour avoir ensemble une entrevue. Plusieurs seigneurs des deux royaumes commençaient déjà à murmurer tout bas qu'il ne convenait à aucun de ces deux souverains, égaux par la puissance, de s'humilier jusqu'à passer le fleuve, comme pour aller implorer la protection de l'autre. Il valait mieux, disait-on, qu'ils se fissent transporter sur des barques au milieu du fleuve, pour conférer ensemble. Mais ils pratiquaient tous deux, au fond du cœur, cette maxime du Sage : *Plus tu es grand, plus il faut t'humilier en toutes choses*[1]. L'empereur, s'étant levé de bon matin, passa avec un cortége peu nombreux dans le camp du roi des Français ; ils se jetèrent tendrement dans les bras l'un de l'autre : la sainte messe fut célébrée devant eux, avec solennité, par des évêques ; puis ils dînèrent ensemble. Après le repas, le roi Ro-

[1] *Ecclesiast.* ch. 3. v. 20.

bert offrit à Henri des présens inestimables en or, en argent, et en pierres précieuses. Il lui présenta de plus cent chevaux richement enharnachés, chacun avec un casque et une cuirasse. Il lui dit en même temps que plus il lui verrait refuser des présens qui lui étaient offerts, plus il croirait avoir perdu de son amitié; mais Henri, voyant la libéralité de son royal ami, ne voulut accepter en tout qu'un livre de l'évangile incrusté d'or et de pierres précieuses, et un phylactère pareillement orné, contenant la dent de saint Vincent, prêtre et martyr. Sa femme accepta aussi deux boîtes d'or. Il quitta ensuite Robert en le remerciant de ses dons. Le lendemain, le roi Robert, accompagné de ses évêques, vint dans la tente de l'empereur qui le reçut avec grandeur, et lui offrit, après le repas, cent livres d'or pur. Le roi ne voulut accepter aussi qu'une couple de boîtes d'or. Enfin, après avoir resserré les nœuds de leur amitié, ils revinrent tous deux dans leur palais. Robert fut toujours traité avec la même libéralité par d'autres rois, comme Ethelred, roi des Anglais, Rodolphe, roi des Austrasiens, et Sanche, roi de Navarre dans les Espagnes. Ces princes lui envoyèrent des présens et lui demandèrent des secours.

CHAPITRE III.

Apparition d'une comète : ce qu'elle annonce.

Sous le règne de ce monarque, on vit dans le ciel, vers l'occident, une étoile que l'on appelle comète. Elle apparut dans le mois de septembre, au commencement de la nuit, et resta visible près de trois mois. Elle brillait d'un tel éclat qu'elle semblait remplir de sa lumière la plus grande partie du ciel; puis elle disparaissait au chant du coq. Mais décider si c'est là une étoile nouvelle que Dieu lance dans l'espace, ou s'il augmente seulement l'éclat ordinaire d'un autre astre, pour annoncer quelque présage à la terre, c'est ce qui appartient à celui-là seul qui sait tout préparer dans les secrets mystères de sa sagesse. Ce qui paraît le plus prouvé, c'est que ce phénomène ne se manifeste jamais aux hommes, dans l'univers, sans annoncer sûrement quelque événement merveilleux et terrible. En effet, un incendie consuma bientôt l'église de Saint-Michel-Archange, bâtie sur un promontoire de l'Océan, et qui a toujours été l'objet d'une vénération particulière par tout l'univers[1]. C'est là qu'on peut le mieux observer l'effet de la loi admirable qui a soumis le flux et le reflux de l'Océan aux révolutions progressives de la lune. Le flux de la mer, sur ces côtes, s'appelle *Malinas*, et le reflux *Ledones*. C'est surtout ce phénomène qui

[1] En 1001.

attire en ce lieu les voyageurs de plusieurs pays de la terre. Il y a aussi près de ce promontoire une petite rivière nommée *Ardres*, qui grossit tout-à-coup ses eaux après cet événement, et cessa d'offrir un libre passage. Les personnes qui voulaient se rendre à l'église de Saint-Michel furent même quelque temps arrêtées par cet obstacle imprévu. Mais bientôt le ruisseau rentra dans son lit ordinaire, laissant sur le rivage des traces profondes de son passage.

Le vénérable père Abbon, de l'abbaye de Saint-Benoît, de Fleury, passa dans la province des Gascons méridionaux, pour y propager le goût de la dévotion monastique. Il s'y retira dans un couvent où il se concilia le respect et l'affection générale par son zèle à accomplir tous ses devoirs de piété. Mais un jour quelques hommes qui s'étaient pris de dispute à la porte du couvent, se laissant emporter par la colère, excitèrent un tumulte violent. Le vénérable père Abbon accourut pour mettre la paix, tenant dans ses mains des tablettes et un stylet. Un homme de la foule, inspiré par le diable, se précipita sur lui, et lui perça le côté d'un coup de lance. C'est ainsi qu'Abbon devint martyr du Christ. Son meurtrier, dit-on, fut bientôt saisi par le démon, et termina misérablement sa vie. Les compagnons du bon père, et tous les fidèles de la province, ensevelirent son corps avec le plus grand respect, et le Seigneur, pour honorer la mémoire de ce saint martyr, accorda sur sa tombe un grand nombre de bienfaits aux hommes.

Les évêques de l'Italie et des Gaules agitaient alors diverses questions dans leurs synodes et leurs assemblées; par exemple, celle des jeûnes, que la plupart des fidèles observent entre l'Ascension du Sauveur et la Pentecôte. Ils décidèrent que les prêtres ne pourraient exiger d'abstinence que le samedi de la Pentecôte, mais qu'on n'empêcherait pas les fidèles de s'y soumettre volontairement eux-mêmes. On s'occupa aussi de savoir pourquoi les moines chantaient, contre l'usage de l'Église romaine, l'hymne *Te deum laudamus* trois ou quatre dimanches avant la Nativité, ou même dans le temps du carême. Les abbés et les moines répondirent à cette inculpation qu'ils n'avaient d'autre excuse que les préceptes de la règle de saint Benoît, cet excellent père si justement fameux, dont le pape Grégoire avait écrit lui-même et comblé d'éloges la vie et les paroles. Les évêques reconnurent la vérité et la justesse de cette réponse, et l'usage des moines fut maintenu. Les mêmes prélats discutèrent long-temps aussi une autre question. Il s'agissait de décider s'il ne serait pas plus convenable de placer en tout autre temps que le carême le jour de l'Annonciation du Seigneur, qui se célèbre le 26 mars. Quelques-uns prétendaient que l'on pouvait, à l'exemple des Espagnols, célébrer ce saint jour le 18 décembre. En effet, du temps que j'étais au monastère de Cluny, avec les autres frères, il y vint de l'Espagne plusieurs moines d'une conduite exemplaire, et qui pratiquaient depuis long-temps les usages de leur pays. Quand le jour de la Nativité du Seigneur approcha, ils demandèrent au vénérable Odilon, abbé de Cluny, la permission de célébrer l'Annonciation selon leur coutume. Ils l'obtinrent en effet, et se séparèrent des autres frères pour accomplir cette solennité; mais deux vieillards du lieu eurent pendant la nuit une vision : il leur sembla qu'un des moines espagnols prenait un enfant sur l'autel avec une pelle à feu, et le jetait dans une chaudière remplie de braise : « Mon « père, mon père, s'écriait l'enfant, ils m'ôtent ce « que tu m'as donné. » En un mot, l'usage antique devait prévaloir, et il prévalut en effet.

CHAPITRE IV.

Restauration des églises dans tout l'univers.

Près de trois ans après l'an 1000, les basiliques des églises furent renouvelées dans presque tout l'univers, surtout dans l'Italie et dans les Gaules, quoique la plupart fussent encore assez belles pour ne point exiger de réparations. Mais les peuples chrétiens semblaient rivaliser entre eux de magnificence pour élever des églises plus élégantes les unes que les autres. On eût dit que le monde entier, d'un même accord, avait secoué les haillons de son antiquité, pour revêtir la robe blanche des églises. Les fidèles, en effet, ne se contentèrent pas de reconstruire presque toutes les églises épiscopales, ils embellirent aussi tous les monastères dédiés à différens saints, et jusqu'aux chapelles des villages. Le monastère de Saint-Martin de Tours fut un des plus beaux édifices construits à cette époque. Le vénérable Hérivée, qui en était archiclave, avait fait abattre l'ancien, et il eut le plaisir, avant sa mort, de voir s'élever sur ses ruines un nouvel ouvrage d'une beauté merveilleuse.

Si l'on voulait choisir dans cette époque un modèle incomparable à proposer aux hommes, il suffirait d'écrire exactement la vie et les actions de ce saint personnage, depuis son enfance jusqu'au terme de cette vie mortelle. Issu d'une des plus nobles maisons des Français, il était plus noble encore par son esprit que par sa naissance; et comme le lis et la rose naissent du sein des épines, il naquit dans la famille la plus orgueilleuse du pays. Élevé noblement comme tous les enfans de grandes maisons, il fréquenta ensuite les écoles où il pouvait s'instruire dans les arts libéraux. Mais s'étant aperçu qu'ils étaient plus propres à former des cœurs rebelles qu'à les rendre dociles à la voix de Dieu, il crut qu'il serait assez heureux s'il pouvait seulement en rapporter son ame sauve. Il renonça donc aux études des sciences mondaines, et s'enfuit secrètement dans un monastère, où il demanda dévotement à être reçu au nombre des moines. Comme il appartenait à une famille illustre, les frères du monastère, redoutant le ressentiment de ses parens, ne voulurent jamais céder à ses sollicitations. Cependant ils le gardèrent avec eux, et lui promirent sur leur foi que, si ses parens ne s'y opposaient pas de vive force, ils consentiraient bien volontiers à sa demande. Enfin, tout le temps qu'il vécut avec eux, sa conduite fut toujours digne de la sainteté qu'il devait montrer plus tard, et tous les frères reconnurent en lui un modèle qu'ils devaient imiter. Cependant son père n'ignora pas long-temps sa retraite et ses intentions. Aussitôt, saisi de fureur, il vint au monastère pour en arracher son fils, qui déjà aspirait à des biens plus solides que tous les biens de ce monde. Après de longues et inutiles remontrances, il l'entraîna de force hors du monastère, et l'emmena avec lui à la cour du roi. Il pria le monarque de chercher à ébranler les dispositions du jeune homme, en lui promettant quelques avantages brillans. Le roi Robert, prince dévot et pieux, lui conseilla donc avec douceur de différer pour le moment l'exécution de ses nobles desseins, et lui conféra sur-le-champ le titre d'archiclave de l'église de Saint-Martin, en attendant qu'il pût élever à l'épiscopat un homme si digne en tout de servir aux autres d'exemple. En effet, on essaya plusieurs fois depuis de l'élever au pontificat, mais on ne put jamais réussir à vaincre ses refus. Il put bien consentir, quoiqu'avec répugnance, à se charger de l'administration d'une église, et à revêtir quelquefois l'habit blanc, selon l'usage des chanoines, mais il conserva toujours l'ame et la conduite d'un moine. Toujours couvert d'un cilice sur la peau, mortifiant son corps par un jeûne continuel, avare envers lui-même, prodigue envers les pauvres, il pratiquait avec un zèle infatigable l'exercice des veilles et des prières. Enfin cet homme, plein de l'esprit de Dieu, conçut la pensée d'agrandir et d'élever tout le corps de bâtiment dont se composait l'église confiée à sa garde; et bientôt, dirigé par les conseils du Saint-Esprit, il donna l'ordre aux ouvriers de jeter les fondemens de cet édifice incomparable, qu'il eut le bonheur d'achever, comme il l'avait desiré.

Quand il eut accompli cette entreprise et rassemblé plusieurs évêques, il s'occupa de consacrer à Dieu son ouvrage; et le jour même où l'on en fit la dédicace, il eut soin d'y faire transférer le grand saint Martin, confesseur de Jésus-Christ. La consécration de cette église eut lieu le 4 du mois de juillet. On dit aussi que cet homme de Dieu, quelques jours avant la translation de saint Martin, pria le Seigneur de manifester au peuple son amour pour l'Église son épouse, en accordant à ce grand saint d'opérer encore quelque miracle, comme il avait fait autrefois. Mais pendant qu'il était prosterné pour faire cette prière, saint Martin lui apparut, et lui dit avec douceur : « Mon cher fils, sachez que vous pou-« vez obtenir de Dieu bien plus que vous ne lui de-« mandez; mais aujourd'hui les miracles qu'il a déjà « fait éclater doivent nous suffire, car le moment de « la moisson approche où chacun va récolter selon ce « qu'il a semé. Il faut, à présent, demander à Dieu, « pour tous les pécheurs, ce remède salutaire qui « guérit les ames malades; aussi je ne me lasse pas « d'implorer pour elles sa miséricorde. Croyez pour-« tant que j'emploie surtout mon intervention près « de lui en faveur des Chrétiens qui le servent avec « un zèle assidu dans cette église, car il en est d'au-« tres qui se laissent trop asservir aux affaires de ce « monde, ou qui, embrassant le parti de la guerre, « périssent égorgés dans les combats; et ceux-là, je « ne dois point vous cacher que la clémence du Sei-« neur accorde à peine, à nos prières, qu'ils soient « arrachés aux ministres des ténèbres pour passer « dans des lieux plus frais et dans le séjour de la lu-« mière. Au reste, continuez d'accomplir le vœu ad-« mirable que vous avez fait au Seigneur. » Le jour désigné pour la dédicace de l'église étant enfin arrivé, tous les évêques et les abbés étant rassemblés avec une foule innombrable de fidèles des deux sexes et des deux ordres, au moment où on allait commencer la pieuse cérémonie, le respectable Hérivée ne manqua pas de communiquer ces révélations aux saints prêtres qui se trouvaient là réunis. Quand la consécration fut achevée, et que toutes les solennités d'usage eurent été scrupuleusement accomplies, Hérivée commença à mortifier son corps par les macérations d'une pénitence encore plus rigoureuse, et se retira dans une petite cellule dépendante de son église, pour y passer sa vie à réciter des psaumes et des prières. Quatre ans après, il connut qu'il allait abandonner la terre, et bientôt il commença à ressentir les atteintes de la maladie. Déjà même les fidèles accouraient en foule pour le voir, et attendaient quelque miracle, qu'un homme d'une sainteté si généralement reconnue ne pouvait manquer d'opérer en mourant. Mais Hérivée, dont la sagesse avait percé l'avenir, leur donna le conseil de s'occuper d'autres soins : « N'at« tendez pas, leur disait-il, un prodige que vous ne « verrez point : priez plutôt pour moi le Dieu de mi« séricorde. » Enfin, à sa dernière heure, il répéta souvent en élevant les mains et les yeux vers le ciel : « Seigneur, ayez pitié de moi ; Seigneur, ayez pitié de « moi » ; et il rendit l'esprit en prononçant ces paroles [1]. Il fut enseveli dans la même église où reposait aussi le corps du bienheureux saint Martin.

[1] En 1012.

CHAPITRE V.

Monastères reconstruits ou fondés par l'abbé Guillaume.

Un des hommes qui se distinguèrent le plus à cette époque par leur zèle à améliorer la maison de Dieu, ce fut l'abbé Guillaume, que le bienheureux Maïeul avait d'abord nommé abbé de l'église de Saint-Bénigne, martyr. Il changea aussitôt le plan de cette église avec tant d'art et de goût, qu'il serait difficile d'en citer un second exemple aussi heureux. Il ne mérita pas moins d'éloges par l'observation rigoureuse de la règle, et notre Ordre n'eut pas à cette époque de propagateur plus zélé. Mais en méritant par cette conduite l'affection de tous les religieux et des Chrétiens fidèles, il n'en fut que plus exposé aux calomnies et aux embûches des impies et des traîtres. Il était né en Italie; sa famille était d'une haute noblesse, et il s'était acquis une noblesse plus glorieuse encore par sa science. Il fonda dans son pays natal, sur les terres mêmes qui composaient son patrimoine, un monastère très-abondant en toute espèce de grâces. Cet endroit se nommait Vulpie, mais Guillaume changea ce nom en celui de Fructuaire, qu'il donna au monastère. Parmi les nombreux bienfaits dont il combla ce couvent, il fit choix du père Jean, son imitateur fidèle en toutes choses, pour le placer à la tête des moines. Comme Guillaume était doué d'un esprit vif et d'une prudence peu ordinaire, il tenait toujours le premier rang dans les palais des rois et des autres princes. Aussi toutes les fois qu'un monastère venait à perdre son pasteur, aussitôt les rois, les comtes ou les évêques le priaient d'en prendre la direction pour le réformer; car on remarquait que les monastères ainsi confiés à son patronage l'emportaient sur tous les autres par leur sainteté comme par leurs richesses. Il donnait lui-même la plus ferme assurance que toutes les fois que des moines observeraient strictement la règle de notre Ordre, ils ne manqueraient jamais de rien; et les lieux qu'il a dirigés en fournissent une preuve convaincante. On dit que l'institution de cet Ordre, avec ses usages et ses coutumes, a pris naissance dans les monastères soumis à la règle du vénérable père saint Benoît, et que c'est le bienheureux saint Maur, son disciple, qui l'a introduite en France. On sait aussi, par des rapports certains, qu'après la mort du dernier saint, les moines ayant été chassés, par l'invasion des ennemis, du couvent de Glanfeuil, qu'il avait fondé lui-même dans l'Anjou, comme nous le lisons dans son histoire, vinrent au monastère de saint Savin, confesseur du Poitou, emportant avec eux tout ce qu'ils purent sauver dans leur fuite, et y pratiquèrent pendant quelque temps la règle qui leur avait été enseignée. Bientôt leur zèle s'étant refroidi, la règle de leur communauté fut adoptée dans le monastère de Saint-Martin d'Autun, et y resta quelque temps en vigueur. Elle changea d'asile pour la troisième fois, et vint occuper, dans la Bourgogne supérieure, le couvent de Baume[1]. Enfin, fatigué pour ainsi dire de ce long pélerinage, Dieu voulut qu'elle

[1] Le monastère de Baume, en Franche-Comté, près de Lons-le-Saulnier.

choisît pour son lieu de repos et pour siége de sa sagesse le monastère de Cluny, où les germes qu'elle avait apportés devaient bientôt multiplier et fructifier à l'infini. Ce monastère avait pris son nom de la position qu'il occupe dans un lieu bas et incliné, ou plutôt il lui venait de *cluere*, qui veut dire chez nous *s'accroître*. En effet, depuis son origine, ce monastère a pris un accroissement rapide, grâces à la libéralité de ses différens bienfaiteurs.

Ce fût donc Bernon, abbé du monastère de Baume, qui bâtit le couvent de Cluny [1], dans le Mâconnais, sur la Grosne, par l'ordre du pieux Guillaume, duc d'Aquitaine. Ce monastère, dit-on, ne reçut d'abord d'autre dotation que quinze petites métairies [2]; cependant il paraît qu'il fut composé d'abord de douze frères, dont la semence féconde a multiplié d'une manière si prodigieuse, et rempli tout l'univers d'armées innombrables dévouées au service du Seigneur. Ils méritèrent par leur attachement constant aux œuvres divines, c'est-à-dire à la justice et à la piété, d'être comblés de tous les biens; et ils ont laissé après eux un exemple digne d'être proposé à l'imitation des autres. Bernon, en mourant, laissa l'administration du couvent à l'abbé Eudes [3], homme d'une grande piété et d'une sagesse profonde, dont les mœurs et la conduite portaient toujours l'empreinte de la sainteté, et qui avait été chargé de diriger l'église de Saint-Martin de Tours. Il contribua si heureusement à la propagation de notre Ordre, que tous les monastères

[1] En 910.

[2] *Quindecim terræ colonias.* On appelait *colonia* l'étendue de terre que pouvait cultiver un colon, avec une petite habitation.

[3] En 927.

d'un rang distingué qui se trouvaient contenus dans l'Italie et dans les Gaules, jusqu'à l'Océan, se faisaient honneur d'être soumis à son autorité. A sa mort, il fut remplacé par Aimar, homme simple, qui ne fut pas sans doute aussi fameux que son prédécesseur, mais qui ne mit pas moins d'exactitude dans l'observation de la règle. Après lui fut élu le vénérable père Maïeul, dont nous avons parlé plus haut, et qui choisit lui-même pour successeur Odilon. C'est le cinquième abbé de Cluny depuis Bernon, qui en est le fondateur. Souvent on a appelé des frères de ce monastère dans diverses provinces; souvent aussi on en a choisi pour les mettre à la tête des abbayes, et partout ils ont servi avec succès la cause du Seigneur. Quoi qu'il en soit, le père Guillaume, dont nous parlions au commencement de ce chapitre, est sans contredit le propagateur le plus actif et le plus heureux de notre Ordre qui ait encore existé.

CHAPITRE VI.

Reliques de saints découvertes de tous côtés.

QUAND le monde entier eut donc, comme nous l'avons déjà dit, revêtu la robe blanche, en renouvelant les basiliques des églises, quelque temps après, dans l'année 1008 de l'Incarnation du Sauveur, grâces à diverses révélations et à des indices certains, on parvint à retrouver des reliques saintes, depuis longtemps cachées à tous les yeux. Les saints eux-mêmes vinrent, par l'ordre de Dieu, réclamer les honneurs d'une résurrection sur la terre, et apparurent aux regards des fidèles, dont ils remplirent l'ame d'une foule de consolations. On sait que ces révélations commencèrent à Sens, ville des Gaules, dans l'église de Saint-Étienne, martyr. L'archevêque Leuteric, qui y présidait, fit des découvertes vraiment admirables en fait d'antiquités sacrées; et même entre plusieurs autres objets qui étaient restés ignorés, il paraît qu'il trouva un fragment de la verge de Moïse. A cette nouvelle, tous les fidèles accoururent, non seulement des provinces gauloises, mais même de toute l'Italie et des régions d'outre mer. Un grand nombre de malades furent guéris alors par l'intervention des saints, et revinrent de ce pélerinage en pleine santé. Mais c'est une chose malheureusement trop commune que de voir les hommes, entraînés par la cupidité, se faire un instrument de ruine de ce qui devait d'abord servir à leur avantage; à peine cette ville, devenue pour ainsi dire le rendez-vous des peuples, eut-elle acquis une opulence qu'elle devait à la piété des fidèles, que ses ingrats citoyens en conçurent un orgueil extrême. Frotmond, comte de Sens, vint à mourir [1]. C'était un homme simple et juste; mais son fils, qui succéda à ses titres, ne tarda pas à faire regretter l'administration de son père. Il s'abandonna à tous les vices, et osa même faire tous ses efforts pour ternir la gloire de la sainte Église. Il aimait tant les coutumes et les prévarications des Juifs, qu'il donna l'ordre à tous les siens de placer toujours après son nom (il s'appelait Rainard) le titre de roi des Juifs; car ce seigneur, qui se faisait pour tout le

[1] En 1002.

reste un jeu du mensonge, passait pour mettre plus de perfidie encore dans sa haine contre la religion catholique. Aussi prononçait-il contre les pauvres des jugemens dépourvus à la fois de tout sentiment de pitié et d'humanité. En voici un exemple, qui a eu pour témoins tout ce qu'il y avait alors d'habitans dans la ville de Sens.

On prit un voleur sur le fait, et on le conduisit devant Rainard pour qu'il décidât de son sort. Aussitôt, étouffant toute pitié dans son cœur, il le condamne au gibet. Le malheureux se met alors à demander la vie à son seigneur, en versant un torrent de larmes et en promettant de ne plus jamais rien dérober. Ses prières sont inutiles : la cruauté de Rainard ne faisait que s'en accroître, et il alla même jusqu'à jurer que le misérable ne vivrait pas une heure de plus. Voyant enfin que la sentence prononcée contre lui était irrévocable, le coupable demanda seulement à faire à l'évêque la confession de tous ses crimes et à recevoir, avant de mourir, la rémission de ses fautes, en s'adressant à la clémence du saint tribunal. Il l'obtint en effet, et fut bientôt emmené au gibet par les cruels ministres de Rainard. Pendant qu'on le conduisait au lieu du supplice, il répétait souvent ces mots : « Seigneur Jésus, qui vous êtes laissé suspendre aujourd'hui sur la croix pour le salut des hommes, ayez pitié de moi. » C'était en effet le sixième jour aussi que périt le Seigneur, et c'est pour cela que les fidèles l'honorent d'une vénération particulière. Bref, on enchaîne le coupable, on l'élève, on lui serre la gorge, on le pend. Tous les spectateurs s'éloignent ensuite de cette exécution funeste (du moins ils la croyaient telle), et le voleur reste pendu jusqu'au lendemain, sans donner aucun signe de vie. Mais alors Dieu voulut qu'il rompît ses liens, et que la terre reçût libre et vivant un homme que l'on avait cru forcer à subir la mort en l'élevant vers le ciel, dans le vide de l'air. Il sortit donc de la ville à la vue de tous les habitans, stupéfaits d'un pareil prodige. Mais hélas! ô douleur! le traître retourna à ses premières habitudes.

On dit que la ville de Troyes avait été, peu de temps auparavant, le théâtre d'un événement tout-à-fait pareil. Quelques voleurs emmenaient des bœufs qu'ils avaient dérobés. Se voyant poursuivis, ils mirent ces bœufs sous la garde d'un vieillard bien innocent de leur crime, en lui disant qu'ils allaient chercher quelque nourriture dont ils avaient besoin; mais ils voulaient en effet profiter de l'occasion pour chercher leur salut dans la fuite. Ils réussirent à s'évader. On trouve les bœufs, on saisit le vieillard, on l'entraîne, on le frappe, on le garotte comme un criminel; enfin on le conduit au prince de la ville, le comte Héribert, devant lequel il veut s'expliquer. On ne l'écoute point; bien plus, comme si sa vieillesse même était un crime digne de mort, le comte le condamne au gibet. La sentence est exécutée sans aucun délai. Mais bientôt, quand il eut subi son arrêt, une génisse d'une grandeur et d'une force extraordinaires, vint près de lui, se dressa et posa ses cornes sous les pieds du pauvre vieillard, qui fut ainsi soutenu pendant trois jours sans éprouver aucune douleur. Au bout du troisième jour, il entendit près de lui des passans qui s'entretenaient ensemble, et il se mit à crier de toutes ses forces, en les priant de venir promptement le mettre à terre. Ceux-ci, en entendant sa voix, s'imaginèrent d'abord que c'était une illusion du démon. Enfin, émus par ses cris redoublés, et par l'assurance qu'il leur donnait qu'il était encore vivant, ils vinrent vers lui, le délièrent et le mirent à terre. Quand il fut de retour à la ville, on lui fit des questions sur ce qu'il avait éprouvé pendant qu'il était ainsi suspendu au gibet, et voici sa réponse : « Quand j'étais plus jeune, dit-il, quoique déjà ma-« rié, je tins avec ma femme, sur les fonts de bap-« tême, un filleul qu'on nous avait proposé. Nous « consultâmes nos petits moyens pour lui faire quel-« que présent, et nous convînmes de lui donner un « veau; nous n'en avions qu'un, et nous le tenions « de la libéralité de notre mère. Il y a trois jours, « quand on m'eut lâché sur le gibet pour me pendre, « tout-à-coup ce veau m'apparut, mais il était bien « plus grand que les autres veaux ne le sont d'ordi-« naire. Puis il enfla son corps, dressa la tête, mit « doucement ses cornes sous mes pieds, et il m'a ainsi « soutenu tout le temps que je suis resté pendu. » Sur le récit de cet homme, si miraculeusement sauvé de la mort, on s'empressa depuis dans les environs de donner, à son exemple, des veaux pour les enfans que l'on tenait sur les fonts sacrés du baptême.

Au reste, pendant que le comte de Sens s'abandonnait ainsi au judaïsme, ou plutôt à la plus étrange folie, on conseilla au roi, qui déjà avait souvent blâmé ses excès, d'ajouter aux domaines de la couronne la souveraineté de cette grande ville, et de ne pas laisser plus long-temps ce scandale vivant de la foi prendre tous les jours un accroissement funeste et des forces nouvelles. Le roi, déterminé par ces raisons, envoya une armée [1] pour chasser Rainard de la ville, et pour la garder en son propre nom. Les gens du roi la prirent en effet, et y commirent de grands massacres. Ils en abandonnèrent même une partie aux flammes. Enfin, l'excès de la joie que montrait auparavant cette ville orgueilleuse fut encore surpassé par l'excès de ses misères, que sans doute ses crimes avaient méritées.

CHAPITRE VII.

Destruction du temple de Jérusalem, et massacre des Juifs.

Dans le même temps, c'est-à-dire l'an 1009 [2], l'église de Jérusalem, qui contenait le sépulcre de Dieu notre Sauveur, fut renversée de fond en comble par l'ordre du prince de Babylone [3]. On connaît aujourd'hui les causes de ce triste événement. Voici donc quelle en fut l'origine : comme un concours prodigieux de fidèles venait de toutes les parties de l'univers à Jérusalem pour y voir le monument sacré que le Seigneur avait laissé sur la terre, le diable en conçut de l'envie, et résolut d'employer encore les Juifs,

[1] En 1015.

[2] Ou mieux, selon Adémar et le chronographe de Limoges, en 1010. Ce dernier dit : *L'an 1010, il y eut une éclipse de lune aux nones d'octobre vers la troisième heure; la même année, le sépulcre du Seigneur fut brisé par les païens.* Cette éclipse n'eut pas lieu en 1009. Il faut donc rapporter à l'an 1010, d'après le témoignage de la chronique d'Adémar, tout ce que Glaber raconte ici.

[3] Hakem-Bamrillah, calife d'Égypte.

sa nation favorite, à souffler le poison de sa méchanceté sur les serviteurs de la vraie religion. Il y avait à Orléans, ville royale des Gaules, un nombre considérable de Juifs, plus envieux, plus superbes, plus audacieux encore que tout le reste de leur nation. Après avoir ensemble concerté leur criminel projet, ils gagnèrent, à prix d'argent, un vagabond nommé Robert, esclave fugitif du couvent de Sainte-Marie, à Moûtiers, et qui se cachait sous un travestissement étranger; ils l'envoyèrent en secret porter au prince de Babylone des lettres écrites en caractères hébraïques. Ils avaient eu soin de les insérer dans un bâton et de les y attacher avec de petites pointes de fer, de peur qu'elles ne se trouvassent égarées par quelque accident.

Leur envoyé partit, et remit son message entre les mains du prince. C'était un chef-d'œuvre de perfidie et de scélératesse : on y prévenait le prince que, s'il ne se hâtait de renverser le temple auguste des Chrétiens, ils ne tarderaient pas à s'emparer eux-mêmes de son royaume et à le dépouiller de tous ses honneurs. A cette lecture, il entra en fureur et envoya à Jérusalem des soldats chargés de détruire le temple de fond en comble. Ses ordres ne furent que trop bien exécutés, et ses satellites essayèrent même de briser l'intérieur du saint sépulcre avec des marteaux de fer, mais tous leurs efforts furent inutiles. Ils renversèrent en même temps, à Ramla, l'église du bienheureux martyr saint George, autrefois la terreur des Sarrasins; car on dit que plusieurs fois il les frappa d'aveuglement pour avoir voulu forcer et piller son église. Peu de temps après la destruction du temple, on sut, à n'en pouvoir douter, qu'il fallait imputer cette calamité à la méchanceté des Juifs, et quand leur secret fut divulgué dans l'univers, tous les Chrétiens décidèrent d'un commun accord qu'ils expulseraient de leur territoire et de leurs villes tous les Juifs jusqu'au dernier. Ils devinrent donc l'objet de l'exécration universelle. Les uns furent chassés des villes, d'autres massacrés par le fer, ou précipités dans les flots, ou livrés à des supplices divers. D'autres enfin se dévouèrent d'eux-mêmes à une mort volontaire; de sorte qu'après la juste vengeance exercée contre eux, on en comptait à peine quelques-uns encore dans le monde romain. Un décret des évêques interdit alors aux Chrétiens tout commerce avec eux. Ils n'exceptèrent de cette sentence prononcée contre les Juifs que ceux qui voudraient se convertir à la grâce du baptême, et abjurer toutes les pratiques du judaïsme. Un grand nombre d'entre eux souscrivit à cette condition, plutôt par amour de la vie terrestre et par crainte de la mort, que par l'espoir de goûter les joies de la vie éternelle; car tous ceux qui sollicitèrent alors cette grâce avec un zèle imposteur, retournèrent bientôt impudemment à leurs anciennes erreurs.

Ces exemples de justice n'étaient pas faits pour inspirer beaucoup de sécurité au messager Robert, quand il rentra dans son pays. Il commença donc par chercher avec soin s'il ne rencontrerait pas encore quelqu'un de ses complices. Il n'en trouva qu'un petit nombre dans Orléans; encore vivaient-ils dans des alarmes continuelles; et il entretint avec eux un commerce familier. Mais un étranger qui avait fait avec lui la traversée, et qui connaissait parfaitement le but de son voyage, vint par hasard à Orléans ; il fut témoin de l'étroite amitié que Robert venait de renouer avec les Juifs, et il se hâta de déclarer publiquement le message criminel dont ce misérable s'était chargé, et dont les trésors des Juifs étaient devenus le prix. Aussitôt on le saisit, on le bat de verges sans pitié, et il fait lui-même l'aveu de son crime. Les ministres du roi l'entraînèrent hors de la ville, et là, à la vue de tout le peuple, le livrèrent aux flammes, où il fut consumé. Cependant les Juifs errans et fugitifs, qui avaient survécu à leur désastre en se cachant dans des retraites secrètes, commencèrent à reparaître en petit nombre dans les villes, cinq ans après la destruction du temple, et comme il faut qu'il en subsiste toujours quelques-uns sur la terre pour fournir le vivant témoignage de leur propre honte et du crime par lequel ils ont répandu le sang divin du Christ, c'est sans doute pour cette raison que la justice de Dieu suspendit un moment l'animosité des Chrétiens contre eux. Quoi qu'il en soit, par un effet de la bonté divine, la mère du prince Émir de Babylone, nommée Marie, princesse très-chrétienne, fit reconstruire, la même année, en pierres polies et carrées, le temple renversé par l'ordre de son fils. On dit aussi que son mari même, le père du prince de Babylone, comme un autre Nicodème, pratiquait en secret la religion chrétienne. Alors on vit encore une foule innombrable de fidèles accourir, comme en triomphe, à Jérusalem, de tous les coins de la terre, et contribuer à l'envi de leurs offrandes pour restaurer la maison de Dieu.

CHAPITRE VIII.

Hérésie découverte à Orléans.

En 1017 [1], on découvrit dans la ville d'Orléans une hérésie impudente et grossière qui, après avoir longtemps germé dans l'ombre, avait produit une ample récolte de perdition, et finit par envelopper un grand nombre de fidèles dans son aveuglement. Ce fut, dit-on, une femme venue d'Italie, qui apporta dans les Gaules cette infâme hérésie. Pleine des artifices du démon, elle savait séduire tous les esprits, non seulement ceux des idiots et des simples, mais la plupart même des clercs les plus renommés par leur savoir n'étaient pas à l'épreuve de ses séductions. Elle vint à Orléans, et le court séjour qu'elle y voulut faire lui suffit pour infecter plusieurs Chrétiens de sa doctrine empoisonnée. Bientôt ses prosélytes firent tous leurs efforts pour propager cette semence du mal. Il faut même l'avouer, ô douleur! les hommes les plus distingués du clergé de la ville, également fameux par leur naissance et leur science, Héribert [2] et Lisoie, furent les deux chefs de cette hérésie criminelle. Cependant, tant qu'ils surent tenir leur opinion secrète,

[1] Plutôt en 1022.

[2] Dans l'histoire du synode tenu à Orléans en 1022 contre cette hérésie, au lieu d'Héribert, on lit Étienne. Glaber confond les noms en donnant à l'hérésiarque Étienne celui d'Héribert. C'est le nom du prêtre de Rouen, dont il est parlé plus tard, comme cette même histoire du synode peut en faire foi.

ils jouirent de toute l'amitié du roi et des grands du palais. Ils trouvèrent ainsi plus de facilité à surprendre les cœurs qui n'étaient pas enflammés d'une foi assez vive. Ils ne se bornèrent pas à corrompre la ville, ils essayèrent encore de faire circuler dans les villes voisines le poison de leur doctrine. Ils voulurent même communiquer leur folie à un prêtre de Rouen, d'un esprit solide. Ils lui envoyèrent quelques-uns de leurs complices, chargés de lui expliquer tous les secrets de leurs dogmes pervers, et de l'initier à leurs mystères. Ils lui annonçaient en même temps que leur opinion allait être bientôt embrassée par tout le peuple. Le prêtre, instruit de leurs vues, courut communiquer ses inquiétudes au pieux Richard, comte de Rouen, et lui développa tout le plan du complot dont il était informé. Ce comte, de son côté, envoya en toute hâte vers le roi, et lui dévoila la contagion secrète qui menaçait d'infecter dans son royaume toutes les brebis du Christ. Le roi Robert, à cette triste nouvelle, conçut une profonde affliction, car c'était un prince sage et un Chrétien fidèle; et il craignait tout ensemble la ruine de sa patrie et la perte des ames. Il se rendit donc promptement à Orléans; et, après y avoir convoqué des évêques, des abbés et des laïques religieux, il fit commencer vivement les poursuites contre les auteurs de cette doctrine perverse, et contre les adeptes qu'elle avait déjà séduits. On fit donc des recherches exactes sur l'opinion personnelle de chaque clerc, on s'assura de sa croyance entière aux vérités transmises par la doctrine des apôtres, que la foi catholique conserve et enseigne dans toute leur pureté; et c'est alors que Lisoie et Héribert trahirent leurs sentimens secrets en reconnaissant qu'ils ne professaient pas les mêmes principes. Plusieurs autres, après eux, déclarèrent qu'ils partageaient leur doctrine, et qu'ils voulaient partager aussi leur sort.

Cette découverte affligea vivement le roi et les pontifes; ils firent subir aux accusés un interrogatoire secret, par égard pour la probité et l'innocence de mœurs dont ils avaient toujours donné l'exemple jusqu'alors, car Lisoie, l'un d'eux, était le plus estimé des clercs du monastère de Sainte-Croix; et l'autre, Héribert, était attaché à l'église de Saint-Pierre, surnommée l'Abbaye des Pucelles, en qualité de chef et de directeur de l'école. Quand on leur demanda où ils avaient puisé leur erreur, et depuis quand ils la pratiquaient, ils répondirent : « Il y a bien long« temps que nous avons embrassé cette doctrine, qui « vous est restée inconnue jusqu'aujourd'hui. Nous « nous attendions toujours à vous la voir professer « aussi comme tous les autres, de quelque rang, de « quelque ordre que ce fût; nous en conservons même « encore l'espérance. » Puis ils se mirent aussitôt à développer l'hérésie la plus vieille, comme aussi la plus sotte et la plus misérable, qui pourtant les avait fait succomber, quoique toutes les conséquences qui se déduisaient de leur système reposassent sur des bases d'autant moins raisonnables qu'elles étaient mille fois plus contraires à la vérité. Ils disaient, par exemple, qu'il fallait regarder comme des rêves délirans tout ce que l'ancien et le nouveau canon nous enseignent de la Trinité des personnes dans l'unité de Dieu, de cette vérité fondée sur les signes et les prodiges les moins équivoques, sur les témoignages les plus anciens, sur les autorités les plus saintes. Ils assuraient que le ciel et la terre avaient toujours existé tels que nous les voyons, sans créateur. Enfin, après avoir hurlé comme des chiens, et exhalé dans leur folie les horreurs accumulées de toutes les hérésies, ils finirent par professer aussi l'hérésie d'Épicure, en ce qu'ils prétendaient avec lui que les excès et les crimes n'avaient à craindre ni punition ni vengeance, et que toutes les œuvres de piété ou de justice, par lesquelles les Chrétiens croyaient mériter les récompenses éternelles, n'étaient que peine inutile. Telles furent en partie les impostures grossières qu'ils ne rougirent pas d'avancer; et il y avait là beaucoup de fidèles tout prêts à rendre témoignage à la vérité, à réfuter leurs erreurs, et à les convaincre de leur aveuglement, si toutefois ils avaient voulu seulement ouvrir leurs yeux à la lumière et leur ame au salut.

Nous aussi, nous nous sommes proposé de répondre en quelques mots à leurs fausses doctrines, autant que nous le permettra la faiblesse de nos moyens. Mais avant tout, nous rappellerons à tous les fidèles cette parole prophétique de l'Apôtre, qui doit porter la paix dans leurs ames, lorsqu'il prévoyait dans sa pensée ces séductions à venir. Il disait : *Il faut qu'il y ait des hérésies pour éprouver la foi des cœurs*[1]. Rien ne prouve plus sûrement l'absurdité des ces hérétiques, rien ne peut mieux les convaincre d'ignorance et de folie, que cette audace avec laquelle ils nient que toutes les créatures aient un créateur, enfin qu'il y ait un Dieu. En effet, quand nous voyons

[1] Ép. de saint Paul aux Corint., ch. 11, v. 19.

des êtres, de quelque volume, de quelque grandeur qu'ils soient, reconnaître encore au dessus d'eux quelque chose qui les surpasse en grandeur et en volume, c'est une vérité évidente pour nous que c'est du plus grand d'entre eux que procèdent tous les autres. Ce raisonnement est également applicable aux choses corporelles et incorporelles. Les êtres matériels ou immatériels, quels que soient leurs accidens, leur mouvement, leur succession diverse, n'en ont pas moins été conçus tous dans la pensée de l'immuable souverain des choses, et retourneront tous aussi retrouver dans son sein leur fin et leur repos. Car, puisque l'auteur de toute créature est par lui-même immuable, et qu'il est aussi par essence le Dieu de bonté et de vérité, le maître tout-puissant qui distribue et assigne avec un ordre admirable à chaque nature ses propriétés et ses lois, les êtres ne sauraient chercher loin de lui un repos qu'ils ne pourront trouver qu'en retournant vers leur origine. Il n'est pas moins manifeste que, dans tout l'univers, le Créateur n'a jamais laissé détruire que les créatures rebelles qui ont violé les lois de la nature qu'il leur avait imposées: car les créatures ne reposent jamais sur des fondemens plus sûrs et plus durables que lorsqu'elles savent se contenir fermement dans les limites que leur assigne leur nature. Ainsi donc toutes celles qui suivent avec une constance immuable l'impulsion de la main divine, rendent témoignage à la gloire de leur auteur par leur obéissance; mais les créatures téméraires qui s'écartent du chemin qu'il leur avait tracé, tombent de là dans l'abîme, et deviennent pour les autres plus fidèles une nouvelle leçon. Au milieu de la chaîne des êtres, est placé l'homme, au dessus de tous les autres animaux, au dessous des esprits célestes. Créature flottante entre le ciel et la terre, il peut à son choix s'élever vers l'un, ou s'abaisser vers l'autre; et plus il imite la nature des esprits supérieurs, plus il acquiert d'avantages sur les choses d'en-bas. L'homme seul a obtenu le privilége de pouvoir se rendre plus heureux que tous les autres animaux. Mais s'il ne sait point user de ses droits, il peut en devenir aussi le plus misérable. La bonté du Tout-Puissant ayant donc prévu dès le principe ces dangers de notre nature, et craignant que l'homme, au lieu de prendre son essor vers le ciel, ne retombât souvent dans la région inférieure, a fait éclater de temps en temps des prodiges pour avertir son imprévoyance, et relever son abaissement.

Nous trouvons la confirmation et la preuve de ces vérités dans chaque livre, dans chaque page des divines Écritures. Composées sous l'inspiration du Tout-Puissant, dont elles portent partout l'empreinte, elles élèvent l'esprit et l'intelligence de l'homme qui les approfondit à la connaissance et à la vénération de son auteur. Ce précieux dépôt remis en nos mains, en nous enseignant quel est notre rang dans la nature, au dessus ou au dessous des autres êtres, nous remplit d'un desir que rien ne peut satisfaire. Plus notre ame brûle d'amour pour les biens qui lui manquent, plus elle conçoit de dégoût pour ceux dont elle peut jouir sur la terre; plus cet amour la rapproche de l'objet continuel de ses desirs, plus elle gagne de bonté et de charmes. Enfin, en devenant meilleure, elle en devient aussi plus semblable à Dieu, auteur de toute bonté. C'est ce qui doit nous faire comprendre plus aisément encore que tout homme dont le cœur est resté fermé à cet amour, à ces desirs salutaires, sera plus pervers et plus misérable que la brute elle-même. En effet, comme il est le seul de tous les animaux qui puisse obtenir une éternelle béatitude, il est aussi le seul auquel une vengeance éternelle fasse expier ses erreurs et ses crimes. Celui donc qui aspire dans son cœur à la connaissance du Créateur devra commencer par observer quels sont les moyens de supériorité qui lui ont été accordés. Et nous devons croire, sur la foi d'une autorité respectable, que si l'homme a quelque ressemblance avec le Créateur, quelque avantage sur les autres animaux, c'est surtout par le don, par la force de la raison. Mais, de même que la raison n'a pas de plus sûre sauve-garde que la modération et l'amour du Créateur, c'est-à-dire une humilité sincère et une charité parfaite, elle n'a pas non plus d'ennemis plus funestes que la concupiscence et la fureur. C'est en cédant à ces vices que l'homme devient semblable aux bêtes; c'est en pratiquant ces vertus, qu'il rappelle la ressemblance et l'image du Créateur. En effet, l'humilité lui sert à comprendre ce qu'il est, et l'amour du Créateur lui enseigne ce qu'il doit être, en le rendant semblable à la bonté divine. Quand nous adressons à Dieu des prières, et que nous lui consacrons des offrandes, c'est pour obtenir de sa bonté qu'il veuille bien nous conserver l'usage absolu de notre raison, ou même la redresser, quand elle est étroite ou dépravée. Quand on chante ses louanges, quand on bénit son nom, c'est pour lui rendre témoignage auprès des hommes d'un esprit sain et d'une raison solide; et plus nous aurons le bonheur d'avancer dans la connaissance du Créateur, plus nous sentirons que cette connaissance salutaire nous élève et nous rend meilleurs. Et jamais un homme ne pourra blasphémer le Créateur dans ses œuvres, quand un des bienfaits du Créateur même sera de l'avoir rendu meilleur, en l'admettant à le connaître. Ainsi il est manifeste que tout blasphémateur de ses œuvres est en même temps étranger à la connaissance de sa divinité, d'où l'on peut tirer cette autre conséquence certaine que, si la connaissance du Créateur conduit l'homme au souverain bien, l'ignorance de son auteur le plonge au contraire dans un abîme de maux, car les ingrats qui, dans leur folie, ont méconnu ses bienfaits et se sont joués dans leur incrédulité des œuvres de sa miséricorde, se sont ravalés au dessous des bêtes qui du moins ont toujours été condamnées à vivre dans les ténèbres épaisses de leur aveuglement; et la plupart, s'égarant sur les pas du péché, se sont fait de la voie du salut une voie de perdition, qui les a conduits à une damnation éternelle.

Cette vérité brille de tout son éclat dans la grâce ineffable que le Père tout-puissant a envoyée aux hommes sur la terre, par l'entremise de Jésus-Christ, son fils, qui partage éternellement avec lui sa majesté et sa divinité. Jésus-Christ, en effet, qui est avec son Père la source de toute vie, de toute vérité, de toute bonté, n'est-il pas venu justifier à ses fidèles serviteurs le témoignage prophétique que les saintes Écritures avaient rendu de lui, témoignage mystérieux, et depuis tant de siècles toujours enveloppé d'énigmes obscures? Ses paroles de vérité, les prodiges qu'il a fait éclater, tout a révélé aux hommes que le Christ, son Père, et leur Esprit, composant trois personnes bien distinctes, ne forment qu'un même Dieu; que c'est un concours de pouvoir, de volonté et d'exécution, ou de bonté éternelle, confondus tous ensemble dans une essence commune; que c'est par lui, en lui, pour lui qu'existe tout ce qui a l'être; que c'est un assemblage complet qui subsiste toujours égal; qu'il était le principe des choses, avant la naissance même des temps; que sa plénitude embrasse tout, et qu'il est la fin de tout. Mais quand le Tout-Puissant eut empreint de son image la créature qu'il avait placée au milieu des êtres, je veux dire l'homme, quand il l'eut abandonné à son libre arbitre, et qu'il eut soumis tous les biens du monde à sa puissance, l'homme alors, infidèle aux lois qui devaient régir sa nature, se créa dans sa pensée une destination plus haute, ou une place différente de celles que lui avait assignées la volonté divine; et bientôt sa misère égala sa présomption. Ce fut donc pour le régénérer que le Créateur envoya au monde le fils de sa divinité, revêtu de son image terrestre. Autant cette transformation divine était salutaire et honorable pour l'humanité, autant elle pouvait paraître mystérieuse et surprenante; et la plupart des hommes ne purent, ou plutôt ne voulurent pas croire et adorer le Christ, quand cela seul pouvait suffire à leur salut. Ils préférèrent sacrifier encore à leurs erreurs, et se montrèrent d'autant plus rebelles à la vérité, qu'ils la méconnaissaient davantage. C'est là la source incontestable de toutes les hérésies, de toutes les sectes, de toutes les erreurs qui ont infecté l'univers, et dont les partisans devront souhaiter de n'avoir jamais vu la lumière, s'ils ne sont ramenés par la pénitence aux pieds de Jésus-Christ. Mais les Chrétiens que leur foi vive, leur amour et leur zèle ont toujours contenus dans son obéissance, en sont d'autant meilleurs qu'ils se sont plus étroitement attachés à lui, qui est le principe et la perfection de tout bien. C'est dans ce nombre que se trouve comprise la sainte troupe des bienheureux dont la mémoire respectable est l'ornement de tous les âges et de tous les siècles, et qui ont obtenu le bonheur d'être et de vivre toujours heureux avec le souverain Créateur, et de jouir éternellement de sa présence et de sa vue. Nous nous flattons d'avoir ainsi répondu victorieusement en peu de paroles, comme nous l'avions promis, aux folles doctrines de ces damnés hérétiques.

Au reste, après avoir épuisé tous les moyens de persuasion pour les engager à abjurer leur erreur coupable, à embrasser la religion véritable, et à reconnaître la foi universelle, quand on vit qu'ils s'opiniâtraient à refuser constamment de le faire, on leur déclara que, s'ils ne retournaient promptement à la foi qu'ils avaient trahie, ils allaient être livrés aux flammes par l'ordre du roi, et par le consentement unanime du peuple. Ces insensés, aveuglés par une confiance téméraire, poussèrent la jactance jusqu'à dire qu'ils ne craignaient rien, et qu'ils sortiraient du feu sans éprouver aucun mal. Bien mieux, ils ne répondaient que par des railleries insultantes aux bons conseils qu'on leur donnait. Le roi et tous les assistans voyant donc que désormais la folie de ces misérables était sans remède, firent allumer non loin de la ville un grand feu, espérant qu'à cette vue, la crainte triompherait peut-être de leur endurcissement. Mais quand il fallut les mener au supplice, poussés par une incroyable démence, ils s'écrièrent que c'était ce qu'ils demandaient, et se présentèrent d'eux-mêmes à ceux qui étaient chargés de les traîner au bûcher. Enfin, on en jeta treize dans le feu; et quand ils commencèrent à sentir vivement les atteintes, ils se mirent à crier à haute voix du milieu des flammes que c'étaient les artifices du démon qui leur avaient suggéré des sentimens si coupables, et que, pour avoir blasphémé Dieu, le souverain Seigneur de toutes choses, ils étaient dévoués à une vengeance éternelle qui commençait dès cette vie. En entendant ces cris, quelques spectateurs, émus de pitié, s'approchèrent du bûcher pour en arracher ces malheureux, quand il ne leur serait resté qu'un souffle de vie. Mais leurs tentatives furent vaines; déjà la flamme vengeresse les avait dévorés et réduits en cendres. Tous ceux que l'on put convaincre ensuite de partager leur perversité subirent la même peine; et le culte vénérable de la foi catholique, après ce nouveau triomphe sur la folle présomption et sur la méchanceté de ses ennemis, n'en brilla qu'avec plus d'éclat par toute la terre.

CHAPITRE IX.

Des fils du roi.

Le roi Robert eut quatre fils de Constance, sa femme; et voulant s'assurer un successeur au trône, il choisit pour régner après lui Hugues, son fils aîné, encore dans l'enfance, mais déjà connu par son heureux naturel. Avant de le faire sacrer, il consulta les grands les mieux avisés du royaume, et voici quelle fut leur réponse : « Laissez, prince, laissez « croître cet enfant jusqu'à ce qu'il soit devenu « homme, et ne vous pressez pas, comme on le fit autrefois pour vous, de l'accabler, dans un âge si faible, sous le poids d'une telle couronne. » Hugues avait alors près de dix ans. Le roi ne se rendit pas à leurs conseils, il préféra suivre ceux de la reine, qui s'accordaient avec ses propres desirs; et ayant réuni les grands à Compiègne, il fit placer, selon l'usage, la couronne sur la tête de son fils par la main des évêques[1]. Le jeune prince croissait; et voyant qu'il ne pouvait retirer d'autres droits, d'autres revenus du royaume dont il était couronné roi que les frais de sa table et son entretien, il commença à s'en affliger dans son cœur, et à faire des représentations à son père, pour en obtenir quelque apanage. Quand sa mère le sut, comme elle était très-avare, et qu'elle avait un empire absolu sur son mari, non seulement elle fit tout pour empêcher l'effet de la demande du

[1] Le 29 juin 1017.

jeune prince, mais elle l'accabla même d'outrages et de mauvaises paroles; et comme l'a dit quelqu'un : *Je connais bien l'esprit des femmes : voulez-vous? elles ne veulent pas; ne veuillez pas, elles voudront à l'instant*[1]. La reine, en effet, dans la crainte que cet enfant ne fût pas revêtu de la majesté du trône, si quelque accident venait à surprendre son mari, s'était déclarée seule, contre l'avis de tous, pour faire sacrer son fils; et plus tard, elle n'oublia rien pour le traiter comme un étranger, comme un ennemi, l'insultant également par ses paroles et par ses actions. Hugues, voyant qu'il ne pouvait supporter plus long-temps avec patience de semblables affronts, se joignit à quelques jeunes gens de son âge, et commença à ravager et à piller avec eux les possessions de ses parens. Cependant il ne tarda pas, grâces à Dieu, à rentrer en lui-même; il revint près d'eux, et regagna leur bienveillance par l'humble satisfaction qu'il leur donna de ses torts. Enfin ils lui abandonnèrent, comme cet excellent fils devait y prétendre, tout pouvoir et toute autorité dans le royaume. Mais tous nos discours ne pourraient exprimer la grandeur qu'il acquit depuis. Quel est le pinceau digne de retracer ce prince plein d'humilité et de douceur dans ses paroles, plus docile à son père et à sa mère que leurs propres esclaves; ce bienfaiteur généreux des pauvres, ce consolateur des clercs et des moines, cet interprète fidèle et zélé de toutes les réclamations adressées à son père, cet ami de tous les gens de bien, meilleur qu'eux tous? Sa réputation, répandue par toutes les provinces, faisait desirer à

[1] Térence, *Eunuq.* Act. IV. Sc. VII. v. 42.

beaucoup de peuples, et surtout aux Italiens [1], qu'il voulût leur commander et monter sur le trône. On lui donnait partout le nom de Hugues le Grand, qu'avait porté son aïeul. Au moment où l'on admirait dans ce prince incomparable l'heureuse union de la beauté de l'ame et de celle du corps, tout-à-coup, en punition des fautes de nos pères, la mort jalouse vint l'enlever à l'amour du monde [2]. Il n'est pas de paroles capables d'exprimer quel fut alors le deuil général. Je fis moi-même, à la demande des frères, les iambes suivans sur sa mort :

Psalmiste, ne sois pas insensible à la tristesse du monde;
Que tes gémissemens répondent à notre douleur profonde.
Et vous, laissez un libre cours à vos larmes, à vos sanglots.
La mort vient de nous ravir un prince, l'honneur de l'humanité.
Le monde l'admirait dans la fleur de ses jeunes années.
Hugues comptait à peine vingt-huit hivers [3]
Et déjà il était la lumière des nations, et le plus grand des rois,
Quand une mort jalouse est venue l'arracher à l'amour des hommes.
Notre siècle chercherait en vain sur les trônes des peuples,
Ou même dans les honneurs de l'Empire, un prince si distingué,
Triomphant comme lui dans les combats avec une gloire éclatante,
Ou robuste et vigoureux comme lui.
Il faisait toute la force, toute la joie des Français,
Et la Gaule toute entière lui devait le bonheur et la paix.
L'Italie implorait à genoux la grâce de voir
Ce nouveau Cesar lui dicter des lois en souverain.
Mais hélas! ô le plus beau des princes,

[1] Après la mort de l'empereur Henri, le 14 juillet 1024.

[2] En 1025, et probablement le 17 septembre.

[3] Le manuscrit du roi porte en effet 28 : mais il faut lire *dix-huit hivers*. Glaber lui-même déclare plus haut que Hugues avait près de dix ans quand il fut couronné l'an 1017. D'ailleurs, à la fin de ce chapitre, Glaber rapporte encore que Constance, mère de Hugues, épousa le roi Robert vers l'an 1000. Il ne pouvait donc pas dire que Hugues était mort à 28 ans.

Hélas ! notre âge ne méritait pas une telle félicité.
Un déluge de maux nous inonde,
Et l'appui des gens de bien se brise.
Tu fais aujourd'hui la douleur de ta mère, le désespoir de ton père,
Et laisses à tes frères de cruels souvenirs.
Une tristesse sombre règne dans tous les palais,
Et le deuil chez les peuples les plus éloignés :
Déjà la Vierge sur les pas du Lion atteignait le soleil,
Quand une pâleur mortelle décolora tes membres.
Dix jours se passent, suivis de sept autres journées [1],
Et la renommée porte aux oreilles de ton père la nouvelle de ta mort.
Grand Dieu, souverain arbitre du monde,
Il ne vous reste plus qu'à choisir aux Français un roi qui sache veiller à leur sûreté,
Et qui puisse repousser les attaques de ses fiers ennemis.
Veuillez aussi accorder au prince que nous pleurons un repos éternel.

Il fut enseveli à Compiègne, dans la même église où il avait été couronné, celle de Saint-Corneille, martyr. Après sa mort, le roi Robert commença à s'occuper de choisir, parmi les fils qui lui restaient, le plus digne de régner après lui.

Il avait déjà nommé duc de Bourgogne Henri, frère puîné de Hugues, et il résolut de l'élever au trône, à la place du jeune prince défunt. Mais la reine, toujours tourmentée par cet esprit de contradiction naturel aux femmes, fut encore ici d'un sentiment contraire à celui de son époux et des autres partisans de Henri. Elle prétendait que le troisième, nommé Robert, comme son père, était plus capable de prendre les rênes du gouvernement. C'est ainsi qu'elle jeta des semences de discorde entre les deux princes. Enfin le roi ayant réuni dans la métropole de Rheims les grands du royaume, assura la couronne à Henri [2].

[1] C'est-à-dire le 17 septembre.

[2] Le 14 mai 1027.

Quelque temps après, les deux frères, ayant contracté une amitié plus étroite, réunis surtout par leur haine contre la violence de leur mère, s'emparèrent de concert des bourgs et des châteaux de leur père, et se mirent à piller tout ce qu'ils pouvaient de ses biens. Celui que Robert avait fait sacrer roi lui enleva le château de Dreux. L'autre prit, en Bourgogne, Beaune et Avalon. Leur père en conçut une affliction profonde; il leva une armée et pénétra en Bourgogne, et là commença une guerre plus que civile. Ce fut alors qu'il consulta à Dijon le vénérable Guillaume[1], sur ce qu'il devait faire; et même, comme c'était un prince d'une grande douceur et d'une admirable piété, il supplia le bon père de le recommander à Dieu, ainsi que ses enfans, dans ses prières. Voici quelle fut la réponse du prélat : « Prince, vous devez vous rappeler tous les affronts, « toutes les injures que vous avez faits à votre père et « à votre mère. Eh bien! Dieu, ce juge équitable, « permet que vos enfans vous rendent aujourd'hui le « mal que vous avez fait vous-même à vos parens. » Le roi entendit ces paroles avec résignation. Il reconnut ensuite ses fautes, et s'écria qu'en effet il était bien coupable. Enfin, après des siéges et des ravages dans l'une et l'autre province, la paix et la tranquillité furent un moment rétablies.

L'année suivante, au mois de juillet[2], le roi Robert finit ses jours au château de Melun. Son corps fut transféré à l'église de Saint-Denis, martyr, et y fut

[1] Abbé de Saint-Bénigne à Dijon. Il mourut en 1031.

[2] Le 20 juillet 1031.

enseveli. Après sa mort, la discorde reparut plus cruelle que jamais, entre la reine et ses fils. Le souvenir de leurs anciennes querelles envenimait encore leur haine invétérée. Ils exercèrent long-temps des ravages sur leurs domaines respectifs. Mais enfin Foulques d'Angers, leur parent, reprocha à leur mère la fureur brutale avec laquelle elle poursuivait ses enfans, et la réconcilia avec ses deux fils. Constance, un an après la mort de son mari, mourut à son tour dans le même mois[1] et dans le même château que lui. Elle fut aussi transférée dans la basilique de Saint-Denis, où elle est ensevelie près du roi.

Henri s'étant donc mis en possession des États de son père, établit duc de Bourgogne son frère Robert. Pendant qu'il mettait à profit les ressources de son esprit actif et sa rare activité pour surveiller et pour défendre les intérêts de son royaume, Leutéric, archevêque de Sens, vint à mourir. Henri voulut faire consacrer et nommer à sa place un des nobles de sa famille; mais Eudes, qui possédait de grandes richesses, quoiqu'il n'eût pas celles de la foi, avait déjà fait choix d'un successeur à Leutéric, pour frustrer encore le roi de ce dernier droit. Comme il avait enlevé déjà beaucoup de choses à Robert par la force et la ruse, il voulait employer les mêmes moyens pour réussir de même à dépouiller les fils de ce prince. En effet, il avait commencé par soustraire à l'autorité du roi défunt les villes de Troyes et de Meaux, avec une infinité de châteaux. Après sa mort, il avait enlevé aussi la ville de Sens à la reine et à ses fils, et cet infâme usurpateur venait même

[1] En 1032.

de fortifier cette ville, pour la défendre contre eux. Henri lui fit donc la guerre, et la pressa avec tant d'ardeur et de vivacité, qu'enfin il l'obligea de fléchir devant lui le genou, et d'obéir humblement à son autorité. Cet Eudes avait pour mère la fille de Conrad, roi des Austrasiens[1]. Mais du côté des aïeux de son père, son origine était assez obscure[2]. Comme le roi Rodolphe, son oncle, n'avait pas d'enfant pour hériter du trône après lui, Eudes prétendit lui enlever pendant sa vie même les rênes du gouvernement par la force, au lieu de chercher à les obtenir de son amour. Il prodigua les présens aux grands du pays pour s'assurer leur consentement; mais tout fut inutile; *car c'est le Très-Haut qui a la domination sur les royaumes des hommes, et qui les donne à qui il lui plaît*[3]; et comme nous l'apprend un prophète, *il est l'ami de l'homme selon sa foi;* en effet, la nation ne tint aucun compte de ses prétentions au trône, et ses titres de parenté ne lui servirent point.

L'empereur Henri, neveu du roi Rodolphe, eut donc pour successeur, après sa mort[4], Conrad, dont nous

[1] Conrad, roi d'Arles ou de la Bourgogne Transjurane, succéda à son père Raoul ou Rodolphe II, en 937. Il mourut en 993. Berthe sa fille avait d'abord épousé Eudes Ier, comte de Blois; elle se remaria en 995 avec Robert roi des Français.

[2] Eudes, fils de Eudes Ier, comte de Blois, de Tours, de Chartres, de Beauvais, de Meaux et de Provins, et petit-fils de Thibaut dit *le Tricheur*. L'an 1019, après la mort d'Étienne, comte de Champagne, il s'empara de cette province. L'an 1037, il périt dans un combat.

[3] Dan. ch. 4. v. 14.

[4] Conrad fils de Henri, duc de Franconie, succéda à l'empereur Henri en 1024. L'année 1016 il avait épousé Gisèle, fille d'Hermann duc de Souabe, et de Gerberge sœur de Rodolphe III, roi d'Arles.

allons parler plus bas, et qui avait épousé une nièce de Rodolphe. Ce fut surtout ce dernier titre qu'il opposa constamment à toutes les prétentions d'Eudes. Au milieu de leurs sanglantes querelles, ils dévastèrent tour à tour l'une et l'autre province. Enfin Dieu trouva que le mal avait comblé la mesure. Eudes, ayant levé de tous côtés une nombreuse armée, s'avança dans le pays de Toul, qu'il avait déjà souvent ravagé [1], prit d'assaut le château de Bar, et porta la terreur et la désolation dans toute la province. Il laissa dans le fort près de cinq cents soldats, auxquels il en confia la garde, et se prépara à repasser au plus tôt dans son pays, agité de mille soins divers. Des députés d'Italie l'attendaient sur son passage pour lui offrir, au nom de l'Italie toute entière, les arrhes de la royauté. C'est ainsi qu'ils s'exprimèrent. Les Milanais, en effet, méprisant Conrad, leur souverain, avaient formé contre lui une ligue où ils avaient fait entrer tous les mécontens qu'ils avaient pu trouver dans les villes voisines. Ils pensèrent qu'Eudes pourrait d'abord conquérir le royaume d'Austrasie, puis passer dans leur ville pour en recevoir aussi le gouvernement. Mais, comme l'a dit le chantre du Dieu fort, du Dieu des combats, *tu les as terrassés au milieu de leur triomphe* [2]. Eudes en fit bientôt l'épreuve; car tout-à-coup Goscilon [3], duc de la première Rhœtie, en deçà du Rhin, fondit sur lui avec une nombreuse armée, et mit en déroute toutes les troupes d'Eudes, après un grand carnage de part et d'autre. Enfin Eudes

[1] En 1037.

[2] Ps. 72. v. 18.

[3] Goscilon était duc de Lorraine. Ainsi par première Rhœtie, Glaber entend la Lorraine. Il mourut en 1044.

lui-même y périt misérablement. Roger, évêque de Châlons, accompagné du vénérable abbé Richard [1], emporta du champ de bataille son corps mutilé, et le rendit à sa femme. L'opinion même la plus accréditée, c'est que toutes les recherches pour retrouver son corps au milieu des morts étant inutiles, sa femme vint elle-même et le reconnut à un signe naturel; c'était une verrue qu'il avait entre les parties génitales et l'anus. Après avoir ainsi retrouvé son mari, elle le fit transférer à Tours, où il fut enseveli à côté de son père, dans le chapitre du grand couvent de Saint-Martin. Telle fut la fin de ce seigneur. Si nous avons donné ces détails, c'est pour montrer avec quelle fidélité le juste Créateur du monde accomplit la menace qu'il fit autrefois à Moïse, l'interprète de ses lois, quand il lui dit: *Je suis le Seigneur qui punit les fautes des pères sur les enfans jusqu'à la troisième et la quatrième génération* [2].

Eudes III, dont nous venons de parler, était petit-fils de Thibaut, comte de Chartres, surnommé le Tricheur. Celui-ci, de concert avec Arnoul, comte de Flandre, envoya des députés à Guillaume, duc de Rouen, lui demander une entrevue amicale pour traiter de la paix, prétextant de son côté qu'il avait à lui dire des choses importantes de la part du roi des Français, Hugues le Grand, fils du roi Robert, tué à Soissons par Othon [3], d'abord duc des Saxons, puis empereur des Ro-

[1] Richard, abbé de Saint-Vanne de Verdun, et de Saint-Pierre de Châlons, mourut l'an 1046.

[2] Deuter. ch. 5. v. 9.

[3] En 923.

mains[1]. Guillaume, prince dont la candeur égalait la puissance, passa la Seine[2] dans une barque pour se trouver promptement au lieu du rendez-vous. Là, réunis ensemble, ils se jetèrent dans les bras les uns des autres; Guillaume, avec une cordialité sincère, et les deux comtes, avec l'espoir de mieux tromper leur ennemi. Leur conférence eut toutes les apparences d'une paix et d'une amitié véritables. Enfin, après cet accueil perfide, il fallut se séparer. Déjà Guillaume était loin, quand Thibaut le rappela pour lui confier, disait-il, des secrets plus importans, ou pour l'embrasser plus tendrement encore avant de prendre congé l'un de l'autre. Le duc de Rouen, s'appuyant sur une rame, saute sur le rivage, en défendant aux personnes de sa suite de débarquer pour l'accompagner. Thibaut s'approche alors comme pour lui parler, mais en même temps il tire de dessous son manteau une épée qu'il y tenait cachée dans ce dessein, et d'un seul coup abat la tête du prince[3]. Les officiers de Guillaume, à cette vue, s'enfuient à force de rames, et vont annoncer cette catastrophe aux Rouennais. Guillaume avait un fils naturel nommé Richard. Quoique bien jeune encore, il fut choisi pour remplacer son père. Thibaut, après l'heureux succès de son crime, courut en toute hâte vers Héribert, comte de Troyes, pour lui demander sa sœur en mariage. C'était la veuve même du duc qu'il venait d'assassiner. Héribert aussitôt donna parole au comte.

[1] Othon tua, dit-on, Robert pour avoir envoyé des troupes auxiliaires à Charles le Simple.

[2] Plutôt la Somme.

[3] En 943.

Il fit venir sa sœur auprès de lui comme pour la consoler de la perte qu'elle avait faite, et la livra à Thibaut, pour consommer cette horrible union. Cette femme n'avait pas eu d'enfans de son premier mari. Elle eut du second, Eudes, père de celui dont nous venons de rapporter la fin malheureuse.

Nous croyons utile aussi de rappeler à la fin de ce troisième livre quelle fut la vengeance que le Seigneur, auteur de tout bien, imagina pour faire expier alors au genre humain son insolence et ses crimes. Vers l'an 1000 de l'Incarnation, quand le roi Robert eut épousé Constance, princesse d'Aquitaine, la faveur de la reine ouvrit l'entrée de la France et de la Bourgogne aux naturels de l'Auvergne et de l'Aquitaine. Ces hommes vains et légers étaient aussi affectés dans leurs mœurs que dans leur costume. Leurs armes et les harnais de leurs chevaux étaient également négligés. Leurs cheveux ne descendaient qu'à mi-tête : ils se rasaient la barbe comme des histrions, portaient des bottes et des chaussures indécentes; enfin il n'en fallait attendre ni foi ni sûreté dans les alliances. Hélas! cette nation des Francs, autrefois la plus honnête, et les peuples mêmes de la Bourgogne, suivirent avidement ces exemples criminels, et bientôt ils ne retracèrent que trop fidèlement toute la perversité et l'infamie de leurs modèles. Si quelque religieux, si quelque homme craignant Dieu venait à blâmer une telle conduite, on traitait son zèle de folie. Cependant le père Guillaume [1], dont nous avons déjà parlé, homme d'une foi incorruptible, et d'une rare fermeté, bannissant un vain respect hu-

[1] Abbé de Saint-Bénigne de Dijon.

main, et s'abandonnant à l'inspiration de l'Esprit-Saint, reprocha vivement au roi et à la reine de tolérer toutes ces indignités dans leur royaume, si long-temps renommé entre tous les autres par son attachement à l'honneur et à la religion. Il adressa de même aux seigneurs d'un rang ou d'un ordre inférieurs des remontrances si sévères et si menaçantes, que la plupart d'entre eux, dociles à ses conseils, renoncèrent à leurs modes frivoles pour retourner aux anciens usages. Le saint abbé croyait reconnaître dans toutes ces innovations le doigt de Satan, et il assurait qu'un homme qui quitterait la terre sans avoir dépouillé cette livrée du démon, ne pourrait guère se débarrasser ensuite de ses piéges. Cependant ces usages nouveaux prévalurent chez quelques autres, et c'est contre eux que j'avais dirigé quelques vers héroïques que je rapporte ici :

Mille ans après que la Vierge a donné le Seigneur au monde,
Les hommes se précipitent dans les plus funestes erreurs.
Cédant à l'attrait de la variété,
Nous prétendons régler nos mœurs sur la mode nouvelle,
Et cet amour imprudent de la nouveauté nous entraîne au milieu des dangers.
Les siècles passés ne sont plus qu'un objet de risée pour le nôtre.
Un mélange de frivolité et d'infamie vient corrompre nos coutumes;
Désormais les esprits ont perdu tous les goûts sérieux, et jusqu'à la honte du vice.
L'honneur et la justice, la règle des gens de bien, ne sont plus d'aucun prix.
La mode du jour sert à former des tyrans contrefaits,
Avec des vêtemens écourtés et une foi équivoque dans les traités.
La république dégénérée voit en gémissant ces usages efféminés.
La fraude, la violence, tous les crimes se disputent l'univers.
Les saints ne reçoivent plus d'hommages, la religion n'est plus révérée.
Ici les ravages du glaive, là ceux de la famine et de la peste

Ne peuvent corriger les erreurs des hommes ni lasser leur impiété ;
Et si la bonté du Tout-Puissant ne suspendait sa juste colère,
L'enfer les eût déjà tous dévorés dans ses abîmes sans fond.
Telle est la puissance de cette malheureuse habitude du péché;
Plus on commet de fautes, moins on craint d'en commettre encore;
Moins on fut coupable, plus on redoute de le devenir.

FIN DU LIVRE TROISIÈME.

LIVRE QUATRIÈME.

PROLOGUE.

Quels que soient les prodiges infinis dont l'univers entier fut témoin vers l'an 1000 de l'Incarnation du Seigneur, soit un peu plus tôt, soit un peu plus tard, il est reconnu que des hommes d'un esprit profond et pénétrant prédirent alors des merveilles non moins surprenantes pour la millième année après la passion du Sauveur, et leurs prédictions furent bientôt accomplies d'une manière évidente. L'empereur Henri, prince très-pieux, étant mort, comme nous l'avons dit, sans laisser d'enfant qui pût succéder à sa puissance, plusieurs prétendans se mirent sur les rangs, séduits plutôt par l'éclat d'une couronne, qu'animés par le desir de faire prospérer la république, et régner avec eux la justice. A leur tête se trouvait Conrad, dont nous avons déjà parlé, prince d'un esprit hardi et d'une grande vigueur de corps, mais qui n'avait pas une foi très-solide. Après qu'on eut longtemps et mûrement délibéré, surtout parmi les prélats, sur le choix du successeur d'Henri, on se décida à élire Conrad [1]. Sa conduite n'était pas cependant à l'abri de tout reproche; il avait même encouru la disgrâce d'Henri, qui ne lui avait jamais pardonné d'a-

[1] En 1024.

voir épousé une femme alliée à sa famille, et veuve d'un de ses parens. Les pontifes voulurent donc savoir de Conrad s'il était décidé à conserver sa femme, au mépris de l'autorité divine qui réprouvait une telle union, ou s'il préférait la répudier pour obtenir l'Empire. Aussitôt il promit de renoncer à ce mariage incestueux, de se soumettre humblement à la volonté des évêques, et d'obéir à leurs conseils. Ils envoyèrent alors au pape pour obtenir son agrément, qu'il accorda volontiers. Il invita même le nouveau roi à prendre au plus tôt le sceptre de la Germanie pour venir recevoir à Rome la couronne de toute l'Italie. Cependant Conrad monta en effet sur le trône et se rendit en Italie, emmenant avec lui sa femme illégitime. A la descente des Alpes, du côté que l'on nomme la cour des Gaulois dans la langue corrompue du pays, il trouva le pape qui, selon sa promesse, était venu à sa rencontre dans la ville de Cumes avec un brillant appareil [1]. Il y eut quelques marquis d'Italie qui refusèrent de reconnaître Conrad. Nous avons déjà pu voir que c'est chez eux une pratique constante à la mort des empereurs. Ceux de Pavie, les plus orgueilleux de tous, renversèrent et rasèrent le palais du roi, élevé à grands frais dans leur ville. A cette nouvelle, Conrad furieux se met en marche, commence par prendre Yvrée, et soumet ensuite à sa puissance les autres villes et tous les châteaux. Il arriva ainsi jusqu'à Rome, où il reçut, selon l'usage, la couronne impériale [2]. Les évêques lui conseillèrent ensuite de recourir à l'autorité du pontife romain pour répudier sa femme illégitime, selon la promesse qu'il

[1] En 1026. — [2] En 1027.

leur en avait faite; mais il reçut très-mal leurs remontrances, disant qu'il n'était pas créé empereur pour être veuf, et il persévéra dans cette union illicite.

CHAPITRE Ier.

Universalité de l'Église injustement réclamée par les Chrétiens de Constantinople.

Vers l'an 1024, le prélat de Constantinople, de concert avec son prince Basile et quelques autres Grecs, voulut obtenir le consentement du pape pour faire donner à son Église le titre d'universelle dans l'empire d'Orient, comme l'Église romaine prenait aussi le titre d'universelle dans l'univers. Des envoyés vinrent aussitôt à Rome apporter de riches présens au pontife et à tous ceux dont l'Église de Constantinople espérait la protection. A leur arrivée, ils exposèrent au pape l'objet de leur demande. Dans quels excès l'aveugle soif de l'or ne peut-elle pas entraîner l'homme? Le proverbe n'est que trop vrai: *Un poignard d'or brise un mur de fer*. Mais, quoique la cupidité soit devenue aujourd'hui la reine du monde, c'est surtout à Rome qu'elle a établi le siége de son empire insatiable. Quand les Romains eurent vu l'or des Grecs à leurs pieds, leurs yeux furent éblouis par l'éclat de ces dons qui séduisaient aussi leurs cœurs; ils eurent recours aux détours de la fraude, et essayèrent d'accorder secrètement la faveur qu'on leur demandait; mais ils n'y réussirent pas; car on ne peut jamais étouffer la vérité, et *les portes de l'enfer ne prévaudront point contre elle*[1]. Au moment même où ces malheureux murmuraient à voix basse dans leur conclave mystérieux des machinations qu'ils croyaient secrètes, déjà le bruit s'en était répandu dans toute l'Italie. Cette nouvelle fut accueillie avec un trouble, avec des alarmes plus vives qu'on ne peut dire. Le père Guillaume surtout, cet homme dont nous avons déjà vanté la rare prudence, écrivit au pape à ce sujet une lettre qui contenait un grand sens dans un petit nombre de mots écrits d'un style sévère. En voici la teneur :

« Au pape Jean, élevé par la grâce de Dieu et la « protection de saint Pierre, prince des apôtres, sur « le siége le plus illustre de l'univers, Guillaume, « serviteur de la croix de Dieu, en lui souhaitant une « place auprès des apôtres avec la couronne du royaume « éternel.

« Le maître des nations nous apprend qu'il ne « faut pas réprimander un vieillard, mais il dit aussi « quelque part : *J'ai été imprudent, c'est vous qui « m'y avez contraint*[2]. L'amour de vos enfans invite « donc par ma bouche leur père commun à suivre « une fois l'exemple du Sauveur, quand il s'informait « de l'opinion des hommes. Vous aussi, demandez à « quelqu'un des vôtres, comme il demandait à saint « Pierre : *Que disent les hommes qu'est le fils de « l'homme*[3]? Si la réponse est fidèle, méditez-en le « sens ; si elle est claire, prenez garde qu'elle ne soit ob- « scurcie ; si elle est obscure, il faut prier la lumière

[1] Évang. selon saint Matth., ch. 16, v. 18.

[2] IIe Epître de saint Paul aux Corinthiens, ch. 12, v. 11.

[3] Évang. selon saint Matth., ch. 16, v. 13.

« souveraine du monde de vous rendre assez éclatant « pour que vous puissiez éclairer, dans la voie des com« mandemens de Dieu, tous les fidèles réunis dans le gi« ron de la sainte Église. La renommée vient d'apporter « jusqu'à nous une étrange nouvelle, et tout homme « qui n'en serait pas scandalisé montrerait par là qu'il « est entièrement insensible à l'amour du ciel. En effet, « si la puissance de l'empire romain, qui régnait seul au« trefois sur tout l'univers, se trouve aujourd'hui parta« gée entre une foule de couronnes diverses, le pouvoir « de lier et de délier les péchés sur la terre et dans le « ciel n'en est pas moins un privilége inviolable, uni« quement attaché au ministère de saint Pierre. Nous « vous avons écrit ces choses, pour que vous songiez « à ne point accorder aux prétentions des Grecs les « demandes qu'ils sont venus vous faire. Au reste, nous « souhaitons aussi que l'on puisse toujours reconnaî« tre en vous le chef universel des Chrétiens, à la vi« gilance que vous déploierez pour corriger et gou« verner la sainte Église apostolique, et que vous « jouissiez éternellement d'une félicité inaltérable. »

Ce pape Jean, surnommé Romain [1], était frère de Benoît. Il avait acheté à prix d'argent le droit de succéder à son frère. C'était un néophyte élevé de l'ordre des laïques à la dignité de prélat. Les Romains ont en effet trouvé un singulier moyen pour pallier leur trafic insolent dans l'élection des papes. Sitôt qu'ils ont fait choix du pontife qu'il leur plaît d'élever au saint Siége, ils le dépouillent de son premier nom pour lui donner celui de quelque pape célèbre, comme s'ils voulaient honorer du moins, par ce nom

[1] Jean XIX succéda en 1024 à son frère Benoît VIII.

emprunté, un homme que son mérite n'honore pas assez. Au reste, les envoyés de Constantinople retournèrent dans leur pays; et leur orgueilleuse présomption fut quelque temps abattue par cet échec humiliant.

CHAPITRE II.

Hérésie découverte en Italie [1].

Il y avait alors en Lombardie un château nommé Montferrat, occupé par de nobles seigneurs du pays. Le poison de l'hérésie avait tellement infecté leurs cœurs, qu'ils enduraient volontiers la mort la plus cruelle, plutôt que de renoncer à leurs erreurs pour retourner à la foi salutaire du Christ. Ils adoraient des idoles comme les païens, et s'associaient aux sacrifices absurdes des Juifs. Souvent Mainfroi, le plus sage des marquis du pays, et son frère Alric, prélat de la ville d'Asti, dans le diocèse duquel se trouvait ce château, vinrent avec les autres marquis et les autres prélats, livrer des assauts à ces hérétiques. Ils en prirent quelques-uns, qu'ils essayèrent en vain de ramener à Dieu, et qu'ils finirent par jeter dans les flammes. Il y avait dans le voisinage un autre château fidèle à notre religion et à notre culte. Un soldat y tomba malade, et bientôt on craignit pour sa vie. Une des femmes les plus honorées dans le château des hérétiques vint rendre visite au malade, selon l'usage, ou plutôt sans doute parce que Dieu voulut dévoiler en ce jour toute la honte de cette secte impie. Aussitôt

[1] En 1027.

qu'elle entra dans la maison du moribond, il vit entrer avec elle une troupe innombrable de gens de sa suite, tous habillés de noir, avec des figures hideuses. Quand elle fut près du malade, elle lui passa la main sur le front, puis sur la poitrine pour observer les battemens de son pouls. Après toutes les autres simagrées d'usage, elle déclara qu'il serait bientôt guéri, et sortit de la maison avec tout son cortége, laissant le malade entièrement seul. Aussitôt la bande noire qu'il avait vue se présente encore à ses yeux, et celui que les autres paraissaient regarder comme leur chef lui adresse ces paroles : « Me reconnais-tu, Hu-« gues? (c'était le nom du malade.) — Qui es-tu? « répondit-il. — Je suis le plus puissant de tous les « puissans, le plus riche de tous les riches. Si tu veux « seulement croire que j'aie le pouvoir de t'arracher « à la mort qui te menace, tu vivras long-temps en-« core; et pour t'inspirer plus de confiance dans mes « promesses, sache que c'est grâces à mon industrie « que Conrad vient d'être créé empereur. Aussi tu as pu « voir que jamais empereur n'a soumis si rapidement à « son autorité la Germanie et l'Italie toute entière. — « Je le sais, dit le malade, et je m'en étais même sou-« vent étonné comme les autres. — N'est-ce pas encore « moi, reprit le fourbe, qui ai livré dans les provin-« ces d'outre-mer la couronne de Basile à mon servi-« teur Michel? Crois donc en moi, et mes bienfaits « passeront tes espérances. Je vais te rendre la santé. » Le bruit courait alors en effet que ce Michel avait été chambellan de Basile, et qu'il avait fait périr l'empereur en lui présentant un breuvage empoisonné. Ce qu'il y a de plus certain, c'est qu'il monta sur le trône après lui, et que son gouvernement ne justifia que trop l'opinion qu'on avait dû s'en former d'avance. Cependant Hugues, revenant à lui, essaya de faire avec la main droite le signe respectable de la croix, en disant : « Au nom de Jésus, fils de Dieu, que « j'adore, que je reconnais et que je confesse, je ne « vois en toi que ce que tu es et ce que tu as tou« jours été, un démon imposteur. » Le diable aussitôt se mit à crier : « Je t'en prie, ne lève pas la « main sur moi ; » et à l'instant toute la troupe disparut comme une ombre. En entendant le malade crier à haute voix, les domestiques accoururent près de lui, et il leur raconta en détail tout ce qu'il avait vu, tout ce qu'il avait entendu. Après ce récit, il mourut le jour même avant le coucher du soleil. Personne ne douta que cette vision ne lui eût été envoyée pour son instruction et pour la nôtre.

CHAPITRE III.

Que les malins esprits peuvent quelquefois opérer des miracles, quand Dieu le permet, pour punir les péchés des hommes.

Moïse, chargé d'annoncer aux Juifs les leçons de la sagesse divine, leur disait : *S'il s'élève au milieu de vous quelque prophète ou quelqu'un.... qu'il préside quelque chose d'extraordinaire et de prodigieux ; que ce qu'il avait prédit soit arrivé, et qu'il vous dise en même temps : Allons, suivons des dieux étrangers...., vous n'écouterez point les paroles de ce prophète...., parce que le Seigneur votre Dieu vous éprouve, afin qu'il paraisse clairement si vous l'aimez de toute votre ame* [1]. Nous allons citer un exemple qui se rapporte à ce précepte, quoique dans un cas différent. Il y avait alors parmi le peuple un magicien des plus habiles, dont on ignorait pourtant le nom et le pays, parce que dans les différens lieux où il se réfugiait, pour éviter d'être reconnu, il prenait des noms supposés, et cachait avec soin sa patrie. Il allait fouiller en secret dans la tombe des morts, enlevait leurs ossemens de leurs cendres encore tièdes, puis il les plaçait dans des urnes [2], qu'il vendait à plusieurs personnes, comme contenant des reliques de saints confesseurs et de martyrs. Après avoir fait un grand nombre de dupes dans les Gaules, il se retira dans les Alpes, parmi les peuples sauvages qui habitent ordinairement le haut de ces montagnes. Là, quittant le nom de Pierre et de Jean qu'il avait pris ailleurs, il se donna celui d'Étienne. Il alla recueillir encore pendant la nuit, dans les lieux les plus abjects, les ossemens de quelque mort obscur, les plaça dans un vase, et prétendit qu'un ange lui avait apparu pour lui révéler les restes de saint Just, martyr. Bientôt le vulgaire grossier et la populace des campagnes ne manquèrent pas d'accourir en foule à cette nouvelle, selon leur habitude, regrettant seulement de n'avoir pas quelque maladie pour en obtenir la guérison. Ils amènent des malades, apportent des présens, et

[1] Deutér. ch. 13. v. 1, 2, 3.

[2] *Apophoreta* (ἀποφέρω). C'étaient des vases dans lesquels on portait les reliques des saints. Glaber les appelle aussi *cassella* et *feretrum*.

veillent toute la nuit dans l'attente de quelque miracle soudain. Car, nous le répétons, Dieu permet quelquefois aux malins esprits d'opérer des prodiges pour tenter les hommes, en punition de leurs péchés, et nous en avons ici une preuve bien claire, puisqu'en cette occasion beaucoup de personnes mal conformées eurent les membres redressés, et suspendirent en témoignage de leur guérison des figures de toute espèce. Il est vrai que les prélats de la Maurienne, d'Asti et de Grenoble voyaient toutes ces profanations se commettre dans leurs diocèses, sans montrer beaucoup d'empressement à examiner cette affaire, ou plutôt ils ne s'occupaient dans leurs conciliabules que des moyens de gagner l'argent du peuple, en accréditant eux-mêmes cette imposture.

Cependant Mainfroi, le plus riche des marquis du pays, ayant entendu parler de cette découverte, fit enlever de vive force par quelques-uns des siens, et transporter dans ses États ce vain simulacre honoré sous le nom d'un vénérable martyr. Ce seigneur avait fait construire à Suze, place antique, un monastère en l'honneur de Dieu tout-puissant et de sa bienheureuse mère, Marie, toujours vierge, et il avait formé le projet d'y placer ces reliques avec celles de beaucoup d'autres saints, quand tous les travaux seraient terminés. L'église étant donc achevée, au jour désigné pour la dédicace, les évêques des provinces voisines s'y rendirent avec l'illustre Guillaume[1] et quelques autres abbés. On voyait aussi ce magicien fameux, qui avait déjà su s'insinuer dans les bonnes grâces du marquis. Il lui promettait de lui révéler

[1] Abbé de Saint-Bénigne de Dijon.

bientôt des reliques infiniment plus précieuses. C'étaient les restes d'autant de saints prétendus, dont la vie, les souffrances, les combats, le nom même étaient autant d'impostures qu'il avait fabriquées. Toutes les fois que les savans personnages réunis à Suze lui demandaient comment il savait tout cela, il se mettait à débiter des contes dépourvus de toute vraisemblance. J'en fus témoin moi-même, car j'avais accompagné le respectable abbé tant de fois cité. « Un « ange, disait donc le sorcier, m'apparaît pendant la « nuit; il me raconte et m'enseigne tout ce qu'il sait « que je desire apprendre, et il reste constamment « près de moi, jusqu'à ce que je l'invite à se retirer. » Nous lui demandâmes alors s'il avait ces visions tout éveillé, ou si c'était dans ses songes. « Toutes les « nuits, reprit-il, l'ange m'emporte de mon lit, « sans que ma femme s'en aperçoive; et après de « longs entretiens, il me salue, m'embrasse, et se re- « tire. » Il ne nous fut pas difficile de reconnaître l'imposture à travers toutes ces finesses, et nous vîmes bien que cet homme angélique n'était autre chose qu'un artisan de fourbe et de mensonge. Au reste, les évêques procédèrent avec toutes les cérémonies d'usage à la consécration de l'église pour laquelle on les avait appelés. Les os profanes découverts par ce misérable furent introduits avec les reliques saintes au milieu de la joie tumultueuse de l'un et l'autre peuple qui assistait en foule à cette solennité. On avait choisi pour la dédicace le 17 octobre parce que les partisans des reliques de saint Just prétendaient que c'était le jour où ce respectable martyr avait souffert la mort à Beauvais, dans les

Gaules, d'où l'on a rapporté sa tête à Auxerre, sa patrie, qui la conserve encore. Pour moi, qui connaissais le fond de l'affaire, je traitais ces récits de contes puérils; et des personnages distingués, initiés comme moi au secret de ces fables mensongères, partageaient mon opinion. La nuit suivante, quelques moines et d'autres religieux virent dans cette église des fantômes monstrueux, des Éthiopiens, avec leur figure noire, sortir de l'endroit où l'on avait renfermé ces os, et s'éloigner ensuite de l'église. Cependant les hommes d'un esprit éclairé eurent beau crier à l'abomination et à l'imposture, la populace grossière des campagnes continua d'honorer, sous le nom de saint Just, le protégé du sorcier, qui méritait plutôt le nom d'injuste, et persévéra dans son erreur. Nous avons donné ici tous ces détails, pour que les malades se gardent d'accorder trop légèrement leur vénération et leur confiance aux ruses ou aux sortiléges multipliés des démons qui revêtent toutes les formes en ce monde, et se rencontrent surtout dans les arbres et dans les fontaines.

CHAPITRE IV.

Famine terrible dans l'univers.

Aux approches de l'an 1033 de l'Incarnation, qui répond à l'an 1000 de la Passion du Sauveur, le monde romain perdit un grand nombre de personnages fameux, et la religion ses plus fermes appuis, Benoît, pape [1] de l'Église universelle, et Robert, roi des Français; l'évêque de Chartres, Fulbert, prélat incomparable, le plus sage des hommes; enfin le père des moines, le fondateur de tant de couvens, l'illustre abbé Guillaume. Nous pourrions raconter de ce saint personnage bien des choses qui ne seraient pas inutiles, mais on sait qu'elles ont été depuis longtemps recueillies dans le livre que nous avons écrit sur l'histoire de sa vie et de ses vertus. Je dirai pourtant un fait seulement, qu'on ne trouverait pas dans cet ouvrage. Lorque l'abbé Guillaume quitta ce monde pour le séjour des bienheureux, il était en Neustrie, dans l'abbaye de Fécamp, située sur le bord de l'Océan, à près de quarante milles de Rouen, et il y fut enseveli, comme le méritait un si grand homme, dans le meilleur endroit de l'église. Quelques jours après on amena sur son tombeau un jeune enfant de dix ans, dangereusement malade, dont on espérait obtenir la guérison. Ses parens le laissèrent étendu en ce lieu; il y devait passer la nuit entièrement seul. En jetant les yeux derrière lui, il vit tout-à-coup un oiseau, dont la forme ressemblait à celle d'une colombe, perché sur le tombeau du père. Il le considéra long-temps avant de s'endormir. Enfin un doux sommeil vint fermer ses yeux, et à son réveil il se trouva en pleine santé, comme s'il n'avait jamais été malade. Les parens vinrent reprendre leur enfant; et la joie qu'ils ressentaient de cet heureux événement fut bientôt une joie générale.

[1] Benoît VIII mourut en 1024, le 28 février; le roi Robert, en 1031, le 20 juillet; Fulbert, évêque de Chartres, en 1028, le 10 avril.

Dans la suite des temps, la famine commença à désoler l'univers, et le genre humain fut menacé d'une destruction prochaine. La température devint si contraire que l'on ne put trouver aucun temps convenable pour ensemencer les terres, ou favorable à la moisson, surtout à cause des eaux dont les champs étaient inondés. On eût dit que les élémens furieux s'étaient déclaré la guerre, quand ils ne faisaient en effet qu'obéir à la vengeance divine, en punissant l'insolence des hommes. Toute la terre fut tellement inondée par des pluies continuelles que, durant trois ans, on ne trouva pas un sillon bon à ensemencer. Au temps de la récolte, les herbes parasites et l'ivraie couvraient toute la campagne. Le boisseau de grains, dans les terres où il avait le mieux profité, ne rendait qu'un sixième de sa mesure au moment de la moisson, et ce sixième en rapportait à peine une poignée. Ce fléau vengeur avait d'abord commencé en Orient. Après avoir ravagé la Grèce, il passa en Italie, se répandit dans les Gaules, et n'épargna pas davantage les peuples de l'Angleterre. Tous les hommes en ressentaient également les atteintes. Les grands, les gens de condition moyenne et les pauvres, tous avaient la bouche également affamée et la pâleur sur le front, car la violence des grands avait enfin cédé aussi à la disette commune. Tout homme qui avait à vendre quelque aliment pouvait en demander le prix le plus excessif, il était toujours sûr de le recevoir sans contradiction. Chez presque tous les peuples, le boisseau de grains se vendait soixante sous; quelquefois même, le sixième de boisseau en coûtait quinze. Cependant, quand on se fut nourri de bêtes et d'oiseaux, cette ressource une fois épuisée, la faim ne s'en fit pas sentir moins vivement, et il fallut, pour l'apaiser, se résoudre à dévorer des cadavres, ou toute autre nourriture aussi horrible; ou bien encore, pour échapper à la mort, on déracinait les arbres dans les bois, on arrachait l'herbe des ruisseaux; mais tout était inutile, car il n'est d'autre refuge contre la colère de Dieu que Dieu même. Enfin, la mémoire se refuse à rappeler toutes les horreurs de cette déplorable époque. Hélas! devons-nous le croire? les fureurs de la faim renouvelèrent ces exemples d'atrocité si rares dans l'histoire, et les hommes dévorèrent la chair des hommes. Le voyageur, assailli sur la route, succombait sous les coups de ses agresseurs; ses membres étaient déchirés, grillés au feu, et dévorés. D'autres, fuyant leur pays pour fuir aussi la famine, recevaient l'hospitalité sur les chemins, et leurs hôtes les égorgeaient la nuit pour en faire leur nourriture. Quelques autres présentaient à des enfans un œuf ou une pomme, pour les attirer à l'écart, et ils les immolaient à leur faim. Les cadavres furent déterrés en beaucoup d'endroits pour servir à ces tristes repas. Enfin ce délire, ou plutôt cette rage, s'accrut d'une manière si effrayante, que les animaux mêmes étaient plus sûrs que l'homme d'échapper aux mains des ravisseurs, car il semblait que ce fût un usage désormais consacré, que de se nourrir de chair humaine: et un misérable osa même en porter au marché de Tournus, pour la vendre cuite, comme celle des animaux. Il fut arrêté, et ne chercha pas à nier son crime; on le garotta, on le jeta dans les flammes. Un autre alla dérober pendant la nuit cette chair qu'on avait enfouie dans la terre; il la mangea, et fut brûlé de même.

On trouve, à trois milles de Mâcon, dans la forêt de Chatenay, une église isolée, consacrée à saint Jean. Un scélérat s'était construit, non loin de là, une cabane où il égorgeait les passans et les voyageurs qui s'arrêtaient chez lui. Le monstre se nourrissait ensuite de leurs cadavres. Un homme vint un jour y demander l'hospitalité avec sa femme, et se reposa quelques instans. Mais en jetant les yeux sur tous les coins de la cabane, il y vit des têtes d'hommes, de femmes et d'enfans. Aussitôt il se trouble, il pâlit; il veut sortir, mais son hôte cruel s'y oppose, et prétend le retenir malgré lui. La crainte de la mort double les forces du voyageur, il finit par s'échapper avec sa femme, et court en toute hâte à la ville. Là, il s'empresse de communiquer au comte Othon et à tous les autres habitans cette affreuse découverte. On envoie à l'instant un grand nombre d'hommes pour vérifier le fait; ils pressent leur marche, et trouvent à leur arrivée cette bête féroce dans son repaire avec quarante-huit têtes d'hommes qu'il avait égorgés, et dont il avait déjà dévoré la chair. On l'emmène à la ville, on l'attache à une poutre dans un cellier, puis on le jette au feu. Nous avons assisté nous-même à son exécution.

On essaya, dans la même province, un moyen dont nous ne croyons pas qu'on se fût jamais avisé ailleurs. Beaucoup de personnes mêlaient une terre blanche, semblable à l'argile, avec ce qu'elles avaient de farine ou de son, et elles en formaient des pains pour satisfaire leur faim cruelle. C'était le seul espoir qui leur restât d'échapper à la mort, et le succès ne répondit pas à leurs vœux. Tous les visages étaient pâles et décharnés, la peau tendue et enflée, la voix grêle, et imitant le cri plaintif des oiseaux expirans. Le grand nombre de morts ne permettait pas de songer à leur sépulture; et les loups, attirés depuis long-temps par l'odeur des cadavres, venaient enfin déchirer leur proie. Comme on ne pouvait donner à tous les morts une sépulture particulière, à cause de leur grand nombre, des hommes pleins de la grâce de Dieu creusèrent dans quelques endroits des fosses, communément nommées charniers, où l'on jetait cinq cents corps, et quelquefois plus quand ils pouvaient en contenir davantage. Ils gissaient là, confondus pêle-mêle, demi-nus, souvent même sans aucun vêtement. Les carrefours, les fossés dans les champs, servaient aussi de cimetières.

D'autres fois, des malheureux entendaient dire que certaines provinces étaient traitées moins rigoureusement; ils abandonnaient donc leur pays, mais ils défaillaient en chemin, et mouraient sur les routes. Ce fléau redoutable exerça pendant trois ans ses ravages, en punition des péchés des hommes. Les ornemens des églises furent sacrifiés aux besoins des pauvres. On consacra au même usage les trésors qui avaient été depuis long-temps destinés à cet emploi, comme nous le trouvons écrit dans les décrets des Pères. Mais la juste vengeance du ciel n'était point satisfaite encore; et dans beaucoup d'endroits, les trésors des églises ne purent suffire aux nécessités des pauvres. Souvent même, quand ces malheureux, depuis long-temps consumés par la faim, trouvaient le moyen de la satisfaire, ils enflaient aussitôt, et mouraient. D'autres tenaient dans leurs mains la nourriture qu'ils voulaient approcher de leurs lèvres, mais ce dernier effort leur coûtait la vie, et ils périssaient sans avoir pu jouir de ce triste plaisir. Il n'est pas de paroles capables d'exprimer la douleur, la tristesse, les sanglots, les plaintes, les larmes des malheureux témoins de ces scènes désastreuses, surtout parmi les hommes d'église, les évêques, les abbés, les moines et les religieux. On croyait que l'ordre des saisons et les lois des élémens, qui jusqu'alors avaient gouverné le monde, étaient retombés dans un éternel chaos, et l'on craignait la fin du genre humain. Mais ce qu'il y a de plus prodigieux, de plus monstrueux, au milieu de ces maux, c'est qu'on rencontrait rarement des hommes qui se résignassent, comme ils le devaient, à subir cette vengeance secrète de la Divinité avec un cœur humble et contrit, et qui cherchassent à mériter le secours du Seigneur, en élevant vers lui leurs mains et leurs prières. On vit donc s'accomplir alors cette parole d'Isaïe : *Le peuple n'est point retourné vers celui qui le frappait* [1]. C'est qu'il y avait dans les hommes une dureté de cœur égale à l'aveuglement de leur esprit, et que Dieu, le souverain juge des hommes, l'auteur de toute bonté, n'accorde la volonté de le prier qu'à ceux qu'il a crus dignes de sa miséricorde.

[1] Isaïe, chap. 9, v. 13.

CHAPITRE V.

Paix et abondance l'an 1000 après la Passion du Sauveur.

En l'an 1000 de la Passion du Christ[1], qui suivit ces années de désolation et de misère, la bonté et la miséricorde du Seigneur ayant tari la source des pluies et dissipé les nuages, le ciel commença à s'éclaircir et à prendre une face plus riante. Le souffle des vents devint plus propice, le calme et la paix, rétablis dans toute la nature, annoncèrent aussi le retour de la clémence divine. Aussitôt on vit en Aquitaine les évêques, les abbés, et des personnes de tous les rangs, dévouées au bien de notre sainte religion, former des assemblées et des conciles. On y porta le corps d'un grand nombre de bienheureux, et une quantité prodigieuse de châsses contenant de saintes reliques. La province d'Arles, de Lyon, et la Bourgogne toute entière, jusqu'aux extrémités de la France, suivirent cet exemple. On fit savoir dans tous les évêchés que les prélats et les grands du royaume tiendraient en certains lieux des conciles pour le rétablissement de la paix et le maintien de la foi. Tout le peuple accueillit avec joie cette heureuse nouvelle; grands et petits, tous attendaient la décision des pasteurs de l'Église, pour s'y soumettre avec la même obéissance que si Dieu lui-même faisait enten-

[1] C'est-à-dire l'an 1033 de l'Incarnation; car, selon Glaber, l'an 1033 de l'Incarnation répond à l'an 1000 de la Passion.

dre sa voix sur la terre; car le souvenir de leurs derniers malheurs, et la crainte de ne pouvoir profiter de l'abondance que semblait leur promettre l'apparente fécondité des campagnes, avaient effrayé tous les esprits. Les décrets des conciles, divisés par chapitres, contenaient la réforme des abus, et réglaient les offrandes pieuses qu'on avait résolu de consacrer au Seigneur tout-puissant. Un des points les plus importans était la conservation d'une paix inviolable : on y avait pourvu, en ordonnant à tout particulier des deux classes, quelle que fût sa conduite antérieure, de sortir sans armes, avec une entière sécurité. Le ravisseur ou l'usurpateur des biens d'autrui, atteint par l'autorité des lois, devait être dépouillé de ses biens, ou subir les peines corporelles les plus rigoureuses. Les saints lieux, dans toutes les églises, jouissaient d'honneurs et de priviléges particuliers; quand un coupable y cherchait un refuge, il pouvait en sortir sans crainte, excepté toutefois celui qui aurait violé les lois relatives au maintien de la paix, car celui-là, eût-il été trouvé au pied même de l'autel, ne pouvait échapper à la punition de son crime. On avait encore institué que ceux qui voyageraient dans la compagnie d'un clerc, d'un moine ou d'un religieux, seraient à l'abri de toute violence.

Les mêmes conciles firent encore une foule d'autres statuts, qu'il serait trop long d'énumérer ici; mais il est remarquable qu'ils s'accordèrent tous à décider que le sixième jour de la semaine il faudrait faire abstinence de vin, et le septième, abstinence de viande, à moins qu'on n'en fût empêché par quelque maladie grave, ou dispensé par quelque fête solennelle. Lorsqu'on avait eu des raisons pour se relâcher un peu de cet usage, on était obligé de nourrir trois pauvres à ses frais. On vit aussi guérir alors une infinité de malades dans les couvens des saints, et pour que personne ne pût élever de doutes, on vit, chez beaucoup d'entre eux, du sang s'écouler en abondance par des fentes à la peau, ou même des entailles dans la chair; au moment, les bras ou les jambes, auparavant recourbés, se redressaient miraculeusement, pour revenir à leur état naturel. Cette preuve convaincante servit aussi à lever beaucoup d'autres doutes non moins injustes. Tous les assistans en conçurent un tel enthousiasme, que les évêques levaient leur bâton vers le ciel, et que, les mains étendues vers le Seigneur, ils s'écriaient d'une commune voix : *Paix! paix! paix!* en signe de l'éternelle alliance qu'ils venaient de contracter avec Dieu, alliance qui devait cimenter pendant cinq ans la paix entre tous les peuples de l'univers.

La même année, il y eut une si grande abondance de vin, de froment et de productions de toute espèce, que c'eût été folie d'en espérer une pareille pendant les cinq années suivantes. A l'exception des viandes et des mets recherchés, tout ce qui peut servir à la nourriture de l'homme était au plus vil prix. C'était le retour du grand jubilé de Moïse. Cependant l'année suivante, la troisième, la quatrième, ne furent pas moins heureuses. Mais hélas! ô douleur! la race humaine oublia bientôt les bienfaits du Seigneur; attiré au mal par sa nature, comme le chien à son vomissement, comme le porc à se salir dans la fange où il se vautre, l'homme viola plusieurs des engagemens qu'il avait pris lui-même envers Dieu, et comme s'exprime l'Écriture, *étant devenu tout chargé de graisse et d'embonpoint il a abandonné... son créateur*[1]. Les grands de l'un et de l'autre ordre s'abandonnèrent les premiers à l'avarice, et comme auparavant, quelquefois même avec une licence plus effrénée, recommencèrent leurs rapines pour satisfaire leur cupidité. Les hommes de moyenne classe, puis ceux du dernier rang, suivirent leur exemple, et se précipitèrent dans les excès les plus honteux. Non, jamais auparavant on n'entendit parler d'autant d'incestes, d'adultères, d'unions illicites entre les parens, de concubinages, en un mot, d'une émulation si active pour le mal parmi tous les hommes. Pour comble de misère, malgré les remontrances sévères et répétées de quelques hommes pour s'opposer à de pareils abus, la prédiction du prophète fut remplie, *alors le prêtre sera comme le peuple*[2]; car les personnes qu'on voyait alors à la tête des églises, comme à la tête des affaires, étaient toutes encore dans l'enfance. *Malheur à toi, ô terre*[3], disait Salomon, parole terrible, dont les péchés des hommes avaient hâté l'accomplissement. Le pape[4] de l'Église universelle lui-même, neveu des deux papes Benoît et Jean, ses prédécesseurs, avait à peine dix ans, lorsqu'il fut élu par les Romains, grâces à l'usage libéral qu'il fit de ses trésors. Son expulsion répétée, ses retours plus ignominieux encore, prouvent assez combien il avait peu de pouvoir; et, quant aux autres prélats des églises, nous

[1] Deutér. ch. 32, v. 15. — [2] Isaïe, ch. 24, v. 2. — [3] Eccl. ch. 10, v. 16.

[4] Benoît IX, sacré pape en 1033, chassé plusieurs fois du saint Siége, où il rentra toujours, finit par abdiquer le pontificat en 1048.

avons déjà dit qu'ils devaient leur élévation à leurs richesses plutôt qu'à leur mérite. Quelle infamie! et n'est-ce pas évidemment de ceux-là que l'Écriture, ou plutôt que la bouche même du Seigneur a dit : *Ils ont été princes, et je ne l'ai point su* [1].

CHAPITRE VI.

Affluence des peuples de tout l'univers au saint sépulcre de Jérusalem.

Dans le même temps, une foule innombrable venait des extrémités du monde visiter le saint sépulcre du Sauveur à Jérusalem. Jamais on n'aurait cru qu'il pût attirer une affluence si prodigieuse. D'abord la basse classe du peuple, puis la classe moyenne, puis les rois les plus puissans, les comtes, les marquis, les prélats; enfin, ce qui ne s'était jamais vu, beaucoup de femmes nobles ou pauvres entreprirent ce pélerinage; il y en eut même plusieurs qui témoignèrent le plus ardent desir d'y mourir plutôt que de rentrer dans leur pays. Un Bourguignon, nommé Lethbaud, du territoire d'Autun, fit ce voyage avec plusieurs autres. Quand il vit les saints lieux et qu'il fut au haut du mont des Oliviers, d'où le Seigneur s'éleva aux cieux à la vue d'un grand nombre de témoins irrécusables, en promettant qu'il viendrait de là juger les vivans et les morts, il se prosterna la face contre terre, les bras étendus en forme de croix. Il versa un torrent de larmes et sentit son ame pleine d'une extase ineffable qui l'élevait à Dieu. Il se re-

[1] Osée, ch. 8, v. 4.

leva quelque temps après, étendit les mains vers le ciel, faisant tous ses efforts pour se soulever et se soutenir dans les airs, et exprima en ces mots les desirs de son cœur : « Seigneur Jésus, disait-il, vous qui « avez daigné descendre du trône de votre majesté « sur la terre, pour sauver les hommes; vous qui, « de ces lieux présens à mes regards, avez quitté le « monde sous une forme humaine pour retourner « dans les cieux d'où vous étiez venu, je vous en sup- « plie, au nom de votre bonté toute-puissante, si mon « ame doit se séparer cette année de mon corps, « faites-moi la grâce de ne pas m'éloigner d'ici, pour « que je puisse mourir à la vue des lieux qui furent « témoins de votre ascension : car, de même que « mon corps a voulu vous suivre en venant visiter « votre tombeau, mon ame serait peut-être assez « heureuse à son tour pour vous suivre sans obstacle « dans le paradis. » Après cette prière, il revint avec ses compagnons chez leur hôte. On allait dîner. Les autres se mirent à table; pour lui, il alla gaîment se mettre au lit pour prendre quelque repos, car il paraissait accablé par le sommeil. Il ne tarda pas à dormir en effet. On ignore ce qui lui apparut alors, mais il s'écria aussitôt : « Gloire à vous, Seigneur! gloire à « vous! » Ses compagnons l'entendirent et voulurent le faire lever pour manger avec eux; mais il s'y refusa, se tourna de l'autre côté, et commença à se plaindre de quelque indisposition. Il resta ainsi couché jusqu'au soir. Il fit appeler alors ses compagnons de voyage, reçut en leur présence le saint viatique de l'eucharistie vivifiante, salua doucement les assistans, et rendit l'ame. Certes celui-là n'avait pas fait le voyage de Jérusalem par vanité comme tant d'autres qui ne l'entreprennent que pour s'en faire honneur à leur retour; aussi Dieu le père ne lui refusa-t-il pas la grâce qu'il lui demandait au nom de Jésus son fils. Nous avons recueilli ces détails de la bouche même des compagnons de Lethbaud, qui nous les ont racontés quand nous étions au monastère de Bèze.

Dans le même temps encore, Odolric, prélat d'Orléans, qui se trouvait à Jérusalem, y fut témoin d'un miracle qu'il nous a communiqué, et qui mérite de trouver place ici. Le jour du grand sabbat, où tout le peuple assemblé attend le feu qui paraît tout-à-coup par un effet admirable de la puissance divine, il se trouvait présent à la solennité avec tous les autres. Déjà le jour était sur son déclin; tout-à-coup, à l'heure où l'on espérait voir bientôt le feu paraître, un Sarrasin, du milieu des infidèles qui viennent tous les ans assister en foule à ce spectacle, s'écria : *Agios, kyrie eleison* (c'est le chant que les Chrétiens entonnent aussitôt qu'ils aperçoivent le feu). Cet impudent bouffon se mit ensuite à rire aux éclats, arracha des mains d'un Chrétien le cierge qu'il tenait, et se mit à fuir. Mais aussitôt il fut saisi par le démon, et commença à souffrir des tourmens inouis. Le Chrétien le poursuivit et lui reprit son cierge; le Sarrasin, en proie aux tourmens les plus cruels, expira aussitôt dans les bras de ses frères. Cet exemple inspira une juste terreur aux infidèles, et fut pour les Chrétiens un grand sujet de joie. A l'instant même, la puissance divine éclata comme à l'ordinaire; le feu sortit d'une des sept lampes suspendues en ce lieu, et courut enflammer toutes les autres. L'évêque Odolric[1] acheta de Jordanus, patriarche de Jérusalem, cette lampe, avec l'huile sainte, pour une livre d'or. Il l'apporta avec lui à Orléans, pour en faire un des ornemens de son église, où elle fit un bien infini aux malades. Il apporta aussi au roi Robert un fragment considérable de la vénérable croix du Sauveur. C'était Constantin, empereur des Grecs, qui envoyait ce présent, avec un grand nombre de manteaux, tous de soie, au roi des Français, dont il avait reçu, par l'entremise du même évêque, une épée avec la garde en or, et une boîte du même métal, renfermant les plus riches pierreries.

Parmi les pélerins de Jérusalem, il faut compter Robert, duc de Normandie, qui s'y rendit avec un grand nombre de ses sujets, emportant des présens magnifiques, en or et en argent, qu'il voulait distribuer dans son voyage. A son retour, il mourut dans la ville de Nicée[2], où il fut enseveli. Sa mort causa parmi ses peuples un deuil inexprimable. On regrettait surtout qu'il n'eût point laissé d'enfant légitime pour gouverner la province après lui. Il avait pourtant épousé une sœur de Canut, roi des Anglais, mais elle lui était devenue tellement odieuse, qu'il l'avait répudiée. Cependant il avait eu d'une concubine un fils, qu'il appela Guillaume, du nom de son aïeul. Avant de partir pour son pélerinage, il fit prêter à tous les princes de son duché le serment militaire

[1] Odolric, qui succéda l'an 1002 à Thierri, évêque d'Orléans. Il fit le voyage de Jérusalem avant l'année 1029, s'il est vrai, comme Glaber le dit ici, qu'il apporta au roi Robert une partie de la sainte croix de la part de l'empereur Constantin, qui mourut le 12 novembre 1028.

[2] En 1035.

par lequel ils s'engageaient à reconnaître pour chef son fils illégitime, si la mort venait à le surprendre dans ce voyage. Ils accomplirent en effet leur parole d'un accord unanime, avec l'agrément d'Henri, roi des Français. Nous avons déjà remarqué plus haut que dès leur arrivée dans les Gaules, les Normands eurent presque toujours des princes nés, comme Guillaume, d'un commerce illégitime. Mais on ne trouvera rien de trop répréhensible dans cet usage, si l'on veut se rappeler les fils des concubines de Jacob qui, malgré leur naissance, n'en héritèrent pas moins de toute la dignité de leur père, comme leurs autres frères, et reçurent le titre de patriarches. Il ne faut pas oublier non plus que sous l'Empire, Hélène, la mère du premier empereur romain, n'était aussi qu'une concubine.

Quelques personnes conçurent alors des alarmes de ce concours prodigieux des peuples au saint sépulcre de Jérusalem; et toutes les fois qu'on leur demandait leur avis sur cet empressement jusqu'alors inoui, elles répondaient sagement que c'était le signe avant-coureur de l'infâme Antéchrist que les hommes attendent en effet vers la fin des siècles, sur la foi des divines Écritures, et que toutes les nations s'ouvraient un passage vers l'Orient, qui devait être sa patrie, pour marcher bientôt à sa rencontre. C'est ainsi que devait s'accomplir cette prophétie du Seigneur : *Alors les élus eux-mêmes, s'il est possible, seront séduits*[1]. Au reste, nous ne prétendons pas nier pour cela que les fidèles ne doivent recevoir du souverain juge le prix et la récompense de ce pieux pélerinage.

[1] Év. sel. saint Matth., ch. 24, v. 24.

CHAPITRE VII.

Combat des Sarrasins contre les Chrétiens en Afrique.

Vers le même temps[1], la haine perfide des Sarrasins en Afrique contre les Chrétiens se réveilla avec une nouvelle force. Ils renouvelèrent leurs persécutions sur terre et sur mer. Tous les fidèles qui tombaient entre leurs mains étaient égorgés, quelquefois même on les écorchait vifs. Le sang des deux partis coula en abondance dans plus d'une rencontre, et les succès furent long-temps balancés, jusqu'à ce qu'enfin il fut décidé que les deux armées seraient mises en présence pour en venir aux mains. Les infidèles, comptant dans leur folle présomption sur la rage cruelle et le nombre infini de leurs soldats, s'attendaient à remporter la victoire. Les Chrétiens à leur tour, malgré leur petit nombre, pleins de confiance dans l'intervention de la bienheureuse Marie, mère de Dieu, de saint Pierre, prince des apôtres, et de tous les saints, espéraient un triomphe assuré. Ils comptaient surtout sur le vœu qu'ils avaient fait en marchant au combat. Ils avaient juré que, si le bras puissant du Seigneur livrait en leurs mains cette nation perfide, ils feraient hommage au prince des apôtres, saint Pierre, dans l'abbaye de Cluny, de tout l'or, l'argent, et les autres dépouilles que cette victoire laisserait en leur pouvoir. Car il y avait déjà long-temps, comme nous l'avons dit plus haut, que des religieux de notre ordre avaient inspiré à toute la nation, par leurs œuvres

[1] En 1033.

pieuses, beaucoup de respect et d'amour pour le monastère de Cluny. La bataille s'engagea ; elle fut longue et opiniâtre. Cependant les Chrétiens n'éprouvaient point de pertes et paraissaient toujours conserver l'avantage. Enfin les Sarrasins furent saisis d'une terreur subite, le désordre se mit dans leurs rangs, et bientôt, abandonnant le combat, ils cherchèrent, mais en vain, leur salut dans la fuite; ils tombaient percés de leurs propres traits, ou s'arrêtaient, frappés de stupeur par une main divine. Les troupes chrétiennes au contraire, couvertes de la protection de Dieu comme d'un bouclier, firent un si grand carnage de leurs ennemis, qu'un petit nombre de fuyards put à peine échapper au désastre de cette armée innombrable. On dit même que leur prince *Motget*, nom qui répond dans leur langue à celui de *Moïse*, périt dans la mêlée. Les vainqueurs recueillirent les dépouilles de leurs ennemis; ils en retirèrent un grand nombre de talens d'or et d'argent, et accomplirent fidèlement le vœu qu'ils avaient fait auparavant. Les Sarrasins, en marchant au combat, se couvrent ordinairement des plus riches ornemens d'or et d'argent, ce qui contribua à rendre plus brillante encore la pieuse offrande des Chrétiens. Ils se hâtèrent d'envoyer à l'abbaye de Cluny tout le fruit de leur triomphe, selon leur promesse. Le vénérable abbé Odilon employa une partie de ces dons à décorer l'autel de saint Pierre d'un ciboire de la plus grande beauté, et il fit distribuer le reste aux pauvres, jusqu'au dernier sou, avec une libéralité vraiment admirable. Quoi qu'il en soit, la fougue des Sarrasins, ainsi comprimée, se ralentit pendant quelque temps.

CHAPITRE VIII.

Combat des Lettes contre les Chrétiens dans le nord.

La Germanie, qui s'étend depuis le fleuve du Rhin jusqu'aux limites septentrionales du monde, est habitée par une foule de nations confuses dont on connaît la férocité. Un des peuples les plus cruels de cette contrée est celui qui occupe la partie la plus reculée de la seconde *Rhœtie*; car la première, qui a tiré comme l'autre son nom du *Rhin*, est placée le long de la rive occidentale de ce fleuve, et le nom qu'on lui donne ordinairement est une corruption des mots, *royaume de Lothaire* [1]. L'autre est habitée par la nation la plus barbare et la plus féroce, celle des *Lettes*, dont le nom est tiré de *lutum*, *fange*. En effet, les côtes qu'ils occupent le long de la mer du Nord [2] sont couvertes de marais infects, qui ont fait donner aux peuples du pays le nom de *Leutiques* ou *fangeux*. L'an 1000 de la Passion du Sauveur, ils sortirent de leurs repaires, et se jetèrent sur le pays des Saxons et des Bavarois, qu'ils dévastèrent sans pitié. Les habitations des Chrétiens furent ren-

[1] Jamais la partie occidentale du Rhin, appelée *Lothairrègne* ou *Lorraine*, n'a porté autrefois le nom de *Rhœtie*. C'est une supposition de Glaber tout aussi absurde que son étymologie du mot *Rhætie* qu'il fait venir de *Rhin*.

[2] Il est inutile d'insister sur l'absurdité de cette étymologie; les Lettes étaient une nation d'origine asiatique, liée probablement aux nations Slaves, et de laquelle sont sortis les Lithuaniens, les Courlandais, et plusieurs autres tribus établies sur les côtes de la Baltique.

versées et rasées partout sur leur passage; les hommes et les femmes égorgés. L'empereur Conrad alla plusieurs fois à leur rencontre, à la tête d'une armée formidable, remporta sur eux plusieurs avantages, mais la victoire lui coûta toujours un grand nombre des siens. Tout le clergé des églises et le peuple de son royaume, affligés de ces pertes, adressèrent à Dieu des prières pour appeler sa vengeance sur la fureur aveugle de ces barbares, et le conjurèrent d'accorder un triomphe éclatant aux Chrétiens pour l'honneur de son nom. Conrad fondit alors sur ses ennemis, dont il fit un grand massacre. Les autres cherchèrent leur salut dans la fuite, et coururent se cacher tout tremblans dans leurs retraites inaccessibles. Cette victoire ayant ranimé le courage de Conrad, il rassembla de nouveau ses troupes, passa en Italie, s'avança jusqu'à Rome même, et une année de séjour dans ce pays lui suffit pour subjuguer et ranger au devoir tous les rebelles. Il renouvela avec le roi de France Henri, fils de Robert, le traité de paix et d'alliance que son père avait fait avec ce prince; et pour lui témoigner son amitié, il lui fit présent d'un lion énorme. Henri épousa ensuite Mathilde, princesse d'une grande vertu, et l'une des plus nobles du royaume de Germanie.

CHAPITRE IX.

Signe dans le soleil.

La même année (l'an 1000 de la Passion du Sauveur), le 29 juin, et la vingt-huitième lune, il y eut une éclipse de soleil effroyable, qui dura depuis la sixième jusqu'à la huitième heure du jour. Le soleil lui-même paraissait couleur de safran, et le haut de cet astre semblait avoir pris la forme du dernier quartier de la lune. Tous les visages étaient pâles comme la mort, et tous les objets qu'on apercevait dans l'air étaient jaunes et safranés. L'étonnement et l'épouvante remplirent alors tous les cœurs, et à la vue de ce triste présage, on attendit avec effroi quelque événement funeste au genre humain. En effet, le même jour, c'est-à-dire celui de la Nativité des apôtres, des seigneurs romains, ayant formé une ligue contre le pape, se présentèrent dans l'église de Saint-Pierre pour égorger le pontife. Ils ne purent accomplir leur cruel projet, mais ils réussirent du moins à le chasser du Saint-Siége. L'empereur s'étant rendu en Italie pour punir l'insolence des Romains, tant dans cette occasion que dans beaucoup d'autres, rétablit le pontife dans sa dignité. On vit en même temps régner par tout l'univers, dans les églises comme dans le siècle, le mépris de la justice et des lois. On se laissait emporter aux brusques transports de ses passions. Plus de sûreté parmi les hommes : la bonne foi, le fondement et la base de tout bien, était désormais méconnue. Enfin, on ne put douter bientôt que les péchés de la terre n'eussent fatigué le ciel, et, selon la parole du Prophète, les iniquités des peuples furent tellement multipliées que *l'on commit meurtres sur meurtres*[1]. Le vice fut bientôt en honneur dans presque tous les ordres du royaume. Les rigueurs salutaires d'une sévérité constante, inflexible, tombèrent dans l'oubli, et l'on put justement appliquer à nos peuples cette parole de l'Apôtre : *Il y a parmi vous une telle impureté, qu'on n'entend point dire qu'il s'en commette de semblables parmi les païens*[2]. L'avarice la plus impudente s'empara de tous les cœurs; la foi fut ébranlée, et de là bientôt sortirent les vices les plus honteux, l'inceste, le brigandage, la lutte aveugle des passions, le vol et l'adultère. O ciel! qui pourrait le croire? chacun avait horreur de se juger soi-même, et cependant personne ne songeait à renoncer à ces pratiques criminelles.

Quatre ans après[3] il y eut encore une éclipse de soleil, le 22 août, à la sixième heure, et la vingt-huitième lune, comme à l'ordinaire. La même année, Conrad, empereur des Romains, mourut en Saxe. Son fils Henri, auquel il avait fait porter pendant sa vie le titre de roi, gouverna l'Empire après lui. Guillaume, comte de Poitiers, ayant obtenu à prix d'argent sa liberté de Geoffroi, fils de Foulques, surnommé *Martel*, qui l'avait pris dans un combat et

[1] Osée. ch. 4, v. 2. — [2] Ire Ep. de saint Paul aux Cor., ch. 5, v. 1.

[3] Au lieu de quatre ans il faut lire six ans. Cette éclipse eut lieu le 22 août, au témoignage unanime de toutes les chronologies : c'est la même année que mourut Conrad, comme on le verra plus bas.

retenu trois ans dans ses États, revint dans ses domaines, où il mourut cette année même[1]. Hugues, évêque d'Auxerre, homme très-distingué, termina aussi sa vie. Rainaud, comte de la même ville, fils du comte Landri, qui avait épousé une fille du roi Robert, prince hardi, périt à son tour victime de l'audace d'un chevalier de basse naissance qui l'assassina. Son meurtrier, craignant avec raison de payer bientôt ce crime de sa propre vie, profita du peu de jours qu'il vécut encore, pour fonder en l'honneur du divin Sauveur, une abbaye dans laquelle il fut enseveli, et dont il laissa la possession perpétuelle au monastère du bienheureux saint Germain. Enfin le comte d'Angers, Foulques, dont nous avons déjà dit quelque chose, après avoir fait trois fois le pélerinage de Jérusalem, revint mourir à Metz[2]. Son corps fut transféré et enseveli avec honneur dans le monastère de Loches, dont il était fondateur.

[1] En 1038. — [2] En 1040.

FIN DU LIVRE QUATRIÈME.

LIVRE CINQUIÈME.

CHAPITRE Ier.

Divers sujets.

Au milieu des changemens rapides et des événemens variés dont la mobilité éblouissait pour ainsi dire les yeux, étonnait et fatiguait l'esprit de presque tous les hommes, les génies du mal firent aussi de fréquentes apparitions. Souvent même des révélations utiles furent le fruit de ces visites inattendues.

Un moine vit une nuit, à l'heure où l'on sonnait matines, apparaître une figure hideuse qui s'entretint avec lui, et lui suggéra ces conseils : « Pourquoi, « vous autres moines, vous imposez-vous tant de « veilles, de jeûnes, d'afflictions, de psalmodies, « et une foule d'humiliations, contre l'usage commun « du reste des hommes? Croyez-vous que ce nombre « infini de séculiers qui persévèrent jusqu'à la fin de « leur vie dans tous les genres d'excès en obtiendront « moins pour cela le repos éternel auquel vous pré- « tendez? Un jour, une heure suffiraient seuls pour « mériter la beatitude que vous croyez le prix de vo- « tre vertu. Et toi-même, je ne puis assez admirer « avec quel soin inquiet tu te précipites à bas de ton « lit au premier signal, avec quel courage tu t'arra-

« ches des bras du sommeil, quand tu pourrais sa« vourer encore les douceurs du repos jusqu'au troi« sième coup de cloche. Je vais donc te communiquer « un secret merveilleux. C'est un mauvais service que « je rends à notre cause, mais mon indiscrétion ne « peut être que salutaire pour toi. Sache donc que « tous les ans, au jour où le Christ en ressuscitant « des morts a rendu une vie nouvelle au genre hu« main, il dépeuple le *Tartare* tout entier des ames « qui l'habitaient, et les ramène toutes dans les ré« gions supérieures. Ainsi, vous n'avez rien à crain« dre : vous pouvez satisfaire en toute sûreté vos « goûts, vos passions et vos sens. » Telles étaient les paroles perfides auxquelles ce démon imposteur avait recours pour tromper le bon moine, et il sut si bien le séduire par ses artifices, qu'en effet il manqua le matin à la réunion commune des frères. Quant aux mensonges que le démon de séduction a proférés à propos de la résurrection du Seigneur, nous en trouvons la réfutation dans ces paroles même du saint Évangile. *Plusieurs corps des saints qui étaient dans le sommeil de la mort ressuscitèrent* [1]. *Plusieurs* sans doute, mais l'Évangile ne dit pas *tous* les saints; et c'est aussi le dogme que professe la religion catholique. Mais si les démons les plus imposteurs peuvent quelquefois, par une loi de la sagesse divine, annoncer aux hommes quelques vérités, cependant tout ce qu'ils peuvent y mêler de leur propre science n'est plus que fraude et déception; ou, si leurs prédictions viennent à s'accomplir en partie, c'est que l'événement n'en doit pas être entièrement salutaire au genre

[1] Ev. sel. saint Matth., ch. 27, v. 52.

humain, à moins que la providence divine ne prenne soin d'empêcher l'effet de leurs artifices.

Il n'y a pas très-long-temps que j'eus moi-même, grâces à Dieu, des visions pareilles. Du temps que j'habitais le monastère de Saint-Léger [1] martyr, nommé aussi l'abbaye de Champeaux, je vis une nuit, avant matines, paraître devant moi, au pied de mon lit, un petit monstre hideux qui avait à peine figure humaine. Il me semblait avoir, autant que je pus m'en assurer, une taille médiocre, un cou grêle, une figure maigre, les yeux très-noirs, le front étroit et ridé, le nez plat, la bouche grande, les lèvres gonflées, le menton court et effilé, une barbe de bouc, les oreilles droites et pointues, les cheveux sales et roides, les dents d'un chien, l'occiput aigu, la poitrine protubérante, une bosse sur le dos, les fesses pendantes, les vêtemens malpropres; enfin tout son corps paraissait d'une activité convulsive et précipitée. Il saisit le bord du lit où j'étais couché, le secoua tout entier avec une violence terrible, et se mit à me dire : « *Tu ne resteras pas plus long-temps ici.* » Aussitôt je m'éveille épouvanté, et en ouvrant les yeux j'aperçois cette figure que je viens de décrire. Le fourbe grinçait des dents en répétant : « Tu ne « resteras pas plus long-temps ici. » Je saute alors à bas du lit; je cours au monastère; je me prosterne au pied de l'autel du saint père Benoît, et j'y reste long-temps étendu, glacé de crainte. Je commençai alors à récapituler scrupuleusement dans ma mémoire tou-

[1] La petite abbaye de Saint-Léger, de Champeaux, fut mise sous la dépendance de l'abbaye de Saint-Germain, d'Auxerre, par le roi Hugues Capet, en 994.

tes les fautes, tous les graves péchés que j'avais commis depuis mon enfance, soit par négligence, soit par perversité. Je me rappelai surtout avec effroi que je n'en avais presque jamais fait pénitence, par amour du Seigneur ou par crainte de sa justice. J'étais donc plein de trouble et de confusion, sans pouvoir adresser à Dieu d'autre prière que ces mots : « Sei-« gneur Jésus, qui êtes venu sauver tous les pécheurs, « ayez pitié de moi, selon votre miséricorde infinie ! » Cependant je ne crains pas d'avouer ici que non seulement mes parens m'engendrèrent dans le péché, mais encore que mon caractère était intraitable, et que ma conduite fut plus coupable qu'on ne peut dire. J'avais pour oncle un moine qui m'arracha de force aux vanités de cette vie mondaine qui m'avait séduit plus que tout autre. J'avais à peu près vingt ans quand je revêtis l'habit de moine. Hélas! et je n'en pris que l'habit, sans que mon cœur fût changé. Toutes les fois que les pères ou mes frères spirituels me donnaient de sages conseils qui leur étaient inspirés par la sainte charité, un orgueil farouche enflait mon cœur et semblait comme un bouclier qui s'opposait à leurs remontrances salutaires. Indocile avec nos vieillards, importun aux moines de mon âge, à charge à nos jeunes frères, j'étais toujours sûr que ma présence était pour tous une gêne, et mon absence une fête. Toutes ces raisons et d'autres encore déterminèrent les frères du monastère de Saint-Léger à m'expulser de leur communauté, bien assurés pourtant que mes connaissances littéraires me procureraient toujours aisément un autre refuge, car on avait déjà pu en faire souvent l'épreuve.

Quand je fus placé ensuite au couvent de Saint-Bénigne, martyr, à Dijon, un diable pareil, ou plutôt c'était encore le même, m'apparut dans le dortoir des frères. C'était au point du jour. Il sortit en courant des latrines, et se mit à crier : « Où est-il, mon « bachelier? où est-il, mon bachelier? » Le lendemain, à peu près à la même heure, un jeune frère d'un caractère très-léger, nommé Thierri, s'enfuit du couvent, quitta l'habit, et reprit quelque temps la vie séculière. Cependant son cœur s'ouvrit depuis au repentir, et il rentra dans l'ordre saint qu'il avait déserté.

La troisième fois, j'étais au couvent de Moûtiers, dédié à la bienheureuse Marie toujours vierge. Une nuit, au moment où l'on sonnait matines, je ne m'éveillai pas d'abord aussitôt que je l'aurais dû, parce que j'étais fatigué de je ne sais quel travail de la veille; mais au moins, quand j'eus entendu le signal, je me levai. Quelques autres frères, qui n'avaient pu se défendre de leur mauvaise habitude, étaient restés avec moi, pendant que tous les autres couraient à l'église. Ces derniers avaient à peine quitté le dortoir, que le démon monta tout haletant l'escalier, et vint s'appuyer au mur en tenant ses mains derrière son dos, et répétant deux ou trois fois, « C'est moi, c'est moi « qui reste avec ceux qui restent. » Sa voix me réveilla, je levai la tête, et je reconnus le diable qui qui m'avait déjà apparu deux fois. Trois jours après, un de ces frères qui avait l'habitude de rester secrètement au lit, cédant aux instigations du diable, osa sortir du monastère et rester pendant six jours avec les séculiers, partageant leur vie tumultueuse; mais, au septième, il fut repris et ramené au couvent. Au reste, puisque ces apparitions, selon le témoignage de saint Grégoire, annoncent aux uns leur perte, et servent aux autres d'avertissement pour réformer leur conduite, puissent les visions qui m'ont été envoyées tourner au profit de mon salut! C'est ce que je demande dans mes prières à Jésus notre sauveur et notre rédempteur. Mais une chose qui mérite surtout d'occuper l'attention de la postérité, c'est que toutes les fois que des vivans se sont ainsi trouvés en présence de bons ou de mauvais esprits, cette apparition miraculeuse a toujours été suivie de leur mort prochaine, dont elle était sans doute le présage. Nous pourrions citer à l'appui de ce que nous avançons ici une foule d'exemples, mais il nous suffira d'en raconter quelques-uns, qui feront sentir à ceux qui pourraient se trouver dans ce cas la nécessité de s'observer avec précaution, pour ne pas se laisser abuser.

Un bon prêtre, nommé Frettier, vivait pieusement au château de Tonnerre, du temps que Brunon était évêque de Langres. Un dimanche au soir, avant de souper, il alla se recueillir un moment auprès de sa fenêtre. En regardant au loin devant lui, il vit des troupes innombrables de cavaliers qui semblaient marcher au combat, et se dirigeaient du septentrion au midi. Après avoir long-temps contemplé ce spectacle, dans le ravissement où il était, il se mit à appeler ses gens pour leur montrer ce prodige; mais dès qu'il eut crié qu'on vînt à lui, les cavaliers se dispersèrent tout-à-coup, et finirent par disparaître. Il resta saisi d'un si grand effroi que les larmes lui en vinrent aux yeux : bientôt il tomba malade, et la même année il mourut saintement, comme il avait vécu. Il ne put voir lui-même l'accomplissement de ce présage, mais ceux qui lui survécurent en furent bientôt témoins; car l'année suivante, Henri, fils et successeur du roi Robert, vint attaquer avec fureur ce château, où le sang des deux partis coula en abondance. Telles furent, et pour lui-même, et pour les autres, les suites du prodige qui lui avait apparu. Je me rappelle encore une autre vision qui n'est pas du même genre, sans en être moins merveilleuse, et dont le frère Gérard fut témoin dans l'église de Saint-Germain d'Auxerre.

Il avait l'habitude de rester dans l'oratoire après la solennité des matines. Un jour il s'y endormit au milieu de ses oraisons. Il tomba dans un profond sommeil, et fut porté presque sans vie hors du monastère. Comment? Par qui? C'est ce qu'on ignore encore. A son réveil, il se trouva jeté dans un cloître, hors du monastère, et bien étonné, comme on pense, du tour qu'on lui avait joué. Un prêtre qui veillait dans la même abbaye vint à s'endormir dans les souterrains où reposent les restes d'un grand nombre de saints, et le lendemain, au chant du coq, il se trouva transporté de la même manière derrière le chœur des moines. On sait encore, par des rapports certains, que quand un luminaire vient à s'éteindre la nuit, les gardiens de cette église ne peuvent plus goûter un moment de repos qu'ils ne l'aient rallumé. Un frère du même lieu allait ordinairement prier avec ferveur au pied de l'autel de Sainte-Marie, qui est en grand honneur, et là il donnait un libre cours à ses gémissémens et à ses larmes. Il avait aussi, comme bien d'autres, l'habitude de cracher souvent en récitant ses prières. Un jour donc il s'endormit, et vit pendant son sommeil une personne vêtue de blanc, qui se tenait devant l'autel, portant dans ses mains un morceau d'étoffe d'une grande blancheur, et qui lui adressa ces paroles. « Pourquoi donc me lances-tu ces « crachats dont je suis couvert? C'est moi, comme « tu le vois, qui reçois tes prières pour les porter aux « pieds du Juge miséricordieux. » Cette vision effraya le frère. Il s'observa depuis scrupuleusement, et conseilla aux autres moines de se retenir de même, autant qu'il leur serait possible; et, quoique ce soit un besoin de la nature, cependant presque chez tous les peuples on s'abstient de cracher dans les églises, à moins qu'il n'y ait des crachoirs disposés à cet effet, dans lesquels on transporte ensuite ces saletés hors des saints lieux. C'est ce qu'on voit surtout chez les Grecs, qui ont toujours observé rigoureusement la règle ecclésiastique.

Le bienheureux saint Germain, et les autres saints dont cette église conserve les restes, lui ont souvent donné des marques éclatantes de leur protection, non seulement par une foule de guérisons miraculeuses, mais aussi par la vengeance qu'ils ont toujours tirée de ceux qui avaient osé enlever quelque chose à ce saint lieu. En effet, toutes les fois que des grands du pays ont voulu accroître leur puissance aux dépens des biens de l'abbaye, par l'usurpation ou le pillage, la vengeance divine les a punis dans leurs enfans, en condamnant leur maison à l'ignominie et à la destruction. Nous choisirons dans les exemples dont nous pourrions appuyer cette assertion celui de

Bavon et de son fils Alwalon, dont la famille fut ainsi accablée par la vengeance du Seigneur. Nous citerons encore la punition des crimes sacriléges du château de Séligny. Enfin, voici un trait qui m'est personnel. Les frères et les serviteurs du lieu me prièrent un jour de restaurer les inscriptions qui décoraient l'autel de chaque saint. Elles avaient été composées par de doctes maîtres, mais le temps les avait effacées comme le reste, et déjà elles ne paraissaient presque plus. On pense que je ne manquai pas d'accepter volontiers cette commission, et de l'exécuter avec tout le soin que j'y pouvais apporter. Mais je n'avais pas encore mis la dernière main à mon ouvrage, lorsqu'une nuit je fus surpris dans mon lit par une maladie, qui venait sans doute d'être resté trop long-temps debout. Tous mes membres furent tellement roidis par une affection hystérique, qu'il ne m'était plus possible de me lever, ni même de changer de côté. Enfin, trois nuits après, au fort de mes souffrances, je vis en songe un vieillard respectable, qui me prit par le bras, me leva, et me dit : « Achève au plus tôt ton entreprise, et ne crains plus « de ressentir aucune douleur. » Je m'éveille en effet, tout étonné de mon nouvel état; je saute à bas du lit, et je cours à l'autel des victorieux martyrs saint Victor, saint Apollinaire et saint George, dont la chapelle touchait à l'infirmerie. Là, je rendis de très-humbles actions de grâces au souverain maître du monde, et j'allai gaîment assister à la solennité de matines. Le jour suivant, j'avais entièrement recouvré la santé, et j'en profitai pour composer aussitôt en l'honneur des saints martyrs une inscription formée de leurs noms. La cathédrale renfermait vingt-deux autels, pour lesquels il fallut composer autant d'inscriptions, toutes en vers hexamètres. Je m'en acquittai avec assez de succès; je réparai aussi les épitaphes des saints; enfin je décorai de même les tombeaux de quelques religieux. Mon ouvrage ne pouvait manquer de plaire à tous les hommes de bon sens. Mais c'est encore ici le cas de répéter avec le père Odilon, qui avait souvent à la bouche cette triste vérité : « Hélas! ô douleur! le poison de l'envie se glisse « bien parmi les autres hommes, mais c'est sur- « tout dans le cœur de quelques moines qu'il pénè- « tre plus profondément! » Un moine donc quitta son monastère, où il était détesté de tous les frères, pour venir dans notre abbaye : on l'accueillit, selon l'usage du lieu, à bras ouverts. Mais bientôt il fit passer dans l'ame de l'abbé et de quelques moines le poison de l'envie, dont il était infecté, et leur inspira tant de haine pour moi, qu'ils allèrent détruire toutes les inscriptions dont j'avais orné les autels. Aussitôt Dieu lui-même se déclara mon vengeur, et punit cet artisan de discorde. En effet, il fut privé sur-le-champ de l'usage de la vue, condamné à rester aveugle, et à marcher à tâtons jusqu'à la fin de sa vie. Cet événement merveilleux ne causa pas seulement l'admiration du voisinage : le bruit s'en répandit au loin. Il y eut alors dans le même couvent quelques frères qui sortirent de ce monde; entre autres, Gautier, que sa taille avait fait surnommer *Petit* : c'était un homme d'un caractère très-simple. Il mourut pendant la nuit du grand sabbat, où l'on célèbre la résurrection du Sauveur. A l'heure de sa mort, un grand nombre d'hommes et de femmes virent une colonne de feu qui s'élevait depuis le faîte du temple jusqu'aux cieux, et ils ne doutèrent pas que ce ne fût un gage de la miséricorde de Dieu, qui, sans doute, avait voulu faire partager à l'ame du frère défunt sa résurrection glorieuse, et montrer en même temps aux vivans le chemin de la vertu.

Nous entendons demander tous les jours pourquoi, depuis la loi nouvelle, ou la grâce, Dieu ne se manifeste plus comme autrefois par des apparitions et des miracles. Il suffit du témoignage des saintes Écritures pour répondre à cette question, si toutefois le cœur des hommes qui la font n'est pas déjà sourd à la voix du Saint-Esprit. Le Deutéronome nous fournira notre première réponse. Le peuple des Hébreux fut nourri pendant quarante ans de la manne céleste; mais quand il eut passé le Jourdain et pénétré dans la terre de Chanaan, les pluies du ciel s'arrêtèrent, et les enfans d'Israel ne reçurent plus cette nourriture divine. Que devons-nous entendre par ces paroles, nous Chrétiens, chez qui tout est figure? N'est-ce pas, en effet, nous dire qu'après avoir passé notre Jourdain, c'est-à-dire après le baptême du Christ, nous ne devons plus attendre du ciel les prodiges accoutumés; que ce pain de vie, qui nous est donné, doit nous suffire, et que celui qui s'en nourrira vivra dans l'éternité, pour y posséder la terre des vivans? Moïse, d'après l'ordre du Seigneur, ordonne aussi aux Israélites de purifier tous les vases qu'ils avaient recueillis du butin de l'ennemi, ceux de bois par l'eau, ceux d'airain par le feu. C'est encore une figure qu'il faut expliquer ainsi : ces vases, ce sont les hommes que le Sauveur a conquis sur son ancien ennemi, et qui doivent être purifiés par l'eau du baptême et par le feu du martyre. Il en est de même du serpent qui inspira d'abord une telle crainte à Moïse, qu'il se mit à fuir. Mais quand il l'eut pris par la queue, ce n'était plus qu'une verge. Figure nouvelle, dont il faut pénétrer encore le sens mystérieux. Cette verge, changée en serpent, c'est la puissance divine, revêtue de la chair de la bienheureuse vierge Marie. Moïse, c'est le peuple juif, qui, méconnaissant le Dieu véritable sous la forme humaine, fuit le Seigneur Jésus-Christ avec un cœur incrédule; mais il reviendra se jeter dans ses bras à la fin du monde : c'est ce qu'il faut entendre par la queue du serpent. Et la Mer-Rouge, qui divise ou tarit ses flots pour ouvrir un passage aux Israélites, et les nations exterminées par le glaive, d'après l'ordre de Dieu, tout cela n'annonce-t-il pas avec évidence que le royaume des Juifs, quoique subsistant encore pour un temps, s'épuise et s'anéantit? Enfin, quand nous voyons au commencement de la grâce nouvelle, c'est-à-dire du royaume de Jésus-Christ, le Seigneur se tenir debout, et se promener sur les flots avec Pierre, le chef de son Église, qui se promène aussi comme lui sur la mer, ne devons-nous pas y reconnaître l'amour du pouvoir de Jésus-Christ qui, après avoir subjugué toutes les nations, sans avoir consommé leur destruction et leur ruine, établira sur elles son royaume éternel, car on trouverait souvent dans les saintes Écritures la mer prise pour l'emblème du monde actuel?

Souvent, quand on entreprend d'éclaircir une question importante, on se perd dans la grandeur de son sujet, ou bien on le rabaisse jusqu'à soi, selon cette parole de l'Écriture : *Celui qui veut sonder la majesté sera accablé de sa gloire*[1]. On va bientôt voir pourquoi nous débutons par ces réflexions. On trouve très-peu de personnes qui comprennent bien le mystère de l'eucharistie : il est même inexplicable pour la plupart des mortels, comme toutes les vérités qui reposent seulement sur la foi, et ne sont pas soumises à l'examen des sens. La première chose dont il faut être convaincu, c'est que dans l'eucharistie, l'image vivifiante du corps et du sang de notre Seigneur Jésus-Christ ne peut jamais souffrir aucune altération, ni être mise en péril par quelque accident que ce soit. Si quelquefois pourtant elle paraît tomber ou courir quelque risque par la négligence de ceux qui en sont chargés, c'est pour eux un jugement de condamnation qu'ils ne peuvent prévenir que par un prompt repentir. Mais quoique le Seigneur ait dit : *Celui qui mange ma chair et boit mon sang a la vie éternelle*[2], il faut bien nous garder de croire que tout autre animal que l'homme puisse participer à la résurrection de la chair; il n'y a même que les fidèles qui trouvent dans l'eucharistie un moyen de salut. De notre temps, un clerc accusé de quelque crime reçut hardiment, pour prouver son innocence, l'eucharistie, c'est-à-dire le calice du sang divin. Aussitôt on vit sortir du milieu de son nombril la partie la plus blanche du sacrifice qu'il avait profané, preuve manifeste de son crime. En effet, il avoua aussitôt ce qu'il avait nié jusqu'a-

[1] Prov. ch. 25, v. 27. — [2] Év. selon saint Jean, ch. 6, v. 55.

lors, et subit une pénitence proportionnée à ses fautes. Dans le pays de Châlons-sur-Saône, nous nous sommes trouvé avec une personne qui, dans un danger pressant, vit le pain sacré se changer tout-à-coup en une chair véritable. Dijon fut témoin à la même époque d'un miracle pareil. On portait l'eucharistie à un malade : elle tomba par hasard des mains du prêtre qui la chercha des yeux avec le plus grand soin, mais toujours inutilement. Enfin, un an après, on la retrouva sur la voie publique à l'endroit où elle avait été perdue, et elle était aussi blanche, aussi pure que si elle venait d'y tomber à l'instant même. A Lyon, dans l'abbaye de Sainte-Barbe, quelqu'un voulut prendre, sans doute mal à propos, la boîte où elle était conservée, mais elle s'échappa de ses mains et monta dans les airs, où elle resta suspendue.

Quant au *chrismal*, que d'autres appellent *le corporel* [1], on a mille fois éprouvé combien il peut être d'un grand secours pour ceux qui l'emploient avec une foi sincère. Souvent dans les incendies il a suffi de l'élever pour éteindre et pour étouffer les flammes, ou pour les repousser, ou pour leur faire prendre un autre cours. Souvent encore l'imposition du *corporel* a rendu la vigueur à des membres languissans, et la santé à des malades attaqués de la fièvre. Du temps du vénérable abbé Guillaume, un incendie éclata dans le voisinage du Moûtiers-Saint-Jean. Les frères de l'abbaye prirent le *chrismal* [2] qu'ils élevèrent au bout

[1] On donnait quelquefois le nom de *chrismal* au manteau de l'autel ou à la nappe qui couvrait soit les vases sacrés, soit quelque sainte relique.

[2] Le concile de *Seligenstadt* défendit cette pratique en 1012.

d'un pieu pour l'opposer aux ravages effrayans des flammes. Aussitôt elles se replièrent en effet sur elles-mêmes, et ne firent plus aucun progrès. Cependant le linge sacré fut enlevé du pieu par le vent et s'envola deux milles plus loin, où il s'arrêta sur le toit d'une maison dans le village de Tivalgues. C'est là qu'on finit par l'atteindre, et on le rapporta en triomphe au monastère. Le jour de Pâques de la même année, dans une église adjacente au monastère et consacrée au bienheureux saint Paul, le calice qui contenait le sang vivifiant s'échappa des mains du prêtre, et tomba par terre. Aussitôt que l'abbé Guillaume en fut informé, il ordonna, selon sa prudence ordinaire, que trois moines feraient pénitence pour expier cette faute, craignant que la maladresse du prêtre n'enveloppât toute l'abbaye dans la vengeance qui sans doute devait l'atteindre. Et c'est ce qui serait certainement arrivé, comme l'événement l'a bien prouvé depuis, si la sage prévoyance du respectable abbé n'avait détourné la colère du ciel. En citant ces exemples, nous avons voulu donner clairement la preuve que jamais la vengeance divine ne manque de poursuivre et d'atteindre ceux qui ont exposé par leur négligence la sainte eucharistie à quelque accident, et qu'au contraire, le Seigneur prodigue tous ses biens à ceux qui n'oublient jamais le soin et la dignité qu'exige ce divin sacrifice.

Nous ne citerons plus qu'un exemple entre mille pour montrer combien la célébration de ce mystère respectable est salutaire aux ames des fidèles trépassés. Dans les régions les plus reculées de l'Afrique vivait un anachorète qui depuis vingt ans s'y tenait, disait-on, loin de la vue des hommes. Il vivait du travail de ses mains et se nourrissait de racines de plantes. Un certain homme de la race des Taifales, un de ces voyageurs perpétuels qui ne se lassent jamais de voir et de parcourir des pays nouveaux, vint par hasard en cet endroit. Il entendit parler de l'anachorète, et s'enfonça dans les déserts brûlans du pays où il voulait, à force de recherches, parvenir à trouver le saint homme. Enfin le solitaire voyant un homme qui le cherchait, l'appela vers lui et lui demanda qui il était, d'où il venait, ce qu'il voulait. Le voyageur répondit aussitôt qu'il était venu pour le voir, que ses vœux étaient remplis, et qu'il ne voulait rien autre chose. « Je « vous connais bien, lui dit l'anachorète, vous venez « des Gaules. Dites-moi donc, je vous prie, si vous « avez jamais vu dans ce pays *le couvent du mo-* « *nastère Majeur* [1]. — Certainement je l'ai vu, re- « prit le voyageur, et je le connais parfaitement. — « Eh bien! sachez que dans tout le monde romain « il n'y a point d'abbaye qui affranchisse un plus « grand nombre d'ames chrétiennes de la domination « du démon. On y accomplit tant de fois le saint « sacrifice de l'immolation divine, qu'il ne se passe « guère de jours où une telle exactitude n'arrache « quelques ames au pouvoir du malin esprit. » En effet, comme le nombre des frères de ce couvent était très-considérable, on était dans l'usage d'y célébrer des messes sans interruption, depuis le point du jour, jusqu'à l'heure du dîner. Et ce mystère divin y était

[1] Il y avait dans le manuscrit du roi *le couvent de Cluny*, mais ces mots ont été effacés par une autre main, et on y a substitué ceux-ci: *le couvent du monastère majeur*.

accompli avec tant de pompe et de dignité, qu'on aurait cru voir des anges plutôt que des hommes rendant hommage au Seigneur.

L'an 1041 de l'Incarnation du Seigneur, le temps pascal finit le 21 mars, et le saint jour de Pâques se trouva le 20; nous faisons ici cette remarque, parce qu'il est ordinairement plus reculé, et que pourtant il ne vient jamais plus tard que le 25 avril. C'est dans l'espace de ces trente jours qu'il doit toujours être compris. La même année mourut l'empereur Conrad [1], qui eut pour successeur Henri son fils, déjà reconnu roi du vivant de son père. On vit bientôt aussi les peuples d'Aquitaine et toutes les provinces des Gaules, à leur exemple, cédant à la crainte ou à l'amour du Seigneur, adopter successivement une mesure qui leur était inspirée par la grâce divine. On ordonna que depuis le mercredi soir jusqu'au matin du lundi suivant, personne n'eût la témérité de rien enlever par la violence, ou de satisfaire quelque vengeance particulière, ou même d'exiger caution; que celui qui oserait violer ce décret public paierait cet attentat de sa vie, ou serait banni de son pays et de la société des Chrétiens. Tout le monde convint aussi de donner à cette loi nouvelle le nom de *treugue* (trêve) *de Dieu*. En effet, elle n'était pas fondée uniquement sur l'autorité des hommes, et Dieu manifesta plus d'une fois par des exemples terribles qu'il l'avait prise sous sa protection. La plupart des furieux qui osèrent, dans leur folle témérité, désobéir à cette résolution commune tombèrent bientôt sous les coups de la vengeance

[1] Conrad mourut en 1039.

divine, ou le fer des hommes en fit justice. Ces exemples furent partout si fréquens que leur multitude même nous empêche de les citer. Ces punitions étaient en effet d'une grande justice; car, si l'on croit devoir honorer d'un culte respectueux le jour du dimanche qu'on appelle aussi l'octave, en mémoire de la résurrection du Seigneur, ne doit-on pas aussi, par respect pour la cène et pour la passion du Sauveur, s'abstenir de toute action criminelle le cinquième, le sixième et le septième jour? La *trève de Dieu* était déjà reconnue et exécutée dans presque toutes les Gaules; mais la Neustrie s'y refusait encore, par suite des différends et des haines violentes qui divisaient le roi Henri, fils de Robert, et les fils d'Eudes. Ces princes ajoutaient encore le fléau de l'incendie à celui des guerres intestines pour se causer des dommages réciproques. Ils firent de part et d'autre des pertes considérables. Dieu bientôt, dans les secrets de sa justice, fit éclater sa vengeance contre leurs peuples. Un feu mortel qui s'alluma parmi eux emporta beaucoup de grands, des personnes du commun, et du bas peuple. D'autres perdirent seulement quelques membres, et restèrent mutilés, comme si Dieu avait voulu laisser à la terre des exemples vivans de sa vengeance. Le froment et le vin devinrent alors si rares, que presque toutes les nations du monde eurent à souffrir une disette nouvelle.

La même année, c'est-à-dire l'an 1045 de l'Incarnation du Seigneur, Henri, fils de Conrad, déjà roi des Saxons, et bientôt après empereur des Romains, épousa une fille de Guillaume, duc de Poitou; elle s'appelait Agnès[1]. Le mariage fut célébré dans la ville de Chrysopolis, que l'on appelle ordinairement Besançon. L'amour et l'affection qu'on portait aux deux époux attirèrent à cette cérémonie la plus grande partie de la noblesse, et jusqu'à vingt-huit évêques. Henri avait hérité des droits de ses parens sur le royaume d'Austrasie; il venait aussi de donner aux Huns un roi de son choix, nommé Abbon; tous les marquis et comtes d'Italie et de Germanie briguaient à l'envi l'honneur d'être soumis à son pouvoir souverain. Il méritait bien cet empressement. En effet, il était d'une affabilité pleine de charmes, d'une libéralité rare, et de la modestie la plus humble. Jamais il ne se laissait emporter par les mouvemens d'un fol orgueil. Aussi avait-il su se faire aimer au loin de tout le monde. La même année, les Hongrois se révoltèrent contre son autorité : il les attaqua les armes à la main, remporta sur eux des victoires éclatantes, les subjugua et les rendit tributaires. Cependant (aurons-nous le courage de l'avouer?) il mérita le reproche de déshonorer ses autres vertus par un libertinage effréné; car il n'est pas de vice qui trouble plus souvent la paix de la société humaine.

L'année suivante, c'est-à-dire en 1046, il y eut partout une grande abondance de vin et de légumes[2]. Le 8 novembre, la quatorzième lune, il y eut, à huit heures du soir, une éclipse de lune[3] vraiment épouvantable. Est-ce un signe prodigieux que Dieu

[1] Les noces d'Henri et d'Agnès doivent être rapportées à l'an 1043.

[2] Le manuscrit du roi porte : *Une grande stérilité*.

[3] Cette éclipse de lune eut lieu en 1044.

avait fait éclater entre la lune et le soleil? ou bien ce phénomène fut-il causé par la conversion de l'un de ces astres? c'est un mystère dont le Créateur seul peut pénétrer le secret. La lune, d'abord couverte presque toute entière comme d'un sang noir, finit par décroître progressivement jusqu'à l'aurore du lendemain. Le même mois, on vit en plein jour, au château de Saint-Florentin, sur l'Armançon, tomber du ciel ce que les Grecs appellent[1] *selas, chasma* ou *palmetie*, mots par lesquels ils expriment une clarté vive qui semble tomber du haut des airs sur la terre, et que le vulgaire ignorant prend pour une étoile qui tombe du ciel. Le mois de novembre fut remarquable par une maturité si précoce dans quelques contrées des Gaules, que les grains semés en août furent récoltés en octobre, ce qui excita partout une juste admiration.

CHAPITRE II.

Guerre miraculeuse.

Vers le même temps, il s'était élevé de sanglantes discordes entre Henri, roi des Français, fils de Robert, et les fils d'Eudes, Thibaut et Étienne. Après un grand carnage et des pertes multipliées de part et d'autre, le roi leur enleva le domaine de la ville de

[1] *Sélas*, éclat; *chasma*, ouverture. Ducange dans son glossaire propose de substituer à ce dernier mot *phasma*, apparition. Peut-être aussi faut-il lire au lieu de *palmetie*, *planetie*, c'est-à-dire *planète*, astre errant.

Tours pour le donner à Geoffroi, surnommé *Martel*, fils de Foulques, comte d'Angers. Celui-ci rassembla une nombreuse armée, et fit pendant plus d'un an le siége de la ville. Enfin les fils d'Eudes se mirent en marche avec leurs troupes pour venir au secours des assiégés, pressés par la famine. Quand Geoffroi sut que les princes venaient le combattre, il implora le secours du bienheureux saint Martin, et promit de restituer humblement toutes les possessions qu'il avait pu enlever à ce grand confesseur et aux autres saints. Après ce vœu, il reçut un drapeau qu'il éleva au bout de sa propre lance, et marcha droit à l'ennemi, à la tête de ses chevaliers et de ses gens de pied qui formaient une troupe nombreuse. Quand les deux partis furent en présence, l'armée des deux frères fut saisie d'une telle terreur, que leurs soldats se laissaient accabler sans se défendre, comme si leurs bras étaient enchaînés. Étienne prit la fuite et échappa au vainqueur avec quelques soldats. Mais Thibaut fut fait prisonnier avec tout le reste de son armée, et emmené dans la ville de Tours, qu'il remit à Geoffroi. Il y resta en captivité avec tous les siens, qui furent dispersés çà et là. Personne ne doute que Geoffroi n'ait dû la victoire aux prières pieuses dans lesquelles il invoqua le secours de saint Martin. Quelques fuyards, échappés du combat, racontaient qu'au moment d'engager l'action, toute la phalange des guerriers de Geoffroi, chevaliers et gens de pied, paraissaient couverts de vêtemens d'une blancheur éblouissante. Il est juste de dire que les fils d'Eudes exerçaient leurs rapines sur les pauvres du saint confesseur, pour enrichir leurs serviteurs. On apprit partout, avec un étonnement mêlé de crainte, que plus de dix-sept cents guerriers avaient été pris sur le champ de bataille, les armes à la main, sans effusion de sang.

CHAPITRE III.

Troisième éclipse de soleil.

Dans le mois de novembre de la même année, le 1er de décembre, à trois heures, il y eut une troisième éclipse de soleil[1] dans la vingt-huitième lune; car jamais il ne peut y avoir d'éclipse de soleil qu'à la vingt-huitième lune, ni d'éclipse de lune que dans la quatorzième. On dit aussi que ces éclipses ne viennent pas de ce que l'astre disparaît en effet, mais de ce qu'il est caché seulement à nos yeux par quelque obstacle étranger. Widon, archevêque de Rheims, nous a raconté qu'on avait vu aussi le soir dans son pays, à la même époque, une étoile *phosphore* (lumineuse) qui s'agitait violemment de haut en bas, et semblait menacer la terre. En effet, plusieurs prodiges effrayans parurent alors dans le ciel pour ramener les hommes de leur iniquité à une vie meilleure par la voie de la pénitence. Plusieurs des productions de la terre manquèrent cette année, et surtout le vin qui devint si cher, qu'il coûtait jusqu'à vingt-quatre sous le muids.

[1] Cette éclipse eut lieu en 1044.

CHAPITRE IV.

Dissensions dans l'évêché de Lyon.

Après la mort de Burchard, archevêque de Lyon, quelques années avant l'époque dont nous venons de parler, il y eut des troubles et des divisions pour le choix de son successeur. Un grand nombre de compétiteurs aspiraient à remplir le siége de cette ville, sans avoir d'autre titre légitime pour soutenir leurs prétentions qu'un orgueil et une ambition démesurés. A leur tête se trouvait le neveu de Burchard, qui portait aussi le même nom. C'était le plus audacieux de tous les candidats. Il quitta le siége qu'il occupait dans la cité d'Aost, et vint hardiment usurper celui de Lyon. Là, après avoir donné des preuves multipliées de sa scélératesse, il fut pris par les soldats de l'empereur, et condamné à un exil perpétuel. Un comte eut ensuite l'arrogance de placer sur le siége vacant Girard, son fils, encore dans la plus tendre enfance, sans faire valoir d'autres droits que son audace même. Mais bientôt il fut obligé de fuir son troupeau, n'imitant pas l'exemple du bon pasteur, mais bien celui du pasteur mercenaire, et d'aller cacher sa honte dans l'obscurité. Le pontife romain fut informé de tous ces événemens, et des fidèles lui suggérèrent la pensée d'élire de sa propre autorité le père Odilon, abbé du monastère de Cluny, pour ce pontificat; car c'était le vœu général du clergé et du peuple, qui se réunissaient d'une voix commune pour l'appeler au siége de Lyon. Le pape lui envoya aussitôt le *pallium* et l'anneau, en lui conférant le titre d'archevêque de cette ville; mais le saint homme, fidèle à son humilité accoutumée, refusa toujours avec constance cet honneur. Il consentit seulement à recevoir en dépôt le *pallium* et l'anneau pour les remettre au prélat que Dieu jugerait digne de remplir cette place. La ville de Lyon passe en effet pour avoir autrefois guidé et précédé la plus grande partie de la Gaule dans la route de lumière et de vérité, parce que c'est elle qui reçut la première les propagateurs de la foi chrétienne, envoyés par saint Polycarpe, disciple de l'apôtre saint Jean, pour éclairer tout le pays. Le roi Henri, devenu maître du royaume d'Austrasie, fut informé de ces divisions déplorables dont il gémit lui-même, et chercha les moyens d'y remédier. Quand il fut à Besançon [1], les évêques et le peuple tout entier lui désignèrent Odolric, archidiacre de l'église de Langres, comme un homme digne d'être élevé au pontificat de Lyon. Aussitôt il suivit ce conseil, fit présent à ce prélat des plus riches ornemens, et le nomma pour remplir le siége vacant. Ce choix judicieux rendit à toute la province la paix si long-temps attendue, la joie et la tranquillité.

La nation des Hongrois se révolta pour la seconde fois contre le roi, et se disposa à lui livrer bataille [2].

[1] Hugues de Flavigny rapporte ces faits à l'an 1041. Il n'est pourtant pas vraisemblable que le siége de Lyon ait été vacant si long-temps, car Burchard fut exilé en 1034, et le fils de Girard n'occupa, selon Glaber, que très-peu de temps cette place.

[2] En 1042.

Le prince marcha contre eux, quoique son armée fût bien inférieure en nombre. Mais comme il avait mis en Dieu toute sa confiance, il ne craignit pas d'en venir aux mains. Toutes ses troupes ne formaient pas plus de six mille hommes, et l'on comptait dans le camp des Hongrois deux cent mille hommes armés. Le roi avait encore avec lui un grand nombre d'évêques et de clercs, qui l'accompagnèrent sur le champ de bataille, par attachement pour lui, mais sans être armés. Quand le combat fut engagé, les Hongrois se trouvèrent enveloppés de ténèbres si épaisses, qu'ils pouvaient à peine reconnaître leurs compagnons qui combattaient à leurs côtés. La troupe du roi était au contraire placée sous le soleil le plus éclatant, qui l'éclairait toute entière, et brillait devant elle. Elle déploya dans cette action un grand courage, fit un carnage effroyable des ennemis, et les mit entièrement en déroute, sans éprouver de perte considérable. Le roi, après avoir enlevé aux ennemis un riche butin, et rétabli l'ordre dans son royaume, revint triomphant dans ses États.

Il se trouva que l'abbé d'un monastère distingué fit présent à l'empereur d'un très-beau cheval, pour se concilier l'amitié du prince, et attirer ses libéralités sur le couvent qui lui était confié. Mais l'abbé ignorait que ce cheval, avant de lui être vendu, avait été dérobé à un chevalier. L'empereur le reçut avec reconnaissance, et voulut en faire sa monture ordinaire. Un jour donc qu'il sortait, monté sur ce cheval, le chevalier auquel on l'avait volé se présenta devant lui. Il s'adressa prudemment au prince, et lui dit : « Comment, roi, c'est toi qui dois donner

« à tous l'exemple d'une justice rigoureuse, et te voilà « convaincu de posséder un cheval qu'on m'a dernière« rement volé. — S'il est à toi, comme tu le prétends, « repartit le roi, prends en même temps le cheval et « le cavalier, emmène-les ensemble où tu voudras, « et tu les garderas tous deux jusqu'à ce que tu sois « dédommagé du tort qu'on t'a fait. » Le chevalier, croyant que le roi voulait plaisanter, restait tout interdit. Mais Henri le força de saisir la bride du cheval, et de l'emmener avec lui dans son domaine. Tous les assistans étaient stupéfaits d'admiration. « Quelle récompense, croyez-vous, disait le roi, que « je doive à celui qui m'a si traîtreusement fait tomber « dans ce piége? » Tout le monde exprima fortement son indignation contre une telle audace. « Qu'on l'a« mène, dit-il, pour qu'il soit puni selon l'offense « qu'il m'a faite. » L'abbé fut donc appelé devant lui. « Dépose, dit le roi, ce bâton que tu portes comme un « signe de ton autorité pastorale, et que tu crois « tenir de la générosité d'un mortel. » L'abbé le jeta par terre. Le roi le ramassa, et le mit dans la main droite d'une image du Sauveur. « Maintenant, dit-il « à l'abbé, va le recevoir du Roi « tout-puissant, « et ne crois plus désormais en devoir hommage à « quelque mortel que ce soit. Uses-en librement, et « avec la grandeur qui convient à ton titre. » L'abbé le prit avec joie, communiqua à beaucoup d'autres l'admiration que lui causait une telle action, et conserva depuis une pleine liberté.

CHAPITRE V.

Extirpation de la simonie.

Henri voyant qu'une simonie coupable, fruit de la cupidité et de l'envie, envahissait toute la Gaule et la Germanie, convoqua tous les archevêques et autres prélats de son royaume, et leur tint ce discours : « C'est à regret que je m'adresse à vous aujourd'hui, « vous tous, représentans du Christ dans l'Église qu'il « s'est choisie lui-même pour épouse, et qu'il a ra« chetée au prix de son sang. Car de même que c'est « par un effet gratuit de sa bonté divine qu'il a quitté « le sein de Dieu le père, et voulu naître de celui « d'une vierge, pour racheter tous les hommes, de « même aussi, en envoyant ses apôtres prêcher sa loi « dans l'univers, il leur a donné cette leçon de charité : « *Donnez gratuitement ce que vous avez reçu gra« tuitement*[1]. Mais vous, qui vous laissez corrom« pre par l'avarice et la cupidité, quand vous ne de« vriez songer qu'à répandre vos dons; vous, qui « violez également les saints canons en recevant « comme en ne donnant pas, vous êtes tous maudits. « Je sais que mon père s'est trop abandonné lui-même « à une avarice condamnable pendant sa vie : aussi « je crains bien pour le salut de son ame. Ainsi donc « que tous ceux d'entre vous qui se reconnaissent « coupables du même vice, soient dépouillés, selon

[1] Évang. selon saint Matth., ch. 10, v. 8.

« les lois canoniques, de leur ministère sacré, car, « nous n'en pouvons plus douter, ce sont là les fautes « qui ont appelé sur les enfans des hommes tant de « calamités diverses, la famine, la mortalité et les ra- « vages du glaive. Tous les rangs de l'Église, depuis « le souverain pontife jusqu'au simple prêtre, sont ac- « cablés sous le poids de leur condamnation; et, se- « lon la parole même du Seigneur, un brigandage « spirituel s'est emparé de tous les esprits. » A ces paroles sévères de l'empereur, les prélats interdits ne savaient plus que répondre, et ils tremblaient dans leur cœur de se voir enlever leurs siéges et leurs évêchés, pour avoir mérité ces reproches accablans; car cette simonie criminelle n'avait pas seulement corrompu l'église gauloise, l'Italie toute entière en était encore bien plus infectée, et toutes les charges ecclésiastiques étaient alors l'objet d'un trafic aussi vénal que les marchandises exposées en plein marché. Les évêques, se voyant donc enveloppés dans cette condamnation générale, commencèrent à implorer sa miséricorde. Le prince lui-même, ému de pitié, finit par leur adresser ces paroles consolantes : « Allez, et « contentez-vous de faire un bon usage des biens il- « légitimes que vous avez acquis; souvenez-vous de « prier avec plus d'exactitude et de zèle pour l'ame « de mon père, coupable des mêmes fautes que vous, « et tâchez d'obtenir ainsi pour lui, de notre Dieu, le « pardon de sa vie. » Alors il publia dans tout son Empire un édit par lequel il déclarait qu'aucune charge du clergé, qu'aucun ministère ecclésiastique ne pourrait s'acheter; que tous ceux qui auraient l'audace d'en trafiquer, pour les conférer à d'autres, ou pour les recevoir eux-mêmes, seraient frappés d'anathème. On y remarquait aussi cette promesse que faisait l'empereur : « De même que le Seigneur m'a accordé « cette couronne impériale par un don gratuit de sa « miséricorde, je ferai aussi exécuter gratuitement « tout ce qui concerne sa religion sainte, et je veux, « s'il vous plaît, que vous en fassiez autant de votre « côté. »

Dans le même temps, le siége de Rome, que l'on honore justement du titre d'universel dans le monde entier, était lui-même en proie à cette maladie contagieuse qui l'avait infecté depuis vingt-cinq ans. Au mépris de tous les droits, un enfant de douze ans avait été nommé pour remplir cette place : et certes, ce n'était ni son âge respectable, ni la sainteté de sa vie, mais ses trésors et sa fortune, qui seuls lui avaient valu cette dignité. Aussi il descendit du Saint-Siége plus tristement encore qu'il n'y était monté. Je rougirais de raconter ici la honte de sa conduite, et l'infamie de ses mœurs. Quoi qu'il en soit, il fut chassé du pontificat par l'accord général du peuple romain, et par l'ordre de l'empereur, qui le remplaça par un homme d'une religion profonde, et d'une vertu remarquable : c'était Grégoire [1]; il était romain de nation. La sainteté de son nom eut bientôt réparé la honte de son prédécesseur.

[1] Grégoire VI reçut le pontificat en 1044, et l'abdiqua en 1046.

FIN DU CINQUIÈME ET DERNIER LIVRE.

VIE

DU ROI ROBERT;

Par HELGAUD.

NOTICE

SUR HELGAUD.

Il en est du moine Helgaud comme de la plupart des chroniqueurs de son temps; nous ne connaissons, de leur personne et de leur vie, que ce qu'ils en ont dit eux-mêmes dans leurs ouvrages, et nous sommes réduits à deviner, d'après des rapprochemens plus ou moins probables, l'époque de leur naissance et de leur mort. Helgaud fut moine de Fleury, ou Saint-Benoît sur Loire, sous l'abbé Gasselin, élevé en 1004 à la dignité d'abbé de ce célèbre monastère, et mort archevêque de Bourges en 1029. Il termine sa *Vie du roi Robert* en disant : « Quant aux guerres du siècle, aux enne- « mis vaincus, aux honneurs acquis par le courage « et le talent, je les laisse à conter aux historio- « graphes qui, s'il y en a, et qu'ils s'occupent de « cela, trouveront, sous ce rapport, le père et ses « fils glorieux dans les batailles, et brillans à ce « titre d'un grand éclat. » Il écrivait donc probablement après l'an 1042, époque des guerres où se signala le roi Henri, fils de Robert, contre Étienne, comte de Champagne, et d'autres vassaux. Enfin sa mort est marquée dans les Nécrologes des abbayes de Saint-Bénigne de Dijon et de Saint-Germain-des-Prez, au 27 ou 28 août 1048. Ce sont là les seuls renseignemens qu'aient recueillis sur son compte les érudits. Quant aux faits qu'il rapporte lui-même dans son livre sur ses travaux monastiques et ses relations avec le roi Robert ou quelques autres de ses contemporains, il est inutile de les répéter.

Le titre d'*Abrégé* (*Epitome*), qu'on lit en tête de sa Vie de Robert, a fait douter si l'ouvrage était de lui, et s'il ne fallait pas y voir plutôt un extrait d'un travail plus considérable entrepris sur le même sujet par quelque autre historien. M. de Sainte-Palaye a judicieusement réfuté cette opinion [1], et il suffit de lire la Chronique même pour sentir l'invraisemblance d'une telle conjecture. Elle porte tous les caractères de l'originalité; l'auteur écrit la vie de Robert parce qu'il l'a connu, et parce que le roi a comblé son abbaye de bienfaits; il se complaît dans le détail de ses rapports personnels avec le roi, et à reproduire tout ce qu'il en a vu ou entendu conter à ses serviteurs. Ces rapports flattent sa vanité et lui ont inspiré pour le monarque une affection sincère. La plupart des chroniqueurs

[1] *Mémoire sur la vie et les écrits du moine Helgaud*, par M. de la Curne de Sainte-Palaye, dans les *Mémoires de l'Académie des inscriptions*, tom. x, pag. 553-562.

n'ont pas eu, pour écrire, de si bonnes et si apparentes raisons.

M. de Sainte-Palaye explique autrement, et d'une façon plus vraisemblable, ce titre d'*Abrégé* qui a exercé l'inquiète sagacité des érudits. L'espèce de Préface qui précède le récit, et ces premiers mots : « Ici commence l'abrégé de la vie du roi « Robert, » lui ont paru indiquer que cette vie faisait partie de quelque ouvrage plus étendu, probablement d'une histoire des abbayes de Fleury et de Saint-Aignan, rédigée par Helgaud ou par d'autres moines. Cette conjecture semble appuyée par la nature de l'ouvrage, consacré plutôt, comme le dit l'auteur lui-même, à la peinture du caractère, des mœurs et des vertus religieuses du roi Robert, qu'au récit des événemens de son règne. C'est moins une histoire qu'un panégyrique destiné à prendre place dans les archives de l'abbaye dont Robert s'était montré le bienfaiteur. Malgré cette circonstance, et peut-être pour faire preuve d'indépendance et d'impartialité, les savans Bénédictins ont traité l'ouvrage avec assez de mépris. « C'est, disent-ils, un sermon, une orai- « son funèbre, où l'auteur a placé beaucoup de « minuties et est entré dans les plus petits dé- « tails, le tout assorti à un style affecté, rude et « obscur [1]. » Rien n'est plus vrai ; mais je ne pense

[1] *Histoire littéraire de la France*, tom. VII, pag. 405-409.

pas que le livre en ait moins de valeur; il nous fournit sur l'état des mœurs, la vie intérieure, la situation sociale du roi et de ses serviteurs, plus de renseignemens, et des renseignemens plus naïfs et plus curieux que la plupart de ces chroniques où les faits sont sèchement enregistrés sous chaque année. A tant de siècles de distance, les guerres, les révoltes, les accidens extérieurs et matériels de la destinée d'une époque ou d'un homme, sont encore importans pour la science; mais les monumens et les souvenirs de la nature morale conservent seuls le pouvoir d'intéresser notre imagination.

F. G.

PRÉFACE.

Ici commence l'abrégé de la vie du pieux roi Robert.

Le maître du céleste empire, à qui l'esprit de superbe voulut s'égaler en puissance, a choisi sur la terre des princes pour tenir les sceptres puissans du siècle; et comme la sainte Église, notre mère, en a obtenu, pour gouverner le peuple de Dieu, des évêques, des abbés et autres ministres revêtus des Ordres sacrés; de même il a fait choix en ce monde d'empereurs, rois et princes pour châtier les malfaiteurs et réprimer l'audace des méchans, afin que Dieu soit loué dans les siècles des siècles. Et puisque ce discours a commencé par les Pères du monastère de Saint-Aignan, il est nécessaire et utile de reconnaître celui qui a été le père commun de tous, afin que tout le monde reçoive consolation de ce que la miséricorde de notre Seigneur Jésus-Christ a choisi ce bon prince, et de ce que la majesté divine l'a établi souverain de ses enfans. Nous dirons à qui ceci se rapporte.

Ainsi donc, par l'ordre de la toute-puissance du Dieu Tout-Puissant, et le secours de saint Aignan, nous avons fait mémoire de monseigneur et révérend Leudebod, abbé du susdit monastère de Saint-Aignan, lequel, par testament, a transporté ce qui lui appartenait en propre à Saint-Pierre d'Orléans, à Sainte-

Marie, et à Saint-Pierre de Fleury. Maintenant, nous voulons ajouter à cet écrit que le très-bon et très-pieux Robert, roi des Français, fils de Hugues, dont la piété et la bonté ont retenti par tout le monde, a de tout son pouvoir enrichi, chéri et honoré ce saint, par la permission duquel nous avons voulu écrire la vie de ce très-excellent roi, digne d'être imité par les âges présens et futurs; afin que les ames tièdes y apprennent ce que valent les œuvres de charité, d'humilité et de miséricorde, sans lesquelles nul ne pourra parvenir au royaume céleste, et qui ont tellement éclaté en lui, qu'après le très-saint roi-prophète David, nul en ceci ne lui peut être égalé, particulièrement dans la sainte humilité qui, se tenant toujours en présence de Dieu, unit à Dieu de corps et d'esprit ceux qui l'aiment. Nous commencerons par décrire, ainsi que nous l'avons vu, les traits de son visage et la beauté de son corps, aidés en ceci du secours de notre Seigneur Jésus-Christ qui, par sa naturelle bonté, inspire qui il veut, comme il veut, et quand il veut.

VIE

DU ROI ROBERT.

DANS le temps où Dieu jeta les yeux sur les fils des hommes, pour voir s'il en était un qui le connût et le cherchât, le roi des Français fut Robert, d'une très-noble origine, fils de l'illustre Hugues, et d'Adélaïde, pour qui l'honneur d'être sa mère paraît un éloge suffisant. Son auguste famille, comme lui-même l'affirmait en saintes et humbles paroles, avait sa souche en Ausonie. Quant à lui, illustre par des actions vertueuses, il augmentait chaque jour l'éclat de son mérite, déjà remarquable par la connaissance parfaite de toutes les sciences. Il avait la taille élevée, la chevelure lisse et bien arrangée, les yeux modestes, la bouche agréable et douce pour donner le saint baiser de paix; la barbe assez fournie, et les épaules hautes. La couronne placée sur sa tête indiquait qu'il sortait d'une race qui fut royale dans son aïeul et son bisaïeul. Lorsqu'il montait son cheval royal, (chose admirable) les doigts de ses pieds rejoignaient presque le talon, ce qui dans ce siècle fut regardé comme un miracle par ceux qui le voyaient. Il priait Dieu fréquemment et continuellement, fléchissait le genou une innombrable quantité de fois, et pour me servir des termes d'Aurelius Victor, et parler le langage humain, c'était un homme parvenu au plus haut rang par ses mérites en tout genre. Lorsqu'il siégeait dans le consistoire, il se disait volontiers client des évêques. Jamais une injure reçue ne le porta à la vengeance; il aimait la simplicité, et se livrait à la conversation, aux promenades et aux repas en commun; il était tellement appliqué aux saintes lettres, qu'il ne se passait pas de jours qu'il ne lût le psautier, et ne priât le Dieu très-haut avec saint David. Il fut doux, reconnaissant, d'un caractère civil et agréable, et plus bienfaisant que caressant.

Ce même roi, au très-sage cœur, auquel étaient naturels les dons de la science parfaite, qu'il avait reçus de Dieu même, fut très-savant dans les lettres humaines. Sa pieuse mère l'envoya aux écoles de Rheims, et le confia au maître Gerbert, pour être élevé par lui, et instruit suffisamment dans les doctrines libérales, et de manière à plaire en tout, par ses hautes vertus, au Dieu tout-puissant. Ainsi fut fait. Ce même Gerbert, à cause de son mérite qui brillait dans tout le monde, reçut du roi Hugues l'archevêché de Rheims; en peu d'années il le pourvut splendidement des choses nécessaires à une église sainte. En quittant ce diocèse il fut mis à la tête de celui de Ravenne, par Othon III; de là, bientôt élevé au siége du très-saint apôtre Pierre, il montra dans cette dignité de très-grandes vertus, et fut surtout remarquable par de saintes aumônes dans lesquelles il persista fortement tant que dura sa fidèle vie. Entre autres choses, gai et de bonne humeur, il plaisante ainsi de lui sur la lettre *R*.

Scandit ab R. Girbertus in R. post papa viget R.

« Gerbert est monté de Rheims à Ravenne, et depuis pape
» règne à Rome. »

Il montrait clairement par là que les trois évêchés que lui Gerbert, fait moine par la profession de la vie régulière sous la règle de son père saint Benoît, avait reçus, gouvernés et possédés, étaient désignés par le signe de la lettre R, qui se trouve au commencement de ces mots.

Robert, cet humble serviteur de Dieu, eut pour compagnon dans son éducation maître Ingon, qui reçut de lui l'abbaye de Saint-Martin et celle de Saint-Germain de Paris, rendant ainsi au siècle ce personnage remarquable, ainsi qu'il convenait à un tel homme. Nous aurons soin de dire brièvement et en peu de paroles, comment les semences des vertus prospérèrent en Robert.

Dans un certain temps, cet homme de miséricorde et de piété se trouva au palais de Compiègne, et y fit une action qui fut connue de tout le monde, et donna un exemple de piété et de miséricorde. Cet aimable roi se disposait à célébrer la sainte Pâque en ce lieu, le jour de la Cène du Seigneur, lorsqu'une inique conspiration fut tramée par douze personnes qui jurèrent sa mort, et voulaient lui ôter la vie et la couronne. Le roi ordonna de les prendre et de les lui amener. Il les interrogea, commanda de les garder dans la demeure de Charles le Chauve, de les nourrir magnifiquement des viandes royales, et au jour de la sainte Résurrection, de les fortifier par la réception du corps et du sang de Jésus-Christ. Ensuite leur cause fut exposée; ils furent jugés, condamnés, et il y eut contre eux autant de sentences de mort qu'ils étaient d'hommes. Ce prince de Dieu, pieux, prudent, savant et intelligent, les entendit, et leur pardonna pour l'amour du doux Jésus, disant qu'il ne pouvait faire exécuter ceux qui avaient été repus de la viande et du breuvage céleste; et, afin qu'ils ne retombassent pas dans le même crime, il les exhorta par ses saints discours, et les renvoya chez eux impunis.

Quant aux larcins des pauvres, clercs ou laïques, faits contre lui, et qui portaient sur de l'or, de l'argent, ou de très-précieux ornemens, il en était pleinement consentant. Lorsqu'on voulait les poursuivre, il feignait qu'il n'y eût point de crime dans leur action, et jurait, par la foi du Seigneur, qu'ils ne perdraient point ce qu'ils avaient emporté. La reine Constance avait fait construire un beau palais et un oratoire au château d'Etampes. Le roi, gai et content de cela, s'y rendit avec les siens pour dîner, et ordonna que la maison fût ouverte aux pauvres de Dieu. Un d'eux s'étant placé à ses pieds, fut nourri par lui sous la table; mais ne perdant point l'esprit, le pauvre aperçut un ornement de six onces d'or qui pendait aux genoux du roi, de ceux qu'en langue vulgaire nous nommons franges ou falbalas; il le coupa avec son couteau, et s'éloigna rapidement. Lorsqu'on voulut délivrer la chambre de la foule des pauvres, le roi commanda qu'on éloignât ceux qui avaient été rassasiés de chair, d'alimens et de boisson; et comme ils se retiraient de la table, la reine remarqua que son seigneur était dépouillé de sa glorieuse parure; troublée, elle se récria contre le saint de Dieu avec ces paroles peu calmes: « Eh! mon bon sei- « gneur, quel ennemi de Dieu vous a enlevé votre

« beau vêtement d'or? — Moi? dit-il; personne ne « me l'a ravi; mais, Dieu aidant, il servira plus utile-« ment à celui qui l'a emporté qu'à nous. » Ayant dit ces paroles, le roi entra dans son oratoire, qui était un don de Dieu, souriant de sa perte et du discours de son épouse. Là étaient présens maître Guillaume, abbé de Dijon, le comte Eudes et plusieurs Français des plus considérables.

Il faut encore raconter des actions non moins pieuses. Un certain évêque n'ayant point une saine foi sur le Seigneur, et cherchant, pour plusieurs causes, des preuves sur la nature corporelle de Jésus-Christ, le roi, ami de la vérité, ne supporta pas cela et lui écrivit en ces termes : « Tandis que tu portes un nom de « science, la lumière de la sagesse ne luit pas en toi, « et je cherche par quelle audace, soit à cause de tes « iniques volontés, soit à cause de cette haine invétérée « que tu portes aux serviteurs de Dieu, tu oses éle-« ver des doutes sur le corps et le sang du Seigneur; « et lorsqu'il est dit par le prêtre qui le distribue; « Que le corps de Jésus-Christ te serve au salut du « corps et de l'ame, comment tu ne crains pas de dire « d'une bouche téméraire et souillée; Si tu en es digne « reçois-le? tandis que personne n'en est digne. Pour-« quoi attribues-tu à la Divinité les fatigues du corps, « et joins-tu à la divine nature l'infirmité des douleurs « humaines? » Et ce prince de Dieu, jurant alors par la foi du Seigneur, continua en disant : « Tu seras privé « des honneurs du pontificat, si tu ne renonces pas à « ces erreurs; et tu seras condamné avec ceux qui ont « dit à Dieu; *Éloignez-vous de nous*, et tu n'auras pas « de communication avec ceux à qui il est dit : *Ap-*

« *prochez-vous de Dieu, il se rapprochera de vous.* » L'évêque, mal instruit, mais sagement repris par le bon roi, ayant ouï ces paroles, se tint tranquille, se tut, s'éloigna de ce dogme pervers, contraire à tout bien, et qui déjà croissait dans ce siècle.

Ce roi, serviteur de Dieu, placé dans le sein de l'Église sa mère, fut un zélé gardien du corps et du sang du Seigneur et de ses vases sacrés; il ordonnait tout aussi parfaitement que s'il eût vu Dieu, non seulement descendu sur l'autel, mais dans la propre gloire de sa sainte majesté; sa dévotion à cet égard veillait surtout à ce que le Seigneur fût immolé, pour l'expiation des péchés de tout le monde, par un prêtre dont le cœur fût pur et le vêtement blanc; par son assiduité à ce service, déjà destiné pour le ciel, il était heureux sur la terre; il se plaisait à orner les reliques des saints d'or et d'argent, à donner des vêtemens blancs, des ornemens sacerdotaux, des croix précieuses, des calices fabriqués en or pur, des encensoirs exhalant un parfum choisi, et des vases d'argent pour les mains des prêtres qui se tenaient à toute heure devant Dieu, priant pour les péchés de tout le peuple. Que dirai-je? Un vase pour le vin, fait en argent, et qu'on nomme *cantare*, fut volé par un de ses clercs, ce qui rendit le roi triste de toute manière, mais pas au point de faire inquiéter ce clerc, qui depuis lui fut très-cher; il menaça seulement de faire poursuivre le vol, et, bon gré, malgré, l'ecclésiastique auteur de cette mauvaise action fit faire la recherche du vase, le racheta, et le remit en son lieu. Le roi, ami de Dieu, plaisantant là-dessus, dit au clerc : « Il vaut mieux porter dans la maison ses pro-

« pres effets qu'en emporter, de peur d'être sembla-
« ble à Judas, qui était voleur, gardait la bourse
« et dérobait ce qui lui était confié. » Le roi eut ensuite ce clerc près de sa personne pour son service, et celui-ci devint digne de ses bons conseils, car cet homme très-pieux savait par sa vertu soigner les plaies d'autrui, et, selon les commandemens du père Benoît, ne les point découvrir ni publier. Nous prions donc Dieu que, par sa clémence, il efface pour une telle action ses péchés, et que par l'intercession de tous les saints, le roi possède les joies promises aux justes.

Il m'est très-agréable de communiquer aux oreilles des fidèles ce qui est si digne d'être raconté; la mémoire de ce roi doux et libéral nous appellera, nous tous qui aimons Dieu, dans ce jour où la trompette sonnera, non celle qui est d'airain, mais celle qui procède du céleste trésor, et qui, ouvrant sa bouche, dit : « Verse l'aumône dans le sein du pauvre, et elle « priera pour toi. » Réfléchissant sur un tel homme, il se présente à nous mille choses, par la pensée, l'ouïe ou le discours, qui ne peuvent être écrites à cause de leur grand nombre, car Dieu seul connaît, par son immense sagesse et science, ce qui ne peut être compris par l'esprit d'hommes misérables. Et parce que nous nous intéressons au monde, nous nous réjouissons des actions de cet excellent roi; car, à ce que nous croyons, Dieu, ce roi glorieux, est loué par ses œuvres; Dieu, du royaume duquel sera héritier pour l'éternité celui qui aura été grand par une entière pureté de cœur et de corps. Et que l'univers croie bien que le monde serait encore plein de joie par sa bonne et agréable vie, si le Fils de Dieu, mort pour les pécheurs, l'avait voulu.

Un jour étant allé à l'église, et prosterné devant Dieu en oraison, ce roi, doux et humble de cœur, fit rougir de sa faute un certain homme, à l'occasion d'un ornement en fourrure qui lui descendait du cou; tandis qu'il épanchait ses prières devant le Seigneur, Rapaton, voleur (non ce fameux chef de brigands qui occupe le commencement de la leçon du livre des Rois), s'approcha de lui, et prit la moitié de la frange du manteau du roi; mais il reçut de sa bouche cet ordre indulgent et plus doux que le miel: « Retire-toi, ce que tu as pris te suffira, et le reste « peut être nécessaire à quelque autre. » Le voleur confus obéit au commandement du saint homme, qui, pour l'amour de Dieu, compatissait ainsi d'habitude aux pauvres, et à ceux qui étaient en faute, afin de les avoir pour intercesseurs auprès de Dieu, car il savait qu'ils étaient déjà citoyens du ciel.

Poissy, résidence royale, placée sur la Seine, est très-agréable aux rois des Français; trois monastères y ont été bâtis par de saints personnages, un en l'honneur de sainte Marie, un en celui de saint Jean, et le dernier en celui de saint Martin, confesseur. Le bon roi adopta le monastère érigé en l'honneur de la sainte Mère de Dieu, le bâtit de nouveau, et le rendit très-beau pour les ornemens, les prêtres, l'or et l'argent. La louange de Dieu n'y était pas interrompue; là il s'unissait continuellement au Seigneur par ses oraisons. Un jour il arriva au lieu de repos de son humble corps, après avoir répandu devant Dieu et dans la prière ses torrens de larmes accoutumés; il trouva sa lance bien ornée d'argent par sa glorieuse épouse; il regarde aussitôt à la porte pour voir s'il se trouverait quelqu'un à qui cet argent fût nécessaire; il aperçoit un pauvre, et lui demande avec adresse s'il aurait quelque ferrement au moyen duquel on pût enlever l'argent de dessus le bois. Ce serviteur de Dieu ordonne ensuite au pauvre, qui ne savait pas ce qu'il en voulait faire, d'aller lui en chercher un tout de suite. Pendant cet intervalle il vaquait à l'oraison. L'envoyé revenant, lui apporta un fer assez propre à une telle destination; les portes se fermèrent, le roi bienfaisant, avec l'aide du pauvre, ôta l'argent de la lance, le donna au pauvre, le mit dans son sac de ses saintes mains, et lui recommanda, comme à l'ordinaire, de prendre garde en sortant que sa femme ne le vît. Le pauvre obéit aux ordres du roi. Tout étant fini, la reine arriva, demanda ce qu'était devenue cette lance, et s'étonna de voir ainsi détruit ce bel ornement par lequel elle avait espéré réjouir son seigneur. Le roi par plaisanterie lui répondit, en jurant la foi du Seigneur, qu'il ignorait le fait; il s'éleva entre eux une dispute amicale. Tant de libéralité en aumônes leur profita à tous deux, et, avec l'aide de Dieu, elle était de grand bénéfice à ceux qui voulaient mourir au monde et vivre en lui. Il y a encore à raconter plusieurs traits d'une piété non moins grande, dont nous avons déjà parlé.

Un certain pauvre clerc, venant du royaume de Lorraine, fut présenté au roi serviteur de Dieu, et reçu par lui. Ce clerc s'appelait Oger; le roi le traitant avec trop de bonté, l'associa à son collége de saints prêtres, l'enrichit suffisamment de toutes sortes de manières, espérant habiter avec lui un grand nombre de jours et d'années. Mais ce fourbe fut découvert d'une manière qu'il n'avait pas prévue, car le prophète David avait bien dit de lui : « Les paroles de « sa bouche sont iniquité et ruse; il n'a pas voulu « comprendre pour bien agir ; il a médité le crime « dans son lit ; il ne s'est pas appliqué à la bonne « voie, et n'a pas haï la malice[1]. » Car on voyait revivre en lui la conduite de Judas qui trahit le Seigneur, et qui gardait la bourse et dérobait ce qui lui était confié : en effet, un certain jour, sur le soir, au moment où la nuit approchait, le roi ayant soupé avec les siens, se disposait à accomplir ses devoirs envers Dieu, et à lui rendre l'hommage qui lui appartenait. Il marcha, selon sa coutume, vers l'église, précédé par des clercs qui portaient devant lui des chandeliers d'un grand prix. Lorsqu'ils furent arrivés, l'humble roi fit signe de ne point approcher du sanctuaire, et se plaçant dans l'angle, il offrit ses vœux à son doux Seigneur. Tandis qu'il méditait en la présence de Dieu, il vit Oger mettant à terre la cire, et cachant dans son sein le chandelier. Les clercs, qui devaient être gardiens de ces effets, furent troublés de ce vol, et en parlèrent au roi, qui dit n'en rien savoir. Ce fait parvint aux oreilles de la reine Constance sa femme, dont quelqu'un avait dit, en plaisantant sur son nom :

« *Constans et fortis quæ non Constantia ludit.* »

« Constance, constante et forte, qui ne plaisante « pas. »

Enflammée de fureur, elle jura par l'ame de son

[1] Ps. 35, v. 3 et 4.

père Guillaume, qu'elle infligerait des peines aux gardiens, les priverait des yeux, et leur ferait d'autres maux, si ce qui avait été enlevé du trésor du saint et du juste ne se retrouvait pas. Le roi, qui avait le calme de la piété, appela le voleur, dès qu'il eut entendu ces paroles, et lui parla ainsi : « Ami Oger, va-« t'en d'ici de peur que ma femme irritée ne t'anéan-« tisse bientôt ; ce que tu as te suffira jusqu'à ce que « tu sois dans ton pays natal ; que le Seigneur t'ac-« compagne partout où tu iras. » Lorsque l'auteur du vol entendit ces paroles, il tomba aux pieds du pieux roi, et se roula par terre, en criant : « Se-« courez-moi, seigneur, secourez-moi ! » Mais le roi voulant le sauver, lui dit : « Va-t'en, va-t'en, ne « demeure pas ici. » Et il ajouta plusieurs choses à celles qu'Oger emportait, afin qu'il ne manquât de rien en route. Quelques jours après, le roi, serviteur de Dieu, supposant qu'Oger devait avoir atteint le lieu de sa naissance, et conversant avec les siens, dit doucement et agréablement : « Mon cher Theudon (car ce « Theudon était très-familier avec lui), pourquoi te « fatigues-tu à chercher ce candelabre que le Dieu « tout-puissant a donné à un de ses pauvres? Sachez, « toi et les tiens, qu'il lui est plus nécessaire qu'à nous « pécheurs, à qui le Seigneur a donné toutes les ri-« chesses de la terre, afin que nous vinssions au se-« cours des pauvres, des orphelins, et de tout le « peuple de Dieu. »

Ses officiers lui construisirent par son ordre un un beau palais à Paris ; et voulant l'honorer par sa présence le jour de Pâques, il commanda qu'on y préparât un grand repas, selon l'usage royal. Comme il allait prendre de l'eau pour se laver les mains, un aveugle qui était là dans la foule des pauvres, qui lui étaient un cortége perpétuel, s'approcha du roi, et le pria de lui jeter de l'eau sur la figure, et d'offrir pour lui une humble prière. Le roi accueillit par manière de jeu la demande du pauvre; et lorsqu'il eut l'eau sur les mains, il lui en lança au visage : aussitôt l'aveugle, à la vue de tous les grands qui étaient présens, recouvra l'usage des yeux par l'attouchement de l'eau. Tous louèrent le Seigneur; et le pauvre, content, s'assit au banquet avec les convives. Pendant tout le jour, on n'eut au repas d'autre entretien que de louer sur ce miracle le Dieu tout-puissant. Peut-être les discours des convives eussent été vains et inutiles, s'ils n'eussent pas été éclairés en cette journée d'une si grande lumière; et certes, on ne peut raisonnablement s'étonner que le roi ait fréquemment honoré de sa présence ce palais, que la vertu divine a illustré par un tel miracle, et a consacré par la joie du peuple, le premier jour où ce pieux roi a voulu y prendre son repas.

Ce vertueux prince, vivant de la vie des justes, s'appliquait à ne pas permettre le mensonge à sa bouche, et à dire la vérité du cœur et des lèvres; il jurait souvent par la foi du Seigneur; mais voulant rendre les siens innocens comme lui, lorsqu'ils lui prêteraient serment, il fit faire un reliquaire de cristal, orné tout autour d'or pur, mais qui ne renfermait point d'os des saints. Ses grands, ignorant cette pieuse fraude, juraient dessus; il en fit construire un autre d'argent, dans lequel il mit un œuf d'un certain oiseau nommé griffon, et sur ce vase il faisait prêter serment de fidélité aux gens moins puissans, et à ceux des campagnes. Oh! combien convenaient parfaitement à ce saint homme les paroles du prophète sacré, lorsqu'il disait : « Il a habité dans le tabernacle « du Très-Haut, celui qui a dit la vérité dans son « cœur, qui n'a pas eu de fausseté sur les lèvres, qui « n'a pas fait de mal à son prochain, et n'a pas cher- « ché à lui nuire. »

Il faut dire en peu de paroles combien ce roi posséda la vertu d'humilité. Tenant une assemblée avec les évêques de son royaume, et les regardant l'un après l'autre, il en vit un accablé par son embonpoint, et dont les pieds pendaient de haut; conduit par un sentiment de piété, il chercha des yeux un tabouret, et en trouva un. Alors ce roi, cher à Dieu et aux hommes, le prit dans ses mains, voulut lui-même l'offrir à ce pontife, et ne dédaigna pas de le lui poser lui-même sous les pieds. C'était l'évêque de Langres, nommé Lambert, et puissant par la science, la religion et la bonté. Tous les évêques et les princes furent dans une telle admiration de cette action, qu'ils proclamèrent à plusieurs reprises Robert un roi humble et parfait. En effet, ce prince, aimé de Dieu, ne perdit pas le souvenir de la sainte loi, et se la rappela dans toutes ses actions. Il savait bien qu'il est écrit : « La science est la vertu, et l'hu- « milité sainte est gardienne de la vertu. » Et il connaissait ces paroles du bienheureux pape Grégoire : « Celui qui recueille des vertus sans humilité, porte « de la poussière au vent. » Il avait lu ce qu'a dit un Père : « Tout travail sans humilité est vain; le si- « gne de l'humilité donne le royaume des cieux. »

Nous prions donc Dieu, afin que ce prédestiné, qui a déposé toute l'enflure de l'orgueil, et s'est uni à Jésus, son Dieu, par la vertu de la sainte humilité, lui soit uni de même dans l'éternité; qu'au jour du jugement, il soit placé à la droite du Seigneur, que Jésus-Christ ne trouve rien à condamner en lui, et que par son immense miséricorde, il le conduise à la couronne de gloire, qu'il a promise à ceux qui l'aiment; car ce Dieu, que ce saint roi a tant et tellement aimé, cru et desiré, est le Roi des rois, le Seigneur des seigneurs, et l'espérance des fidèles!

Cet humble roi Robert, qui rejetait loin de lui tout orgueil, et doit être nommé avec toute sorte d'amour, s'étudiait à plaire par ses vertus à celui qui habite dans les cieux. Il évitait les personnages élevés, et accueillait autant qu'il pouvait les obscurs, afin qu'ils rendissent au vrai Dieu des hommages véritables. Il suivait en cela l'exemple du vénérable Ambroise, évêque de Milan, qui livra, pour s'être enflés d'orgueil, à d'immenses gémissemens deux clercs de son église, jusqu'à ce que, corrigés par la verge de la discipline sacerdotale, ils eussent foulé aux pieds leur superbe, et appris l'humilité. Ce même saint pontife a soin de décrire, dans son Traité du déluge et de l'arche de Noé, les habitudes des orgueilleux, de même que les racontait le prophète Isaïe, au sujet des filles de Judée, qui brillaient par leurs mouvemens d'yeux, et marchaient en portant la tête haute; car il y a des gens qui élèvent leurs sourcils, enflent leurs cœurs, gonflent leur poitrine, reculent la tête en arrière, frappent fortement le sol de leurs pieds, se balancent le corps, et se couvrent de vains ornemens. Au premier pas, ils marchent en avant, et au second, se renversent en arrière. Ils regardent le ciel, méprisent la terre, et on dirait que, tourmentés de douleurs de tête, ils ne peuvent la baisser. Dieu les a rayés du livre de vie, en disant : « Celui qui s'élève sera humilié; » et il ne les inscrira pas dans les célestes histoires des mérites des saints; c'est pourquoi nous disons tout cela, afin que tous connaissent combien ce grand empereur des Français a méprisé le monde, et combien son humilité lui a acquis le royaume des cieux.

Hugues, aïeul de ce grand roi, et nommé Grand, pour sa piété, sa bonté et son courage, avait construit magnifiquement avec son fils un monastère dédié à saint Magloire, confesseur de Jésus-Christ, et situé à Paris; il y avait placé des moines, destinés à vivre sous la règle de saint Benoît, et avait enrichi ce lieu par l'or, l'argent, et d'autres ornemens, pour son salut, celui de son fils et celui de sa postérité future. Adélaïde, déjà nommée comme mère de Robert, reine admirable par sa sainte piété, fonda aussi le monastère de Saint-Frambault, dans la ville de Senlis; elle y mit douze clercs pour servir Dieu, et leur fournit abondamment de quoi vivre; elle bâtit aussi un couvent à Argenteuil, ville dans le territoire de Paris, où elle assembla un nombre égal de servantes du Seigneur, qui devaient y servir Dieu sous la règle de saint Benoît, et qu'elle voulut consacrer et dédier sous l'invocation de la bienheureuse Marie, mère de Dieu, et toujours vierge, à la louange et à la gloire du Dieu tout-puissant, qui seul inspire tout bien. Elle fit don encore à saint Martin, évêque, d'une chasuble travaillée en or très-pur. On y voyait, entre les épaules, la majesté du pontife éternel, et les chérubins et les séraphins, humiliant leurs têtes devant le Dominateur de toutes choses. Sur la poitrine, l'agneau de Dieu, victime de notre rédemption, liant quatre bêtes de divers pays, qui adoraient le Seigneur de gloire. Elle fit aussi, pour ce bienheureux confesseur, une chappe tissue d'or, et deux d'argent. Elle fabriqua aussi pour saint Denis, son protecteur spécial après le Seigneur, une chasuble faite de même, et d'un travail admirable. Elle lui offrit aussi, comme il convenait à une telle femme, un ornement appelé le globe de la terre, et semblable à celui de Charles le Chauve. Cette reine, fidèle à Dieu, espérait ainsi se concilier la faveur de ce saint, à qui Dieu a promis par un fidèle serment de lui accorder ce qu'il lui demanderait pour quelqu'un; et toute la famille de cette reine se proclamait dévouée en toutes choses à un si grand martyr, rendant à son Dieu l'hommage d'une profonde obéissance, comme il convient à des serviteurs. Les amis particuliers de cette maison étaient la bienheureuse Marie, saint Benoît père et chef des moines, saint Martin, saint Aignan, et les victorieux martyrs Corneille et Cyprien. Mais les plus vénérés de tous par cette race, étaient le glorieux martyr Denis, et l'illustre vierge Geneviève. On rapporte que Hugues, en mourant, dit à son fils : « Bon fils, je t'adjure, au nom de la sainte et indivisible Trinité, de ne pas livrer ton ame aux conseils « des flatteurs, et de ne pas écouter les vœux de « leur ambition, en leur faisant un don empoisonné « de ces abbayes que je te confie pour toujours; je

« souhaite également qu'il ne t'arrive point, con« duit par la légèreté d'esprit, ou ému par la colère, « de distraire ou enlever quelque chose de leurs « biens : mais je te recommande surtout de veiller à « ce que, pour aucune raison, tu ne déplaises jamais « à leur chef commun, le grand saint Benoît, qui est « un accès sûr auprès du souverain juge, un port de « tranquillité, et un asile de sûreté, après la sortie de « la chair. »

Il faut raconter en peu de paroles les bonnes œuvres que fit cette servante de Dieu, mère du sage roi Robert. Quand il était enfant, il fut attaqué d'une grave maladie, dont le danger inquiétait son père et sa mère; c'est pourquoi elle donna à l'église que saint Évurce avait bâtie, avec l'aide de Dieu, dans l'ancienne ville d'Orléans, et que, selon le rite ecclésiastique, il avait consacrée à l'honneur de la croix sainte et vivifiante, une image de Notre-Seigneur sur la croix, en or pur, afin que Dieu sauvât de la mort celui que sa toute-puissance avait déjà marqué pour régner sur la terre, et qu'il délivra par sa volonté. Hugues, de son côté, avait donné aussi à l'église de la Croix, et pour obtenir la santé de son fils, un vase d'argent pesant soixante livres, et qui est demeuré dans ce lieu saint jusqu'à nos jours. Robert, devenu homme par son âge et ses vertus, et serviteur du Dieu tout-puissant, à qui il plaisait par ses louanges et ses discours, étant accablé de chagrin, rendit, par un don, à l'église de cette sainte croix qui porte le salut, et pour qu'elle fût célébrée dans tous les siècles, toutes les terres qui lui avaient appartenu, et que Foulques, évêque d'Orléans, avait données, à Beauvais, au puissant Hugues pour obtenir son secours. Il aima toujours spécialement cette ville d'Orléans, où il était né, avait été élevé, et depuis régénéré dans l'eau et l'Esprit-Saint, et où, après son élévation au trône, il avait reçu une bénédiction solennelle. L'illustre Thierri, évêque de cette ville, dont la voix publiait dignement les louanges du Seigneur, voulut laisser une mémoire de lui dans le monastère de la sainte Croix, et ordonna qu'on fît un vase du prix de cent sous d'or pur, dans lequel on consacrerait le sang de notre Seigneur Jésus-Christ. L'humble roi voulut se joindre à ce dessein d'un si grand pontife, et, touché de l'amour divin, fit faire, pour servir avec le saint calice, une patène pour y produire le corps du sauveur du monde, afin que sur l'autel fût à la fois le signe de la croix et la sainte passion, vraie rédemption des corps et des ames. Il donna encore à l'évêque Odolric un vêtement sacerdotal, pour qu'il parût entouré d'or et de pourpre lorsqu'il se présenterait à l'autel du Seigneur. Ce généreux prince donna encore à l'église de la sainte Croix un petit vase d'albâtre du prix de soixante livres, et en même temps un manipule d'argent.

Il donna aussi trois précieux manteaux pour l'ornement du lieu saint, pour son salut et celui de ses enfans, et beaucoup d'autres choses dont l'écriture ne peut dire le nombre ni la qualité. Il revêtit d'or, d'argent, de pierres précieuses, les corps des saints martyrs Savinien et Potentien, qui ont souffert, auprès de Sens, une mort très-cruelle, afin que le monde se confiât en ceux qu'un roi, digne de louanges, honorait de telle sorte sur la terre. De plus, par une grande bonté, il accorda la pêcherie de la Loire, et confirma ce don par un édit, au patriarche saint Benoît et aux siens, auxquels il fut toujours attaché de cœur pour leur admirable vie dans toute l'étendue de la terre. Il ne leur demanda en retour que le secours de leurs prières; il affermit de plus, par sa royale autorité, l'ordonnance d'immunité du lieu nommé Fleury, et de toutes les choses destinées au service du monastère, et ce bon et sage prince la scella de son sceau. Il montra clairement, par ses dons d'ornemens ecclésiastiques, son respect pour saint Benoît, qu'il aima chèrement, car il fit présent d'un *pallium* précieux à l'autel de la sainte Mère de Dieu, après l'incendie qui fut pour le lieu saint une très-grande calamité; et il orna son sanctuaire d'un admirable encensoir embelli d'or et de pierreries, et qui s'élevait facilement en haut. Il était placé à merveille auprès de celui en or pur que l'abbé Gosselin avait fait faire par un habile ouvrier, et dont le travail brille au-dessus des plus belles choses que nous ayons vues et décrites dans l'église de Fleury. Robert rebâtit aussi de nouveau, à Autun, ville considérable, pays des Éduens, le monastère qui était dédié à saint Cassien, confesseur, et tombé en ruines. Il y plaça des ministres de Dieu, rétablit l'abbaye dans son premier état, et fournit à la dépense de ceux qui serviraient Dieu et le saint dans ce lieu, car son étude fut toujours d'accomplir en toutes choses la volonté du Seigneur.

Le palais de Compiègne souffrit un dommage par un vol fait à ce noble roi. On était aux jours de la Pentecôte, où le Saint-Esprit remplit les ames et purifie les cœurs des fidèles, afin qu'ils se rendent agréables au Père et au Fils, dont la gloire est égale à la sienne. Robert, ce père et roi glorieux, voulut s'associer comme roi, Hugues, son fils, jeune homme d'une très-haute noblesse. Le monde entier se hâtait plein de joie pour l'accomplissement de cette volonté, parce qu'il se réjouissait de cet événement, à cause de l'immense bonté du père et du fils que la terre entière connaissait. Ce bon jeune homme était d'une grande probité, accueillait et aimait tout le monde, ne méprisait personne, et fut toujours chéri et aimé de tous. Le premier jour des fêtes se passa avec la bénédiction de Dieu; Robert se réjouissait de son fils, et était plein d'une immense joie. Il lui fit cette exhortation: « Vois, mon fils, souviens-toi toujours de « Dieu qui t'associe aujourd'hui à la couronne, et « plais-toi toujours dans les chemins de l'équité et de « la vertu, et je prie le Seigneur de permettre que « je voie cela et qu'il m'accorde de te voir faire « sa volonté, que trouvent toujours ceux qui la « cherchent. » Pendant ces fêtes solennelles, un certain clerc médita dans son méchant cœur de mauvaises choses, et se dépêcha de les accomplir. Le roi, cet homme de Dieu, avait dans ses trésors une figure de cerf faite en argent très-pur, sur laquelle il comptait pour les fêtes. Il avait reçu ce présent de Richard, duc des Normands, qui le lui avait donné pour des usages ordinaires; mais ce prince, doux dans ses discours, doux dans ses pensées, voulait l'offrir au Dieu tout-puissant. Un vase de corne, où on portait le vin pour célébrer le saint sacrifice, était joint à cet ornement. Ce scélérat et méchant clerc

les regarda, les prit, et les enfonça dans ses bottines.

Mais il ne put trouver à qui les vendre, ni comment il pourrait détruire la figure du cerf; et l'on doit croire que ce fut par les mérites de ce pieux roi, qui était fidèle à Dieu de tout son cœur, que ces effets furent conservés; car le troisième jour du sabbat, tandis que Robert conversait dans l'oratoire de la tour de Charles avec quelqu'un avec qui il était très-familier, le voleur y vint, se plaça devant l'autel, y répandit d'inutiles prières, poussa de longs soupirs, plaça ce qu'il avait volé, ainsi que la coupe, sous la nappe de l'autel, et le malheureux s'en alla sans savoir quels yeux avaient été fixés sur lui. Le roi interrompit sa conversation, s'approcha doucement de l'autel avec son ami, et reprenant ses effets, les remit gaîment à un serviteur et défendit à son compagnon, tant que cet homme vivrait, de faire connaître son nom, ou de lui causer quelque honte.

Mais nous verrons s'opposer à notre narration le mauvais esprit de ceux qui ne veulent pas pratiquer le bien, et ne rougissent pas de haïr ceux qui le font, ni de mordre méchamment au talon quand ils le peuvent. Ces gens-là, lorsque quelque faute tenant à la fragilité humaine est commise, aboient comme des chiens, et n'ont pas honte de la mettre en avant pour obscurcir toutes les bonnes œuvres, et de déchirer la réputation d'un si saint homme. « Non, diront-ils, « les actions saintes rapportées ici de lui n'auront « pas été utiles au salut de son ame, car il n'a « pas eu horreur du crime d'une union illégitime, et « il a épousé une femme qui lui était jointe par « une affinité spirituelle et les liens du sang. » Il faut réprimer leur haine par les paroles de l'Écriture sainte ; mais pour qu'ils ne disent pas qu'on leur ferme la bouche, qu'ils nous indiquent quelqu'un sans péché ; qui donc se peut glorifier d'avoir le cœur chaste, lorsque l'Écriture affirme que même l'enfant d'un jour n'est pas pur? Si toutefois j'ai dit cela pour réprimer la folie d'insensés, je ne tairai pas la faute de cet homme pénitent. De même que saint David, transgressant la loi, desira criminellement et enleva Bersabée, ainsi Robert, agissant contre les lois de la sainte foi, s'unit illégitimement avec la femme dont il s'agit : David pécha doublement non seulement par sa liaison avec Betsabée, mais encore par la mort de son innocent époux ; Robert aima mieux offenser Dieu que de conserver son lit pur d'une femme qui lui était interdite par deux raisons ; mais le vrai médecin du genre humain voulut bien par sa miséricorde guérir les blessures de l'un et de l'autre, celles de David, lorsque, après avoir entendu de la bouche du prophète Nathan la parabole de la brebis unique du pauvre, et des nombreux troupeaux du riche, il se fut reconnu coupable, et eut avoué qu'il avait péché ; celles de Robert, par l'entremise du saint et vénérable Abbon, que Dieu avait choisi pour abbé de Fleury, qui, par la grâce de Jésus-Christ, brillait par ses miracles, et qui, méprisant la crainte de la mort, reprit le roi en public et en particulier. Ce saint personnage continua ses reproches jusqu'à ce que le bon roi eût reconnu sa faute, abandonné définitivement la femme qu'il ne lui était pas permis de posséder, et lavé la tache de son péché par une satisfaction agréable à Dieu. L'un et l'autre roi fut réprimandé par Dieu, et couronné par lui, car il voulut, par sa sainte volonté, que ces deux rois, que la nature avait mis nus au monde, fussent grands et glorieux devant le monde; et parce que, comme dit l'Écriture, Dieu souffre qu'on désobéisse à sa volonté, et que, par une bénigne intention, il permet que les siens succombent au péché, afin qu'ils se reconnaissent semblables aux autres hommes, et qu'ils passent le reste de leur vie dans l'assiduité aux veilles et aux oraisons, qu'ils supportent les diverses souffrances du corps, et que le témoignage de l'Écriture soit accompli en eux, lorsqu'elle dit : « Dieu corrige ceux qu'il aime, et il « châtie le fils qu'il adopte, » David et Robert péchèrent, ce qui est habituel aux rois; mais visités de Dieu, tous deux gémirent, pleurèrent, firent pénitence, ce dont les rois n'ont pas coutume. En effet, à l'exemple du bienheureux David, Robert, notre seigneur, avoua sa faute, demanda l'absolution, déplora sa faiblesse, jeûna, pria, et transmit aux siècles futurs le témoignage de sa douleur publique, avec la confession de son péché. « Le roi n'a pas rougi de confesser « ce que des particuliers n'ont pas honte de commet« tre. Ceux qui sont tenus par des lois osent nier leur « faute, et dédaignent de réclamer l'indulgence que « demandait celui qui n'était soumis à aucune des rè« gles humaines. Le péché vient de la nature hu« maine, la confession, de la grâce divine. » La faute est commune, l'aveu rare; cela tient à la condition de l'homme d'avoir péché, à la vertu de l'avoir avoué. Robert ne s'est pas cru trop grand pour cela, car il savait que Dieu doit être craint par les grands et les petits, et que les divines Écritures instruisent ainsi les puissans : « Plus tu es grand, plus tu dois « t'humilier devant le Seigneur, et tu trouveras grâce « devant Dieu. » Cet humble roi, absous selon les lois, était coupable selon sa conscience, et desirant être délivré des chaînes du péché, il demanda le secours divin, pour être purifié de la tache de tout crime.

Ce roi, doux et humble de cœur, fit des actions remarquables de piété et de bénignité, si bien qu'il pardonna souvent à ses ennemis, et crut devoir toujours s'abstenir de leur mort; il n'est donc pas extraordinaire qu'il déplorât tant une faute nuisible à lui-même; c'est pourquoi il demanda d'être délivré des péchés mortels, loua le Seigneur son Dieu, proclama l'équité de ses jugemens, et glorifia par sa bouche la justice descendant du ciel, et qui s'incarna dans le sein de la Vierge très-pure.

Je juge convenable de rapporter ici un trait digne d'un père, fait par ce grand roi et cet élu de Dieu. En effet, les vrais prêtres, les abbés, les moines qui n'ignorent pas la sainte loi, y trouveront un exemple de vertu, qu'ils doivent non seulement imiter, mais admirer; avant tout, ces œuvres de piété et de miséricorde doivent être louées par toutes les louanges possibles. En un certain temps, Robert célébra solennellement la sainte Pâque à Paris, et plein de joie, le second jour du sabbat, il retourna à sa maison de Saint-Denis, et y passa les grands jours; le troisième jour du sabbat, l'heure approchant où il devait rendre, par les laudes, hommage au Dieu de tous les siècles, il quitta son lit, et se disposa à aller à l'église : en regardant, il aperçut deux personnes couchées dans l'angle vis-à-vis de lui, et commettant une œuvre coupable. Plaignant leur fragilité, il ôta de son cou un vêtement de fourrure très-précieux, et d'un cœur compatissant le jeta sur les pécheurs; ayant fait cela, il entra dans l'église des saints pour y prier le Dieu tout-puissant et l'implorer pour ces mêmes pécheurs, afin qu'ils ne périssent pas. Après avoir prolongé son oraison, et espérant que ces personnes, mortes à la grâce, se seraient retirées du péché, et ne vivraient plus que pour la pénitence, il appela un de ses gardes du corps, lui ordonna avec de douces paroles d'aller lui chercher un vêtement semblable, et lui défendit avec d'impérieuses menaces de le faire connaître à sa glorieuse épouse, ou à quelque autre. Oh! quel homme parfait, qui couvre de son manteau les pécheurs! A combien de saints prêtres, de pieux abbés, de religieux moines, ne peut-il pas, s'ils le desirent, donner l'exemple de la justice et la droite règle de la vertu? Ainsi le père et le chef des moines ordonne que les péchés soient confessés, mais que celui qui sait soigner ses plaies et celles des autres ne les publie ni ne les découvre. Heureuse piété et miséricorde qui ont fleuri dans ces deux hommes, par la bonté de Dieu! Notre Robert a possédé ces vertus, comme un droit héréditaire venu de son père.

Ingon, homme d'une grande bonté et candeur, abbé du monastère de Saint-Germain, bâti à Paris, envoya à ce serviteur de Dieu, pour son utilité et celle de ses frères d'Orléans, deux frères de bon renom. Lorsqu'il les eut vus, il les honora, selon la coutume, du baiser de paix, et les interrogea avec douceur sur la cause de leur voyage. Ils étaient nommés, l'un

Herbert, l'autre Geoffroi; et n'étaient pas les derniers des moines; il leur ordonna, selon son pieux usage, de se rendre en sa présence après les hymnes de matines, et qu'alors il les entendrait sur leur affaire. Ils obéirent à ses ordres, et il arriva que dans l'église où ils étaient assis, le cierge s'éteignit à leurs yeux. Alors le roi prend en main le cierge, fait sortir de son lit le saint homme Theudon, prêtre, et son parent, et le lui remettant, lui dit d'aller au plus vite chercher de la lumière. Cependant ce roi dévot continue ses psaumes et ses oraisons; et son messager, à son retour, voit ce prince, serviteur du Seigneur, tenir dans ses mains un cierge allumé. Le roi admirant cela, et desirant louer Dieu par le chant des hymnes, défendit de divulguer ce fait, afin de ne pas tomber dans l'orgueil d'un cœur superbe. Il loua en toutes choses la vertu de Dieu, et dit avec David : « Je suis un ver et non un homme, l'opprobre des « hommes, et l'abjection du peuple. » Et encore : « Seigneur, je me suis humilié; vivifiez-moi selon « votre parole. »

Nous avons lu dans les livres divins que « servir « Dieu, c'est régner. » Certes, il connut cette sentence, celui qui dit : « Servez Dieu avec crainte », et il n'y a aucun doute que notre bienheureux roi accomplit, d'intention et de fait, ces deux maximes; et de même que Moïse, serviteur du Seigneur, abattit Amalech par ses humbles prières et ses bras étendus, ainsi Robert, ce véritable ami de Dieu, vainquit tous ses ennemis par la vertu du Saint-Esprit, et eut toujours pour aide Dieu qui est le salut de tous. La douceur qui brillait en lui, lui gagnait les cœurs de tous les hommes; il possédait une science salutaire par laquelle il se réjouissait avec les siens; il instruisait l'un par des lectures, l'autre par des hymnes et des louanges de Dieu, et ainsi que l'Apôtre, il se faisait tout à tous pour les gagner tous. Ce véritable ami de Dieu faisait avec zèle ce que diffèrent souvent les abbés et les évêques, savoir le soin de corriger les pécheurs, et d'exhorter par son exemple les justes à une plus grande perfection. Une voix de salut et de louange sortait du trésor de son cœur, et comme l'Apôtre, il crucifiait sa chair avec ses vices et les concupiscences du monde, et préparait en lui-même un temple agréable au Seigneur. Il était toujours le premier aux divins offices, et le plus assidu à louer le Seigneur; à quelque endroit qu'il dût se rendre, on préparait un chariot pour porter une tente pour les ministres saints, et dès qu'il était fixé dans un lieu, on y déposait les choses sacrées, afin que, suivant l'expression du Psalmiste, « la terre et tout ce qu'elle en« ferme est au Seigneur; le globe de la terre et tous « ses habitans sont à lui, » il pût partout se montrer serviteur de Dieu et chanter en tout lieu ses louanges. Ce roi doux, et aimant Dieu, portait gravées dans son cœur les paroles du bienheureux Antoine: « Desirez « toujours Jésus-Christ, parce que le royaume des « cieux est à préférer à toutes les choses de la terre. » Il passait sans dormir jusqu'au matin les saintes nuits de Noël, Pâques, la Pentecôte, et ni couché ni assis, il ne prenait aucun repos jusqu'à ce qu'il eût reçu le secours salutaire du corps et du sang de notre Seigneur Jésus-Christ, qu'il attendait et desirait. Que sa conduite fût telle, c'est ce qui est manifeste et connu de tout le monde. A la solennité de la naissance de saint Jean, il avait l'habitude, après avoir loué le Seigneur par l'hymne *Te Deum laudamus*, de faire, comme au jour de Noël, célébrer la messe qui est notée dans les livres saints, pour le point du jour. L'autorité de Grégoire le Grand et de plusieurs autres a établi cette sainte coutume pour les messes; la doctrine d'Amalaire, tirée des ouvrages des saints Pères, y est aussi conforme.

Nous ne négligerons pas de conter ici combien il faisait d'aumônes dans les villes de son royaume, savoir Paris, Senlis, Orléans, Dijon, Auxerre, Avalon, Melun, Étampes; dans chacune, on distribuait abondamment du pain et du vin à trois cents, ou plutôt à mille pauvres, et surtout l'année de sa mort, qui fut la 1032e de l'Incarnation du Seigneur [1]; sans compter que dans le carême, en quelque lieu qu'il fût, il faisait donner à cent ou deux cents pauvres du pain, des poissons et du vin. De plus, le jour de la cène du Seigneur, il assemblait avec soin au moins trois cents pauvres; et lui-même, à la troisième heure du jour, servait à genoux, de sa sainte main, des légumes, des poissons, du pain à chacun d'eux, et leur mettait un denier dans la main. Ce fait admirable pour ceux qui le virent dans un tel office ne sera pas cru par ceux qui ne l'ont pas vu. A la sixième heure, il réunissait cent pauvres clercs, leur accordait une ration de pain, de poissons et de vin, gratifiait d'un denier douze d'entre eux, et chantait pendant ce temps, de

[1] C'est en 1031. Helgaud fait commencer l'année au jour de l'Annonciation, le 25 mars; de là proviennent les différences de sa chronologie.

cœur et de bouche, les psaumes de David; après cela, cet humble roi préparait la table pour le service de Dieu, déposait ses vêtemens, couvrait sa chair d'un cilice, et s'adjoignait le collége des clercs, au nombre de cent soixante, ou plus encore; il lavait, à l'exemple du Seigneur, les pieds de ces douze pauvres, les essuyait avec ses cheveux, les faisait manger avec lui; et au *mandatum Domini,* donnait à chacun d'eux deux sous. La cérémonie se faisait en présence d'un clerc et d'un diacre qui lisait le chapitre de l'évangile de saint Jean, où est rapporté ce qui s'est dit et fait dans la cène du Seigneur. Ce roi, plein de mérites, s'occupait à des actions de même genre, et passait dans le lieu saint tout le jour du vendredi saint; il adorait la croix sainte jusqu'à la veille de la Résurrection, où il offrait aussitôt le saint sacrifice de louanges, auquel sa bouche n'a jamais manqué. C'est ainsi que le roi Robert, couvert de gloire par le mérite de ses vertus, et par la manifestation de ses bonnes œuvres, se montra au monde comme un objet à admirer, et laissa un modèle à imiter aux siècles à venir.

Ce roi, après Dieu, la gloire des rois, aima toujours d'un cœur dévoué les saints apôtres, dont il prévenait les fêtes par un jeûne auquel il s'était engagé; et pour suivre leurs exemples, et en l'honneur de leur sacré nombre, il menait avec lui partout douze pauvres, qu'il aimait particulièrement; il leur était un vrai repos après leurs travaux, car achetant pour ces saints pauvres de forts ânons, il les faisait marcher devant lui partout où il allait, louant Dieu, pleins de joie, et le bénissant; pour les secourir, eux et un nombre infini d'autres pauvres, il ne manquait jamais de volonté, et était toujours bien disposé. Il avait toujours une provision de pauvres pour que, lorsqu'un mourait, le nombre ne diminuât pas. Les vivans succédaient aux morts, et l'oblation de ce grand roi à Dieu continuait. Son étude fut toujours de faire la volonté du Seigneur, auquel il fut toujours uni, en pratiquant le souverain bien, vraie bonté qu'un illustre versificateur [1] s'est plu à décrire dans ces vers :

« Le grand soin de l'homme bon est de soulager « ses frères dans leurs travaux, de prêter à ceux qui « sont tristes le secours qu'ils demandent, de nourrir « ceux qui ont faim, de vêtir ceux qui sont nus, de « délivrer ceux qui sont captifs, et de se concilier « ceux qui sont irrités; d'accorder autant qu'il est « possible, d'un cœur compatissant, aux hommes mal- « heureux toutes les consolations qu'ils recherchent, « de telle sorte que, desirant vraiment le bien, et « vraiment bon, il fuie tout ce qui est mal, et pra- « tique tout ce qui est bon. »

De plus, le roi Robert construisit de nouveau, dans la ville d'Orléans, un monastère à saint Aignan, son avocat spécial auprès de Dieu. On n'a pas besoin de dire qu'il conserva toujours pour lui le pieux amour d'une tendre dévotion, car il le voulut toujours, après Dieu, pour son protecteur spécial, pour secours et défenseur, en quelque lieu qu'il portât ses pas. Un jour en effet, interpellé par un de ses meilleurs amis pourquoi il exaltait par ses louanges ce grand évêque plutôt que les autres saints, il répondit avec humilité : « Tu demandes ce qu'est Aignan? Aignan est la sûre

[1] Probablement l'historien Aimoin, moine de Fleury.

« consolation de ceux qui sont tristes, la force de « ceux qui travaillent, la protection des rois, la dé- « fense des princes, la joie des évêques, et le doux « et ineffable secours des clercs, moines, orphe- « lins et veuves. » Alors plaisantant, il dit aux enfans qui l'entouraient : « Et vous, enfans, n'avez- « vous pas vraiment éprouvé qu'Aignan, de qui nous « parlons, vous a souvent délivrés de la peine des » verges ? »

Ce roi, la fleur embaumée de son pays, et l'honneur de la sainte Église, dévoré de zèle pour la gloire d'un si grand évêque, voulut par un saint desir placer son corps en lieu plus honorable ; il commença à bâtir sur le lieu une église ; et par l'aide de Dieu et le secours du saint, il la conduisit à sa fin. Elle eut quarante toises dans sa longueur, douze en largeur, dix en hauteur, et cent vingt-trois fenêtres ; il fit dans ce même monastère dix-neuf autels en l'honneur des saints que nous allons nommer ici avec soin. Le principal était dédié à l'apôtre saint Pierre, auquel le roi associa Paul, son co-apôtre. Auparavant, saint Pierre seul était vénéré dans ce lieu. Un de ces autels était à la tête de saint Aignan, l'autre à ses pieds ; un autre était consacré à saint Benoît ; les autres sont dédiés à saint Évurce, saint Laurent, saint George, tous les saints, saint Martin, saint Maurice, saint Étienne, saint Antonin, saint Vincent, sainte Marie, saint Jean, saint Sauveur, saint Mamert, saint Nicolas et saint Michel. Le roi fit la façade de cette maison d'une admirable manière, et semblable au couvent de Sainte-Marie, mère de Dieu, et de Saint-Vital et Saint-Agricole, bâti à Clermont ; il fit faire la châsse de saint Aignan en or, en argent, et en pierres précieuses par devant; il fit couvrir entièrement d'or la table de l'autel de saint Pierre, à qui ce lieu est consacré; sur cet or, la noble reine Constance, sa glorieuse épouse, après la mort de son mari, donna au Dieu très-saint, et à saint Aignan, la somme de sept livres, pour réparer les toits qu'elle avait fait bâtir dans le monastère, et qui étant ouverts depuis le bas jusqu'en haut, laissaient voir le ciel plus que la terre. Il en resta quinze livres d'or éprouvé; la reine les distribua à ceux à qui elle devait les donner, car elle était occupée des églises de Dieu, selon la sage volonté de son seigneur.

Tout cela fait, le glorieux roi Robert, avide de la bénédiction céleste, en l'année trente-six de son ordination, bénédiction et élévation au trône, convoqua par un ordre exprès les archevêques Gosselin de Bourges, abbé de Fleury, Leuteric de Sens et Arnoul de Tours. Ils étaient suivis des évêques Odolric d'Orléans, Thierri de Chartres, Bernier de Meaux, Guarin de Beauvais, et Rodolphe de Senlis. On ne fut point privé de la présence du vénérable maître Odilon, abbé de Cluny, et d'autres hommes vertueux de non moindre mérite, avec lesquels le roi desirait avoir une entrevue; le précieux corps du serviteur de Dieu, saint Aignan, fut levé du sépulcre par eux et d'autres ministres de Dieu, ainsi que ceux des saints confesseurs Euspice, Moniteur et Floscule; des martyrs Baudel et Scubile, et d'Agie, mère du confesseur saint Loup. Le glorieux roi et ceux que nous avons déjà nommés, et qui étaient venus pour cette œuvre, demeurèrent près de ces saints corps, louant Dieu et chantant des hymnes et des cantiques dans l'église de Saint-Martin, tandis qu'on préparait les choses nécessaires à la sainte cérémonie. Tout étant prêt, le lieu fut consacré et béni solennellement par les prêtres sacrés, l'année de l'Incarnation du Seigneur 1029; le saint corps fut mis sur les épaules de ce grand roi et du peuple, aussi joyeux les uns que les autres, et on le transporta en chantant dans le nouveau temple qu'avait fait bâtir le grand Robert. Tous louèrent Dieu et saint Aignan avec des timbales, des chœurs de musique, des instrumens à vent et d'autres à cordes, et ils placèrent les reliques dans le lieu saint, à l'honneur, la gloire et la louange de notre Seigneur Jésus-Christ et de son serviteur Aignan, honoré d'une gloire spéciale.

Lorsque la bénédiction solennelle fut achevée, ainsi que toutes les cérémonies usitées pour la dédicace d'une église, Robert, qui a vraiment mérité le nom de père de la patrie, alla avec respect devant l'autel de saint Pierre et de son patron chéri, Aignan, se dépouilla d'un vêtement de pourpre, vulgairement appelé *roquet*, fléchit les deux genoux, et offrit à Dieu de tout son cœur une prière suppliante, en disant: « Je te remercie, Dieu bon, de ce que par les mérites de saint Aignan, tu as conduit en ce jour ma « volonté à sa fin, de ce que tu as réjoui mon ame « par le triomphe des corps des saints qui s'effectue « aujourd'hui; accorde, Seigneur, par l'intercession « de tes saints, aux vivans le pardon de leurs péchés, « et à tous les morts le repos éternel et la vie bien-« heureuse; regarde avec bonté notre siècle; gou-« verne, règle le royaume que tu nous as donné par

« ta générosité, ta miséricorde et ta bonté; et garde-le « à la louange et à la gloire de ton nom, par les ad- « mirables mérites de saint Aignan, père de la pa- « trie, miraculeusement délivrée de ses ennemis. » Ayant fini sa prière, il revint plein de joie en son logis, et combla en ce jour ce lieu de ses dons, savoir, quatre manteaux très-précieux, une cruche d'argent, et sa chapelle, qu'il légua au Dieu tout-puissant et au saint confesseur Aignan. La chapelle de ce très-pieux, très-prudent et très-puissant roi Robert était ainsi composée : dix-huit bonnes chappes très-belles et bien travaillées; des livres d'évangiles, deux en or, deux en argent; deux autres petits; un missel d'outre mer, bien fait, en ivoire et en argent; douze tablettes en or; un autel admirablement orné en or et argent, où était au milieu une pierre très-rare nommée *onyx*; trois croix d'or, dont la plus grande contenait sept livres d'or pur; cinq cloches, dont une superbe, et qui pesait deux mille six cents livres. Robert ordonna de lui imprimer le signe du baptême avec l'huile et le saint chrême, et le Saint-Esprit lui assigna le nom de Robert. Le roi dédia aussi à saint Aignan deux églises, une à Gentilly, et l'autre à Rouen, avec les maisons et toutes les terres qui en dépendent. Il confirma ce don par un édit royal; il obtint du vénérable Thierri, évêque d'Orléans, pour les autels de ces églises, la concession des priviléges épiscopaux, et l'évêque les offrit à saint Aignan et au roi immortel, qu'il aima toujours d'un cœur dévoué, et dont il chanta les louanges.

Le roi rendit illustre à jamais le château de Crépy, bâti superbement sur le territoire de Soissons, par le puissant Gautier [1], et combla d'honneurs l'abbaye qu'il y avait instituée en l'honneur de saint Arnoul. Il y établit pour abbé en notre siècle un certain Lescelin, homme de bonne réputation, moine par la profession de la vie régulière, et qui tous les ans venait visiter Robert, l'homme de Dieu; il en était reçu comme un serviteur du Seigneur, ils conféraient ensemble des choses du ciel; et lorsque l'abbé était près de s'en retourner, le roi le comblait de dons honorables qui, par la vertu d'une charité parfaite, se rapportaient à ceux du ciel. Un certain jour de carême, Lescelin vint, selon sa coutume, trouver le roi, alors à Poissy; et ayant accompli l'objet de son voyage, ils prirent la nourriture spirituelle et corporelle : ces deux hommes étaient liés ensemble par leurs anciennes vertus. Le bon abbé proposa au roi l'indulgence de Dieu, et l'engagea à soulager son humble corps, et à lui donner quelque nourriture, afin de pouvoir ensuite par ses prières frapper à la porte des cieux, et être fait concitoyen des saints. Le pieux roi le refusa, et, se prosternant par terre, le supplia de ne l'y point contraindre, car, disait-il, s'il obéissait, il n'offrirait donc point à Dieu le sacrifice du jeûne. L'abbé alors garda le silence, réfléchit à quelle perfection Robert était arrivé pour l'exacte obervance du jeûne, et offrit pour lui plusieurs messes basses, afin que Dieu lui accordât de persévérer dans cette vertu.

Le roi, content de ces dons du saint homme, rendit grâces à Dieu, et célébra sans interruption le saint jeûne jusqu'à la Passion et la Résurrection de notre Seigneur Jésus-Christ. Ce roi, qui recherchait tous

[1] Gautier le Blanc, comte d'Amiens.

les bienfaits de la religion pour l'expiation de ses fautes, avait l'usage, depuis la Septuagésisme jusqu'à Pâques, de ne se point servir de matelas, et toujours tendant au ciel, de coucher fréquemment sur la terre; enfin que la courte oraison que voici serve pour toutes ses fautes : « Que Dieu passe l'éponge sur « ses premiers péchés, qu'il les livre à un oubli per- « pétuel, qu'enfin Jésus-Christ, qui vit et règne dans « les siècles des siècles, lui accorde une part dans la « première résurrection ! »

Qu'y a-t-il de plus doux pour mon cœur, que puis-je faire de mieux que de louer mon maître, mon protecteur, en toutes ses actions? Je reprends la suite de mon récit, et comme j'avais coutume dans ces jours que nous passions ensemble, je retrace son aimable et chère bonté pour moi; je me plais à me la rappeler et à songer combien elle m'a été utile; et en la repassant dans ma mémoire, je ne connais, je n'éprouve aucuns sentimens qui ne soient ceux d'un fils pour un père, d'un ami pour son ami, d'un bien-aimé pour son bien-aimé. Je rougis cependant lorsque je conte les œuvres admirables d'un tel homme, et que je pense que nous avons vu fleurir en lui les vertus qui sont couronnées au plus haut des cieux, et assurent le salut du corps et de l'ame. S'il voyait quelqu'un se lasser dans le service de Dieu, il l'exhortait de paroles, le soulageait par un don secret, qui était toujours peu de chose lorsqu'il le promettait, et très-considérable quand il le donnait. Je reçus l'ordre paternel de mon respectable abbé Gosselin, de bâtir une église dans un lieu du monastère de Fleury. Je commençai à exécuter son commandement, et à la construire : elle était petite, mais agréable; les peuples y accouraient en foule, et elle devait à leur piété de se voir en état d'être consacrée par les saintes bénédictions. Quoiqu'elle fût en bois, et pas encore achevée, le roi, cet homme de pieux desirs, plein d'envie de la voir de ses saints regards, quitta son château de Vitry. Par l'ordre du vénérable et aimable pontife Odolric, Gosselin, archevêque de Bourges[1], avait béni cette église; il lui donna généreusement la terre environnante qui était très-fertile. Lorsque le roi y entra, il pria et posa un manteau du prix de quatre livres sur l'autel consacré à saint Denis, saint Rustique et saint Eleuthère; et ce fut sans doute en ce moment que, portant partout ses pieux regards, il lui vint dans l'idée, lorsque je me rendrais à Paris après lui, d'orner magnifiquement ce lieu par des reliques de saint Denis, saint Rustique et saint Eleuthère, et de l'enrichir de leur intercession. Les dons qui nous assurent leur protection sont des fragmens de la chasuble de saint Denis, de la dalmatique de saint Rustique, de la chasuble de saint Eleuthère, des vêtemens arrosés de leur sang, de la poussière de leur chair, et un morceau de la triple corde dont fut lié saint Denis, précieux martyr du Seigneur. Ce roi, qui aimait Dieu, combla de bienfaits ce lieu, en lui donnant ces précieux gages et d'autres encore. Ces mêmes saintes reliques des saints déjà nommés furent reçues dans le monastère de Fleury par le vénérable abbé Gosselin, comme des choses qui devaient être données et reçues par un homme considérable. Cela se passa le jour des calendes d'octobre, où tombe toujours la fête des saints

Germain, Remi, et la solennité des confesseurs de Saint-Waast. Cette même église a été depuis détruite par le feu, sans doute à cause des péchés des hommes; la première fois elle était de bois, et la seconde, par l'aide du Dieu tout-puissant, par les mérites de Marie, sainte mère de Dieu, de saint Benoît et de tous les saints, elle fut rebâtie en pierres par moi, misérable pécheur; et le glorieux Odolric, évêque, plein de bonté, voulut, avec le secours de Dieu et de ses saints, la dédier et consacrer de même qu'auparavant; il se conduisit comme il convenait à un tel homme. Tant que vécut ce pontife, il m'honora de son affection, et, par la bonté du Seigneur, jamais je ne le trouvai contraire à mes desirs, mais il voulut toujours ce qui était bon et utile; aussi nous prions le Dieu souverain, et notre Seigneur Jésus-Christ, d'accorder à ce prêtre, digne de l'épiscopat, l'héritage des saints, qu'il a toujours travaillé à acquérir; que Jésus-Christ, qui est rédempteur, sauveur et doux libérateur des ames saintes, lave ses péchés, le place dans les cieux et le joigne aux célestes citoyens! Ceux qui entreront dans l'église, auront les yeux frappés des vers ici écrits, qui retracent la mémoire de saint Denis et du fondateur de ce temple; ils verront les autels consacrés à ce saint divisés en deux parties. Les vers placés à la gauche de l'autel de saint Denis sont ainsi:

« Vous qui passez ces portes, que saint Denis vous « unisse au Seigneur par ses saints secours. Qui que « vous soyez et quoique vous desiriez, suppliez le Sei- « gneur tout-puissant de vouloir bien, par sa bonté,

« protéger Helgaud ; Helgaud dont la piété a bâti à « notre Seigneur Jésus-Christ et à saint Denis, ce vé- « nérable temple. »

Les vers à la droite étaient :

« C'est ici la maison consacrée pour toujours au « Dieu suprême, par la volonté et les soins du bon « Helgaud. D'ici l'on frappe à la porte du royaume des « cieux ; ici un peuple pieux se réjouit dans le Sei- « gneur. Vous tous fidèles qui y entrez, demandez « ensemble que le Seigneur Jésus-Christ nous con- « serve pour l'éternité. Qu'il en soit ainsi, ainsi soit- « il, ainsi soit-il, ainsi soit-il ! »

Pendant le temps dont, avec l'aide de Dieu, j'ai raconté les événemens, le célèbre monastère de Fleury posséda comme abbé le fameux Gosselin, digne de cette charge, uni à Dieu par de saintes actions, et savant dans les sciences divines et humaines ; les fleurs de l'Écriture sainte étaient présentes au cœur de son bon maître Abbon, dont nous avons déjà parlé, et qui l'en imbut de telle sorte qu'il les expliquait à tous, afin qu'ils pussent se nourrir des célestes vérités. Il était si magnifique en aumônes, qu'un jour, par un froid très-rigoureux, il dépouilla ses habits de fourrure, en vêtit les pauvres de Jésus-Christ, afin d'en recevoir la récompense du céleste rémunérateur, et de l'entendre dire : « J'étais nu et vous m'avez habillé. « Ce que vous avez fait au moindre de vos frères, c'est « à moi que vous l'avez fait ; devenez les bénis de « mon Père, entrez en possession du royaume qui

« vous est préparé depuis le commencement du « monde. » Le roi parfait distingua bientôt Gosselin de ses regards, l'aima par dessus tous les autres, s'attacha particulièrement à ses conseils, et les choses qu'il approuvait étaient toujours justes et sans reproche; il voulut l'honorer des honneurs séculiers, lui donna les illustres dignités d'abbé de Saint-Benoît, ce qui est le chef-lieu de tout l'Ordre, et d'évêque de Bourges, sous le titre de saint Étienne, premier martyr, qui donne la primatie de toute l'Aquitaine, et est un des plus grands et plus honorables de France. Que ses pieuses aumônes, sa charité, et toutes les vertus qui fleurirent en lui, plongent dans un oubli perpétuel les fautes qu'il a pu commettre, et qu'il reçoive la récompense des bonnes œuvres qu'il a faites par l'inspiration de l'Être suprême!

Le roi étant dans l'illustre ville de Paris, dans les jours de la Septuagésime, l'humble abbé lui envoya, suivant l'usage, des messagers pour les affaires des saints lieux. De ceux qui furent choisis pour cet effet, l'un s'appelait Albéric, honoré de la dignité de prêtre, homme d'une immense charité; la bonté de Dieu et l'ordre du saint abbé Gosselin lui avaient adjoint un frère nommé Helgaud, que le pieux roi aimait d'une affection paternelle; ils avaient encore avec eux le nommé Isambert, que sa conversion avait rendu digne d'être moine, et qui leur rendait des services de frère. On devait passer à Poissy les jours du carême, et nous étions pressés par la longueur du chemin, pour nous rendre aux ordres exprès du roi, qui nous devait rendre raison sur les motifs de notre voyage, lorsque nous fûmes arrêtés au port de la Seine, dit *Caroli-Venna* [1], (c'est-à-dire la *pécherie*). Nous trouvâmes la rivière très-difficile à passer. Nous entrâmes, par le saint ordre du roi, seuls dans une petite barque; tandis qu'il regardait ce qui adviendrait de nous, et desirait fort nous voir arrivés saints et saufs, le Dieu qui est loué, adoré et béni en tous lieux, fut favorable en cette occasion à nous pécheurs, par l'intercession de ce pieux roi. Nous naviguions et tenions nos chevaux attachés au bâtiment, lorsqu'un coursier indompté, et qui n'avait jamais été dans une telle position, posa ses deux pieds de derrière dans le bateau qui était au milieu des flots, et nous courûmes les plus grands dangers par sa fureur, car il entraînait la barque dans les ondes. Le dévot prince aussitôt implore à grands cris avec les siens le secours de Dieu et des puissances célestes; il prie avec larmes pour nos périls, crie à haute voix de détacher les rênes de nos chevaux, et de les repousser loin du navire. On obéit à cet ordre aimable : les rênes furent déliées, on retira du bateau les jambes du cheval, et nous commençâmes à aborder au rivage. Là, Robert invoquait à notre secours saint

[1] *Chalevane* ou *Chalvaine* est situé, selon Valois, sur la Seine, entre le Pecq et Rueil. « Ce lieu, dit M. de Sainte-Palaye, ne se trouve « ni sur les cartes ni dans les géographies modernes, et ne subsiste « plus apparemment. Il est placé, sous le nom de *Chalevane*, près « de la rive gauche de la Seine, entre la Malmaison et la Chaussée, à « égale distance de Lucienne et de Bougival, dans deux cartes an- « ciennes de l'Ile-de-France; l'une de 1598, par Fr. de la Guillotière; « l'autre sans date, mais à peu près du même temps, par Damien « Templeux. L'abbaye de Saint-Denis eut, en 1273, la haute et basse « justice de Chalevane. » (*Mémoires de l'Académie des Inscriptions*, tom. x, pag. 555, not. *b*.)

Denis, saint Benoît, et tous les saints du Seigneur, il versait des larmes, et offrait des prières qui furent entendues du Dieu béni qui règne dans tous les siècles. Il arriva ainsi qu'il l'avait voulu, et par la grâce divine; il nous reçut sans dommage sur la rive, et avec lui, nous louâmes le Dieu admirable, et pour ce fait, nous chantâmes toujours les louanges du Tout-Puissant. Nous demeurâmes trois jours avec ce serviteur de Dieu; nous fûmes comblés de joie par ses doux entretiens, par son aimable présence, et nous supplions celui qui a racheté par son sang précieux son ame sainte de la placer dans son royaume.

Il faut poser le pied dans un lieu plus auguste que celui où nous avons été jusqu'à présent, et nous hâter de décrire la mort glorieuse de ce roi, que nous avons osé, par des louanges vraies et non fausses, franches et non feintes, recommander à notre Seigneur Jésus-Christ, par la vertu de l'Esprit-Saint, afin que, marqué du signe de la Trinité, il mérite d'éviter le jour de la dernière vengeance. Mais comme il nous reste à décrire certaines œuvres admirables de lui, que l'on doit à son humilité, et qui peuvent être utiles à beaucoup de gens et les conduire au salut, il convient que nous les contions, et que sa sainte mort, qui, par un don de Dieu, a paru si louable et si glorieuse, ne nous inspire pas l'oisiveté. Cet excellent roi, qui voulait mourir au siècle, et ne vivre que pour Jésus-Christ, desirant voir un jour celui à qui tout appartient, et auquel nous attribuons tout ce que nous avons écrit, voulut avoir pour compagnon sur la terre celui que le ciel ne peut contenir. Il se mit donc en route un jour de carême pour aller visiter les saints qui lui étaient unis dans le service de Dieu; il les pria, les honora, et frappa leurs oreilles par ses humbles et salutaires prières; il employa à cela la force de son corps et de son esprit, afin de vaincre, par l'aide de Dieu. Il arriva à Bourges, visita le saint martyr Étienne, ainsi que saint Maïeul, grand par sa vertu; l'illustre et grand Julien, la très-pieuse Vierge des vierges, Marie; saint Gilles, grand confesseur; le fameux Saturnin, le courageux Vincent, Antonin, digne du martyre; saint Gérald, brave soldat du Seigneur; et revint sain et sauf au glorieux Étienne, auprès duquel il passa joyeusement le dimanche des Rameaux. De là il se rendit à Orléans, pour y recevoir, le jour de Pâques, l'auteur de notre salut. Dans tout ce chemin il fit beaucoup d'offrandes aux saints, et jamais sa main ne fut vide pour le pauvre. Cette terre est habitée par beaucoup de malades, et notamment de lépreux; mais cet homme de Dieu n'avait pas horreur d'eux, car il avait lu dans les saintes Écritures que souvent notre Seigneur Jésus-Christ avait reçu l'hospitalité sous la figure d'un lépreux. Il allait à eux, s'en approchait avec empressement, leur donnait l'argent de sa propre main, leur baisait les mains avec sa bouche, et se rappelait les paroles du Seigneur, qui dit : « Ressouviens-toi que tu retourneras en poussière, parce que tu n'es que poussière. » Il le louait en toutes choses, traitait les autres avec bonté, pour l'amour du Dieu tout-puissant, qui opère partout de grandes choses. Au reste, la divine vertu conféra à ce saint homme une telle grâce pour la guérison des corps, qu'en touchant aux malades le lieu de leurs plaies avec sa pieuse main, et y imprimant le signe de la croix, il leur enlevait toute douleur de maladie. Ce serviteur de Dieu, plein d'une charité parfaite, méditait les glorieuses actions du moine martyr qui couvrit un lépreux de ses propres vêtemens, le souleva sur ses épaules, et s'apprêtait à lui rendre les offices les plus serviles, lorsqu'il le vit tout-à-coup monter au ciel, et que le Christ, qu'il avait accueilli sous cette forme, lui dit en s'élevant : « Martyr, puisque tu n'as « pas rougi de moi sur la terre, je ne rougirai pas de « toi dans les cieux. » Que Robert, dont nous avons déjà parlé, par la grâce de Dieu, et à l'aide des bonnes œuvres par lesquelles il se hâtait de s'unir à Jésus-Christ, ait part au ciel avec ce saint martyr!

Ce roi, oint par l'huile spirituelle et temporelle et le don de la sainte bénédiction, voulant accomplir sa puissante volonté, et aspirant à conquérir la palme de la béatitude céleste, commença à concevoir de nouvelles pensées, et les conduisit ensuite à leur effet pour l'édification des églises du Dieu saint, dont la grandeur et la bonté doivent être exaltées par la louange, et dont il aima toujours à parler et à publier les bienfaits. Cette sainte disposition parut dans les faits que nous allons rapporter, et l'on verra que ses soins furent toujours chastes, saints, purs, et tels que sont ceux de notre sainte mère l'Église; aussi jamais le Seigneur ne l'oublia.

Il bâtit dans la même ville d'Orléans un monastère à saint Aignan, comme nous l'avons déjà dit; un autre en l'honneur de sainte Marie, mère de notre Seigneur Jésus-Christ et du grand confesseur saint Hilaire; un à la sainte Mère de Dieu; il fit un monastère de Saint-Vincent, martyr de Jésus-Christ; un de Saint-

Paul, apôtre; celui de Saint-Médard à Vitry; celui de Saint-Léger dans la fôrêt Yveline; celui de Sainte-Marie, avec une autre église, à Melun; celui de Saint-Pierre et Saint-Régule dans la ville de Senlis; celui de Sainte-Marie à Étampes, dans le palais de la même ville; une église dans la ville de Paris, en l'honneur de saint Nicolas, évêque à Auxerre; une à saint Germain; une église à saint Michel dans la forêt de Bièvres; un monastère à saint Germain de Paris; et une église à saint Vincent dans la forêt dite *Lédia;* une église en l'honneur de saint Aignan à Gomède; une autre au même saint, et un monastère à la sainte Vierge à Poissy, et un à saint Cassien à Autun. A cause de toutes ces bonnes œuvres et de beaucoup d'autres qu'il a faites par la vertu du Seigneur, nous prions le Seigneur, tous et chacun, et nous disons : « Dieu, qui as fait fleurir entre tous les rois ton ser-« viteur Robert par la dignité royale, accorde, nous « t'en supplions par l'intercession de la glorieuse Mère « de Dieu et de tous les saints, puisque sur la terre « il a mené une vie semblable à eux, qu'il ait un jour « part avec eux aux jouissances éternelles du ciel, par « notre Seigneur Jésus-Christ! »

Quelque temps avant sa très-sainte mort, qui arriva le 20 juillet, le jour de la mort des saints apôtres Pierre et Paul, le soleil, semblable au dernier quartier de la lune, voila ses rayons à tout le monde, et parut à la sixième heure du jour, pâlissant au dessus de la tête des hommes, dont la vue fut obscurcie de telle sorte, qu'ils demeurèrent sans se reconnaître jusqu'à ce que le moment d'y voir fût revenu. On vit bientôt ce que nous présageait cette éclipse, puisqu'il ne nous arrive rien d'aussi malheureux que la douleur intolérable que nous laisse la mort. Depuis le jour de Saint-Pierre jusqu'à celui de sa mort, il se passa vingt et un jours, pendant lesquels il chantait les cantiques de David, et méditait jour et nuit la loi du Seigneur, afin que l'on pût véritablement lui attribuer ce qu'on disait au sujet du patriarche saint Benoît : « Assidu à réciter des « psaumes, il ne donnait aucun repos à sa langue, et « il mourut chantant les saints cantiques. » Ce bienheureux soldat du Seigneur connaissait combien est douce la paix de ses serviteurs, combien est tranquille leur repos, lorsque, sortis des tourbillons du monde, ils entrent dans le port éternel, siége de la sécurité, et qu'après avoir vu la mort, ils parviennent à l'éternité. Ses vertus, déjà décrites, le rendaient plein d'impatience de quitter la tristesse de cette vie pour les jouissances éternelles; il se disait plein d'une joie parfaite, et impatient de contempler Jésus-Christ, vrai Dieu. Prêt à sortir de ce monde, il invoquait le Seigneur Jésus, maître de son salut et de son bonheur; et afin de voir la souveraine puissance de Dieu, il priait sans cesse, par les paroles et les signes de croix, les anges, les archanges, de venir à son secours, et se munissait sur le front, les yeux, les narines, les lèvres, le gosier et les oreilles, par le signe de la croix; il rappelait ainsi l'incarnation, la nativité, la passion, la résurrection et l'ascension de notre Seigneur Jésus-Christ, et la grâce du Saint-Esprit. Il avait eu cette coutume pendant sa vie, et, autant qu'il le pouvait, se servait d'eau bénite. Armé de ces saintes vertus, âgé, à ce que nous croyons, de soixante ans, il attendait la mort avec intrépidité, et affaibli par une forte fièvre, il demanda le saint et salutaire viatique du corps vivifiant de notre Seigneur Jésus-Christ. Peu de temps après l'avoir reçu, il alla au Roi des rois et Seigneur des seigneurs, et, heureux, entra dans les célestes royaumes. Il mourut, comme nous l'avons dit, le vingtième jour de juillet, au commencement du mardi, au château de Melun, et il fut porté à Paris, et enseveli à Saint-Denis, près de son père. Il y eut là un grand deuil, une douleur intolérable, car la foule des moines gémissait sur la perte d'un tel père, et une multitude innombrable de clercs se plaignait de leur misère, que soulageait avec tant de piété ce saint homme. Un nombre infini de veuves et d'orphelins regrettait tant de bienfaits reçus de lui; tous poussaient de grands cris jusqu'au ciel, disant d'une commune voix : « Grand Roi, Dieu bon, pour« quoi nous tues-tu, en nous ôtant ce bon père et « l'unissant à toi? » Ils se frappaient avec les poings la poitrine, allaient et venaient au saint tombeau, répétaient les paroles marquées plus haut, et se joignaient aux prières des saints, afin que Dieu eût pitié de lui dans le siècle éternel. Dieu! quelle douleur causa cette mort! tous criaient avec des cris redoublés : « Tant que Robert a régné et commandé, nous avons « vécu tranquilles, nous n'avons rien craint; que « l'ame de ce père pieux, ce père du sénat, ce père « de tout bien, soit heureuse et sauvée! qu'elle monte « et habite pour toujours avec Jésus-Christ, Roi des « rois! » Certes le partage de cet admirable roi dans la céleste patrie sera Dieu lui-même. Mais il y a encore des choses à raconter.

Élevé au plus haut poste d'un royaume, cet humble homme de Dieu rejeta loin de lui ce qui fait l'orgueil d'un mauvais esprit, l'élévation des hommes, la gloire du monde; il plaça son trésor dans le ciel; et c'est pour cela que Dieu lui-même sera son partage dans le royaume éternel. Son grand trésor qu'il possède auprès de Dieu, et que lui a procuré le Dieu libérateur du monde, est un amas de saintes richesses, et le lit éternel du saint repos. Mais dans tout cela, nous avons un grand sujet de douleur, en voyant qu'un tel et si grand homme repose sans une pierre ornée d'inscriptions, sans nom, sans lettres, lui, dont la gloire et la mémoire ont été en bénédiction à toute la terre. La vertu de ce saint roi a paru et été utile à tout le siècle, et l'ordre des ecclésiastiques et des moines, qui fut toujours chéri par lui, lui demeurera toujours attaché. Le Christ Dieu l'avait donné à tous pour un bon père; cependant il faut dire en peu de mots à la fin de cet ouvrage l'immense bonté de cet admirable roi. Qui lui a parlé, et n'a pas été plein d'une grande joie? quel est l'ami de la paix qui n'a pas oublié toute haine en le voyant? qui, en apercevant son visage, n'a pas renoncé à toute fraude? quel est le moine qui n'a pas obtenu le calme par ses prières, et n'a pas été aimé, chéri et respecté par lui? quel clerc n'est devenu zélé pour la chasteté par ses saintes exhortations? à qui ses aimables discours n'ont-ils pas servi de remède? quels sont les insensés à qui sa présence n'a pas été une règle? qui, en voyant ses humbles regards, n'a pas médité les choses célestes? quel est le pauvre et l'affamé qui est sorti sans être rassasié de sa table? quel est le mort qui n'en a pas reçu le dernier vêtement? quel est l'imbécille qu'il n'a pas rendu savant? les veuves et les pauvres ne pourraient-ils pas montrer les habits qu'il leur donnait? toute la multitude des malheureux ne l'appelle-t-elle pas son père et son nourricier? quel est celui qui, tombé dans le péché, n'a pas reçu de lui le secours de ses saintes consolations? quel est celui qui, dormant par paresse, n'a pas été par lui tiré du sommeil? qui, voulant louer le Seigneur, ne l'a pas eu pour modèle? qui, voulant faire l'aumône, n'a pas dû le prendre pour exemple, ainsi qu'un autre Jean? Je parle de Jean, patriarche d'Alexandrie, qui, pour l'immense charité qu'il eut pour les pauvres et les malheureux, mérita d'être appelé miséricordieux, et que sa vie fût prêchée en exemple par toute la terre. Certes, depuis saint David, il n'y a pas eu parmi les rois de la terre, un roi semblable à lui en vertu, humilité, piété, miséricorde, et en charité, qui est la première de toutes les vertus, et sans laquelle personne ne verra Dieu. Il a toujours été attaché à Dieu, et avec un cœur parfait, ne s'est jamais éloigné de ses commandemens. Quant aux guerres du siècle, aux ennemis vaincus, aux honneurs acquis par le courage et le talent, je les laisse à conter aux historiographes, qui, s'il y en a, et qu'ils s'occupent de cela, trouveront sous ce rapport le père et ses fils glorieux dans les batailles, et brillans à ce titre d'un grand éclat. O Robert! notre amour de prédilection, reçois de la part des moines, clercs, veuves, orphelins, et de tous les pauvres de Jésus-Christ, un adieu éternel, et offre des prières pour ton serviteur à Jésus-Christ, Dieu miséricordieux, auquel tu as plu par ta sainte vie, et dont tu as mérité le royaume céleste par tes saintes vertus! Que le Seigneur Dieu tout-puissant, qui convertit les impies, et ressuscite les morts, qui orne les cieux de saints rois, et dont le règne et l'empire demeurent dans tous les siècles des siècles, daigne exaucer ces prières!

FIN DE LA VIE DU ROI ROBERT.

POÈME D'ADALBÉRON,

ÉVÊQUE DE LAON,

ADRESSÉ A ROBERT,

ROI DES FRANÇAIS.

NOTICE

SUR ADALBÉRON.

Si Adalbéron n'avait fait qu'écrire la courte satire dont nous publions ici la traduction, sa vie nous serait probablement aussi obscure que son ouvrage; mais il fut intrigant, brouillon, de mœurs peu réglées, et son activité mondaine a donné à son nom une place que ne lui auraient point value ses vers. Né en Lorraine, d'une famille qui possédait de grandes richesses, il étudia à Rheims sous le célèbre Gerbert, et passa bientôt pour l'un des plus savans hommes du siècle. Il paraît que ses contemporains étaient surtout frappés de son éloquence, car « Dieu lui avait donné, disent-ils, « un incomparable talent de persuader. » Il en profita pour pousser sa fortune, et gagna si bien les bonnes grâces du roi Lothaire, qu'en 977, malgré sa jeunesse, il fut nommé évêque de Laon, la principale des villes où régnait encore le petit seigneur qui s'appelait le roi des Français. Adalbéron apporta à son église des trésors immenses qui lui appartenaient en propre, et qu'il sut très-habilement accroître. Ses richesses ne l'occupaient pas seules; tout donne lieu de croire qu'il était encore mieux avec Emma, femme de Lothaire, qu'avec le roi son mari. A la mort de Louis V, Arnoul, fils naturel de Lothaire et chanoine de Laon, livra cette ville au prince Charles son oncle, et Adalbéron, qui sans doute avait déjà embrassé le parti de Hugues Capet, fut mis en prison. Il s'échappa et se réfugia près de Hugues. A cette occasion la reine Emma écrivit à l'impératrice Adélaïde sa mère : « Ma douleur est au comble, ô ma « souveraine, ma mère chérie; j'ai perdu mon « mari; j'espérais en mon fils, il est devenu mon « ennemi; des hommes qui naguère m'étaient « chers m'ont abandonnée, pour ma perte et celle « de toute ma race. Ils ont répandu contre l'évê- « que de Laon d'odieux mensonges; ils le pour- « suivent et veulent le dépouiller de son rang « pour m'imprimer à moi-même une ignominie qui « me fasse justement perdre le mien [1]. » Adalbéron de son côté écrivit à tous les évêques pour leur dénoncer ses ennemis et menacer d'une accusation quiconque entreprendrait d'exercer les fonctions épiscopales dans son diocèse. Il y rentra bientôt, se réconcilia avec Arnoul, et fit même

[1] *Gerberti epist.* Ep. 50e, dans le *Recueil des historiens français*, tom. IX, pag. 288.

recouvrer à ce dernier la faveur de Hugues Capet, qui le nomma archevêque de Rheims. Lorsqu'à la suite d'événemens que nous ne rappellerons pas ici, car ils appartiennent à l'histoire générale, Rheims eut été livré à Charles par son archevêque, ils s'établirent l'un et l'autre à Laon; mais, en 991, Adalbéron les trahit tous deux, et les fit tomber, ainsi que la ville, aux mains de leur ennemi. A dater de cette époque, la vie de l'évêque de Laon devint, ce semble, plus étrangère aux affaires politiques; mais on ne le voit pas moins toujours tracassier, avide, opiniâtre, et engagé dans une multitude de querelles, tantôt avec Gerbert, devenu archevêque de Rheims, et son métropolitain, tantôt avec le bon roi Robert lui-même, qui s'irrita au point de l'accuser devant le Saint-Siége, en envoyant à Rome l'exposé de ses griefs. Adalbéron parvint pourtant à se réconcilier avec Robert, et ce fut, à ce qu'il paraît, vers l'an 1006 qu'il lui adressa ce poème en forme de dialogue, satire bizarre des mœurs des moines, de la cour, et même de la conduite personnelle du roi. Telle est du moins l'opinion des savans Bénédictins[1]. Je serais plus enclin à penser que ce poème appartient au temps où Adalbéron était brouillé avec le roi Robert, et peut-être même ne fut pas étranger à sa disgrâce

[1] *Histoire littéraire de la France*, tom. VII, pag. 292.

momentanée. A travers la censure générale des vices du temps, on démêle sans peine que l'auteur dirige surtout ses attaques contre Odilon, abbé de Cluny, à qui Robert portait une affection particulière; et malgré les éloges qu'il donne au roi, il est difficile de croire que Robert n'en ait pas pris quelque humeur. Quoi qu'il en soit, ce petit ouvrage, dont l'obscurité a désespéré les plus habiles érudits, nous donne sur l'état de la société, du gouvernement et des ordres monastiques au XIe siècle, quelques renseignemens curieux. Adrien de Valois le publia le premier, en 1663, en y joignant un grand nombre de notes qui expliquent en général assez bien les passages auxquels elles se rapportent; mais Valois, comme la plupart des commentateurs, s'est souvent résigné à ne point entendre, et à ne rien dire de ce qu'il n'entendait pas. Forcé de tout entendre pour traduire, ou du moins de chercher dans chaque phrase un sens raisonnable, nous avons plus d'une fois recouru aux conjectures, suppléé des mots, introduit même dans le texte quelques transitions ou quelques incises, travail aussi ingrat que difficile, quand il s'applique à un ouvrage de si mince valeur. Nous ne nous flattons pas d'avoir démêlé toutes les allusions, toutes les intentions de l'évêque de Laon, et sa métaphysique,

que nous avons probablement rendue plus claire qu'elle ne l'était pour lui-même, demeure encore étrangement obscure.

Adalbéron mourut le 19 juillet 1030, après un épiscopat de cinquante-trois ans, dont la fin ne fut pas moins agitée que tout le cours de sa vie. Il prétendait choisir lui-même son successeur et l'avait déjà désigné; mais, sur les représentations de quelques évêques, l'archevêque de Rheims, Ebble, son métropolitain, s'y opposa, et Adalbéron vit, en mourant, échouer son dernier dessein. Deux autres ouvrages qui portent son nom, un poème sur la sainte Trinité et un Traité de dialectique, n'ont jamais été publiés.

F. G.

POÈME

PAR

ADALBÉRON.

L'ÉVÊQUE. — C'est moi, Adalbéron, évêque, et déjà dans ma vieillesse, qui écris ceci au roi Robert [1]. Tout le corps des clercs de l'église de Laon, tant ceux en qui brille la fleur de la jeunesse que ceux qui déjà portent les fruits de l'âge mûr, te saluent de cœur. Retrace en détail sur les tablettes de ton cœur combien Dieu a fait pour toi, et de quels dons il t'a comblé; examine en toi-même s'il t'a traité selon tes mérites, et recherche en cela la vérité, en te pesant à une juste balance. Tes ancêtres sont comptés depuis long-temps au nombre des rois et des souverains. C'est une reine puissante qui elle-même t'a nourri de son lait; tu étais encore enfant, que l'univers se réjouissait de ta naissance, voyait en toi son maître, t'applaudissait, se félicitait, te souhaitait pour son roi, et d'une voix unanime te décernait la couronne. On voyait en toi le gage du temps d'une douce paix. A peine as-tu passé l'âge si dangereux de l'ado-

[1] Adalbéron devait avoir vers cette époque environ soixante ans, et Robert trente-six.

lescence, que la fleur de la jeunesse brille sur ta figure ; tes belles formes semblent t'élever au dessus de tous les autres hommes ; dans aucun de tes membres on ne remarque la moindre faiblesse ; quoiqu'un peu gros, tu es leste et fort ; le vulgaire s'en réjouit, et les sages même le voient avec plaisir. Dieu enfin a mis sous tes pieds plusieurs puissans royaumes. Est-il quelque chose dont tu puisses te plaindre ? Que t'a refusé le Seigneur ? De quoi oserais-tu murmurer ? Nulle volonté ne peut t'enlever ce que tu tiens de ta naissance ; tout ce qu'il y a de noble descend du noble sang des rois, et c'est pour les monarques et pour les grands un vrai titre d'éloges qu'une noble origine.

Le roi. — C'est assez parler de mon extérieur et de ma force ; les qualités de l'ame sont bien préférables à tous les avantages du corps.

L'évêque. — Je t'en conjure, laisse-moi le temps de m'expliquer, et veuille bien ne pas m'interrompre. Pieux roi, ne méprise pas ce que j'ai à te dire ; je t'en supplie, fais-moi cette grâce. Mes entrailles se sont émues de ton dédain ; mon cœur qu'il afflige verse des torrens de larmes, ma bouche tremblante ne laisse échapper que des soupirs ; ton front crispé de colère ne me permet pas de parler ; et ni ton visage, ni ta voix, ni l'attitude de ton corps ne décèlent la modération. N'importe, j'essaierai d'exprimer dans mes faibles vers le vif chagrin qui m'inspire. Les écrits que nous ont transmis les plus célèbres Crotoniates ne sont-ils pas ouverts à tout le monde ? N'y voit-on pas inscrite pour épigraphe, cette antique loi du monde qui nous dit : *Ravissons par la force ce que la bonne volonté nous refuse?* Eh! bien donc, que tout dans l'ordre du clergé change au gré des caprices du prince. Que ce rustre grossier, paresseux, difforme, abreuvé de honte, soit, puisqu'on le veut, comblé de richesses, couvert de pierres précieuses et coiffé de la plus belle mitre [1]. De telles gens, dira-t-on, contraignent les gardiens même des lois à porter le capuchon; eh bien! que ceux-ci prient, s'inclinent, se taisent et abaissent leur visage devant eux; que les évêques, dépouillés de tout bien, en soient réduits à suivre la charrue, un aiguillon à la main, et à chanter la triste complainte de notre premier père, chassé du paradis terrestre [2]; et s'il vient à vaquer quelque siége épiscopal, qu'on y élève des gardeurs de troupeaux ou des mariniers, quels qu'ils soient d'ailleurs. Ayons soin cependant de couvrir de tels choix de quelque prétexte adroit et plausible. Ne souffrons pas qu'un homme instruit dans la loi divine aspire à l'épiscopat; cette dignité appartient de droit à ceux qui ignorent les saintes Écritures, n'ont jamais consacré un seul jour à l'étude, et savent seulement compter sur leurs doigts le nombre des lettres de l'alphabet. Voilà quels doivent être les puissans du royaume; voilà les précepteurs qu'il faut que le monde adore, et devant qui les monarques les plus fameux ne sont pas dispensés de s'humilier en public. Ces gens nous dictent leurs ordres, mais en secret ils se moquent perfidement de nous. Si cet

[1] Le texte porte *corona;* Adrien de Valois entend par ce mot la *mitre* épiscopale ou *abbatiale,* que l'auteur appelle par ironie couronne. Ce sens paraît d'autant plus exact qu'il ne s'agit ici que de prêtres et de moines.

[2] Cette addition, *chassé du paradis*, que ne porte point le texte, est d'Adrien de Valois, et paraît nécessaire au sens.

ordre de choses [1] qu'ont établi les pouvoirs d'ici-bas, dure et se perpétue, la discipline, la force, la vertu, l'honneur et l'éclat de l'Église s'amortiront tout-à-fait et en peu de temps. Il en sera de même de l'État; il est manifestement dirigé de la même manière. Aussi les lois une fois mises en oubli, le royaume demeurera enseveli dans le repos et la paix du tombeau; et alors le luxe, l'inceste, le vol, tous les autres vices lèveront audacieusement leur tête; la liberté de manquer à tout devoir et les crimes de tout genre domineront sans obstacle. Mais qu'importe encore? ce qu'il faut, c'est exclure de tout emploi ceux qui n'ont d'autre appui que leur sagesse, se montrent vrais serviteurs du Christ, se nourrissent de science, et en qui l'on remarque les élémens de la saine doctrine; celle-ci n'est qu'une plaie honteuse qui doit les faire écarter. S'il s'élève quelque grande hérésie, dangereuse pour la sainte foi, de tels hommes doivent rester étrangers à toute assemblée réunie pour censurer l'erreur. Qu'on se garde surtout de ne pas les éloigner de tout conseil du roi. C'est derrière la porte de la chambre de ce conseil qu'il faut les tenir, quand tous les autres y seront entrés [2]. Le seul précepte écrit aujourd'hui en lettres brillantes d'or, le voici : « Que

[1] Le texte porte : *regula divum : regula*, d'après ce qui précède, n'était point une règle, mais un ordre de choses. Par *divum*, c'est Robert lui-même que désigne le poète, suivant Adrien de Valois, et au fait cela ne peut être autrement.

[2] *Omnibus egressis thalamum post ostia servent.* — Les Bénédictins et Adrien de Valois pensent qu'il faut *ingressis* et non *egressis*. En admettant cette correction, qui paraît juste, le sens littéral est : *Tous étant entrés dans la chambre, que ces hommes demeurent derrière les portes.*

« l'intendant des domaines du roi soit paresseux, fai« néant, et doué d'une médiocre vertu ; qu'il cher« che à usurper les biens d'autrui, les revendique « comme siens propres, sans même rien donner « en retour ; que jamais il ne se soumette à subir le « joug d'un mariage légitime, et qu'il fonde toutes « ses espérances de gain sur les héritages que le roi « peut réclamer, comme revenant à son domaine. » L'antique et ordinaire volonté de nos pères était, comme on le rapporte, que les gardiens de la chambre royale fussent chastes et sobres ; mais malgré cela, que celui qui se montre le plus incapable soit pour cet emploi le plus agréable au prince. Une loi d'un grand empereur ordonne encore mieux que tout cela. Elle veut que les hommes engagés dans un saint ordre monastique épousent de belles femmes et se précipitent au milieu des combats [1]. Effrayé de cet édit, je médite sur ce que je pourrai faire ; je crois sage d'en appeler aux conseils de ceux qui doivent me diriger [2], je repasse tous ces ordres dans ma tête, au milieu de sanglots qui me suffoquent, et je les crois entièrement contraires aux lois de nos pères, parce que jamais on n'en a entendu parler dans les temps anciens. Les procureurs du couvent, gens capables, examinent les usages. On propose d'envoyer sur-le-

[1] Allusion à plusieurs lois des empereurs romains, qui ordonnaient aux moines de servir comme soldats.

[2] *Rectores rerum placet accersire mearum. Il me plaît d'appeler les directeurs de mes affaires.* — Dans les notes d'Adrien de Valois, on regarde ce vers comme inintelligible, coupant le sens, et interpolé. En admettant qu'Adalbéron feint d'être un moine effrayé de cet ordre de servir comme soldat et de se marier, il semble que ce vers ne peut avoir que le sens qu'on lui donne ici.

champ consulter le maître en fait de règle [1]. La Gaule possède encore, se dit-on, des moines nourris dans la discipline des Pères de l'Église. Qu'un de nos frères soit envoyé à ces hommes pieux..... Celui qu'on choisit est sage, adroit, fidèle observateur de ce qu'on lui prescrit, accoutumé à se montrer soumis aux lois de nos pères, et sait par sa prudence amener à la pitié les ames les plus féroces. Cette mesure habilement calculée est exécutée sans aucun retard. L'envoyé part le soir, revient le lendemain matin, et descend en toute hâte de son coursier couvert d'écume. « Holà ! « valet, s'écrie-t-il, où est le maître de la maison, sa « bonne ménagère, sa femme [2] ? » Il a quitté son habit de moine, et se présente dans un désordre complet. Un haut bonnet, fait de la peau d'un ours de Libye, couvre sa tête ; sa longue robe est écourtée, et tombe à peine jusqu'aux jambes ; il l'a fendue par devant et par derrière ; ses flancs sont ceints d'un baudrier étroit et peint ; une foule de choses de toute espèce pendent à sa ceinture ; on y voit un arc et son carquois, des tenailles, un marteau, une épée, une pierre à feu, le fer pour la frapper, et la feuille de chêne sèche pour recevoir l'étincelle [3]. Des bande-

[1] Ce *maître* est, suivant Adrien de Valois, et d'après ce qui suit, l'abbé de Cluny, qu'Adalbéron tourne en ridicule et appelle ironiquement *maître*.

[2] *Quoquò quò præsul, bona nutrix, heus puer, uxor?* — Ce vers, terminé par un point d'interrogation, a paru ne pouvoir être qu'un propos de soldat arrivant dans un gîte, propos qu'Adalbéron prête à ce moine qui revient habillé en soldat, et qui demande le maître du logis, sa femme ou sa ménagère, pour avoir de quoi manger. On n'a pu y trouver un autre sens plausible.

[3] Le texte porte seulement *ilex*, le chêne. — Adrien de Valois dit qu'il faut entendre par ce mot *une feuille de chêne pour recevoir le*

lettes étendues sur le bas de ses jambes en recouvrent toute la surface [1]. Il ne marche qu'en sautant; ses éperons piquent la terre, et il porte en avant ses pieds enfermés dans des souliers élevés, et que termine un bec recourbé [2]. Il entre; les frères qui le connaissent le mieux ont peine à le reconnaître; les citoyens accourent et remplissent le vaste palais des moines. Dans cet accoutrement, qui le rend méconnaissable, il se présente fièrement devant son abbé. « Est-ce mon « moine? dit celui-ci; est-ce bien toi que j'ai fait par- « tir récemment?..... » L'autre baisse les poignets, étend et relève ses coudes, fronce le sourcil, tourne tout à la fois les yeux et le cou, et répond : « Au- « jourd'hui je suis soldat, dans d'autres circonstan- « ces je redeviendrai moine; maintenant je ne le « suis plus; mais je guerroie par l'ordre de mon « roi; car mon seigneur et roi c'est Odilon, abbé de « Cluny. »

Le roi. — As-tu donc pensé que je garderais le silence à de tels propos? Moi aussi je me rappelle avoir appris pendant mes études les figures de rhétorique et les formes du langage [3].

feu qui jaillit de la pierre; et on n'a pu qu'admettre ce sens qui explique un usage du temps.

[1] *Ossa superficiem*, etc., etc. — Par ce mot *ossa*, les écrivains du moyen âge désignent quelquefois, selon Ducange, des *bandelettes enveloppant les jambes*. Les Bénédictins adoptent ce sens, qui paraît d'autant plus juste que ces bandelettes faisaient partie de l'habillement militaire.

[2] Espèce de souliers connus sous le nom de *souliers à la poulaine*, et qui furent long-temps à la mode.

[3] L'auteur feint Robert en colère, et le menaçant de se rappeler ses anciennes études pour lui répondre. Odilon était fort aimé de Robert.

L'ÉVÊQUE. — Que ta brûlante indignation, prince, ne vienne pas me troubler; permets que je te rapporte tranquillement les préceptes de ce grand maître [1] (Odilon). La race des Sarrasins, toujours trop prête à frapper de rudes coups, occupe, le fer à la main, le royaume des Français, et le tient courbé sous son joug; de toutes parts, le sang humecte et rougit la terre; les torrens sont gonflés par le sang qu'a fait couler un horrible carnage; les reliques des saints, que l'Église s'est procurées avec tant de peine, et qui font sa gloire et son ornement intérieur, volent maintenant dispersées dans les airs, et sont devenues la proie des oiseaux et des loups; l'évêché de Tours est dévasté par le pillage; saint Martin en pleure, et réclame hautement un défenseur [2]. Odilon, accablé de maux semblables [3], compatit au sort de saint Martin, et s'apprête à courir à Rome solliciter des secours pour les moines. Les religieux de Cluny frémissent, crient,

[1] *Præceptum domini liceat cum pace referre.* — Il semblerait, d'après les notes d'Adrien de Valois, que par *domini* il entend *Dieu*. Mais, d'après ce qui précède et ce qui suit, ce mot *domini* veut dire le *maître Odilon*. En effet, d'une part, *le moine soldat* vient de dire qu'*il guerroiait par l'ordre de son seigneur et roi Odilon;* de l'autre, Odilon ordonne plus bas à ses moines de s'armer. De plus, toute cette partie du poëme est dirigée contre les moines de Cluny et leur abbé. Enfin, si *domini* voulait ici dire *Dieu*, il n'y aurait aucune liaison dans les idées; tout ce qui précède et suit n'a aucun rapport avec les préceptes de Dieu.

[2] Adrien de Valois croit que, par les *Sarrasins*, Adalbéron entend des seigneurs qui, profitant de la faiblesse de Robert, dévastaient le royaume, pillaient les églises, et s'étaient, entre autres, emparés des biens de l'église de Tours et de l'abbaye de Cluny, ce qui explique pourquoi il est dit ensuite, *Odilo simili qui jure tenetur.*

[3] Comme on l'a vu dans la note précédente, c'est le sens qu'Adrien de Valois donne à ces mots : *simili qui jure tenetur.*

élèvent leur voix jusqu'aux cieux, et s'animent les uns les autres. « Maître, disent-ils, ordonne aux tiens « de prendre leurs armes; indique-leur celles qu'ils « doivent choisir, quelles il faut qu'ils portent par « dessous leurs vêtemens, et quelles ils ont à mettre « par dessus.—Avant tout, répond l'abbé, suspendez « à votre cou vos boucliers échancrés; attachez par des- « sus vos habits une cuirasse formée d'un triple tissu; « que les ceintures polies qui serrent vos reins sou- « tiennent votre casque; que votre poignard repose en « guise de couronne sur votre tête serrée par des cour- « roies; portez vos javelots derrière le dos, et tenez vo- « tre épée dans les dents ». Odilon prescrit encore aux jeunes gens de se placer sur des chars à marche lente, et à la foule des vieillards de monter de rapides coursiers. Deux doivent être portés par un âne, d'autres enfin par un chameau; et si cela ne suffit pas, vous autres trois, dit-il, grimpez sur un buffle. Des milliers de mille hommes se présentent devant ces braves soldats. On combat avec le fer; l'action se prolonge pendant trois grands jours. « C'est moi, dit « l'un, qui portais l'étendard; j'étais au centre de ma « troupe, et plein d'ardeur, je ne pensais pas à ron- « fler, mes mâchoires s'étant distendues. Je laissai « tout en combattant échapper un vent terrible. Par « les dieux, combien de milliers d'ennemis j'ai cou- « chés par terre de ma propre main, je ne le sais « pas. Jupiter peut certes marquer d'une pierre blan- « che les deux premiers jours de ce combat, mais le « troisième n'a pas été si heureusement consacré au « dieu Mars. Renversé de cheval par un coup de ja- « veline, il m'a fallu abandonner honteusement mon

« drapeau ; et fuyant avec ce qui restait des miens, « j'ai regagné le pays qui m'a vu naître. Ces choses, « tu le sais, grand roi, se sont passées le 1er de « décembre, et nous tenterons un nouvel effort avant « les calendes de mars. Voilà, prince, ce qu'Odi« lon, le chef de notre armée, nous envoie te dire : « l'Ordre belliqueux des moines te salue, seigneur, « t'invite et t'exhorte à préparer tes bataillons pour la « guerre ; hâte-toi de t'entourer de tes troupes, et de « faire ce que te demande Odilon ; il te sera plus « glorieux de mourir les armes à la main, qu'en cul« tivant tes champs. L'Europe, bien qu'elle ne soit « que la troisième partie du monde, se vante de te « fournir plus de soldats que l'Asie ne voit de feuilles « sur ses arbres, et la noire Afrique de grains de sa« ble sur le rivage des mers. » Roi, que veut donc de toi la rage, digne des plus noirs cachots, que montrent ces moines » ? [1]

LE ROI. — Que dit-il ? Moines, enfoncez vos ongles dans le corps de cet envieux ; qu'il ne vous échappe pas...... [2] Va, crois-moi, tes paroles ne m'épouvantent pas, j'en ai appris beaucoup du maître du fameux Neptanabus à Rheims, où tombe maintenant en ruine

[1] *Quid tibi vultis rabies tetris dignissima claustris ?*..... Le sens adopté est celui qu'indique Adrien de Valois, qui pense que ce vers est une réflexion d'Adalbéron contre les moines de Cluny.

[2] *Figite per corpus, fugiat ne lividus, ungues.* — Selon Adrien de Valois, le roi Robert, qui aimait les moines de Cluny, et particulièrement Odilon, leur donne l'ordre de se saisir d'Adalbéron et de lui enfoncer les ongles dans la peau. C'est donc à ce vers que doit commencer la réponse du roi, et non au vers suivant ainsi que le marque le texte. On a adopté ce changement qui seul donne un sens au vers, *Figite per corpus*, etc.

cette magnifique basilique où brillent tant de coupoles dorées [1].

L'ÉVÊQUE. — Au surplus, chacun des envoyés d'Odilon déchire, en signe de douleur, le vêtement qui le couvre. Crois-le bien, roi, je n'ai raconté sur eux que des choses vraies, et où il n'y a rien de faux. Le saint Ordre des religieux a, dans tout le royaume, changé de mœurs, ainsi que je le rapporte. Chacun de nous peut sans doute s'adonner à des choses diverses; ce que la nature nous refuse, la science nous le donne. Mais dans la jeunesse, on ne veut rien apprendre, et l'on remet à le faire à un jour à venir. Dans la vieillesse, on est réduit à déplorer, sans espérance, le mauvais emploi de la jeunesse; c'est ce qui m'arrive. Si j'avais été laborieux, je saurais tout sur toutes choses; mais hélas! malheu[illegible] ignorant que je suis, je me sens maintenant pressé d'un repentir trop tardif. Je n'ai jamais su manier la bêche, ni vu de tristes combats. Pour mon malheur, ce que je sais, on défend de l'apprendre; ce que j'ignore, on exige qu'on le sache. Puisqu'il en est ainsi, il me faudra donc, comme un être inutile, balayer le foyer, ou me livrer à de vains chants, et célébrer les cendres du feu roi.

LE ROI. — Mais si tu t'occupes à cultiver les Muses, on t'appellera prêtre musard [2].

[1] Suivant Adrien de Valois, ce Neptanabus est Gerbert qui instruisit Robert. Adalbéron l'appelle *maître* parce qu'il savait l'astronomie et la magie. Il enseignait à Rheims, dont la riche cathédrale tombait, ainsi que l'indique la fin de la réponse de Robert.

[2] ..... *Clament musarde sacerdos.* — On t'appellera prêtre *musard*, qui perd son temps à cultiver les *Muses*. — *Musarde*, d'après Adrien de Valois et Ducange, n'a pas d'autre sens, et de là peut-être celui que nous attribuons au même mot.

L'ÉVÊQUE. — Perse indigné répondra : Gens à préjugés, une prêtresse borgne vous fait peur. Celui qui étudie s'initie aux travaux des Muses, sans pour cela cultiver lui-même les Muses. Quant à moi, vouloir le bien, me plaire aux saintes Écritures, voilà le constant objet de mes désirs, voilà le but que je ne perds jamais de vue; c'est ainsi que je serai trouvé semblable aux justes, du moins je l'ai toujours pensé. Connaître Dieu, c'est ce que je préfère; le mettre avant toutes choses, c'est où tendent mes vœux. Prince, si toutes choses te sont prospères, ne rougis pas de te souvenir de quels honneurs t'a comblé le Roi des rois. Il nous a, dans sa miséricorde, accordé un présent plus précieux que tous les autres, une partie de lui-même, la véritable science. A l'aide de ce don, prince, tu pourras connaître ce que sont de toute éternité les choses célestes. Ton devoir est de savoir ce qu'est la Jérusalem céleste, ce que sont ses pierres, ses murs, ses portes, quelle est sa structure, et pour quels habitans a été créée cette cité éternelle. Elle est gouvernée par un corps de prêtres séparés de tout le reste, et compte de nombreux chevaliers; mais la sage puissance qui l'a organisée place l'un de ces corps avant l'autre. J'ai, par l'étude éclairée, appris ce que sont chacune de ces deux classes, mais ce détail te paraîtrait trop long et fastidieux.

LE ROI. — Savoir ne m'appartient pas, c'est un don de la sublime Divinité; l'intelligence humaine paraît toujours tenir de près à Dieu, et celui-là ne peut se connaître lui-même, qui ne s'efforce pas de s'instruire de ce qui est au-dessus de soi. Cette puissante Jérusalem dont tu parles est, ce me semble, un emblème de la paix éternelle. Le Roi des rois gouverne cette cité; c'est le Seigneur qui lui dicte la loi. Tout en séparant, comme il l'a entendu, les rangs que chacun doit y tenir, c'est toujours lui qui domine cet ordre de choses. Nul métal ne ferme aucune des portes éclatantes de cette cité. Ses murs ne sont pas faits de pierres, et ses pierres ne sauraient entrer dans des murs; elles sont vivantes, ainsi que l'or qui pave les rues, et paraît plus brillant que celui qui sur la terre est le mieux raffiné. Cette cité est construite pour la demeure des anges et d'une foule d'hommes; enfin, de ses habitans, une classe règne, et l'autre espère. Voilà tout ce que je sais; mais sur un tel sujet, je désire vivement être plus instruit.

L'ÉVÊQUE. — Je le crois, le lecteur laborieux souhaite connaître une foule de choses; mais l'homme lent et paresseux a coutume d'oublier promptement celles qu'il a précédemment apprises. Cher prince, aie sans cesse dans les mains les livres d'Augustin; il a dévoilé, c'est un fait reconnu, ce qu'est l'illustre cité de Dieu.

LE ROI. — Évêque, dis-moi, je t'en conjure, quels sont les habitans de cette cité, s'il y a des principautés égales entre elles, ou quel est leur rang.

L'ÉVÊQUE. — Demande-le à Denis, surnommé l'Aréopagite, qui s'est laborieusement occupé d'écrire deux livres sur cette matière; depuis, le saint pontife Grégoire, recherchant les principes moraux de l'étonnante foi que montra dans le Seigneur l'illustre Job, a traité le même sujet. Ce pape a de plus, dans un lucide commentaire, expliqué complétement ce qu'Ézéchiel a dit sur l'objet qui t'occupe. Ces écrits, la

Gaule les a reçus de ce pontife, et c'est le plus beau don qu'il ait pu lui faire. Il n'appartient pas à des yeux humains de pénétrer des choses si élevées. Nous allons au surplus exposer quelle idée mystique nous attachons à cette Jérusalem. Dans cette cité céleste on distingue deux ordres d'habitans. C'est, dit-on, d'après ce modèle que sont réglés les rangs parmi les habitans de la terre. Le Seigneur s'est servi de Moïse pour instituer, classer et diriger, au moyen de la loi donnée à l'ancien peuple qu'il avait choisi, les ministres de son Église, appelée alors synagogue, nom exprimant la nature et les fonctions de cette Église. Les histoires sacrées racontent comment étaient organisés ces ministres. L'Église, telle que nous la voyons maintenant coordonnée, est ce qu'on appelle le royaume des cieux; c'est Dieu lui-même qui a classé dans cette Église ses ministres exempts de souillures; la nouvelle loi est celle qu'elle observe sous le Christ son chef, et les papes, organes de la foi, ont fixé par leurs décisions ce que sont ces ministres, par qui et comment ils doivent être établis. Pour que l'Église jouisse d'une tranquille paix, il est nécessaire que sa constitution soit en rapport avec les deux lois établies par la sagesse suprême, la loi divine et la loi humaine. La première n'admet aucune distinction de nature parmi ses ministres; tous elle les rend de condition égale, quelque inégaux d'ailleurs que les aient faits le rang et la naissance; à ses yeux le fils de l'artisan n'est pas inférieur à l'héritier du monarque. Cette pieuse loi les exempte de toute tâche vile et mondaine. Ce n'est point à eux à ouvrir péniblement le sein de la terre et à marcher derrière les bœufs pour les faire avancer. A peine doivent-ils donner leurs soins à la culture des vignes, des arbres et des jardins. Ils ne s'abaissent pas jusqu'à être bourreaux, aubergistes, gardeurs de cochons, conducteurs de boucs, ou bergers. Cribler le blé, ou s'échauffer autour de chaudières grasses et brûlantes, n'est point leur rôle. Attacher des porcs sur le dos des bœufs et les transporter ainsi sur les marchés, est indigne d'eux; blanchir les étoffes ou les faire bouillir pour les passer au foulon, sont des choses qu'ils ne daignent pas faire. Leur seul devoir est de tenir leur corps et leur ame nets de toute souillure, d'avoir des mœurs recommandables et de veiller sur celles des autres. L'éternelle loi de Dieu ordonne à ses ministres de se maintenir toujours purs, mais elle veut aussi qu'ils soient affranchis de toute fonction servile. Le Seigneur les a choisis pour ses esclaves à lui seul; lui seul aussi les juge et leur crie du haut des cieux de se montrer constamment sobres et chastes. Quant à tout le reste des hommes, quelle que soit leur naissance, Dieu les a par ses commandemens soumis à ses ministres, et cette loi, quand elle dit *tous les hommes*, n'excepte même aucun prince. C'est à ses ministres que le Tout-Puissant ordonne d'enseigner à conserver la foi dans toute sa pureté, et de plonger ensuite dans les eaux de la fontaine sainte du baptême ceux qu'ils ont instruits. Ce sont ses ministres qu'il a établis médecins des ames, et chargés d'employer le cautère de leurs discours à guérir les plaies gangrenées du cœur. Le Christ a réglé que le sacrifice mystérieux de son corps et de son sang fût offert par le prêtre seul et avec les solennités prescrites, et c'est aux prêtres qu'il a confié ce que la religion a de plus sublime, puisque c'est de leurs mains qu'il veut être immolé. Ce privilége que la parole de Dieu même leur accorde, il n'est refusé, nous le savons et le croyons fermement, qu'à ceux qui s'en sont rendus indignes par leurs crimes. A eux appartient donc de s'asseoir aux premières places du royaume des cieux, mais ils doivent aussi veiller sans cesse sur leur troupeau, ne point se livrer aux excès de la table, et implorer à toute heure la miséricorde divine, tant pour les péchés du peuple que pour les leurs propres. J'ai dit bien peu de choses et j'en omets beaucoup d'autres sur les ministres des autels. Tous sont donc d'une condition égale, car la famille du Seigneur est une, ainsi le règle la loi qui est une aussi. La foi est donc une chose simple, mais ceux qui la professent se divisent en trois classes. Outre celle des prêtres, la loi humaine en établit en effet deux bien distinctes. Le noble et le serf ne sont pas régis par la même loi. Parmi les nobles, deux sont les premiers, l'un celui qui gouverne comme roi, l'autre celui qui commande au nom du premier; ce sont eux dont les ordres affermissent l'État. Quant aux autres nobles, nul pouvoir ne restreint leur liberté, s'ils ne commettent aucun de ces crimes qu'il appartient au sceptre des rois de punir; ceux-là sont appelés à porter les armes, protéger les églises, défendre ce qu'il y a de plus bas et de plus élevé parmi le vulgaire, et mettre également et tous et eux-mêmes à l'abri des dangers. La seconde classe contient tous les gens de condition servile.

Le roi. — Cette classe malheureuse ne possède rien qu'elle ne l'achète par un dur travail. Qui pourrait; en les multipliant par eux-mêmes autant de fois qu'un damier contient de cases, compter les peines, les courses, les fatigues qu'ont à supporter les serfs infortunés?

L'Évêque. — Fournir à tous l'or, la nourriture et le vêtement, est la condition du serf; et en effet, nul homme libre ne peut vivre sans le secours du serf. Se présente-t-il quelque travail à faire, veut-on se procurer de quoi satisfaire à quelque dépense? les rois et les pontifes eux-mêmes sont alors les véritables esclaves des serfs.

Le roi. — Hélas! il n'y a aucun terme aux larmes et aux gémissemens des serfs.

L'Évêque. — La famille du Seigneur, qui paraît une, est donc dans le fait divisée en trois classes. Les uns prient, les autres combattent, les derniers travaillent. Ces trois classes ne forment qu'un seul tout, et ne sauraient être séparées; ce qui fait leur force, c'est que, si l'une d'elles travaille pour les deux autres, celles-ci à leur tour en font de même pour celle-là; c'est ainsi que toutes trois se soulagent l'une l'autre. Cette réunion, quoique composée de trois élémens, est donc une et simple en elle-même. C'est ainsi que la loi de Dieu domine le monde, et que par elle le monde jouit d'une douce paix. Mais aujourd'hui les lois sont sans force, la tranquillité fuit de partout, les mœurs des hommes se corrompent, et tout ordre s'intervertit. Roi, tu tiens la balance par le droit de ta naissance, c'est donc à toi de veiller au bonheur du monde et de réprimer, à l'aide du frein des lois, ceux qui se montrent enclins au crime.

Le roi. — Allons, prélat, voici que ta tête blanchie te fait déjà ressembler au cygne; ce que tu viens de dire est, on le voit, l'effet de la vieillesse, et notre nature est telle que ton grand âge me force à penser que tu n'as plus la tête bien saine.

L'ÉVÊQUE. — Ce qui me pousse à parler, c'est une nature autre que notre nature mortelle, et sur celle-là la vieillesse n'a point de prise.

LE ROI. — Combien est-il donc donné à l'homme d'avoir de natures?

L'ÉVÊQUE. — Deux, à ce que je crois.

LE ROI. — Mais de ces natures que tu dis être au nombre de deux, quelle est celle dont tu parles? à laquelle se rapportent tes discours? Réponds, tu n'es qu'un simple grammairien, et complétement étranger aux lois de la dialectique; tu n'as conservé que bien peu de souvenir de tes premières études.

L'ÉVÊQUE. — Qui se souvient d'un peu n'a pas tout oublié.

LE ROI. — La vieillesse t'empêche au moins de te rappeler ce qui est dit pour te piquer.

L'ÉVÊQUE. — En me tourmentant, prince, tu me pousses à dire ce que je devrais taire. C'est l'esprit qui parle en moi, et non la folie qui m'agite. Si c'est conformément aux lois de la nature que la vieillesse m'accable, tu m'en blâmes à tort. Les plus habiles philosophes n'expliquent pas l'essence et le but de la nature. Quelques-uns d'entre eux soutiennent que le feu est le souverain artisan de toutes choses; pour d'autres, l'auguste volonté de Dieu est la nature. La nature de Dieu est Dieu même; mais il n'en est pas de même des hommes. Si Dieu existe véritablement, il est immuable. Ne pas changer est son essence, et ne pas cesser d'être ce qu'il est, telle est la nature de notre souverain Père. Quant aux êtres créés, chacun d'eux, au moment même où il reçoit la naissance, prend la nature qui lui est propre. De ces natures diverses, certaines sont jointes à des corps et ont à souffrir quelque altération de la part des sens; mais il est d'autres de ces natures qui ne sont pas sujettes à ces altérations. Les premières changent si les corps viennent à changer; elles périssent si ceux-ci meurent, et ne subsistent qu'autant que les corps vivent. Les secondes de ces natures sont unies à des êtres incorporels; celles-ci ne périssent point, parce qu'elles ne sont point associées à des corps; la nature de l'homme est double, et elle présente à la fois ces deux sortes de natures. Toutes deux sont réunies dans le corps de l'homme, mais y existent d'une façon distincte et séparée. L'une se joint à ce qu'il y a de corporel dans l'homme, et l'autre s'unit à ce qu'il y a de spirituel. Ce qui sera en opposition avec toutes deux n'atteindra ni celle-ci ni celle-là. Une ânesse effrayée a parlé, dira-t-on, quoique ce fût contre la loi de sa nature. Ce n'est ni le sentiment de la crainte, ni aucune condition de sa nature corporelle qui ait su et pu la faire parler; de sa nature elle n'a jamais pu avoir la perception d'aucune connaissance autre que la connaissance qui tient uniquement à sa nature corporelle. Cependant on assure que cette ânesse a su ce qu'elle n'a pu connaître. Oui, mais ces choses ne peuvent se comprendre qu'à l'aide des facultés intellectuelles; elles sont du ressort de l'entendement, et c'est avec son seul secours qu'on arrive à concilier ces deux faits contradictoires. J'appelle, au surplus, nécessité, ce qu'exige l'une ou l'autre de ces deux natures; et tous les argumens que je viens de te développer sont appelés argumens *a necessario*.

Le roi. — En toute occasion ne se sert-on que de ces argumens tirés de la nécessité des choses?

L'Évêque.—Il existe encore une autre arme, qu'on emploie dans la discussion, c'est l'argumentation fondée sur les *probabilités*. Ce que je viens de te présenter dans un certain ordre logique, je l'ai appris, et ne l'ai point oublié, comme tu vois. Je reviens au surplus au sujet qui m'occupe actuellement, et, crois-le, tout ce que je t'ai dit est vrai.

Le roi. — Il ne saurait être permis d'affirmer vrai ce qui ne l'est pas. Une fable ne ressemble en rien à la vérité, et ne peut être donnée pour telle.

L'Évêque. — J'ai dit la vérité, et, tu le sais, je n'ai point été au-delà des bornes de la vérité. Les fadaises et les fables ne me plaisent en aucune manière. Sache bien que, si toutes choses ne se sont pas passées positivement comme je l'ai dit, toutes du moins ont pu se passer ainsi. J'aurais voulu me renfermer complétement dans mon véritable sujet; cependant, il est vrai, je m'en suis écarté dans la digression que je viens de faire. Celle-ci, toutefois, quoique hors de ce sujet, s'y rattache jusqu'à un certain point, et ne lui est pas, ce semble, complétement étrangère, quant au fond et au sens propre des choses. Connaître et atteindre le but pour lequel on est créé, savoir et remplir ses devoirs, voilà la vraie sagesse. Ceci n'est point une fable, mais une chose vraie. Au surplus, j'ai dit ce que je devais dire; puisse la persuasion s'attacher ensuite à mes paroles! Puissent les hommes sages et modérés combattre en toutes choses pour la loi de Dieu le père, et n'attendre des peines et des récompenses que de la justice suprême, source de salut! Puissent les grands supporter raisonnablement ce qu'il leur arrive d'avoir à souffrir de juste ou même d'injuste! que ne mettant pas en doute les choses certaines, ils ne se querellent que pour celles qui sont vraiment douteuses, répriment le mal et s'en abstiennent eux-mêmes! Au surplus, roi, le ciel t'a départi les talens d'orateur; c'est à toi qu'il appartient d'exposer dans l'assemblée de la nation l'état du royaume. L'ordre des grands en délibérera ensuite, discutera et déterminera avec des juges religieux, par qui tout ce que j'ai dit peut être nié.

Le roi. — S'il faut le concours de deux pouvoirs pour te juger, sois-en sûr, la peine sera triple. Mais avant tout, il faut que je discerne clairement ce que sont les choses que tu dis, quelle est la vérité de ton rapport, dans quel but tu l'as fait, et ce qu'il a de vraisemblable. Cette affaire, quoique toute particulière à toi, ne regarde pas cependant de simples individus, mais l'État tout entier.

L'évêque. — Ces quatre bases de jugement que tu cherches, tu ne les trouveras pas ici. Les lois humaines, tout en ne formant qu'un seul tout, admettent cependant les choses les plus opposées. La cause dont il s'agit ici, et la moindre partie de cette cause, sont, je le crois, au dessus de telles lois. En tout ceci, ma marche a été régulière; je n'ai levé un pied que quand je sentais l'autre appuyé sur un terrain solide. Dans tous les sujets que j'ai touchés je ne crois pas m'être écarté des voies de la raison; une nature défaillante, je le répète, ne m'a point poussé à mettre au grand jour de telles vérités; on me le reproche injustement; c'est une force supérieure qui m'a contraint de parler. Quel crime, prince, ai-je commis envers toi? qu'ai-je fait autre chose qu'accomplir les lois de ma nature? ton orgueil s'afflige de ce que j'ai dit que, roi, tu es contraint de servir, et de ce que je t'ai appelé serf, toi, le premier des Français, et le premier dans l'ordre des rois. Mais, crois-moi, celui-là se trouble mal à propos, qui se laisse effrayer par les paroles d'autrui. Les miennes n'empêchent pas que du temps de nos pères, le royaume des Français n'ait subjugué les rois des autres États; que toujours il ne soit puissant et ne brille d'un sublime éclat; qu'aucun sceptre ne puisse donner la loi au sceptre de nos pères; que quiconque porte des vertus sur le trône ne commande à juste titre, et que nous ne sachions bien que l'empereur lui-même a été mis en fuite par nos rois.

Le roi. — Grâces soient rendues de tous ces succès au Tout-Puissant, par qui seul je souhaite régner. Loin de moi l'idée de les attribuer à mes propres mérites; c'est à celui qui régit tout, qui est la source de toute vertu, et que nous devons célébrer éternellement, qu'en appartiennent la gloire, l'honneur et la louange. Sans cesse je l'adore et le supplie, en fléchissant humblement les genoux, qu'il m'accorde la grâce de me montrer constamment fidèle aux lois que m'ont transmises mes pères.

L'évêque. — Prends-y garde, la loi divine défend les choses qu'elle blâme dans les lois humaines; celles-ci sont de deux sortes; les unes permettent, les autres ordonnent; mais ces lois sont d'un ordre inférieur. Celle que je juge la plus importante est la loi divine, que les lois humaines ne placent qu'au dernier rang; c'est en elle seule que nous trouvons tout ce qui nous est utile et nécessaire; quelque nombreuses que soient les obligations que cette loi nous impose, quelque fort et pesant que soit son joug, mettons toujours notre gloire à l'observer.

Le roi. — Que le Tout-Puissant soit mon juge, et m'accorde de garder constamment sa loi divine!

L'évêque. — Puisse donc une paix solide succéder partout aux peines et aux combats, et l'Église alors recouvrera d'elle-même tous ses droits! Que l'État soit régi par des lois écrites, et non par d'autres; que les moines de Saint-Basile et de Saint-Benoît soient fidèles à leurs règles, et obéissent à tout ce qu'elles leur prescrivent; que les prélats ne passent pas leur temps à jouir des plaisirs de la campagne; quand ils s'occuperont moins de leurs terres, ils rempliront mieux leurs devoirs. Que notre Ordre, celui du clergé, néglige avec moins d'audace les préceptes de la justice; qu'il s'applique au contraire à les suivre de tous ses efforts; qu'il ne donne enfin pour pères et directeurs, aux pauvres, aux malheureux et aux veuves, que des hommes justes, et non des hommes avides, comme on le fait d'ordinaire. Que personne ne se permette d'entrer dans les églises qu'une seule fois pendant la nuit, mais qu'il soit libre à tous d'y prier tout le long du jour. Que dans les jugemens, les évêques aient toujours devant les yeux non seulement leurs contemporains, mais la postérité. Qu'excepté moi seul, si tu le veux ainsi, prince, tous les hommes qui te sont vraiment fidèles reçoivent de toi des récompenses proportionnées à leurs mérites. Que les clercs puissent réciter aux heures fixes les sept offices établis en l'honneur de Dieu, et que surtout les vœux de la piété accompagnent toujours le sacrifice de la victime sainte.

LE ROI. — Si Dieu le Père permet jamais que la Loire essaie de baigner les champs calabrois, que le Tibre fougueux couvre les campagnes espagnoles, et qu'il éclose des roses sur l'Etna, et des lis sur un étang ; oui, si de telles choses arrivent, espère alors, évêque, voir s'accomplir tous les vœux que tu viens de former. Au surplus, Adalbéron, puissent les grâces du Christ t'accompagner constamment comme le feront les nôtres ! tu mérites à juste titre les récompenses de ton roi ; et, je le reconnais, tu ne parles pas en insensé, mais, sous le voile de l'allégorie, tu nous donnes de sages conseils.

FIN DU POÈME D'ADALBÉRON.

TABLE DES MATIÈRES

CONTENUES

DANS CE VOLUME.

Pages.

ABBON. SIÉGE DE PARIS.

LIVRE CINQUIÈME.

HELGAUD. VIE DU ROI ROBERT.

ADALBÉRON. DIALOGUE AVEC LE ROI ROBERT.

FIN DE LA TABLE DES MATIÈRES.

www.ingramcontent.com/pod-product-compliance
Lightning Source LLC
LaVergne TN
LVHW010528100826
845148LV00001B/122